von P. Juling

Rolf Vogel

Ein Stempel hat gefehlt

Dokumente zur Emigration deutscher Juden

Droemer Knaur

1. bis 10. Tausend

© Droemersche Verlagsanstalt Th. Knaur Nachf., München/Zürich, 1977
Umschlaggestaltung: Creativ Shop München, Adolf + Angelika Bachmann
Satz und Druck: Süddeutsche Verlagsanstalt und Druckerei GmbH, Ludwigsburg
Aufbindung: Großbuchbinderei Sigloch, Stuttgart-Künzelsau
Printed in Germany
ISBN 3-426-05602-X

Inhaltsverzeichnis

I. Teil

II. Teil
Dokumente

»Den Juden helfen« – Amtliche Versuche zwischen 1933 und 1939

»Die Juden wegschaffen« – Amtliche Wege in die Endlösung: Mord

Meinen Freunden und Verwandten, die in den Jahren der Judenverfolgung umkamen, weil Politiker des In- und Auslandes den Nationalsozialismus falsch eingeschätzt hatten.

Den Beamten des ehemaligen Reichswirtschaftsministeriums und des Auswärtigen Amtes, die schon früh die Gefahren ahnten, und die mit ihrer oft verspotteten Bürokratie zwischen 1933 und 1942 tausenden Juden das Leben retteten.

I. Teil

1. Kapitel
Es begann nicht mit Auschwitz

»Wer des Morgens die jüdische Zeitung ergreift, ohne sich in ihr verleumdet zu sehen, hat den vergangenen Tag nicht nützlich verwertet.«

Adolf Hitler 1925 in »Mein Kampf«

1

Es schellte. Ich drückte den Öffner. Zwei Herren in Ledermänteln kamen herauf, zeigten eine Kennkarte, Geheime Staatspolizei oder so etwas, und standen auch schon in unserem Flur. »Hausdurchsuchung.« Uns schnürte es die Kehle zu. Wir hatten meinen Vater erst wenige Tage zuvor, am 2. September 1939, beerdigt. Am 29. August – dem Tag, an dem er den Gestellungsbefehl der Wehrmacht erhielt – war er gestorben. Der Krieg begann am 1. September, und am 3. September wurde ich 18 Jahre alt. Solange mein Vater lebte, fühlten wir uns einigermaßen sicher. Er war renommierter Berliner Wirtschaftsjournalist, hatte bereits vor dem Ersten Weltkrieg ein Buch über den Handelsteil der Tagespresse geschrieben, hatte das Wirtschaftsstatistische Büro Richard Calwer geleitet, lange Zeit hindurch Leitartikel in der »Welt am Montag« geschrieben und schließlich in der »Grünen Post« unter Ehm Welk das Wirtschaftsressort übernommen. Durch seine engen Verbindungen zum ehemaligen Reichswirtschaftsminister und Reichsbankpräsidenten Hjalmar Schacht galt er als unantastbar, trotz einer jüdischen Ehefrau. Aber mit dem Tod meines Vaters waren wir plötzlich vogelfrei geworden wie viele andere.

Unsere ganze Hoffnung hing jetzt an einem Brief, den meine Mutter unmittelbar nach dem Tod meines Vaters erhalten hatte. An jenem Septembermorgen – die Beamten steuerten gerade auf eines unserer Zimmer zu – holte ich ihn hervor und hielt ihn den beiden mit zitternden Händen entgegen. Sie öffneten ihn und lasen:

»Sehr geehrte Frau Vogel!
Sollte die Gestapo Sie bedrohen, so rufen Sie mich an. Meine Telefonnummer steht nicht im Fernsprechverzeichnis. Hier ist sie: . . . Ich werde dann mit der ganzen Macht, die mir als ehemaliger Reichsminister geblieben ist, für Sie eintreten.
Ihr Hjalmar Schacht.«

»Darf ich jetzt telefonieren?« bat ich, als sie zu Ende gelesen hatten und mir den Brief zurückgaben.

Der Brief schien sie sichtlich zu verblüffen. Sie schwiegen einen Augenblick. »Entschuldigung, das muß ein Irrtum sein«, sagte dann einer von ihnen, »bitte entschuldigen Sie.« Sie verabschiedeten sich – und kamen nicht wieder. Wir fühlten uns, vorerst, gerettet.

Häufig kam mir später die Erinnerung an jenen Brief und die Minuten, in denen er unser Schicksal bestimmte. Einer meiner ersten Besuche nach dem Krieg galt Hjalmar Schacht. Trotz des Freispruchs durch den Internationalen Militärgerichtshof in Nürnberg war er bei seinem Freunde Reusch in Backnang auf Befehl des Stuttgarter Ministerpräsidenten Reinhold Maier erneut verhaftet worden. Ende Oktober 1946, wenige Stunden, nachdem er ins Untersuchungsgefängnis eingeliefert worden war, konnte ich ihn sprechen; später wiederholt während seines Entnazifizierungsprozesses in Stuttgart.

Aber es dauerte noch einmal 15 Jahre, bis mir an diesem Mann und an diesem Brief etwas aufging, was ich vorher in dieser Deutlichkeit nicht gesehen hatte. Es war vor dem Prozeß gegen Adolf Eichmann; ich hielt mich zur Berichterstattung in Jerusalem auf und besuchte eines Tages Yad Washem.

Die Gedenkstätte Yad Washem in Jerusalem, die dem Andenken der Millionen jüdischer Opfer gewidmet ist, besteht aus zwei Bereichen: der Gedenkhalle für die toten Juden und dem Weg dorthin. Die Gedenkhalle auf dem Hügel des Herzl-Berges, ein monumentaler Quaderbau aus Natursteinen von judäischen Steinbrüchen, ist überdacht von einer gewaltigen Betondecke. Im Boden sind Steinplatten mit den Namen der Konzentrations- und Vernichtungslager eingelassen. Aber mehr noch als die Halle selbst mit ihren Symbolen für das Unfaßbare und Schreckliche ergriff mich damals der Weg zur Gedenkhalle, die »Allee der Gerechten«. An ihr sind Bäume zu Ehren derjenigen gepflanzt, die in den Jahren der Verfolgung unter Einsatz ihres Lebens Juden gerettet haben. Solche Menschen werden von den Israelis »die Gerechten der Völker« genannt. Auch 100 Deutsche sind unter den mehr als 1000 »Gerechten« aus aller Welt.

Ich durchschritt die Allee, und unwillkürlich stand mir plötzlich wieder jener Septembermorgen 1939 in Berlin vor Augen, die beiden Ledermäntel bei uns im Flur, wie sie den Brief von Schacht lasen und dann wieder gingen. Schacht, der uns gerettet hatte – und nicht nur uns, fand in der »Allee der Gerechten« keinen Platz. Schachts Leumund mußte aus jüdischer Optik zweifelhaft erscheinen. Ein Mann, dessen Intelligenz und Können Hitler mit zur Macht verholfen hatte, konnte keine ganz sauberen Hände haben. Ein Mann, der als Reichsbankpräsident und Wirtschaftsminister wesentlich dazu beitrug, daß sechs Millionen Arbeitslose verschwanden und Hitler nicht zuletzt dadurch zum Volkshelden werden konnte – ein solcher Mann konnte keinen einwandfreien Charakter haben, mochte er sonst gedacht und getan haben, was er wollte, mochte er schließlich gar von Hitler selbst kaltgestellt worden sein.

Ich verließ Yad Washem mit einem zwiespältigen Gefühl. Waren die Maßstäbe, mit denen in der »Allee der Gerechten« gemessen wurde, nicht zu streng, vielleicht sogar zu einfach, zu oberflächlich? Hatte sich »Gerechtigkeit« im Dritten Reich nur im schneeweißen Gewand erklärter Widerständler gezeigt, oder nicht doch auch im grauen, verwaschenen Kleid kompromißbereiter, taktierender, lavierender, sich windender Durchschnittsmenschen, die für den Heldentod vielleicht zu schwach waren, denen aber doch viel an der »Gerechtigkeit« lag?

Auf dem Wege in mein Jerusalemer Hotel fiel mir ein anderer Name ein, der in der »Allee« vermutlich nie auftauchen würde: Hans Globke, von 1932 bis 1945 Ministerialrat im Innenministerium und Co-Autor des Kommentars zu den Nürnberger Rassegesetzen von 1935. Nach dem Kriege, als Globke von 1953 bis 1963 Staatssekretär im Bundeskanzleramt und Adenauers rechte Hand war, entlud sich gegen Globke von links und halblinks ein Zorn ohnegleichen: Wer die abscheulichen Nürnberger Gesetze kommentieren konnte, so der Tenor der Anklage, mußte sich mit ihnen doch wohl identifiziert haben, mußte also mit Hitlers Juden-Politik einverstanden und letztlich mitschuldig am späteren Massenmord sein.

Bei uns zu Hause, also in einer Familie mit einer jüdischen Mutter, dachten wir bereits während der Nazizeit über Globke anders. Als die Rassegesetze erstmals publiziert wurden, sahen wir unser Ende vor Augen. Aber als dann Globkes Kommentar erschien, wagten wir erstmals wieder zu hoffen. Die Frage der Mischehen und der jüdischen Mischlinge war von ihm so kommentiert worden, daß Auswege offen blieben. Ein schärferer Kommentar, wie ihn sich einflußreiche Parteikreise vorstellten, hätte die totale Gleichstellung der Mischlinge mit den Juden bedeutet – für rund 150 000 Mischlinge voraussichtlich ein Ende à la Auschwitz. Wir empfanden damals: Hier versuchte jemand mit seinem Kommentar zu retten, was zu retten war.

Am eigenen Leib erfuhr ich überdies, daß Globke sich persönlich für jeden Fall einsetzte, der an ihn herangetragen wurde. Als ich mich während des Krieges mehrfach von dem Berliner Anwalt Dr. Joseph Wirmer beraten ließ, um vor allem meine Mutter dem Zugriff der Gestapo zu entziehen, kamen die trefflichsten Ratschläge und Kniffe immer von Globke. Vor und nach unseren Gesprächen pflegte Wirmer ihn stets zu konsultieren. Und als ich mich nach dem Kriege bei Globke für die vielen Winke persönlich bedankte, zeigte er mir einen Leitz-Ordner voller Briefe. Ich schlug wahllos auf und stieß auf einen Brief vom Superior der Jesuiten in Pullach. Der Jesuit bedankte sich dafür, daß Globke den Pater Franz Müller aus Dachau herausgeholt hatte. Er ist ein Vetter meiner Frau. Pater Müller war als Geisel für den nach dem 20. Juli 1944 geflohenen Pater Rösch festgenommen worden. Ähnlich hatte Globke vielen Verfolgten, vor allem jüdischen, geholfen.

Gewiß, Globke war NS-Beamter, machte häufig gute Miene zum teuflischen Spiel, wurde sogar zwangsläufig zum Handlanger Hitlerscher

Politik. Erst bei Kriegsende mußte er sich absetzen, da schließlich auch er von der Gestapo verdächtigt wurde. Dennoch waren wir ihm damals dankbar für sein Doppelspiel. Wir wußten, daß er insgeheim auf unserer Seite stand. Bezeichnenderweise hat Robert Kempner, der unnachsichtige Anklagevertreter der Vereinigten Staaten bei den Nürnberger und den späteren Prozessen, Globke immer in Ruhe gelassen.

Gewiß, es ist schön, wenn man sich an einem Staat wie dem Hitlers nicht die Hände schmutzig gemacht hat. Aber welcher Emigrant oder erklärte Widerständler, so fragte ich mich nach Yad Washem, durfte schon die Zuversicht hegen, er habe möglicherweise 150 000 Halbjuden vor dem Tode gerettet? Der NS-Beamte Globke durfte es.

Schacht und Globke sind zwei Beispiele für ein Phänomen, das mir seit Yad Washem immer stärker ins Bewußtsein rückte: Es gab im Dritten Reich eine Gruppe relativ loyaler NS-Beamter, die dennoch auf eine teilweise äußerst effiziente Art Humanität praktizierten oder wenigstens Sand ins Getriebe Hitlerscher Machtmechanismen zu werfen versuchten. Unklar war mir nur noch, welche Beamten welcher Ministerien dieser Gruppe zuzurechnen waren.

Im Jahre 1970 wurde ich auf der Suche nach solchen Beamten erstmals fündig. Während ich im Politischen Archiv des Auswärtigen Amtes in Bonn Aktenbände durchblätterte, fielen mir einige Briefe, Notizen und Protokolle aus den Jahren 1933 bis 1942 in die Hände, die mir neu waren. Sie stammten zumeist aus dem ehemaligen Reichswirtschafts- und Reichsaußenministerium. Unter nüchternen bürokratischen Aufzeichnungen verbarg sich in diesen Papieren der in Wirklichkeit erregende Kampf einiger Beamter um die legale und finanziell gesicherte Auswanderung jüdischer Familien aus Deutschland.

Jahre bevor sich die grauenvolle Realität von Auschwitz abzeichnete, gab es in diesen beiden Ministerien einige wenige unauffällige Ministeriale, die gleichwohl mit einer Weitsicht begabt waren und voll böser Vorahnungen steckten, wie sie die meisten ihrer Zeitgenossen damals vermissen ließen. Ich stieß auf Beamte, deren scheinbar aalglatte Profillosigkeit und deren Fachidiotentum mich zunächst erschreckten – und dann schließlich faszinierten: weil sie zur Tat schritten. Damals erschien ihnen plötzlich nichts wichtiger, als deutschen Juden möglichst schnell zu einer neuen Heimat im Ausland zu verhelfen.

So stieß ich beispielsweise auf den Fall Wohlthat. Weil es in der

Reichsstelle für Devisenbewirtschaftung bis 1937 den Ministerialdirektor und (hochintelligenten) Bürokraten par excellence Helmuth Wohlthat gab, wurde das Unmögliche möglich: Wohlthat machte für nicht weniger als 150 000 ausreisewillige deutsche Juden zwischen 1933 und 1939 Devisen locker, die eigentlich gar nicht vorhanden waren, und verhalf ihnen dadurch zur Flucht aus der Gefahrenzone.

Von den 503 000 deutschen Juden, die 1933 im Gebiet des damaligen Deutschen Reiches lebten, gelang – zumeist mit amtlicher Hilfe – rund 270 000 zwischen 1933 und 1942 die Auswanderung. Rund 90 000 deutsche Juden gelangten in die USA, etwa 50 000 nach Palästina.

Aber auch dies geschah: Rund 170 000 deutsche Juden wurden, vorwiegend zwischen 1942 und 1945, ermordet. Rechnet man die in Österreich und dem damaligen Reichs-Protektorat lebenden Juden hinzu, waren es gar 250 000 Ermordete. Ihnen allen hatten die nötigen Devisen und das Visum, jener heißersehnte Stempel im Paß, gefehlt.

Es dauerte sechs Jahre, bis ich anhand von zumeist noch nicht publizierten Dokumenten ein einigermaßen informatives, wenn auch nicht vollständiges Bild jener vielfältigen amtlichen Bemühungen um die Auswanderung deutscher Juden nachzeichnen konnte: vom Haavara-Abkommen des Jahres 1933 bis hin zu den geheimen Verhandlungen des Evian-Flüchtlingskomitees mit deutschen Stellen im Jahre 1938/39.

Die Mühe des Sammelns und Sichtens erschien mir um so lohnender, als die meisten Bücher über das Schicksal der Juden in der Nazizeit erst da beginnen, wo dieses Buch endet: mit der Zeit nach der Wannsee-Konferenz vom 20. 1. 1942, dem Beginn der »Endlösung« genannten Ermordung von fünf bis sechs Millionen europäischer Juden. Es ist klar, daß das Trauma eines solchen Massenmordens zunächst dadurch verarbeitet werden mußte, daß man es direkt und immer wieder aufs neue beschrieb.

Es wurde mir aber im Laufe der Zeit klar, daß ebenso wichtig wie die Beschreibung der Endlösung selbst die Beschreibung ihrer Vorstufen ist. Denn die Endlösung begann nicht mit Auschwitz. Was in Auschwitz und anderswo geschah, war das Ergebnis einer Entwicklung, die sich schon lange vor 1933 und verstärkt nach 1933 anbahnte. Diese zwiespältigen, verwickelten, durchaus uneinheitlichen Wege zur Endlösung hin will die vorliegende Dokumentation anhand einer Reihe von Beispielen aufzuzeigen versuchen. Bescheidener gesagt: Sie will einen kleinen Beitrag dazu leisten.

2

Um das geistige Klima richtig einschätzen zu können, in das ein Beamter des Dritten Reiches gewissermaßen hineingeboren wurde, möchte ich wenigstens skizzenhaft an einige Faktoren erinnern, die die damaligen Auffassungen über den Juden beeinflußten. Einer dieser Faktoren ist der jahrhundertealte und tief verwurzelte Antisemitismus *vor* Hitler: Weil die Juden es wagten, stets ihre Eigenart zu bewahren, wurden sie vielfach zur Zielscheibe von Haß und Neid oder die erklärten Sündenböcke, die an allem schuld waren.

Was die Nazis mit den Juden gemacht haben, ist kein Zufall. Zwar hat es einen organisierten Mord an fünf bis sechs Millionen Juden innerhalb von vier Jahren in der Geschichte vor Hitler noch nicht gegeben. Aber aufs ganze gesehen war er lediglich »der Höhepunkt eines zyklischen Trends«, wie der amerikanische Historiker Raul Hilberg (»The Destruction of the European Jews«, Chicago, 1961) formulierte. Der US-Forscher konstatiert seit dem vierten Jahrhundert drei sich jeweils steigernde Zyklen antijüdischer Politik: »Die Missionare des Christentums sagten: Ihr habt kein Recht, als Juden unter uns zu leben. Die nachfolgenden weltlichen Herrscher proklamierten: Ihr habt überhaupt kein Recht, unter uns zu leben. Und schließlich die Nazis: Ihr habt nicht einmal das Recht zu leben.«

Bemerkenswert ist immerhin, daß der Antisemitismus mit einer Kirche begann, deren Gründer selbst Juden waren und die als oberstes Gebot ihres Meisters die Nächstenliebe verkündeten. Kaum jedoch war diese christliche Kirche im vierten Jahrhundert zur Staatsreligion avanciert, da erließ sie bereits antijüdische Vorschriften, die denen Hitlers auf frappierende Weise ähnelten. So verbot beispielsweise schon die Synode von Elvira im Jahre 306 Beischlaf wie Heirat zwischen Juden und Christen; das Gesetz zum Schutz des Deutschen Blutes und der Deutschen Ehre vom 15. September 1935 enthielt ähnliche Verbote. Dieselbe Synode untersagte Christen und Juden im Jahre 306 die gemeinsame Mahlzeit; am 30. Dezember 1939 wurde den Juden der Zutritt zu den Speisewagen der Reichsbahn verwehrt.

Die Synode von Clermont schloß Juden im Jahre 535 von allen öffentlichen Ämtern aus; ähnliches dekretierte Hitler fast genau 1400 Jahre später am 7. April 1933 mit seiner Beamtengesetzgebung. Die

Synode von Clermont befand überdies, Juden dürften sich während der Karwoche nicht auf den Straßen zeigen; per Hitler-Erlaß vom 3. Dezember 1938 konnte Juden an nationalsozialistischen Feiertagen das Betreten öffentlicher Straßen und Plätze verboten werden. Die zwölfte Synode von Toledo ließ im Jahre 681 den Talmud und andere jüdische Literatur verbrennen; öffentliche Bücherverbrennungen gehörten zum Ritus nationalsozialistischer Umerziehungsmaßnahmen.

Die Synode von Narbonne untersagte den Christen im Jahre 1050, in jüdischen Häusern zu leben; Göring erließ am 28. Dezember 1938 eine Direktive zur Absonderung der Juden in eigens dafür vorgesehenen Häusern und Bezirken. Das Vierte Laterankonzil verpflichtete die Juden im Jahre 1215 zum Tragen eines besonderen Kennzeichens; am 1. September 1941 verfügten die Nazis das Tragen des Judensterns. Das Konzil von Oxford verbot den Juden im Jahre 1222 den Bau von Synagogen; am 10. November 1938 zerstörten Hitlers Schergen in der sogenannten Reichskristallnacht zahlreiche jüdische Synagogen in vielen Städten Deutschlands.

Die Synode von Vienne verbot im Jahre 1267 den Christen, jüdischen Zeremonien beizuwohnen; ein Gestapo-Erlaß untersagte am 24. Oktober 1941 jeden freundschaftlichen Kontakt zu Juden. Die Synode von Breslau beschloß im Jahre 1267 die Errichtung eines Zwangsgettos für Juden; der Befehl des Himmler-Gehilfen Heydrich vom 21. September 1939 gleicht diesem aufs Haar. Das Konzil von Basel verbot den Juden im Jahre 1434, beim Abschluß von Verträgen zwischen Christen als Makler zu fungieren; am 6. Juli 1938 verbot ein Erlaß den Juden unter Hitler das gleiche.

Und wie es im römischen Judengetto unter der Herrschaft des Papstes um das Jahr 1870 aussah, darüber berichtete der deutsche Journalist Carl Eduard Bauernschmid in der »Neuen Freien Presse« vom 17. Mai 1870. In diesem päpstlichen Getto, das aus ein paar verdreckten, feuchten, düsteren Straßenzügen bestand, vegetierten 4700 Menschen. Um ein Haus außerhalb des Gettos zu mieten, benötigten die Juden eine Sondergenehmigung des Kardinalvikars. Der Erwerb von Immobilien, der Handel mit Industrieprodukten und Büchern war den Juden verboten. Sie durften keine Höheren Schulen besuchen, nicht Rechtsanwalt, Notar, Apotheker, Maler, Architekt werden. Jüdische Ärzte durften nur Juden behandeln, kein Jude ein öffentliches Amt bekleiden.

Im Aufbürden von Pflichten dagegen erwies sich die römische Kurie weniger kleinlich: Die Juden mußten wie jeder andere Bürger Steuern zahlen, und darüber hinaus noch einiges mehr. Sie hatten jährlich einen bestimmten Betrag zum Unterhalt jener Beamter aufzubringen, die das Getto kontrollierten; sie mußten jährlich 5250 Lire für jenes kirchliche Missionswerk abliefern, das die Bekehrung der Juden zum katholischen Glauben betrieb; außerdem mußten sie die gleiche Summe noch einmal für ein Kloster aufbringen, das sich ebenfalls mit der Konversion Ungläubiger befaßte. Für all das revanchierte sich der Kirchenstaat mit 1500 Lire zum Zwecke der Wohlfahrtspflege im Getto.

Der kirchliche Antisemitismus wirkte sich schon früh auf die weltliche Gesetzgebung aus, galt doch das Denken der Kirche bis zum 19. Jahrhundert vielfach auch den weltlichen Herrschern als Maßstab des Handelns.

So galt beispielsweise das Eigentum der Juden, die in einer deutschen Stadt getötet worden waren, im 14. Jahrhundert als öffentliches Eigentum (am 1. Juli 1943 befand die 13. Verordnung zum Reichsbürgergesetz, daß das Eigentum eines Juden nach dessen Tode konfisziert werden müsse). Hatte im Nürnberg des späten 14. Jahrhunderts ein Jude eine Forderung gegen einen christlichen Schuldner, so war diese Forderung nichtig (ähnliches erklärt am 25. November 1941 die 11. Verordnung zum Reichsbürgergesetz). Und der Erlaß Hitlers vom 23. Juli 1938 hatte ebenfalls seinen Vorläufer: Während der Französischen Revolution wurden den Juden zum erstenmal Personalpapiere verordnet, die sie als Juden kenntlich machten. Um das Jahr 1800 erhielt der jüdische Dichter Ludwig Börne in seinen Paß die Eintragung »Jud von Frankfurt«.

Bereits während des 17. Jahrhunderts durften Juden nur bestimmte Häuser betreten, nur zu bestimmten Zeiten einkaufen und sich nur zu bestimmten Zeiten und auf bestimmten Straßen aufhalten – unter Hitler erneut Wirklichkeit durch Verordnungen vom 1. September 1941 und 17. April 1942. Und im 19. Jahrhundert mußten Juden in verschiedenen Gegenden Europas schon jüdische Zwangsnamen tragen – wie unter Hitler per Erlaß vom 5. Januar 1937 und 17. August 1938.

Aber nicht nur die katholische Kirche und die von ihr beeinflußten Regenten zeichneten sich durch antijüdische Affekte aus. Martin Luther stand ihnen, etwa mit seiner Schrift »Über die Juden und deren Lügen«, in nichts nach. Das Bild, das der Reformator – selbstverständlich Kind seiner Zeit – von den Juden zeichnete, war so negativ, daß »die Nazis dem nur noch wenig hinzuzufügen brauchten« (Hilberg). Für Luther waren die Juden nichts als durstige Bluthunde, Mörder des Christentums. Juden vergifteten das Wasser, stahlen, quälten und zerhackten Kinder, um sich an ihrem Blut zu laben, quälten und verfolgten die Christen über die ganze Welt. Kurz: Die Juden waren für Luther eine Plage, eine Pest, ein Unglück.

Ein weiterer Gesichtspunkt, der unter Hitler zum zentralen antijüdischen Argument werden sollte, tauchte erstmals in der zweiten Hälfte des 17. Jahrhunderts auf: die Unterschiede der Rasse. Karikaturen verspotteten angebliche jüdische Rassemerkmale. Im 19. Jahrhundert blühten die ersten ausführlichen Rassetheorien. Als der Deutsche Reichstag im Jahre 1895 über den Ausschluß ausländischer Juden diskutierte, eine Gesetzesvorlage der antisemitischen Fraktion, konnte der antisemitische Abgeordnete Ahlwardt sich ungestraft vor den Abgeordneten über die Juden lustig machen und schließlich in den Ruf ausbrechen: »Rotten Sie diese Raubtiere aus.«

Auch für Ahlwardt blieb der Jude, getreu der abendländischen Tradition, ein Krimineller, eine Seuche, ein Feind. Der Antisemitismus hat sich ins 20. Jahrhundert hinübergerettet. Hitler brauchte nur zuzugreifen. Daß er so ungeniert zugreifen konnte, lag nicht zuletzt an Europas antijüdischen Affekten, die sich seit Jahrhunderten in den Gehirnen zahlloser Menschen eingenistet hatten. Und selbst wer kein Antisemit war, hatte sich doch an den Antisemitismus seiner Zeitgenossen gewöhnt.

3

Ein weiterer Faktor zum Verständnis der Lage des deutschen Normalbürgers zu Beginn der Hitler-Zeit, und somit auch des deutschen Beamten, ist dieser: Hitler kam legal zur Macht. Die Mehrheit der Deutschen hatte Hitler zwar nicht wegen seiner Weltanschauung gewählt, sie aber in Kauf genommen.

Diese Weltanschauung bestand neben dem Rassismus in der Proklamation des Führerprinzips anstelle der Demokratie. Beides hatte Hitler in seinem 782-Seiten-Opus »Mein Kampf« bereits 1925 angekündigt.

Aber leider hatten nur wenige dieses Buch gelesen. Und von den wenigen mochten die wenigsten glauben, was sie da lasen, beispielsweise übers Regieren:

»Jedem Manne stehen wohl Berater zur Seite, allein die E n t s c h e i - d u n g   t r i f f t   e i n   M a n n.« Der gesperrte Druck entspricht dem Original. Wie Hitler über die Demokratie dachte, formulierte er ebenso eindeutig: »Die Bewegung ist antiparlamentarisch, und selbst ihre Beteiligung an einer parlamentarischen Institution kann nur den Sinn einer Tätigkeit zu deren Zertrümmerung besitzen.« Und: »Es gibt keine Majoritätsentscheidungen.«

Jedenfalls kamen solche Thesen nicht an, sei es, daß sie gar nicht zur Kenntnis genommen wurden, sei es, daß man sie als Geschwätz abtat. Bis zur Reichstagswahl von 1928 brachten es die Nationalsozialisten nur auf zwölf Reichstagsmandate. Erst mit der Weltwirtschaftskrise des Jahres 1929 änderte sich das; plötzlich erhielten Kommunisten und Nationalsozialisten einen erheblichen Stimmenzuwachs, den größeren Stimmenzuwachs allerdings die Nationalsozialisten.

Das weit bessere Abschneiden der Nazis war bemerkenswert. Denn Nationalsozialisten wie Kommunisten hatten den Wählern versprochen, den sechseinhalb Millionen Arbeitslosen wieder Arbeit zu geben. Der Unterschied allerdings war: Die Kommunisten versprachen, die Arbeitslosigkeit zu beseitigen, indem sie das Privateigentum abschaffen, die Eigeninitiative durch das Kollektiv ersetzen, den Staat über die Familie stellen und die Religion ausschalten wollten. Nicht so Hitler: Er versprach Schutz der Familie, der Religion, des Privateigentums und der Eigeninitiative. Das gab den Ausschlag.

So vollzog sich die Machtergreifung nach den Spielregeln der parlamentarischen Demokratie. Hatten die Nationalsozialisten bei der Wahl von 1928 nur 810 000 Wähler gewinnen können, so waren es vier Jahre später bereits über 13 Millionen. Bei der Reichstagswahl vom 31. Juli 1932 erhielt die NSDAP über 37 Prozent aller Stimmen und damit 230 Abgeordnetensitze, womit sie gleichzeitig größte Partei des Reichstags wurde.

Angesichts dieser Konstellation – Hitler wollte nun auf jeden Fall Kanzler werden – traten die bürgerlichen Parteien mit Hitler notgedrungen in Koalitionsverhandlungen. Am 12. September 1932 sprach der Reichstag dem Kanzler Papen mit 513 gegen 32 Stimmen das Mißtrauen aus. Überlegungen der bürgerlichen Parteien, NSDAP, SS (Schutzstaffeln der NSDAP), SA (Sturmabteilungen der NSDAP) und die Kommunisten durch Regierungsbeschluß auflösen zu lassen, stießen bei der Reichswehr auf Ablehnung: Die Reichswehrführung hatte Angst, einer dann möglicherweise einsetzenden Revolte nicht mehr Herr zu werden. So sah Reichspräsident von Hindenburg im Januar 1933 keine andere Lösung mehr als die, Hitler mit der Regierungsbildung zu beauftragen. Alle entscheidenden politischen Führer, die er deswegen in der zweiten Januarhälfte des Jahres 1933 konsultierte, stimmten ihm zu. Dr. Otto Meißner, der Chef von Hindenburgs Präsidialkanzlei, schilderte in seinen Memoiren die Lage im Januar 1933 so:

»Wie stets vor der Neubildung der Reichsregierung empfing Hindenburg auch diesmal Vertreter der Parteien und Fraktionen des Reichstages, um deren Stellungnahme zur Lage kennenzulernen. Ende Januar bat er nacheinander führende Abgeordnete der Sozialdemokraten, des Zentrums und der Bayerischen Volkspartei zu sich und ersuchte sie um ihren Rat zur Lösung der politischen Krise. Auch bei diesen Besprechungen war die übereinstimmende Ansicht, daß sich im Reichstag überhaupt keine Mehrheit für irgendeine Regierung bilden ließe . . . Das Ergebnis seiner politischen Fühlungnahme dieser Tage faßte der Reichspräsident in einer Unterhaltung mit mir resigniert dahin zusammen, daß keiner der Politiker und Staatsmänner, mit denen er in der zweiten Januarhälfte in mündliche und schriftliche Verbindung getreten sei, ihm einen anderen mit der Verfassung zu vereinbarenden Vorschlag hätte machen können.«

Alle diese konsultierten Politiker hatten klipp und klar zugegeben, »eine Möglichkeit, Hitler zu umgehen, gibt es nicht«, wie es der Lüneburger Rechtsanwalt Langsdorff beim Entnazifizierungsverfahren des Obersten Oskar von Hindenburg, des Sohnes des Reichspräsidenten, formulierte.

Am 30. Januar 1933 ernannte der Reichspräsident Hitler zum Reichskanzler. Fast 14 Millionen Wähler hatten Hitler das Mandat gegeben. Schuld daran waren die bürgerlichen Parteien, die nicht in der Lage waren, die Wirtschaftsmisere zu beseitigen.

Die letzte freie Reichstagswahl fand am 5. März 1933 statt. Von den 647 Mandaten des Reichstags erhielt die NSDAP 288, der Nationale Block (Hugenberg/Papen) 53. Hitlers Kabinett war also regierungsfähig. Als nach der Wahl die Kommunistische Partei verboten wurde (wie schon einmal 1923 und schließlich wieder 1956) und damit die Mandate der Kommunisten hinfällig wurden, verbesserte sich Hitlers Position noch einmal. Mit 340 : 266 Stimmen war er voll regierungsfähig.

4

Das gesamte Parteien-Konglomerat der Weimarer Republik von links bis bürgerlich hatte versagt; weit über ein Drittel der Wähler setzte nun auf Hitler; die Politiker hatten Hitler zum Kanzler gekürt; Hitler war legal an der Macht und mit genug Macht ausgestattet – dies alles mußte den deutschen Durchschnittsbürger mit Recht beruhigen, mußte ihm Vertrauen einflößen zu jenem Mann, der die Not der Deutschen zu wenden versprach, und dies gar mit Hilfe des Allmächtigen.

Ins Grenzenlose, so schien es, sollte dieses Vertrauen offenbar wachsen, als die bürgerlichen Politiker ohne zwingenden Grund Hitlers Ermächtigungsgesetz zustimmten. »Zur Beseitigung der Arbeitslosigkeit und der wirtschaftlichen Neubelebung«, so resümierte nach dem Kriege der ehemalige Reichsbankpräsident Hjalmar Schacht in seinem Buch »1933 – Wie eine Demokratie stirbt« (Düsseldorf, 1968), »ist in der Folgezeit kein einziges Gesetz beschlossen worden, das nicht mit einfacher Majorität zustande kommen konnte.« Hitler hatte genug Macht zur Beseitigung der Arbeitslosigkeit auch ohne Ermächtigungsgesetz.

Dennoch verlangte Hitler ein solches Gesetz – für den Mann, der in »Mein Kampf« die Beseitigung der Demokratie proklamiert hatte, nur konsequent. Gerade deshalb hätten ihm die bürgerlichen Parteien niemals zustimmen dürfen.

Das Ermächtigungsgesetz sollte vier Jahre gelten; der Reichstag konnte es zwischendurch nicht aufheben. Es erlaubte Hitler praktisch jeden Eingriff in die Grundrechte und in die Verfassung. Text: »Artikel 1. Reichsgesetze können außer in den in der Verfassung vorgesehenen Verfahren auch durch die Reichsregierung beschlossen werden. Artikel 2. Die von der Reichsregierung beschlossenen Gesetze können auch von der Reichsverfassung abweichen, soweit sie nicht die Einrichtung des Reichstages und des Reichsrates als solche zum Gegenstand haben.«

Da das Gesetz auch Verfassungsänderungen zuließ, war eine Zweidrittelmehrheit der Reichstagsstimmen notwendig. Sie wurde erreicht. Am 23. März 1933 stimmten 441 der bürgerlichen und nationalsozialistischen gegen die 94 sozialdemokratischen Abgeordneten für das Ermächtigungsgesetz. Es kam legal zustande.

Schon lange vor der entscheidenden Reichstagssitzung hatten die Parteiführer der bürgerlichen Parteien Hitler ihre Zustimmung gegeben. In der Reichstagssitzung selbst nannten sie Hitler zwar noch einmal ihre Bedenken, stimmten aber dann doch zu. Einfach auf ein paar unverbindliche mündliche Floskeln Hitlers hin gaben die gewählten Mandatsträger eines 70-Millionen-Volkes die elementarsten Rechte dieses Volkes ohne Notwendigkeit preis. Zwar war der Druck der Nationalsozialisten auf die Parteien und Abgeordneten groß; die Nationalsozialisten hatten erste Verhaftungen vorgenommen; und während der Reichstag über das Ermächtigungsgesetz debattierte, hatte SA das Reichstagsgebäude umstellt. Aber selbst in dieser Situation hatten die Sozialdemokraten den Mut zum »Nein« – warum nicht auch die andern?

Im nachhinein erwies sich die Zustimmung der bürgerlichen Parteien zum Ermächtigungsgesetz als die größte und schwerwiegendste demokratische Fehlentscheidung der Neuzeit. Hitler konnte sich – vor dem deutschen Volk und der Welt gerechtfertigt – an die Demontage der Demokratie machen. Ohne das Ermächtigungsgesetz hätte Hitler weder das Einparteiengesetz, das Gesetz zur Vereinheitlichung von Staat und Partei, das Heimtückegesetz noch das Judengesetz auf legale Weise erlassen können.

Fortan kannte der Parteien-Masochismus, der Drang zur totalen Selbstvernichtung, keine Grenze mehr. Während die Sozialdemokraten und Kommunisten zwangsweise aufgelöst wurden, lösten sich die bürgerlichen Parteien zwischen dem 27. Juni und 5. Juli 1933 selbst auf – und sie publizierten dies auch noch. Auflösungsbeschluß der Deutschen Zentrumspartei: »Die politische Umwälzung hat das deutsche Staatsleben auf eine völlig neue Grundlage gestellt, die für eine, bis vor kurzem mögliche, parteipolitische Betätigung keinen Raum mehr läßt. Die Deutsche Zentrumspartei löst sich daher im Einvernehmen mit dem Herrn Reichskanzler Hitler mit sofortiger Wirkung auf.«

Der Führer der Bayerischen Volkspartei ging in seinem Auflösungsbeschluß vom 5. Juli 1933 noch weiter: Es sei »jedermann verboten, sich weiterhin im Sinne des Programms der Partei, soweit dies mit dem

Programm der Nationalsozialistischen Partei im Widerspruch steht, irgendwie politisch zu betätigen«.

Die Mitglieder des Landesvorstands der Sozialdemokratischen Partei Württembergs teilten am 10. Juli 1933 dem württembergischen Innenminister mit, nachdem sie ihre Parteiämter niedergelegt hatten: »Den Inhabern von Mandaten werde empfohlen, ihre Tätigkeit in einem Sinne auszuüben, der weder einen Zweifel an ihrer nationalen Gesinnung noch an dem guten Willen zulasse, die politische Neubildung Deutschlands nach den Plänen der nationalen Revolution zu unterstützen.«

Auch die Minister versagten. Obwohl die meisten Kabinettsmitglieder keine Nationalsozialisten waren, billigten sie alle ohne Zögern Hitlers Weg in die Tyrannei: die Gleichschaltung der Länder mit dem Reich, das Gesetz zur Wiederherstellung des Berufsbeamtentums, die Konfiskation des kommunistischen Vermögens, die Eingliederung der Gewerkschaften in die Deutsche Arbeitsfront, das Gesetz gegen die Neubildung politischer Parteien, das Gesetz zur Einziehung volks- und staatsfeindlichen Vermögens. Kein Minister trat deswegen zurück, obwohl dies bis zum 1. August (von da ab Reichspräsident und Reichskanzler in einer Person) noch möglich war.

Im Mai 1933 sahen die Gewerkschaftler ihrer eigenen Beerdigung zu. Im Juli 1934 – Röhm und Strasser wurden ermordet – gaben die Offiziere auf. Verpufft waren die großen Worte alter Zeiten. Noch am 8. Januar 1932 hatte der sozialdemokratische Regierungsrat Dr. Muhle auf einer Kundgebung der »Eisernen Front« mit der Faust gedroht: »Wenn Hitler illegal oder – achten Sie genau auf meine Worte – legal in Deutschland zur Macht kommt, dann bedeutet das in Deutschland den Bürgerkrieg.«

Aber selbst die Sozialdemokraten fühlten sich schließlich zum Bürgerkrieg nicht legitimiert, hatten doch auch sie kein brauchbares Rezept für das drängendste Problem des damaligen Deutschland – die Beseitigung der Wirtschaftskrise – vorlegen können. Das schlechte Gewissen schimmert in der Ansprache des sozialdemokratischen Fraktionsführers Wels am 23. März vor dem Reichstag durch, als er von Hitler forderte: »Das Volk erwartet positive Leistungen. Es wartet auf durchgreifende Maßnahmen gegen das furchtbare Wirtschaftselend, das nicht nur in Deutschland, sondern in aller Welt herrscht.«

So legte praktisch das gesamte führende Deutschland Hitler sein

Gewissen zu Füßen, darunter Männer, von denen man solches nicht erwartet hätte. Ergebenheit demonstrierten vor allem die Kirchen. Hirtenbrief der deutschen katholischen Bischöfe im Juni 1933: »Gerade weil in der katholischen Kirche die Autorität ganz besonders zur Geltung kommt, fällt es den Katholiken auch keineswegs schwer, die neue starke Bewegung der Autorität im neuen deutschen Staatswesen zu würdigen und sich ihr zu unterwerfen.«

Ähnlich die Erklärung der evangelischen Landesbischöfe vom 27. Januar 1934: »Unter dem Eindruck der großen Stunde, in der die Kirchenführer der deutschen evangelischen Kirche mit dem Herrn Reichskanzler versammelt waren, bekräftigen sie einmütig ihre unbedingte Treue zum Dritten Reich und seinem Führer. Die Kirchenführer verurteilen auf das schärfste alle Machenschaften der Kritik an Staat, Volk und Bewegung, die geeignet sind, das Dritte Reich zu gefährden.«

Und die Fuldaer Bischofskonferenz kabelte Hitler am 20. August 1935: »Die in Fulda zur herkömmlichen Bischofskonferenz versammelten Bischöfe senden dem Führer und Reichskanzler des Deutschen Reiches den Gruß treuer Gesinnung und Ehrfurcht, die wir nach göttlichem Gebot dem Inhaber der höchsten staatlichen Macht und Würde schuldig sind.«

Ungezählte Menschen betrachteten die Kirchenführer als die geistigen Führer im Volke, deren Worte und Taten Maßstäbe setzten. Wer wollte es nach solchem oberhirtlichem Verhalten dem deutschen Normalbürger verübeln, wenn er Hitler bedingungslos folgte?

Was Wunder, daß selbst Juden Hitler gegenüber devot reagierten, so der »Verband nationaldeutscher Juden« vor der Wahl des Reichspräsidenten im August 1934: »Wir Mitglieder des im Jahre 1921 gegründeten Verbandes nationaldeutscher Juden haben stets im Krieg und im Frieden das Wohl des deutschen Volkes und Vaterlandes, dem wir uns unauflöslich verbunden fühlen, über unser eigenes Wohl gestellt. Deshalb haben wir die nationale Erhebung vom Januar 1933 begrüßt, trotzdem sie gegen uns selbst Härten brachte, denn wir sahen in ihr das einzige Mittel, den in 14 Unglücksjahren von undeutschen Elementen angerichteten Schaden zu beseitigen.«

Dennoch möchte ich einem möglichen Mißverständnis vorbeugen. Ich gehöre nicht zu denen, die »den Kirchen« im Dritten Reich völliges Versagen vorwerfen.

26

»Die Kirche« oder »die Kirchen« bestehen bekanntlich aus einer Vielzahl einzelner Personen: Bischöfen, Geistlichen und Laien. Zweifellos haben die evangelischen wie katholischen Bischöfe in ihrer Gesamtheit im Dritten Reich am wenigsten couragiert gehandelt. Dies war zum Teil Taktik, aber auch Schwäche. Heldenhaft haben sich tausende evangelischer und katholischer Geistlicher verhalten. Allein 4000 von ihnen mußten zwischen 1933 und 1945 im von Hitler besetzten Europa um ihres Glaubens willen ihr Leben lassen. Hunderttausende katholischer und evangelischer Laien haben aus Treue zu den Prinzipien ihres Glaubens unter den Maßnahmen Hitlers gelitten oder sind gar ermordet worden. Sehr viele – heute nennt man sie »unbesungene Helden« – haben ihr Martyrium wegen ihrer Haltung gegen die Judenpolitik Adolf Hitlers erlitten. Allein im Konzentrationslager Dachau waren rund 2500 evangelische und katholische Geistliche als Häftlinge eingesperrt.

Sicher, die Schwäche mancher Bischöfe kann man nicht verhehlen, doch darf hier nicht pauschal verurteilt werden, denn etliche haben unter dem Mantel der Tarnung manches Leben retten können, indem sie auf ihrem Posten ausharrten. Dafür gibt es zahlreiche Zeugnisse, auch dafür, daß viele Bischöfe, ähnlich wie politisch tätige Laien, zunächst glaubten, der neuen Zeit huldigen zu müssen. Später sind sie zu ihren schärfsten Kritikern geworden. Auch dabei war die Judenfrage entscheidend. Kardinal Galen, der Bischof von Münster, Konrad Gröber von Freiburg, der württembergische Bischof Sproll von Rottenburg, Bischof Berning, Kardinal Preysing, die Bischöfe von Berlin sind in diesem Zusammenhang unvergessen. Zu ihnen gehört auch der württembergische Landesbischof der Bekennenden Kirche, Dr. Wurm, dessen Predigten gegen die unmenschlichen Verfolgungen von uns in Berlin auf den gleichen Maschinen vervielfältigt wurden wie die aufsehenerregenden Predigten des Bischofs Galen in Münster. Die Auflagen in Höhe von 4000 bis 5000 Exemplaren wurden dann von Laien an die unterschiedlichsten Gruppen verteilt, ja Exemplare bis weit hinaus an die Fronten versandt.

Die Häuser von Christen, und nicht zuletzt Pfarrhäuser, Klöster und der Vatikan selbst, waren die sichersten Zufluchtsstätten für verfolgte Juden. Daran sollte man denken, wenn man die Vielschichtigkeit der damaligen Zeit begreifen will.

Vor dem Hintergrund der Judenverfolgung im Dritten Reich wurde dann durch Papst Johannes XXIII. und Kardinal Bea, dem Deutschen im Vatikan, nicht nur die Liturgie von antisemitischen Texten befreit, sondern auch vom zweiten vatikanischen Konzil die Resolution zur Judenfrage verabschiedet. Ich möchte kein Prophet sein, aber der Tag, da die Kirche auch dem Staat Israel gegenüber eine aufgeschlossenere Haltung einnehmen wird, ist nicht mehr allzu fern. Die Grundlage dafür wurde bereits auf dem Konzil gelegt.

5

Wer die psychologische Lage des deutschen Durchschnittsbeamten in den ersten Jahren des Dritten Reiches, Thema der Dokumente dieses Buches, richtig bewerten will, muß sich schließlich noch einen anderen Faktor vergegenwärtigen: Hitlers wirtschaftlichen Erfolg.

Die wirtschaftliche Leistung Hitlers in den ersten fünf Jahren seiner Regierung war enorm. Die Zahlen – ich folge hier weitgehend der Darstellung Hjalmar Schachts, des damaligen Reichsbankpräsidenten (1933 bis 1939) und Reichswirtschaftsministers (1934 bis 1937) – sprechen eine eindeutige Sprache. Im Jahre 1933 war der Welthandel auf seinem absoluten Tiefpunkt angelangt, die Welteinfuhr betrug 52 Milliarden Reichsmark gegenüber 148 im Jahre 1929, die Weltausfuhr 47 Milliarden Reichsmark gegenüber 136 Milliarden im Jahre 1929. Im März 1933 gab es auf der Welt 30 Millionen Arbeitslose (Ende 1930 immerhin erst 20 Millionen). Bereits Ende 1933 war die Weltarbeitslosigkeit wieder auf 24 Millionen gesunken. 2,8 Millionen von den sechs Millionen, die im Laufe des Jahres 1933 wieder Arbeit fanden, lebten in Deutschland.

Schacht kommentierte: »Deutschlands Lage besserte sich 1933 nicht, weil die Weltlage sich besserte, sondern die Weltlage besserte sich, weil es in Deutschland besser ging.«

Die amtliche Statistik war ein Ruhmesblatt für Hitler:

Ende Januar 1933	6 013 000 Arbeitslose
Ende Januar 1934	3 772 000 Arbeitslose
Ende Januar 1935	2 973 000 Arbeitslose
Ende Januar 1936	2 520 000 Arbeitslose

Ende Januar 1937   1 853 000 Arbeitslose
Ende Januar 1938   1 052 000 Arbeitslose
Ende Januar 1939   301 000 Arbeitslose

Bereits drei Wochen nach Regierungsbeginn, am 22. Februar 1933, erließ Hitler eine Verordnung, die bei Wohnungs- und Betriebsrenovierungen eine Reichsbürgschaft garantierte. Am 31. Mai 1933 erweiterte ein Arbeitsbeschaffungsgesetz diesen Rahmen. Pressebericht: »Das Reichskabinett beschäftigte sich heute nachmittag in mehrstündigen Verhandlungen mit den Fragen der Arbeitsbeschaffung. Verabschiedet wurde ein vom Reichsfinanzministerium vorgelegtes Gesetz zur Verminderung der Arbeitslosigkeit, durch das der Reichsminister der Finanzen ermächtigt wird, Arbeitsschatzanweisungen im Gesamtbetrage bis zu einer Milliarde Reichsmark zwecks Förderung von Instandsetzungs- und Ergänzungsarbeiten an öffentlichen Gebäuden sowie an privaten Wohngebäuden und Wohnungen, ferner für vorstädtische Kleinsiedlungen, landwirtschaftliche Siedlung, Flußregulierungen, Gas-, Wasser- und Elektrizitätsversorgung, Tiefbauarbeiten und Sachleistungen an Hilfsbedürftige auszugeben. Das Gesetz enthält ferner Bestimmungen über die Steuerfreiheit für Ersatzbeschaffungen, für eine freiwillige Spende zur Förderung der nationalen Arbeit, für die Überführung weiblicher Arbeitskräfte in die Hauswirtschaft und für die Förderung der Ehestandsschließung durch Ehestandshilfen und Ehestandsdarlehen. Der Reichskanzler regte an, über die Vorschläge hinaus einige großzügige Arbeitsprojekte beschleunigt in Angriff zu nehmen, und zwar in erster Reihe ein umfassendes Bauprogramm für Hausreparaturen und die Wiederherstellung einer gesunden Grundstücks- und Wohnungswirtschaft im Zusammenhang mit einer Neuregelung auf steuerlichem Gebiete durchzuführen, ferner die Schaffung eines Netzes von großen Verkehrsstraßen, das den Ansprüchen eines neuzeitlichen Kraftverkehrs entspricht und produktive Auswirkungen im weitesten Umfange für die Kraftverkehrsindustrie und die Treibstoffwirtschaft zuläßt, wobei eine organische Verbindung zwischen der Eisenbahn und der Kraftverkehrswirtschaft unter maßgeblicher Beteiligung der Deutschen Reichsbahngesellschaft hergestellt werden soll, sowie schließlich die nachhaltige staatliche Förderung von zusätzlicher Produktion, insbesondere auch für den Export zum Ausgleich des Valuta-Dumpings.

Es wurde beschlossen, eine Kommission unter Führung des Reichsbank-präsidenten einzusetzen, die die mit diesem großzügigen Arbeitsbeschaffungsprogramm zusammenhängenden Finanzfragen bearbeiten und insbesondere allein und autoritativ bevollmächtigt sein soll, alle den Geld- und Kapitalmarkt betreffenden Angelegenheiten zu regeln und zu überwachen, damit nicht Störungen des Geld- und Kapitalmarktes durch falsche Dispositionen oder Eingriffe nichtverantwortlicher Stellen eintreten.«

Der Erfolg zeigte sich bereits im ersten Halbjahr 1933, wie ein Bericht des Statistischen Reichsamtes in seiner wissenschaftlichen Zeitschrift »Wirtschaft und Statistik« ausweist:

»Die Beschäftigung steigt zwar in jedem Jahr in den Frühjahrsmonaten. Indessen ist die Zunahme dieses Mal stärker als in den letzten Jahren. Sie kann also aus saisonmäßigen Gründen allein nicht erklärt werden. Die Entwicklung seit Januar 1933 stellt vielmehr eine konjunkturelle Besserung der Wirtschaftslage dar, die in beträchtlichem Umfange durch die Maßnahmen der Reichsregierung zur Arbeitsbeschaffung bedingt ist ... Am stärksten von allen Industriezweigen hat sich der Fahrzeugbau belebt. Durch die Steuererleichterungen für Kraftfahrzeuge hat sich der Absatz, besonders von Lastkraftwagen, so erhöht, daß die Beschäftigung der Kraftwagenindustrie bereits fast den Stand von 1929 erreicht hat ... Innerhalb der Verbrauchsgüterindustrie ist die größte Belebung in den Industriezweigen festzustellen, die Hausrat und Gegenstände für den Wohnbedarf herstellen. Die Belebung dürfte in beträchtlichem Umfange auf die Maßnahmen der Reichsregierung für Arbeitsbeschaffung zurückzuführen sein.«

Wie Hitlers Arbeitsbeschaffungsprogramm finanziert wurde, ist in den »Jahrbüchern für Nationalökonomie und Statistik«, Band 140, beschrieben:

»Die Finanzierung erfolgte zum kleineren Teil unmittelbar aus Haushaltsmitteln, überwiegend aber durch Vorgriff auf künftige Steuereingänge und etwaige spätere Anleiheaufnahmen, und zwar in Gestalt von Arbeitsbeschaffungswechseln, die durch Arbeitsschatzanweisungen, Steuergutscheine oder besondere Bürgschaften gesichert sind. Träger der Finanzierung sind zunächst einige öffentliche und halböffentliche Institute, deren Mittel allerdings nur begrenzt sind und die deshalb die Wechsel im Bedarfsfalle teils am Geldmarkt und bei anderen Kreditinstituten, teils unmittelbar bei der Reichsbank, deren Rediskontzusagen dem Finanzierungssystem den notwendigen Rückhalt verliehen, unterbrachten.

Eine Reihe weiterer Maßnahmen diente mittelbar der Bekämpfung der Arbeitslosigkeit durch wirkungsvolle Steuererleichterungen, Senkung der Sozialversicherungsbeiträge und Gewährung von Ehestandsdarlehen. Der Erfolg war die beste Rechtfertigung für das Vorgehen der nationalsozialistischen Führung. Binnen Jahresfrist sank die Zahl der Arbeitslosen um 2 ¼ Mill.«

Der Wochenverdienst eines Industriearbeiters stieg vom Index 100 (1932) auf 106 (1933) und schließlich auf 128 (1937). Die Kraftfahrzeugindustrie produzierte im Jahre 1932 ganze 43 400 Fahrzeuge, im Jahre 1937 bereits 264 000 Fahrzeuge. Das Volkseinkommen, 1932 auf 696 Reichsmark pro Kopf der Bevölkerung gesunken, betrug 1938 wieder 1166 Reichsmark.

Dabei ist festzuhalten, daß diese Erfolge nicht etwa durch die Rüstungsindustrie Hitlers erreicht wurden, wie immer wieder fälschlich behauptet worden ist. Zwar spielte ein kommender Eroberungskrieg im Gehirn Hitlers schon sehr früh eine große Rolle. Aber erst im März 1935 erließ Hitler ein Wehrgesetz – mehr als die Hälfte der sechseinhalb Millionen Arbeitslosen waren da schon beschäftigt; am 1. Oktober 1935 erfolgten die ersten Einberufungen, die Zahl der Arbeitslosen betrug 2 703 912. Erst von 1936 an spielte die Rüstung eine Rolle, wenn auch noch keine große. Als Dr. Reichert, Geschäftsführer des damaligen Verbandes der Eisen- und Stahlindustrie, während der Nürnberger Prozesse von einem Verteidiger nach dem Eisen- und Stahlverbrauch für Rüstungszwecke gefragt wurde, antwortete er: »Es besteht lediglich die Möglichkeit, aus der seit 1. Mai 1937 durchgeführten Kontingentierung zu entnehmen, welche Mengen und Anteile einerseits für den Rüstungsbedarf, andererseits für den öffentlichen und zivilen Nichtkriegsbedarf zugeteilt worden sind. 1937 sind nicht mehr als 18 Prozent der gesamten Inlandsversorgung (Eigenproduktion zuzüglich Einfuhr) für Rüstungszwecke zugeteilt worden. Für 1936 ist mir eine Schätzung eines Beamten des Statistischen Reichsamtes in Erinnerung, wonach etwa sechs Prozent der damaligen Inlandsversorgung in Eisen und Stahl für Rüstungszwecke verwendet worden sind . . . In 1934 und 1935 dürften kaum nennenswerte Mengen für Rüstungszwecke verwendet worden sein.« Alle Aussagen führender

Nationalsozialisten während der Nürnberger Prozesse bestätigen diese Angaben.

Schacht erinnert sich in seinem Buch »1933« an seine Zeit als Reichsbankpräsident: »Als 1937 die Vollbeschäftigung erreicht wurde, nahm die Reichsbank dies zum Anlaß, ihre Finanzierungshilfe einzustellen. Vom 1. April 1938 ab hat die Reichsbank keinen Pfennig mehr für die Arbeitsbeschaffung hergegeben. Daß die Beseitigung der Arbeitslosigkeit der Aufrüstung zu danken gewesen sei, ist ein Märchen, leider ein bösartiges.«

6

Ein latenter Antisemitismus, Produkt abendländischer Tradition, war bereits zu Beginn der Hitlerzeit vorhanden. Hitler war legal an die Macht gekommen. Die deutschen Demokraten hatten die Demokratie kampflos aufgegeben. Die geistlichen Führer hatten sich Hitler unterworfen. Hitlers Wirtschaftserfolge schienen ein erster Beweis für die Richtigkeit seines Weges. Und wenn manchem Hitler dennoch nicht geheuer war, so erging es ihm vielleicht wie dem Schweizer evangelischen Theologen Karl Barth. Er, der mit Sicherheit kein Freund Hitlers war, schrieb in seiner »Schweizer Stimme 1938–1945«, »daß der Nationalsozialismus in der ersten Zeit seiner Macht in der Tat den Charakter eines politischen Experimentes wie andere hatte ... Es war recht und billig, auch dem politischen Experiment des Nationalsozialismus als solchem seine Zeit und Chance zunächst zu lassen«.

Zwangsläufig mußte all dies vornehmlich jene beeinflussen, die seit Hitlers »Machtergreifung« nun mehr oder weniger automatisch in Hitlers Diensten standen, per Beamteneid an den Führer persönlich gebunden. Unter Hitler lautete der Beamteneid: »Ich werde dem Führer des Deutschen Reiches und Volkes, Adolf Hitler, treu und gehorsam sein, die Gesetze beachten und meine Amtspflichten gewissenhaft erfüllen, so wahr mir Gott helfe.« Ein Ministerialerlaß vom 12. Juli 1935 klärte letzte Zweifel. Der Erlaß schrieb ausdrücklich vor, daß dieser Eid den bedingungslosen Gehorsam gegenüber Hitler und allen NS-Gesetzen jetzt und in Zukunft beinhalte und daher in diesem Sinne »ohne Vorbehalte und Einschränkungen« geleistet werden müsse.

Demjenigen Beamten, dem ein solcher Eid nicht mit seinem Gewissen vereinbar schien, empfahlen die katholischen Bischöfe nicht etwa die Eidesverweigerung. Nein, die im August 1935 in Fulda zu ihrer gemeinsamen Konferenz versammelten deutschen Bischöfe empfahlen den Beamten, den Eid auch bei Skrupeln in jedem Falle zu leisten, denn: »Es ist und war seit jeher katholische Lehre, daß ein Eid als ein feierlicher Akt der Gottesverehrung nichts enthalten kann, was mit der Pflicht der Gottesverehrung und der Treue zur Wahrheit in Widerspruch steht. Eine Verpflichtung zu etwas, was nach katholischer Glaubens- und Sittenlehre zum Gesetz Gottes in Widerspruch steht, kann daher gar nicht Gegenstand eines Eides sein, da das der Gegensatz zur Gottesverehrung sein würde, kann also nicht im Eide enthalten sein. Das ist katholische Lehre . . .«

Nach dieser Lehre hätten sich einige Märtyrer des frühen Christentums ihren frühen Tod sparen können, als die Cäsaren sie zwangen, den Göttern zu opfern statt Christus, und sie dies strikt ablehnten. Immerhin hatte diese bischöfliche Lehre für die christlichen Beamten des Dritten Reiches einen lebenserhaltenden Effekt, der über die Eidesleistung weit hinausging. Diese Lehre enthielt nämlich eine versteckte General-Anweisung für das Verhalten unter Hitler: So tun als ob.

Das war nicht jedermanns Sache. Als der katholische Jurist Dr. Josef Fleischer sich zwecks Übernahme in den Referendardienst beim Kammergericht in Berlin auf diese bischöfliche Erklärung berief und seinen Beameneid nur unter dem in dem Hirtenwort genannten geistigen Vorbehalt ablegen wollte, wurde er nicht in den Staatsdienst übernommen. Das war nicht verwunderlich. Nicht verwunderlich war auch dies: Alle von dem Juristen Fleischer in der Sache um Unterstützung gebetenen Bischöfe, so der Berliner Bischof Konrad Graf Preysing ebenso wie der Breslauer Kardinal Adolf Bertram und der Apostolische Nuntius Cesare Orsenigo, lehnten jede kirchenamtliche Unterstützung ab. Die Bischöfe hielten sich an ihr eigenes Konzept: So tun als ob.

Das Beispiel zeigt, wie wenige Alternativen einem Beamten unter Hitler blieben, erst recht, wenn er Hitler skeptisch gegenüberstand. Bedenkt man darüber hinaus noch die finanzielle Abhängigkeit, in der sich die meisten Beamten befanden – Hitler hatte die Unabsetzbarkeit der Beamten und Richter aufgehoben –, und bedenkt man schließlich die Lebensgefahr, in die sich derjenige begab, der Opposition erkennen ließ, so wird nur allzu verständlich, wenn der deutsche Beamte unter Hitler zunächst einmal oder auch ständig kuschte.

Erst vor diesem Hintergrund vermag man die zumeist zaghaften, vorsichtigen, versteckten, bürokratisch abgesicherten und häufig dann doch scheiternden Bemühungen einiger Beamter des Reichswirtschafts- und Reichsaußenministeriums richtig zu werten, wie sie sich im Dokumentarteil dieses Buches widerspiegeln.

Erst vor diesem Hintergrund vermag man natürlich auch zu ermessen, was es bedeutete, in den ersten Hitler-Jahren offen gegen Hitler zu opponieren, geschweige denn in den letzten. Aber man vermag vielleicht auch zu verstehen, warum an sich gutwillige Menschen unter diesen Umständen häufig völlig versagten.

2. Kapitel
Haavara-Abkommen

»So glaube ich heute im Sinne des allmächtigen Schöpfers zu handeln: Indem ich mich des Juden erwehre, kämpfe ich für das Werk des Herrn.«

Adolf Hitler 1925 in »Mein Kampf«

1

Seit der Reichsgründung von 1871 waren die Juden in Deutschland den andern Bürgern gegenüber theoretisch – und zumeist auch tatsächlich – gleichgestellt. Im Januar 1933 lebten 525 000 Juden in Deutschland, die meisten (nämlich 70,9 Prozent) in Städten. Von der übrigen deutschen Bevölkerung lebten damals nur 30,4 Prozent in Städten. Allein in Berlin wohnten im Jahre 1933 mit 160 600 Juden 32 Prozent der jüdischen Gesamtbevölkerung.

Praktisch alle Juden gehörten zu einer der 1600 jüdischen Gemeinden, die ebenso hervorragend organisiert waren wie zahlreiche andere jüdische Vereinigungen, beispielsweise der »Centralverein deutscher Staatsbürger jüdischen Glaubens« oder die »Zionistische Vereinigung für Deutschland«. Die Aufgaben der Gemeinden und Vereinigungen waren religiöser, sozialer, karitativer Natur. Die Juden in Deutschland unterhielten rund 500 Altersheime, Krankenhäuser, Kinderhorte, Jugendheime, Erziehungshäuser, Schulen, theologische Seminare und ähnliches. Der Wert des jüdischen Gemeindevermögens betrug im Jahre 1933 rund 300 Millionen Mark. Noch 1936 beliefen sich die Steuereinnahmen der jüdischen Gemeinden auf rund 25 Millionen Mark. Allerdings, »die« deutschen Juden waren nicht wohlhabend, geschweige denn reich. Die Mehrzahl gehörte volkswirtschaftlich zur Mittelklasse, nur ein kleiner Teil zum gehobenen Mittelstand. Ein ebenso kleiner Teil lebte in ärmlichen Verhältnissen. Im Jahre 1933 waren 33 661 Juden, immerhin 7 Prozent, arbeitslos; im Jahre 1934 lebten allein 31 000 Berliner Juden von der Wohlfahrt. Aufschlußreich für die jüdische Einkommensstruktur sind Steuerlisten aus dem Jahre 1925. Damals brauchte etwa ein Drittel aller Berliner Juden keine Steuern zu zahlen, weil sie monatlich weniger als 100 Mark verdienten. Genau 31 Prozent der jüdischen Steuerzahler Berlins gehörten zur niedrigsten Einkommensgruppe, die zwischen 1200 und 2400 Mark jährlich eingestuft war.

Die meisten Juden arbeiteten in freien Berufen, 61,3 Prozent in der Sparte Handel und Verkehr, davon wiederum die meisten in der Sparte Warenhandel. Immerhin waren 23,1 Prozent in der Industrie und im Handwerk beschäftigt, 12,5 Prozent im privaten Dienstleistungsgewerbe. Nur 1,7 Prozent der deutschen Juden gehörten zum Banken- und Börsenwesen.

Der Anteil der Juden am kulturellen und geistigen Leben Deutschlands war außergewöhnlich groß, ihr Anteil an Presse, Film, Theater und Literatur zahlenmäßig weit größer als ihr Bevölkerungsanteil (weshalb die Nazis von jüdischer Überfremdung sprachen). Unverhältnismäßig stark waren sie auch in juristischen und medizinischen Berufen vertreten. So stellten die Juden im Jahre 1933 in Deutschland mit 286 Richtern und Staatsanwälten sowie 3030 Rechtsanwälten 16,25 Prozent der gesamten deutschen Anwaltschaft; mit 5567 Ärzten stellten sie 10,88 Prozent aller damals praktizierenden Ärzte, mit 1041 Zahnärzten 8,6 Prozent der gesamten Zahnärzte. Von den 46 deutschen Nobelpreisträgern vor 1933 waren sieben Volljuden und vier Halbjuden, ein Anteil von mehr als 20 Prozent. Der Anteil der Juden an der deutschen Gesamtbevölkerung betrug dagegen nur 0,7 Prozent.

Religiös zerfielen die Juden in drei Gruppen: eine relativ kleine Gruppe von strenggläubigen oder orthodoxen Juden, die minuziös am alten

Glauben und seinen rituellen Vorschriften festhielten; eine Gruppe von liberalen Reformjuden, die sich an das Brauchtum ihrer Religion nur insoweit gebunden fühlten, als es ihnen mit der modernen Zeit vereinbar erschien; und eine Gruppe religiös völlig ungebundener Juden, vermutlich mit 300 000 bis 400 000 die größte Gruppe. Von ihr sagte der Historiker und Kenner der jüdischen Situation Hans Joachim Schoeps im Jahre 1938: »Es hat keinen Zweck, sich über die wirkliche Lage etwas vorzumachen: Der Jude von heute ist zwar der Enkel und Urenkel eines frommen Mannes, dem Judentum als *die* Lebenswirklichkeit galt, er selbst aber ist ganz und gar Mensch dieser Zeit. Die Tageszeitung interessiert ihn mehr als die Bibel.«

2

Als der altersschwache Reichspräsident von Hindenburg Adolf Hitler am 30. Januar 1933 zum Führer der »Regierung des nationalen Zusammenschlusses« machte, war vielen Juden noch nicht recht bewußt, was die Stunde geschlagen hatte.

Zwar hatte das Parteiprogramm der Nationalsozialisten von 1920 ihre völlige Ausschaltung aus dem öffentlichen Leben sowie ihre weitgehende Verdrängung aus der Wirtschaft gefordert. Fünf Jahre später hatte Hitler in »Mein Kampf« den Antisemitismus als das »treibende Motiv« des Nationalsozialismus bezeichnet. Aber das alles hatten ja viele, auch viele Juden, nicht so recht glauben mögen. Viele hatten es auch einfach gar nicht gewußt.

Schon die ersten Wochen und Monate des Jahres 1933 jedoch zeigten fast überdeutlich, daß Hitler mit seinem Antisemitismus ernst machte. Den Juden, den Betroffenen, wurde das jetzt sehr schnell bewußt.

Die erste Welle antijüdischer Maßnahmen begann mit zwei verhängnisvollen Gesetzen. Bereits einen Tag nach dem – vermutlich von den Nationalsozialisten selbst inszenierten – Reichstagsbrand vom 27. Februar 1933 setzte die »Verordnung des Reichspräsidenten zum Schutz von Volk und Staat vom 28. Februar 1933« verschiedene Grundrechte außer Kraft, die in der Weimarer Verfassung vom 1. August 1919 garantiert waren. Fortan konnte jeder, der das nationalsozialistische System ablehnte, oder wer dessen Führern sonstwie nicht paßte, ohne weiteres verhaftet, sein Eigentum beschlagnahmt werden. Am 24. März 1933 folgte das »Gesetz zur Behebung der Not von Volk und Reich«, das sogenannte Ermächtigungsgesetz. Es legitimierte Hitler faktisch zu jeder Willkürmaßnahme.

Die ließen auch nicht lange auf sich warten. Eine Art seelischer Zermürbungskrieg setzte in diesem ersten Hitler-Jahr gegen die Juden ein. In den verschiedensten Orten Deutschlands wurden Juden schwer belästigt, angepöbelt, bespuckt. Sprechchöre grölten »Juda verrecke«. Vagabundierende SA-Scharen beschmierten jüdische Geschäftshäuser mit gelber Farbe. Am 1. April 1933 veranlaßte die Reichsleitung der NSDAP unter Julius Streicher einen eintägigen Boykott jüdischer Geschäfte. Die als »Hilfspolizei« agierende SA inszenierte willkürliche Hausdurchsuchungen.

Bereits im April kam eine detaillierte antijüdische Gesetzgebung in Gang. Am 7. April 1933 sorgte ein »Berufsbeamtengesetz« für die »Ausschaltung Blutsfremder« aus dem Berufsbeamtentum. Ein anderes Gesetz traf am gleichen Tag die Rechtsanwälte: Von jetzt ab konnte Nichtariern die Zulassung zum Anwaltsberuf ohne weiteres verweigert werden. Ein Gesetz vom 22. April traf die jüdischen Patentanwälte, ein weiteres Gesetz vom gleichen Tage die Ärzte: Nichtarier bekamen keine Kassenzulassung mehr; wer sie bisher noch hatte, verlor sie nun. Zahlreichen Ärzten an Krankenhäusern wurde gekündigt, Richtern und Rechtsanwälten jüdischer Abstammung der Zutritt zu den Gerichtsgebäuden verwehrt, jüdischen Schauspielern ihr Engagement genommen.

Am 25. April 1933 wurde der Numerus clausus für jüdische Gymnasiasten und Studenten eingeführt – ihre Zahl durfte den Anteil der Juden an der Gesamtbevölkerung nicht überschreiten. Ebenfalls im April wurden die ersten größeren jüdischen Firmen »arisiert«, die Spitzenfunktionen mit Ariern besetzt, jüdische Angestellte entlassen, die dann meist keine neue Arbeit fanden. Der Versuch, jetzt schon die totale Arisierung der Wirtschaft durchzuführen, stieß allerdings auf so heftigen Widerstand aus allen Wirtschaftskreisen, daß die Regierung zunächst davon abließ.

Am 10. Mai organisierte der Propagandaminister Dr. Joseph Goebbels die erste Bücherverbrennung in Berlin. Ungezählte Bücher jüdischer Autoren gingen in Flammen auf, im Laufe des Jahres auch in anderen Städten, so in Nürnberg, Dresden, Breslau, Frankfurt am Main. Jüdische

Künstler mußten ihre Konzerte absagen, jüdische Ausstellungen konnten nicht stattfinden. Die ersten Verbotstafeln gegen Juden in Badeanstalten tauchten auf. In Franken prangerten die Nationalsozialisten erstmals Christen öffentlich an, die es wagten, bei Juden zu kaufen. Jüdische Händler wurden von verschiedenen Märkten vertrieben.

Kaum waren die jüdischen Ärzte aus dem Krankenkassenwesen ausgestoßen worden, da forderten Brandenburger Ärzte gar den »Ausschluß aller Juden von der ärztlichen Behandlung deutscher Volksgenossen«. Kein jüdischer Arzt sollte mehr einen deutschen Volksgenossen anfassen, »weil der Jude die Inkarnation der Lüge und des Betruges ist«. Im Juli 1933 beantragten die Nationalsozialisten im Münchner Stadtrat, »daß in Zukunft die Asche verstorbener Juden nicht mehr in christlichen Friedhöfen und Urnenhallen beigesetzt werden dürfe«. Gegen Ende des Jahres mußten jüdische Schöffen und Geschworenen aus den Gerichten weichen, jüdische Redakteure aus vielen Zeitungsverlagen.

Welche Brutalität hinter all dem steckte, zeigte sich bereits in diesem ersten, vergleichsweise harmlosen Schreckensjahr 1933 an den Verhaftungen. Juden wurden unter irgendeinem Vorwand nachts aus ihren Wohnungen geholt. Noch waren es zwar Einzelaktionen und nicht die Massenverhaftungen späterer Jahre. Aber sie zeigten, wohin das Ganze lief.

So erließ der Gauleiter von Neustadt in der Pfalz am 18. April 1933 einen Erlaß über Schutzhäftlinge, in dem er bestimmte: »Juden können in Zukunft nur noch entlassen werden, wenn je zwei Bittsteller, bzw. die die Juden krankschreibenden Ärzte, anstelle der Juden den Arrest antreten.« Die Zahl der Schutzhäftlinge, allerdings nicht nur der jüdischen, betrug am 26. April 1933 bereits 16 000. Und schon im Frühjahr 1933, kurz nach Eröffnung der Konzentrationslager Osthofen, Dachau, Eschwege und Oranienburg, wurde eine Reihe von Juden dort getötet, offiziell »auf der Flucht erschossen«.

Die antijüdischen Maßnahmen lösten im Ausland eine Welle von Protesten aus. Im Oktober 1933 wurde Hitlers Judenpolitik vor dem Völkerbund scharf kritisiert. Tatsächlich verlangsamten die Nationalsozialisten in der zweiten Hälfte des Jahres 1933 und im Jahre 1934 das Tempo ein wenig. Aber Goebbels hatte im Juni 1933, nach heftigen Auslandsreaktionen, die weitere Marschrichtung abgesteckt: »Wenn man uns vorwirft, wir seien gegen die Juden, so kann ich nur antworten: Ja, habt ihr denn angenommen, wir seien für die Juden? Wenn man sagt: Ihr seid so rigoros, so können wir nur antworten: Ja, haben wir gesagt, wir seien nicht rigoros?«

3

Der unverhüllte antijüdische Terror unmittelbar nach Hitlers Regierungsantritt traf bei den Juden nicht mehr auf taube Ohren. Zwar hatte schon vor 1933, im Gefolge der Weltwirtschaftskrise, eine kleine Zahl von Juden Deutschland verlassen. Und als Hitler 1932 seinen Anspruch auf die Regierung anmeldete, folgte noch einmal ein kleiner Schub besonders Hellhöriger. Aber die erste größere Emigrationswelle setzte erst unmittelbar nach Hitlers Machtübernahme Ende Januar 1933 ein.

Vor Beginn dieser ersten Welle, im Januar 1933, wohnten etwa 525 000 Juden in Deutschland. Im Juni 1933, fünf Monate später, waren es nur noch 500 000, also 25 000 weniger. Ein Teil dieser 25 000 ist damals verhaftet worden, ein Teil verstorben, aber der weit größere Teil ausgewandert, darunter vorwiegend Akademiker, Künstler, Journalisten, kommunistische und sozialdemokratische Parteifunktionäre, Gewerkschaftler, Pazifisten, entlassene Angestellte arisierter Betriebe.

Im Jahre 1934 ebbte diese erste Auswandererwelle ab, parallel zum vorübergehenden Abebben des antijüdischen Terrors in Deutschland. Eine zweite Auswandererwelle flutete mit dem Erlaß der Nürnberger Gesetze im Jahre 1935 aus Deutschland. Eine dritte folgte auf die Reichskristallnacht vom November 1938. Nach dem Terror dieser Nacht gab es nur noch wenige Juden, die nicht nach einem Zufluchtsort im Ausland Ausschau hielten. Den wenigsten gelang damals noch der Sprung über die Grenzen.

Die Länder, in denen die meisten deutschen Juden während der Nazizeit Zuflucht fanden, waren Palästina (im Gebiet des heutigen Israel, aber auch darüber hinaus) und die Vereinigten Staaten. Im Jahr 1933 bevorzugten sie allerdings noch die Nachbarländer Deutschlands, an der Spitze Frankreich, Holland und Polen, gefolgt von Belgien, England, Tschechoslowakei, Schweiz und Skandinavien. Schließlich gab es kein europäisches Land mehr, in das Juden nicht emigrierten. Daß sie in den ersten Jahren gerne in Europa blieben, hängt vermutlich mit ihrer

Hoffnung zusammen, vielleicht doch in absehbarer Zeit wieder nach Deutschland zurückkehren zu können.

Je mehr sich allerdings Hitlers Macht verfestigte und je größer der Terror gegen die Juden wurde, um so mehr verstärkte sich in den weiteren Vorkriegsjahren der Zug deutscher Juden in überseeische Länder: neben den USA vor allem nach Argentinien, Brasilien, Uruguay, Kolumbien, Chile, Südafrika und Australien. Auch in Übersee gibt es fast kein Land, in das deutsche Juden nicht emigriert wären. Während 1933 noch etwa 74 Prozent von ihnen innerhalb Europas blieben, 19 Prozent nach Palästina und nur 7 Prozent nach Übersee gingen, hatte sich das Verhältnis 1937 bereits umgekehrt: Jetzt blieben nur noch 25 Prozent in europäischen Ländern und 16 Prozent in Palästina; aber 69 Prozent zog es in überseeische Länder, davon allein 38 Prozent in die USA. Nach einer Schätzung von Hans Lamm, einem der Chronisten der jüdischen Auswanderungsbewegung, verließen zwischen dem 30. Januar 1933 und dem 31. Dezember 1938 etwa 187 000 Juden ihre deutsche Heimat, um irgendwo im Ausland Unterschlupf zu finden.

Ein nicht geringer Teil deutscher Juden versuchte, sich dem Terror nicht durch Auswanderung, sondern durch Binnenwanderung innerhalb Deutschlands zu entziehen – eine folgenschwere Fehlkalkulation, wie sich später für die meisten zeigen sollte. Vor allem vor und nach dem Erlaß der Nürnberger Gesetze im Jahre 1935 wanderten viele Juden aus deutschen Kleingemeinden, in denen sie schutzlos antijüdischer Hetze ausgesetzt waren, in größere Orte oder in Großstädte. So war beispielsweise im ersten Viertel des Jahres 1937 die Binnenwanderung aus Hessen größer als die Auswanderung, und die Binnenwanderung aus Bayern, Baden, Hessen und Württemberg insgesamt war nur um ein Drittel geringer als die gesamte Auswanderung aus jenen Ländern.

Solche Zahlenangaben beruhen, wie fast alle im Zusammenhang mit der jüdischen Auswanderung genannten Zahlen, zum Teil auf Schätzungen. Denn es gibt über die Wanderungsbewegung der Juden seit Hitlers Regierungsantritt keine vollständigen amtlichen Statistiken, weder von jüdischer noch von nationalsozialistischer, noch von ausländischer Seite. Damals geführte Statistiken beziehen sich immer nur auf Teilbereiche der jüdischen Wanderungsbewegung. Eine Reihe dieser Statistiken widersprechen sich. Dieselbe Unklarheit besteht übrigens auch hinsichtlich der genauen Zahlen der unter Hitler ermordeten Juden.

Es erscheint mir deshalb recht anschaulich, als vermutlich typisches Beispiel für viele andere jüdische Gemeinden das Schicksal der 1526 Fuldaer Juden seit dem 1. Januar 1933 wiederzugeben. Über die Situation der Fuldaer Juden gibt es nämlich ausnahmsweise eine nahezu lückenlose Statistik, die der Jude Mordechai Bernstein überliefert hat. Nach diesen Aufzeichnungen zogen von den 1526 Fuldaer Juden 250 (16,5 Prozent) unmittelbar nach der Machtergreifung zunächst in andere deutsche Orte, 104 (6,6 Prozent) starben, drei davon im Konzentrationslager, 222 (14,6 Prozent) wurden später nach Riga (117), Theresienstadt (68) und nach unbekannten Orten im Osten (37) deportiert – über ihr weiteres Schicksal sagt Bernsteins Statistik nichts. Weit über die Hälfte der Fuldaer Juden jedoch, genau 922 (60,4 Prozent), wanderte aus, davon 295 in die USA, 182 nach England und 178 nach Palästina. Der Rest der Auswanderer, nicht mehr ganz ein Drittel, verteilte sich auf zahlreiche andere Länder; der größere Teil davon ging nach Holland (55), Frankreich (39) und Südafrika (22).

4

Hitler befürwortete in den Vorkriegsjahren die jüdische Auswanderung grundsätzlich, wollte er die Juden doch zunächst nur aus dem *deutschen* Leben ausschalten. Die mit einer solchen Auswanderung zusammenhängenden Probleme – ob andere Länder die deutschen Einwanderer überhaupt wollten oder verkraften konnten, ob die jüdischen Einwanderer in diesen Ländern lebensfähig sein würden – interessierten Hitler nicht. Ja, es herrschte unter den Nationalsozialisten eine Art hämischer Freude an der Vorstellung, die jüdischen Einwanderer könnten im Ausland scheitern und andere Länder in Schwierigkeiten stürzen.

Obwohl Hitler die jüdische Auswanderung grundsätzlich befürwortete, bereiteten die deutschen Behörden den Juden bei der Auswanderung ungeheure Schwierigkeiten. Die für Auslandsreisen erforderlichen Sichtvermerke in den Pässen erteilten sie nur unter entwürdigenden Bedingungen.

Diese Bedingungen waren wirtschaftlicher Natur: Wenn die Juden schon auswandern wollten, dann sollten sie vorher noch einmal ordentlich zur Kasse gebeten werden. Die Auswanderung sollte das »Reich« nicht nur nichts kosten; das »Reich«, und nicht das Ausland, sollte daran verdienen. Deshalb wurden die Bedingungen so gestaltet, daß die jüdische Auswanderung praktisch einer Enteignung gleichkam. Die Folge war: Nur die reichen Juden hatten im allgemeinen eine Chance, legal aus Deutschland heraus- und vor allem legal in ein fremdes Land hineinzukommen. Denn kein fremdes Land war sonderlich daran interessiert, sich ein neues Proletariat zuzulegen.

Der Griff nach dem jüdischen Auswanderervermögen hatte neben der menschenverachtenden Komponente seinen Grund in der wirtschaftlichen Zwangslage, in der Deutschland sich befand. Litten die Deutschen schon allein durch die weltweite Wirtschaftskrise unter dem Mangel an Devisen, so verstärkte sich die Devisenknappheit mit Beginn der offen zur Schau getragenen Judenfeindlichkeit noch einmal schlagartig: Ein weltweiter Boykott deutscher Exporte setzte ein, unterstützt von ausländischen Juden wie Nichtjuden.

Dieser Boykott war so stark, daß Vizekanzler von Papen am 27. März 1933 einen flehentlichen Brief an die deutsch-amerikanische Handelskammer schrieb. Darin beteuerte er, Hunderttausende Juden seien in Deutschland unbehelligt geblieben und große jüdische Verlagshäuser arbeiteten weiterhin uneingeschränkt. Im Juni besuchte der deutsche Außenminister von Neurath London und erkannte dort seine Gesprächspartner kaum wieder. In allen Gesprächen, die er geführt habe, so berichtete er nach seiner Rückkehr dem Reichspräsidenten von Hindenburg, sei man immer wieder auf die jüdische Frage zu sprechen gekommen, und kein Gegenargument habe die Zweifler beruhigen können. Selbst der englische König habe ihn in einen äußerst ernsten Disput darüber verwickelt.

Sowohl die knappe Devisenlage wie auch die Absicht, an den Juden zu verdienen, führten dazu, daß die deutsche Regierung den Juden die zum Transfer des jüdischen Vermögens notwendigen Devisen nicht zur Verfügung stellte. Sie verweigerte diese Devisen jedoch nicht direkt, sondern über eine besondere Steuer- und Abgabenordnung.

So wurde die schon im Jahre 1931 eingeführte Reichsfluchtsteuer durch ein Gesetz vom 18. Mai 1934 weiter ausgebaut. Ursprünglich richtete sich die Reichsfluchtsteuer gegen jene, die sich den Folgen der Wirtschaftskrise durch Abwanderung ins Ausland entziehen wollten. Jetzt wurde sie zum Kniff, um auswandernde Juden noch einmal gehörig zu schröpfen. Unterlag früher erst ein Vermögen ab mindestens 200 000 Reichsmark dieser Steuer, so jetzt bereits die Vermögen von 50 000 Reichsmark an aufwärts, wobei die Steuerpflicht auch dann bestand, wenn der betreffende Jude irgendwann seit dem 1. Januar 1931 dieses Kapital besessen hatte. Der Steuersatz betrug anfangs 25 Prozent, wurde aber später noch einmal um eine besondere Auswandererabgabe auf 80 Prozent erhöht. Diese Steuer soll dem Fiskus allein im Jahre 1937 rund 70 Millionen Mark eingebracht haben. Außerdem wurde die Erlaubnis zum Bartransfer zunächst eingeschränkt und im Juni 1934 völlig aufgehoben. Auch immer weniger Umzugsgut durfte von den Auswanderern mitgenommen werden.

War jemand schließlich ausgewandert, wurden seine gesamten inländischen Vermögenswerte zunächst einmal devisenrechtlich gesperrt. Barvermögen wurde als Sperrmark bezeichnet, Effekten als Effektensperrmark. Anfangs konnten diese Sperrmarkbeträge von den Auswanderern im Ausland verkauft werden, zunächst »nur« mit Abschlägen von 50 Prozent, die das »Reich« kassierte. Später wurden die Bestimmungen über die Verwendung der Sperrmarkguthaben immer mehr verschärft, die Abschläge kletterten auf 60, 70, 80 und schließlich 85 Prozent. Ein Jude, der also eine Million Vermögen hatte und auswandern wollte, verlor erst einmal 800 000 Mark durch die Reichsfluchtsteuer, es blieben ihm 200 000 Mark fürs Sperrmarkguthaben. Dann verlor er durch die Abschläge noch einmal 170 000 Mark. Es blieben ihm 30 000 Mark. Aber auch das war noch nicht das Ende der Erpresser-Schraube: Schließlich ließen die Nationalsozialisten den Juden nur noch 4 bis 6 Prozent, so daß es selbst reichen Juden kaum mehr möglich war, sich im Ausland von ihren Sperrguthaben eine Existenz aufzubauen.

5

Kaum zeichnete sich 1933 ab, unter welch makabren Bedingungen Hitler auswanderungswillige Juden abzuschieben gedachte, da machten sich einige nicht der Partei angehörige Beamte in der Devisenabteilung des Reichswirtschaftsministeriums unter dem Regierungsrat Hans Hartenstein über einen Vorschlag jüdischer Geschäftsleute aus Palästina Gedanken. Diese Kaufleute hatten ihrerseits um Transfergenehmigungen für das Vermögen einiger deutscher Juden nachgesucht und dabei ein neues Modell des Transfers (= Haavara) vorgeschlagen.

Das Prinzip war einfach: Waren gegen Menschen. Würde Deutschland den Juden die Auswanderung nach Palästina zu finanziell humanen Bedingungen erlauben, so würden palästinensische Kaufleute den Boykott gegen deutsche Waren aufheben und in Deutschland wieder einkaufen.

Die Modalitäten dieses Haavara-Abkommens sollten so gestaltet werden, daß beides – Ware und Mensch – unlösbar miteinander verknüpft würde: Juden, die nach Palästina auswandern, zahlen ihr Geld zuvor auf ein deutsches Sonderkonto. Die Deutschen exportieren Waren nach Palästina. Aber die palästinensischen Händler bezahlen die Waren nicht den Deutschen, sondern den jüdischen Einwanderern, und zwar in Palästina-Pfund (LP). Entsprechend bedienen sich die Deutschen aus dem Sonderfonds, in den die Auswanderer in Deutschland eingezahlt haben. Lediglich ein Teil der Waren wird jeweils in Devisen bezahlt.

Die Devisenbeamten besprachen sich mit dem Reichsbankpräsidenten Schacht. Der Plan wurde akzeptiert: die Geburtsstunde des Haavara-Abkommens (vgl. Dokumente Nr. 1–18) war da.

Um Hitler ein solches Abkommen schmackhaft zu machen, hatten sich die Devisenfachleute aus dem Reichswirtschaftsministerium einige einsichtige Gründe zurechtgelegt: Der Export nach Palästina, wiewohl an Umfang nicht erheblich, helfe mit, die Arbeitslosigkeit zu beseitigen und Devisen zu verdienen. Außerdem tue es dem deutschen Ansehen im Ausland gut, wenn man den Juden bei der Auswanderung entgegenkomme. Die Argumente zogen, zumal die Deutschen sich äußerlich dabei nichts zu vergeben brauchten: Die Vertragsformulierungen sollten in Form von deutschen Behördenerlassen publiziert werden (vgl. Dokument Nr. 1).

Im Mai 1933 gelang es erstmals der palästinensischen Zitrus-Pflanzengesellschaft Hanotea Ltd., mit dem Reichswirtschaftsministerium auf der Basis Ware gegen Mensch zu einem Übereinkommen zu gelangen. Das Reichswirtschaftsministerium war für den Vertragsabschluß zuständig, weil es sich um den Kauf von Waren aus Auswandererguthaben handelte – nur diesem Umstand verdankt der insgesamt achtjährige Transfer auf der Basis des Haavara-Abkommens sein Entstehen wie seine lange Laufzeit.

Das Abkommen mit der Hanotea beschreibt der jüdische Bankfachmann und Wirtschaftsexperte Dolf Michaelis so: Es sah vor, »im Rahmen von einer Million Reichsmark Auswanderern oder solchen, die später auswandern wollten, die Genehmigung zu erteilen, durch Zahlung auf ein Sperrkonto der Hanotea – bis zu RM 40 000 im Einzelfall – sich eine Heimstätte in Palästina zu schaffen. Die Hanotea verpflichtete sich vertragsgemäß, dem Transferenten als Gegenwert ein Haus oder eine Zitruspflanzung zur Verfügung zu stellen, die er selber bewirtschaften konnte; er konnte sie aber auch gemäß einem Sondervertrag durch die Hanotea bewirtschaften lassen. Die Hanotea ihrerseits erwarb mit den auf ihr Sperrkonto eingezahlten Reichsmarkbeträgen Waren für ihren eigenen Bedarf, wie z. B. Röhren, landwirtschaftliche Maschinen, Pumpen, Düngemittel usw.«.

Bereits am 18. Juni 1933 erweiterte das Reichswirtschaftsministerium den finanziellen Umfang des Hanotea-Vertrages von einer auf drei Millionen Reichsmark, jedoch mit der Maßgabe, künftig offizielle zionistische Stellen mit der Abwicklung zu befassen und dies auch vertraglich zu fixieren. In Deutschland wurden ebenfalls offizielle jüdische Stellen eingeschaltet. Der Luzerner Zionisten-Kongreß erklärte sich mit der Aufhebung des Boykotts deutscher Waren für Palästina einverstanden. Nun begannen jene Verhandlungen, die zum eigentlichen Haavara-Abkommen führten, dessen Grundzüge sich schließlich im Runderlaß des Reichswirtschaftsministeriums vom 28. August 1933 finden (vgl. Dokument Nr. 1).

Der Erfolg des Abkommens war durchschlagend: Rund 52 000 Juden (nach anderen Statistiken 48 000 oder 60 000), darunter auch in Deutschland ansässige Juden fremder Staatsangehörigkeit (besonders Polen), wanderten zwischen 1933 und 1942 aus Deutschland nach Palästina und transferierten 140 Millionen Reichsmark (vgl. Dokumente Nr. 2 und 3). Unter ihnen befanden sich Ärzte, Rechtsanwälte ebenso wie Kaufleute, kaufmännische Angestellte, pensionierte Beamte, Lehrer, Rabbiner, aber auch dank eines sozialen Verteilungsschlüssels Arbeiter, Studenten und Schüler, nicht zuletzt eine Anzahl Zionisten, die in ihrer Wahlheimat Palästina den jüdischen Staat errichten wollten. Zwanzig Prozent der deutschen Juden, die überhaupt auszuwandern vermochten, fanden direkt oder indirekt durch das Haavara-Abkommen den Weg in eine relativ gesicherte Zukunft. Es war den Beamten des

Reichswirtschaftsministeriums sogar gelungen, die Pensionen, Kriegsopferrenten und Versorgungsbezüge zu transferieren.

Die jüdischen Einwanderer aus Deutschland schufen eine große Anzahl eigener landwirtschaftlicher Kolonien, deren Namen etwa lauteten: Kibbuz Hasorea-Jokneam, Naharia, Ramot Haschawim, Gan Haschomron, Herzliah, Beer-Tuwiah, Kirjath Bialik, Kfar-Jedidjah, Massad, Schawe Zion, Kfar Iwri, Moledeth, Gedera, Kfar Szold.

Auf einen freilich negativen Aspekt macht Hans Lamm aufmerksam: ». . . daß die Auswanderer aus Deutschland nicht mit den freiwilligen Emigranten früherer Zeiten verglichen werden können, sondern daß es sich fast ausschließlich um Flüchtlinge und ›Heimatvertriebene‹ handelte«. Diese Vertreibung aus einem Land, das sie als Heimat betrachteten und liebten, »haben nur die allerwenigsten restlos überwunden, selbst wenn ihnen die wirtschaftliche und gesellschaftliche Eingliederung im Zufluchtsland gelang«.

6

So beachtlich die Erfolge des Haavara-Abkommens auch waren, sie hätten noch größer sein können, wenn die Zeit nicht gegen die Initiatoren des Abkommens und gegen die Juden gearbeitet hätte. Leute der Partei breiteten sich in allen Ministerien und Ämtern aus. Die antijüdische Phalanx wuchs, wurde argwöhnischer, ungeduldiger, herausfordernder.

Das im großen und ganzen geradezu phantastisch funktionierende Haavara-Abkommen war den Parteifunktionären im Außenhandelsamt und in der Auslandsorganisation der NSDAP, aber zunehmend auch in verschiedenen Abteilungen des Reichsaußen- und Reichswirtschaftsministeriums, ein Dorn im Auge. Je reibungsloser das Abkommen funktionierte, um so mehr wurde den Funktionären der Partei bewußt, daß dem Nationalsozialismus mit den ausgewanderten Juden, die sich in Palästina nun auch noch zu einem Staat zu formieren suchten, potente Feinde heranwuchsen. Daneben drohten die deutsch-arabischen Interessen ins Ungleichgewicht zu geraten, da die Araber die deutschen Palästina-Siedler ebenfalls als Bedrohung von morgen ansahen.

Im Jahre 1937 schien die Geduld der Parteileute zu Ende zu sein. Im

März eröffnete der deutsche Generalkonsul Döhle in Jerusalem die Polemik gegen das Haavara-Abkommen. Ein Angriff nach dem andern folgte auf den verschiedensten Ebenen (vgl. Dokumente Nr. 4–18). Um so erstaunlicher ist es, daß eine relativ kleine Gruppe von Beamten des Reichswirtschaftsministeriums, zu denen sich im Laufe des Jahres 1937 noch einige wenige Helfer aus dem Reichsaußenministerium gesellten, sämtliche Attacken erfolgreich abzuwehren vermochte. Ihre fachliche Reputation war so groß, daß sie damals selbst einen Wunsch Görings (vgl. Dokument Nr. 10) noch wegdrücken konnten (vgl. Dokument Nr. 11) und gar Denunziationen überstanden (vgl. Dokument Nr. 18).

Ganz ohne Blessuren blieben freilich auch sie nicht. Im Herbst 1937 beispielsweise mußte der Ministerialrat Werner Wilmanns die Devisenabteilung unter Hartenstein verlassen, weil er angeschwärzt worden war. Der Anlaß war nichtig. Wilmanns hielt sich im April des Jahres 1937 in Palästina auf, um mit jüdischen Geschäftsleuten und jüdischen Einwanderern Angelegenheiten des Haavara-Abkommens zu besprechen. Statt nun am 20. April, Führers Geburtstag, zur Führerfeier im Generalkonsulat zu erscheinen, saß er mit jüdischen Freunden in einem Kibbuz. Das wurde sofort nach Berlin gemeldet und fünf Monate später zum Anlaß genommen, einen unbequemen Mann loszuwerden.

Die Devisenbeamten rächten sich auf ihre Weise. So hatte sich Schacht damit einverstanden erklärt, daß sämtliche Devisen, die aus Geschäften mit Palästina bei der Reichsbank eingingen, ebenfalls für die Auswanderung zur Verfügung gestellt wurden. Diese Devisen wurden monatlich bei der Reichsbank ermittelt. Wilmanns schilderte nach dem Kriege, daß die Reichsbank bei der Auswertung der einschlägigen Statistiken und der danach erfolgenden Zuteilung der Devisen ausgesprochen großzügig verfuhr.

Zahlreich waren einzelne Hilfsaktionen jenseits der Legalität, vor allem dann, wenn die betreffenden Juden nicht nach Palästina wollten und sonst nicht zu helfen war. So kam es vor, daß Juden ihre Betriebe verkaufen mußten und den Erlös verloren, weil sie ihn nicht transferieren konnten. Um dies zu verhindern, boten die Beamten einer Reihe jüdischer Inhaber an, zunächst pro forma nicht auszuwandern, sondern für ihren alten Betrieb als Vertreter im Ausland tätig zu werden. Mit Hilfe von hohen Provisionen und Beteiligungen am Verkaufserlös konnten die jüdischen Kaufleute im Ausland dann einen Teil ihrer verlorenen Gelder in Devisen herausbekommen.

Ein anderer Transfer-Trick, der mit Wissen und Wohlwollen der Devisenbeamten zuweilen weiterhalf, war der Geld-Transfer via Amtsgericht: Jemand hinterlegte beim Amtsgericht einen Umschlag mit der Verfügung »Mein letzter Wille«. Der Betreffende wanderte anschließend aus und ließ nach einigen Monaten über die ausländische Justizbehörde seinen letzten Willen – einen Umschlag mit Geld und Wertpapieren – ins Ausland nachsenden.

Ähnlich reibungslos funktionierte hin und wieder der Geldtransfer per Zeitungsannonce. Ein Jude inserierte beispielsweise von Zürich aus im »Völkischen Beobachter«: »Vertreter gesucht.« In Deutschland ließ er dann mit Geld oder Aktien gefüllte Briefumschläge unter der angegebenen Chiffre an den »Völkischen Beobachter« senden, der die Briefe gesammelt nach Zürich weiterleitete.

Wenn nötig, kauften Devisenbeamte einzelne Juden bei Partei- oder Gestapo-Stellen mit Geld frei. Diesen Versuch machte eines Tages auch der Ministerialrat Werner Marwede aus dem Reichswirtschaftsministerium, als er eines Tages von einem Bekannten darauf aufmerksam gemacht wurde, daß der Vorsitzende der Berliner Jüdischen Gemeinde, Heinrich Stahl, von der Gestapo abtransportiert werden sollte.

Marwede ließ sich bei dem berüchtigten SS-Gruppenführer Müller, bekannt unter dem Kürzel Gestapo-Müller, anmelden. Bei dem kurz darauf stattfindenden Gespräch schlug er ihm einen lukrativen Tausch vor: Er wolle ihm für Aufbesserung der knappen Auslandsdevisen seiner Organisation zwei Millionen Mark in Devisen geben, wenn er ein Ausreisevisum für einen einzigen Mann bekomme. Müller gefiel der Handel. Nur wollte er wissen, für wen das Visum sein solle. Marwede antwortete: »Für Heinrich Stahl.« Darauf Müller: »Unmöglich. Der weiß zuviel.«

Kurz darauf wurde Stahl nach Theresienstadt deportiert. Er überlebte nicht.

3. Kapitel
Mussolinis und Roosevelts Vorschläge

»So ist der Jude heute der große Hetzer zur restlosen Zerstörung Deutschlands. Befreit sich Deutschland aus dieser Umklammerung, so darf diese größte Völkergefahr als für die gesamte Welt gebrochen gelten.«

Adolf Hitler 1925 in »Mein Kampf«

1

Deutschland sollte judenrein werden. Hitler wollte, daß die Juden Deutschland verließen. Aber die zu einer gesicherten Auswanderung notwendigen Mittel wollte er den reichen Juden nicht lassen und den armen Juden nicht geben. Was immer die Juden besaßen, hatten sie in Deutschland zu lassen. Dann mochten sie über die Grenzen verschwinden, wohin immer es sie zog.

Die Folge war, daß fast das gesamte Ausland, vor allem Deutschlands Nachbarländer, sich gegen jüdische Einwanderer wehrten. Dies war eine ganz natürliche Reaktion: Kein Land verspürte Lust, sich mit Scharen verarmter deutscher (und später auch noch deutsch-österreichischer) Juden ein neues Proletariat zu schaffen, nur weil »dieser Dummkopf in Berlin« (Mussolini über Hitler, vgl. Dokument Nr. 19) keine Juden mochte. Daß Hitler bis zur letzten Konsequenz ernst machen würde mit dem, was er in seinen Schriften angedeutet hatte, hielt damals niemand für möglich.

Für die Juden entstand aus solcher Arglosigkeit vielfach eine ausweglose Situation. Sie spürten einerseits: Es wurde höchste Zeit, aus Deutschland zu verschwinden. Sie erfuhren anderseits: Die meisten Länder wollten sie nicht. Was es damals für einen Juden bedeutete, ohne den Schutz etwa eines Haavara-Abkommens ins Ausland zu gehen, mag ein Blick auf die Schweiz zeigen.

Dieses Land kam vielen Juden spontan in den Sinn, als sie sich überlegten, wohin sie auswandern sollten. Das lag nicht nur daran, daß die Schweiz Deutschlands Nachbarland ist und zu den landschaftlich reizvollsten Gegenden der Erde zählt. Mehr noch zog viele Juden die jahrhundertealte freiheitliche Tradition an. Ihnen erschien die Schweiz wie ein Bollwerk gegen Hitler. So drängten sich seit Hitlers Regierungsantritt unablässig deutsche Juden über die Schweizer Grenzen. Allein zwischen dem 30. März 1933 und dem 20. Mai 1933 zählte die Grenzpolizei auf dem Basler Badischen Bahnhof 7631 jüdische Flüchtlinge aus Deutschland.

Dies jedoch sollte dem Willen der Schweizer Regierung gemäß bald aufhören. Bereits am 31. März 1933, acht Tage nach dem Erlaß des Ermächtigungsgesetzes, gab das Eidgenössische Justiz- und Polizeidepartement eine Weisung heraus, die bestimmend blieb für die Schweizer »Politik ausgesprochener Zurückhaltung« bei der Aufnahme von Flüchtlingen in der Vorkriegszeit. So jedenfalls charakterisierte nach dem Krieg der Schweizer Politiker Professor Carl Ludwig in seinem Bericht an den Bundesrat den offiziellen Schweizer Vorkriegsstandpunkt (»Die Flüchtlingspolitik der Schweiz seit 1933 bis zur Gegenwart«, Beilage zum Bericht des Bundesrates an die Bundesversammlung, Drucksache 7347, 1957).

Gemäß dieser Weisung, die am 7. April 1933 vom Schweizer Bundesrat bestätigt wurde, waren die Grenzen zwar grundsätzlich offenzuhalten. Den Flüchtlingen sollte jedoch nur ein vorübergehender Aufenthalt, in der Regel ein bis drei Monate, gewährt werden. Außerdem erhielten sie Arbeitsverbot. Als Gründe führten die Behörden an: »Überfremdung« (1930 wohnten in der Schweiz 8,7 Prozent Ausländer) und »Überlastung des Arbeitsmarktes« (1933: 67 867 Stellungsuchende). Eine gewisse, wenngleich nur kleine Rolle spielte damals auch in der

Schweiz »ein kämpferischer Antisemitismus« (Ludwig-Bericht). Zwar betrug der Anteil der Juden in der Schweiz 1930 nur 4,4 Promille (17 973 Juden). Dennoch kam es zur Gründung einiger antisemitischer Blätter und, vor allem in Zürich, zu einer Reihe von antijüdischen Versammlungen.

Eine bestimmte Form von Antisemitismus sprach sogar aus offiziellen Anordnungen von Behörden. So enthielt die Weisung vom 31. März 1933 die Formel, »vor allem wesensfremde Elemente« seien daran zu hindern, sich im Land niederzulassen. Gemeint waren damit Juden östlicher Herkunft. Die Auffassung, Ostjuden seien dem Schweizer wesensfremd und daher nur schwer assimilierbar, lag beispielsweise den Einbürgerungsrichtlinien der Stadt Zürich bis zum Jahre 1936 zugrunde. In anderen Schweizer Akten taucht diese Auffassung noch bis zum Jahre 1938 auf.

Bezeichnenderweise billigten aber auch die Schweizer Juden die restriktive Flüchtlingspolitik der Regierung. So erklärte der Präsident des Schweizerischen Israelitischen Gemeindebundes dem Vorsteher des baselstädtischen Polizeidepartementes kurz nach Hitlers Machtergreifung, »die Schweizer Juden hätten alles Interesse daran, möglichst viele Flüchtlinge in die Schweiz hereinzulassen, gleichzeitig aber auch deren möglichst baldige Weiterwanderung zu erwirken«. Und noch am 8. Mai 1939 referierte der Schweizer Nationalrat Bringolf vor der Geschäftsprüfungskommission des Nationalrates, »die in der Schweiz wohnhaften Juden legten Wert darauf, daß die unerwünschte Judeneinwanderung zurückgedämmt werde«.

Dabei hatte sich das Verhalten der Behörden gegenüber den hereinströmenden Juden im Laufe der Vorkriegsjahre ohnehin schon verschärft. So versuchten schweizerische Hilfsorganisationen nach dem Erlaß der Nürnberger Gesetze im Jahre 1935 – viele Juden durften in Deutschland ihren Beruf nicht mehr ausüben und drängten hinaus – von den Behörden mehr Entgegenkommen zu erwirken. Vergeblich. Beamte beschieden die Fürsprecher mit dem Bemerken, den »Erwägungen humanitärer Natur« stünde »das nationale Interesse« gegenüber, »das zur Zurückhaltung zwinge«.

Die behördliche Vorsicht steigerte sich 1938 noch einmal um ein Vielfaches, als im März der »Anschluß« Österreichs an das »Reich« erfolgte und bereits kurz darauf über 3000 österreichische Juden in die

Schweiz emigrierten. Hinzu kam, daß sich die Schweizer Grenzorgane seit Juli 1938 mit verschiedenen Abschiebe-Tricks deutscher Organe konfrontiert sahen. So begannen deutsche Paßstellen und Polizeiorgane, Juden jegliche Wertsachen abzunehmen, sie nachts über freies Feld an die Grenze zu fahren und in die Schweiz zu treiben.

Wiener Paßbehörden stellten den österreichischen Juden häufig einfach falsche Pässe aus, aufgrund deren sie ohne weiteres ein Schweizer Visum erhielten. Und da die österreichischen Pässe mit einer Verfügung vom 22. Juli 1938 durch deutsche Pässe ersetzt werden mußten, war es den Schweizern fortan nicht mehr möglich, Österreicher von Deutschen zu unterscheiden. Österreichische Juden konnten nun, im Gegensatz zu früher, als Inhaber eines deutschen Passes ohne Visum in die Schweiz einreisen.

Die Schweizer Behörden reagierten stufenweise: Am 28. März 1938 beschloß der Schweizer Bundesrat, Inhaber österreichischer Pässe nur noch mit Visum in die Schweiz einreisen zu lassen. Im Sommer 1938, so berichtete im gleichen Jahr das »Israelitische Wochenblatt für die Schweiz«, ging das schweizerische Generalkonsulat in Wien dazu über, für die Erteilung eines Visums den Arierausweis zu verlangen. Außerdem erwogen die Schweizer Behörden, auch für deutsche Pässe bei der Einreise in die Schweiz ein Visum zu verlangen. Und auf der Konferenz der kantonalen Justiz- und Polizeidirektoren vom 17. August 1938 warf der Präsident der Schweizerischen Zentralstelle für Flüchtlingshilfe die Frage auf, »ob es nicht besser wäre, die Grenze überhaupt zu schließen, da die Entfernung von Flüchtlingen viel schwieriger sei als deren Fernhalten«. Auf dieser Konferenz kam auch zutage, daß sich einige Schweizer Kantone das Flüchtlingsproblem dadurch vom Hals hielten, daß sie Flüchtlinge rücksichtslos in andere Kantone abschoben.

So eskalierte die Nervosität der Schweizer Behörden weiter: Am 19. August verfügte ein Beschluß des Bundesrates eine strikte Grenzsperre für alle Deutsch-Österreicher ohne gültigen Paß und gültiges Visum. Am 7. September 1938 ging ein Kreisschreiben der Polizeiabteilung noch weiter: Wenn Pässe nach dem 15. August 1938 (dem Stichtag, von dem an deutsche Pässe an Österreicher ausgegeben wurden) ausgestellt worden sind, »sind diejenigen Inhaber deutscher Pässe zurückzuweisen, die Juden oder sehr wahrscheinlich Juden sind«.

An demselben 7. September bahnte sich in Verhandlungen zwischen

Deutschland und der Schweiz die krasseste Schweizer Abwehrreaktion an. Der schweizerische Geschäftsträger in Berlin teilte nämlich an diesem Tage der Schweizer Abteilung für Auswärtiges den deutschen Vorschlag mit, bei Juden »auf der ersten Seite des Passes links oben einen Stempel anzubringen, bestehend aus einem Kreis von zirka 2 cm Durchmesser und dem Buchstaben J oder allenfalls auch einem andern Zeichen, wozu wir noch Wünsche äußern könnten. Ich habe den Eindruck, daß diese Kennzeichnung unsern Bedürfnissen vollauf genügen würde«. Am 29. September unterzeichneten Deutsche wie Schweizer eine entsprechende Vereinbarung. In einem Schreiben vom 30. Oktober 1938 gab die schweizerische Polizeiabteilung bekannt, daß dieses besondere Zeichen ein drei Zentimeter hohes J ohne Kreis sein werde, angebracht auf der ersten Seite links oben, in der Regel mit dem von Hand geschriebenen Datum der Anbringung versehen.

Wer die denkwürdige Idee zuerst hatte, die Deutschen oder die Schweizer, blieb bis heute umstritten. Nicht ausgeschlossen ist, daß es der Chef der Schweizer Polizeiabteilung, Rothmund, war. Tatsache ist jedenfalls, daß die Schweizer Behörden eine besondere Kennzeichnung jüdischer Pässe dringend wünschten, um Juden bei der Einreise als Juden identifizieren zu können.

Dennoch sah die Praxis weit humaner aus, als es die behördlichen Anordnungen vermuten lassen. Von den rund 20 000 jüdischen Flüchtlingen des Jahres 1936 beispielsweise durften 2463 in der Schweiz bleiben, 1643 wurde die befristete Aufenthaltsgenehmigung verlängert, und 13 237 erhielten immerhin eine zeitweilige Aufenthaltsgenehmigung. Zwar verfügte ein Kreisschreiben des Eidgenössischen Justiz- und Polizeidepartementes am 19. August 1937 abermals, die Schweiz könne für die jüdischen Flüchtlinge aus Deutschland »nur Durchgangsland« sein und die Weiterreise müsse streng überwacht werden, hielt aber gleichzeitig an der bisherigen Praxis fest, »wonach der politische Flüchtling grundsätzlich nicht in den ihn verfolgenden Staat abgeschoben werden soll«.

Auch nach der Annexion Österreichs und der daraufhin einsetzenden erhöhten Wachsamkeit der Schweizer Behörden schimmerte immer wieder Milde durch. So wurde bestimmt: Flüchtlinge, die ohne Visum oder Paß in der Schweiz angetroffen würden (und dies waren nicht wenige), seien wie Flüchtlinge aus Deutschland zu behandeln, wenn sie glaubhaft machen könnten, daß sie ihr Land wegen Gefahr für Leib und Leben hätten verlassen müssen. Auch die schweizerischen Konsulate in Österreich drückten bei der Erteilung von Visen für Juden häufig beide Augen zu. Vor allem aber sorgten die Schweizer Hilfsorganisationen immer wieder in unbürokratischer Weise dafür, daß Härten vermieden wurden, ganz abgesehen davon, daß sich viele Schweizer Familien privat der Juden annahmen und sie notfalls versteckten, wenn es galt, sie dem Zugriff der Behörden zu entziehen.

Typisch für die damalige Stimmung in der Schweizer Bevölkerung war ein Artikel in der »Zürichsee-Zeitung«. Der Redakteur entgegnete auf die von den Behörden ständig angeführten Argumente »Überfremdung«, »Arbeitslosigkeit«, »Wirtschaftskrise«: »Trotzdem die angeführten Gründe und Gedankengänge kaum irgendwie bestreitbar sind, hat sich in weiten Kreisen unseres Volkes, ohne Parteiunterschied, eine Einstellung gezeigt, die großzügiges Entgegenkommen gegenüber den Flüchtlingen verlangt . . . Wenn die moralische Bilanz der Schweiz aktiv ist, so nicht zuletzt darum, weil unsere Vorfahren sich fremder Not gegenüber stets aufgeschlossen gezeigt haben.«

Die Luzerner »Entscheidung« drückte es anders aus: Die behördlich verfügten Grenzsperren seien ein Zeichen von »Gefühlsabstumpfung«, ein »beschämendes Versagen der offiziellen Schweiz«, ein »ungeheuerlicher Schwund alteidgenössischen Denkens und Empfindens«, ein »rapider Verfall der christlichen Gesinnungstradition unseres Landes«, »allertraurigster Ausweg«, »öffentlicher moralischer Skandal«.

2

Die Schweiz war nicht das einzige Land, das sich gegen eine Masseneinwanderung von Juden wehrte. Hiobsbotschaften über Einreiseschwierigkeiten aus zahlreichen andern deutschen Nachbarländern verbreiteten sich in Windeseile unter Deutschlands Juden.

Frankreich, das deutschen Juden während der ersten Hitler-Jahre noch häufig Asyl gewährte, verbot jüdischen Flüchtlingen per Gesetz vom 20. November 1934 die Arbeitsaufnahme. Nach dem Anschluß Österreichs führte Frankreich den Visumzwang für Inhaber österreichischer Pässe ein und ließ Reisende aus Österreich nur dann über die Grenze, wenn sie mindestens 1000 Francs bei sich trugen. Und weil die Schweiz ihre Juden loszuwerden versuchte, sperrte Frankreich die schweizerisch-französische Grenze für jedwede Einwanderung von Emigranten.

Im Holland des Jahres 1934 erteilte die Regierung angesichts wachsender Flüchtlingsströme aus Deutschland schärfere Weisungen. Zwar dürfe, wer sich als deutscher oder staatenloser Flüchtling im Land aufhalte, bleiben. Neu einreisende Emigranten seien jedoch, wenn irgend möglich, an der Grenze zurückzuweisen. Wer im Land als Illegaler angetroffen werde, erhalte nur noch dann eine kurze Aufenthaltserlaubnis, wenn er über entsprechende Geldmittel verfüge. Arbeitsaufnahme oder der Beginn eines Studiums sollten nach Möglichkeit unterbunden werden. Viel nutzten solche Bestimmungen nicht. Bis 1938 gelangten rund 25 000 jüdische Flüchtlinge aus Deutschland nach Holland.

Auch der belgischen Regierung schienen die Flüchtlingsprobleme über den Kopf zu wachsen. Am 26. August 1938 – mittlerweile hatten sich dort etwa 15 000 Flüchtlinge eingefunden – verkündete das belgische Justizministerium, es werde künftig alle illegal einreisenden Ausländer zurückweisen.

Strenger noch als in der Schweiz, so beruhigte der Schweizer Bundesanwalt Stämpfli seine Eidgenossen, seien die Bräuche bei der Sozialdemokratischen Flüchtlingshilfe in Prag. Dort werde ein deutscher Sozialdemokrat beispielsweise erst dann als politischer Flüchtling betrachtet, »wenn er in Deutschland schwere politische Prozesse zu erwarten hat und wenn dessen Leben, Gesundheit und Freiheit bei einer Rückkehr nach Deutschland schwer gefährdet sind; Flüchtlinge, die nur örtliche Rempeleien mit den Nazis hatten, die aber nicht von der Geheimen Staatspolizei oder der Staatsanwaltschaft gesucht werden, können sich in den meisten Fällen auch an einem andern Ort Deutschlands aufhalten«.

Ungarn und Jugoslawien sperrten nach dem Anschluß Österreichs die Grenzen für jüdische Flüchtlinge. In Italien traten am 7. September 1938 zwei antijüdische Dekrete in Kraft. Das eine ordnete an, alle seit 1919 nach Italien zugewanderten ausländischen Juden hätten das Land innerhalb von sechs Monaten zu verlassen; zudem wurden alle seit 1919 vorgenommenen Einbürgerungen von Juden für nichtig erklärt. Das zweite Dekret verfügte, daß Juden künftig vom Besuch italienischer Lehranstalten ausgeschlossen seien, und daß sie künftig weder Eigentümer noch Direktor von Betrieben mit hundert oder mehr Personen sein dürften; ebenso wurde ihnen untersagt, christliche Dienstboten zu halten oder mehr als 50 Hektar Land zu besitzen.

Das Hochkommissariat des Völkerbundes, das sich seit 1921 vorwiegend mit russischen Flüchtlingen befaßt hatte, stieg im Dezember 1933 auf deutsche Flüchtlinge um, beschaffte ihnen Identitätspapiere und ermöglichte 36 800 aus Deutschland stammenden Flüchtlingen die Ausreise nach Palästina oder Übersee. Aber bereits 1935 war der Hochkommissar McDonald am Ende seiner Kraft. Entnervt von der Passivität der ausländischen Regierungen, trat er zurück.

Es gab allerdings auch Lichtblicke. Musterbeispiele einer großzügigen Einwanderungspraxis bildeten England und Schweden. Und in kein anderes Land durften Juden in so großer Zahl einwandern wie in die USA. Die Vereinigten Staaten ließen Einwanderer aufgrund eines Quotensystems zu. Die Quote für Deutschland betrug jährlich 25 957, nach Angliederung Österreichs 27 310 Personen, Juden wie Nichtjuden. Nur im Jahre 1939 wurde die Quote voll ausgenutzt. Zwischen Juni 1933 und Juni 1943 wanderten in die USA 97 374 deutsche Juden ein. Den meisten gelang es, sich in relativ kurzer Zeit emporzuarbeiten, obwohl die meisten völlig mittellos in die USA kamen. Nur 0,9 Prozent der männlichen Arbeiter verschlechterten ihre Position gegenüber der in Deutschland.

3

Das Problem der jüdischen Auswanderung, dies wurde von Hitler-Jahr zu Hitler-Jahr klarer, ließ sich nicht so regeln, wie man es theoretisch von human eingestellten Staaten eigentlich erwartet hätte.

Auf einen Ausweg wies deshalb schon 1934 der italienische Diktator Mussolini hin. In einem Gespräch mit Nahum Goldmann, dem Präsidenten des Jüdischen Weltkongresses, und dem römischen Oberrabiner Dr. Sacerdoti umriß der Diktator im Palazzo Venezia, was ihm vorschwebte: Die Juden »müssen einen richtigen Staat haben, nicht das lächerliche Nationalheim, das die Engländer ihnen angeboten haben. Ich werde Ihnen helfen, einen jüdischen Staat zu schaffen«. (Vgl. Dokument Nr. 19.) Es blieb jedoch nur bei Worten.

Fast fünf Jahre später, die Situation der Juden hatte sich erheblich verschlechtert, griff plötzlich der amerikanische Präsident Roosevelt den Gedanken Mussolinis modifiziert auf. Dabei spielte er Mussolini den Schwarzen Peter zu: Der Italiener solle im Süden und Südwesten Äthiopiens Land für eine Ansiedlung von Juden, eine Art jüdisches Reservat, zur Verfügung stellen. (Vgl. Dokument Nr. 20.) Aber Mussolini wich, wie schon 1934, aus. (Vgl. Dokument Nr. 21.)

Beide, der Diktator und der Präsident, hatten es sich zu einfach gemacht. Sie spielten mehr oder weniger unverbindlich mit einer Idee, ohne jedoch den Willen oder die Kraft zu haben, sie in die Tat umzusetzen. Graf Ciano, der italienische Außenminister, lächelte über beide. (Vgl. Dokument Nr. 23.) Der nationalsozialistische AA-Beamte Hinrichs hätte sich keine Gedanken über »eine Gefährdung deutscher Interessen« (vgl. Dokument Nr. 22) zu machen brauchen. Die Mächtigen Europas und Amerikas hatten nicht erkannt oder konnten nicht erkennen, daß es für die Juden Deutschlands und Europas fünf vor zwölf war.

4. Kapitel
Französisches Madagaskar-Angebot

»Gerade der völkisch Eingestellte hätte die heilige Verpflichtung, jeder in seiner eigenen Konfession, dafür zu sorgen, daß man nicht nur immer äußerlich von Gottes Willen redet, sondern auch tatsächlich Gottes Willen erfülle und Gottes Werk nicht schänden lasse.«

Adolf Hitler 1925 in »Mein Kampf«

1

Als der amerikanische Präsident Roosevelt sich Ende 1938 über ein äthiopisches Judenreservat Gedanken machte, geschah dies nicht zuletzt deshalb, weil sich die Lage der deutschen Juden rapide verschlechtert hatte.

Eine zweite Welle der Judenverfolgung hatte nämlich im Frühjahr 1935 eingesetzt. Ende Mai erklärte ein Wehrgesetz die Juden für wehruntauglich, Ende Juni wurden sie aus dem Reichsarbeitsdienst ausgeschaltet. Am 29. Juni 1935 polemisierte Goebbels gegen die »dummen und albernen Phrasen bürgerlicher Intellektueller, daß der Jude auch ein Mensch sei«. Der Chef-Propagandist gestand unverblümt ein: »Wir wollen den Juden nicht mehr! Er hat in der deutschen Volksgemeinschaft nichts mehr zu suchen!«

Schilder mit Aufschriften wie »Juden unerwünscht« oder »Deutsches Geschäft« tauchten nun auch in den größeren Städten immer häufiger auf. Am 22. Juli 1935 kam es auf dem Kurfürstendamm in Berlin zu schweren Ausschreitungen. Die »Jüdische Rundschau«, das Organ der Zionistischen Vereinigung für Deutschland, berichtete darüber und wurde prompt verboten.

Das folgenschwerste Unheil des Jahres 1935 zog jedoch mit dem alljährlichen Parteitag in Nürnberg herauf. Hitler befahl ziemlich unvermittelt den Reichstag in den Kulturvereinssaal nach Nürnberg und ließ ihn dort am 15. September jenes Gesetzespaket beschließen, das dann unter dem Namen »Nürnberger Gesetze« dunkle Geschichte machte: ein Gesetz über die Reichsfarben; das Reichsbürgergesetz; das Gesetz zum Schutz des deutschen Blutes und der deutschen Ehre.

Zur Begründung der Gesetze heuchelte Hitler vor dem Deutschen Reichstag: »Die deutsche Reichsregierung ist dabei beherrscht von dem Gedanken, durch eine einmalige säkulare Lösung vielleicht doch eine Ebene schaffen zu können, auf der es dem deutschen Volk möglich sein wird, ein erträgliches Verhältnis zum jüdischen Volke finden zu können.« Nachdem der Reichstag das Gesetz verabschiedet hatte, ergriff Hitler noch einmal das Wort. »Sie haben jetzt einem Gesetz zugestimmt«, weissagte er den Abgeordneten, »dessen Bedeutung erst nach vielen Jahrhunderten im ganzen Umfange erkannt werden wird.«

Das erste der drei Gesetze, das Reichsfarben-Gesetz, erfüllte eine gewisse Alibi-Funktion. Den Juden wurde zwar das Tragen oder Zeigen der Reichsfarben verboten, nicht aber das Tragen der jüdischen Farben (blau-weiß). Auch wurde den Juden mit diesem Gesetz vorgegaukelt, sie stünden unter dem besonderen Schutz des Reiches.

Das Reichsbürgergesetz ließ dann die wahren Absichten erkennen. Es bestimmte, daß Reichsbürger nur Staatsangehörige deutschen und artverwandten Blutes sein könnten und ihnen allein politische Rechte zuständen. Das Gesetz zum Schutz des deutschen Blutes und der deutschen Ehre verbot unter anderem Eheschließungen zwischen Juden und deutschen Nichtjuden, den außerehelichen Geschlechtsverkehr zwischen Juden und Staatsangehörigen deutschen und artverwandten Blutes, die Arbeit deutscher weiblicher Nichtjuden unter 45 Jahren in jüdischen Haushalten.

Die Tücken dieser Gesetze kamen jedoch erst richtig mit den Durchführungsverordnungen zum Vorschein. Die »Erste Verordnung zum Reichsbürgergesetz vom 14. November 1935« definierte die Begriffe Jude und Mischling. Der entscheidende Paragraph 5 lautete:

»Jude ist, wer von mindestens drei der Rasse nach volljüdischen Großeltern abstammt. § 2, Abs. 2, Satz 2, findet Anwendung (danach galt als volljüdisch ein Großelternteil, wenn er der jüdischen Religionsgemeinschaft angehört hatte).

Als Jude gilt auch der von zwei jüdischen Großeltern abstammende staatsangehörige jüdische Mischling,

a) der beim Erlaß des Gesetzes der jüdischen Religionsgemeinschaft angehört hat oder danach in sie aufgenommen wird,

b) der beim Erlaß des Gesetzes mit einem Juden verheiratet war oder sich danach mit einem solchen verheiratet,

c) der aus der Ehe mit einem Juden im Sinne des Abs. 1 stammt, die nach dem Inkrafttreten des Gesetzes zum Schutz des deutschen Blutes und der deutschen Ehre vom 15. September 1935 geschlossen ist,

d) der aus dem außerehelichen Verkehr mit einem Juden im Sinne des Abs. 1 stammt und nach dem 31. Januar 1936 außerehelich geboren wird.

Außerdem bestimmte diese Erste Verordnung die Pensionierung jüdischer Beamter und sonstiger Träger öffentlicher Ämter zum 31. Dezember 1935. Eine »Zweite Verordnung« vom 21. Dezember 1935 dehnte diese Vorschriften auf leitende Ärzte an allen nichtjüdischen Krankenhäusern sowie auf Vertrauensärzte aus.

In den Jahren 1936 und 1937 flaute, ähnlich wie 1934, die antijüdische Hetze merklich ab. Das hing einmal mit den Olympischen Spielen 1936 in Berlin und Garmisch zusammen. Verschiedene Länder drohten die Spiele zu boykottieren, wenn es weiterhin zur Diskriminierung jüdischer Sportler komme. Zum andern hing es zusammen mit dem gerade auf vollen Touren laufenden Wirtschaftsaufschwung, für den man die zahlreichen jüdischen Unternehmen aller Art noch brauchte.

Dennoch liefen antijüdische Maßnahmen – allerdings mehr im Hintergrund – weiter: So wurden Straßen mit jüdischen Namen umbenannt, der Verband nationaldeutscher Juden und eine Reihe ähnlicher Vereinigungen verboten. Statt »deutsche Juden« durfte es jetzt nur noch »Juden in Deutschland« heißen. Den Juden wurde der deutsche Gruß verboten. Die »Jüdische Rundschau«, auch von vielen Nichtjuden gelesen, durfte nicht mehr am Kiosk verkauft werden. Das Winterhilfswerk führte den Arierparagraphen ein, Juden durfte nicht mehr von diesem Werk geholfen werden. Und eine große Ausstellung im Deutschen Museum zu München sollte die polemische Auseinandersetzung verstärken. Titel der Ausstellung: »Der Ewige Jude.«

2

Das Olympische Jahr war gerade vorbei, in Deutschland schien endlich ein wenig Ruhe eingekehrt. Dem französischen Kolonialminister Moutet schien – Anfang 1937 – die Zeit günstig, vor aller Welt ein besonderes Projekt zur Diskussion zu stellen.

Es ging eigentlich auf antisemitische Ideen aus dem Holland des Jahres 1931 zurück. Aber nun hatte es Moutet, judenfreundlich modifiziert, der polnischen Regierung angeboten, die sich mit ungeheuren wirtschaftlichen Schwierigkeiten und einem im Lande grassierenden Antisemitismus herumschlug: Ein großer Teil der polnischen Juden sollte zur geschlossenen Umsiedlung in eine französische Kolonie veranlaßt werden (vgl. Dokumente Nr. 24–38).

Wenn die politische Landkarte dadurch nicht zum Nachteil Frankreichs verändert werde, sei Frankreich bereit, unter großzügigsten Bedingungen Kolonialland dafür herzugeben: Neukaledonien, die Neuen Hebriden, Französisch-Guinea, die Insel Madagaskar.

Eine nahezu weltweite Diskussion kam über diesen Vorschlag Moutets in Gang, die sich allerdings sehr schnell auf die Insel Madagaskar konzentrierte. Madagaskar schien als Siedlungsland für Europäer am besten geeignet. Eine polnische Untersuchungskommission, die sich vier Monate auf der Insel aufhielt, kam mit positiven Ergebnissen zurück.

Moutets eigentliche Kalkulation allerdings wollte nicht aufgehen: Der Minister hatte gehofft, Deutschland würde sich das Madagaskar-Projekt zu eigen machen. Die Deutschen jedoch waren auf seine öffentliche und unmißverständliche Einladung (vgl. Dokument Nr. 27) nicht eingegangen.

In der Tat wäre dies, dem Selbstverständnis der Nationalsozialisten gemäß, völlig ausgeschlossen gewesen, einen französischen Vorschlag zur Grundlage ihrer künftigen Judenpolitik zu machen. Insgeheim jedoch verfolgten sie das Projekt äußerst interessiert. Die Deutschen Botschaften in Warschau und Paris waren gehalten, genauestens zu berichten; und die deutsche Presse, vor allem die nationalsozialistische, schrieb häufig darüber, wenn auch häufig unzutreffend.

Wie sehr der Moutet-Vorschlag vor allem in Kreisen der SS und des Auswärtigen Amtes gefiel, beweist die Tatsache, daß 1940 plötzlich ein deutscher Madagaskar-Plan in den mit Juden-Problemen beschäftigten Amtszimmern kursierte, freilich unter anderen Voraussetzungen, als sie sich Moutet vorgestellt hatte: Aus Madagaskar sollte eine deutsche Kolonie und dann der Welt größtes Judengetto werden. Die Pläne waren bereits minuziös ausgearbeitet. Aber es kam nicht mehr dazu (vgl. Dokumente Nr. 97–107).

Auch aus dem polnischen Madagaskar-Projekt wurde nichts. Die Polen zögerten, vermutlich, weil der Plan die Möglichkeiten Polens und der polnischen Juden bei weitem überstieg. Schließlich begann sich auch in Frankreich Widerstand gegen die Sache zu regen. Im Laufe des Jahres 1938 wußte Moutet, daß seine Initiative gescheitert war. Die letzte Möglichkeit einer einigermaßen humanen Regelung war ungenutzt geblieben.

3

Noch hoffte der französische Kolonialminister Moutet auf Madagaskar, da brach im Frühjahr 1938 eine dritte Welle der Verfolgung über die deutschen Juden herein. Sie zielte vor allem auf deren wirtschaftliche Vernichtung ab.

Es begann mit einer Reihe von Gesetzen. Im März verloren die jüdischen Gemeinden per Reichsgesetz ihren öffentlich-rechtlichen Charakter und damit zahlreiche Vergünstigungen wie etwa Steuerprivilegien. Am 26. April verpflichtete eine Verordnung über die Anmeldung des Vermögens jeden Juden, sein gesamtes in- und ausländisches Vermögen über 5000 Mark anzumelden. Gleichzeitig traf der Beauftragte für den Vierjahresplan, Göring, erste Maßnahmen zum Einsatz dieses Vermögens »im Einklang mit den Belangen der deutschen Wirtschaft«.

Und wo nicht das Amt für den Vierjahresplan sich bediente, da taten dies willkürlich zahlreiche große und kleine NS-Fürsten. In Nürnberg beispielsweise mußten im Herbst 1938 alle Juden ihre Immobilien für ein Zehntel des Schätzwertes an den stellvertretenden Gauleiter Holz übertragen.

Fortan war nahezu alles, was Juden auf wirtschaftlichem Gebiet unternehmen wollten, entweder genehmigungspflichtig oder verboten. Das meiste war verboten: So wurde den Juden beispielsweise durch ein Gesetz vom 6. Juni 1938 der Betrieb bestimmter Gewerbe untersagt. Sie durften nicht mehr mit Grundstücken handeln, keine Auskunftei, keine Wach- und Schließgesellschaft, keine Haus- und Grundstücksverwaltung betreiben und keine Hypotheken-Darlehen vermitteln. Am 14. Juni 1938 legte die »Dritte Verordnung zum Reichsbürgergesetz« den Begriff des jüdischen Gewerbebetriebes fest und ordnete überdies an, daß solche Betriebe bei der Vergabe öffentlicher Arbeiten nicht mehr berücksichtigt werden dürften.

Von den 39 552 jüdischen Betrieben, die es Anfang 1938 immerhin noch gab, waren am 1. April 1939 bereits 14 804 liquidiert, 5 976 »entjudet«, 4136 dabei, »entjudet« zu werden. Bei weiteren 7127 wurde noch geprüft, ob sie nur »entjudet« oder liquidiert werden sollten.

Andere Erlasse des Jahres 1938 schalteten die Juden verstärkt aus akademischen Berufen aus. So traf die »Vierte Verordnung zum Reichsbürgergesetz vom 25. Juli 1938« erneut jüdische Ärzte, die »Fünfte Verordnung vom 27. September 1938« die jüdischen Anwälte. Jüdische Ärzte und Anwälte durften danach nicht einmal mehr Juden ohne besondere Genehmigung behandeln beziehungsweise beraten. Die Anwälte hatten überdies einen Teil ihrer Einnahmen abzuführen – zur Unterstützung ehemaliger jüdischer Frontkämpfer, die ebenfalls vom Anwaltsberuf ausgeschlossen waren. Mit der »Sechsten Verordnung vom 31. Oktober 1938« durften jüdische Patentanwälte nicht mehr praktizieren.

Gleichzeitig wurden weitere Vorkehrungen getroffen, um Juden schneller als Juden identifizieren zu können. Aufgrund einer Verordnung vom 22. Juli 1938 über die Einführung von Kennkarten mußte nunmehr bei jüdischen Inhabern deren Eigenschaft als Jude in der Kennkarte vermerkt werden. Eine »Dritte Bekanntmachung über den Kennkartenzwang« vom 23. Juli 1938 machte es Juden zur Pflicht, »bei allen Anträgen, die sie an amtliche oder parteiamtliche Dienststellen richten, unaufgefordert auf ihre Eigenschaft als Juden hinzuweisen«.

Demselben Zweck diente das bereits am 5. Januar 1938 beschlossene Gesetz über die Änderung der Familien- und Vornamen samt der am 17. August 1938 erlassenen Durchführungsverordnung. Danach mußten Juden ab 1. Januar 1939 zusätzlich einen zweiten Vornamen annehmen (männliche Juden: Israel; weibliche Juden: Sara). Damit waren sie in sämtlichen Dokumenten als Juden zu erkennen.

Aber es blieb nicht nur bei Verordnungen. Im Juni 1938 kam es erstmals nach längerer Zeit wieder zu schweren öffentlichen Gewalttaten. Auf persönlichen Befehl Hitlers wurde plötzlich die Münchner Hauptsynagoge zerstört, Ende Juli 1938 die Synagoge und das Verwaltungsgebäude der Israelitischen Kultusgemeinde in Nürnberg.

Im Herbst bahnte sich der makabre Höhepunkt des Jahres an. Am 6. Oktober 1938 hatte die polnische Regierung alle polnischen Pässe für ungültig erklärt, die nicht bis zum Monatsende einen bestimmten neuen Sichtvermerk trugen. Dieser Stempel konnte jedoch im Ausland lebenden Juden verweigert werden, wenn dem Staat Gründe zu einer Ausbürgerung vorzuliegen schienen. Die Verordnung führte dazu, daß Tausende Juden, die außerhalb Polens lebten, die polnische Staatsangehörigkeit verloren. Die deutsche Regierung wiederum sah in der polnischen Regelung den plumpen Versuch, sich mit einem Schlage der in Deutschland lebenden polnischen Juden zu entledigen. Sie forderte die polnischen Juden daher auf, das Land im Laufe des Oktober zu verlassen. Rund 6000 taten das freiwillig. 11 000 polnische Juden ließ Heydrich, der Chef der Sicherheitspolizei, am 28. Oktober verhaften und mit Eisenbahnwaggons in der Nacht vom 28. zum 29. Oktober an die deutsch-polnische Grenze schaffen: die erste jüdische Massendeportation des Dritten Reiches.

Die polnischen Grenzwachen dachten jedoch nicht daran, Polen ohne gültige Pässe durchzulassen. Mit Maschinenpistolen zwangen sie die Juden zurück. Schließlich blieb den Wachen nichts anderes übrig, als rund 7000 polnische Juden im Grenzland unterzubringen. Bei Zbonszyn wurden sie in einer alten Kaserne und in Pferdestallungen unter katastrophalen Bedingungen ein halbes Jahr festgehalten.

Unter den so Gedemütigten befand sich auch der Schneidermeister Grynszpan aus Hannover, dessen 17jähriger Sohn Herschel Grynszpan in Paris vom Schicksal seines Vaters und seiner Mutter erfuhr. Am 7. November kaufte sich der Junge daraufhin eine Pistole und feuerte aus

Verzweiflung und Wut fünf Schüsse auf Ernst vom Rath ab, den Dritten Sekretär an der Deutschen Botschaft in Paris.

Ein Attentat auf einen deutschen Diplomaten durch einen Juden – auf so etwas hatte der Propaganda-Minister Goebbels gerade gewartet. Im »Völkischen Beobachter« ließ er am Tag darauf, dem 8. November, drohen: »Es ist klar, daß das deutsche Volk aus dieser neuen Tat seine Folgerungen ziehen wird.« Noch am selben Tag zerstörten fanatisierte Nationalsozialisten in Kurhessen und Magdeburg-Anhalt jüdische Geschäfte. Doch die große Chance witterte Goebbels am folgenden Tag. An diesem 9. November trafen sich Hitler und Goebbels mit den Genossen der ersten Stunde im Münchner Alten Rathaus, um die Erinnerung an den Bierkeller-Putsch von 1923 zu feiern. Das Abendessen hatte gerade begonnen, da brachte jemand die Nachricht, daß Ernst vom Rath seinen Verletzungen um 16.30 Uhr erlegen sei. Goebbels nutzte die Empörung: Er ließ sich von Hitler die Genehmigung geben für die Schandtaten jener nun folgenden Nacht, die der Volksmund ein wenig makaber wegen der Millionen zerschlagenen Fensterscheiben, Glas- und Porzellansachen die Reichskristallnacht nannte.

Die Bilanz dieser Nacht war erschreckend. Sie offenbarte mit einem Schlage und augenfällig für jedermann, zu welcher Bestialität dieses Regime fähig war und möglicherweise noch fähig sein würde: Sadistische SA-Scharen und deren Helfer hatten die Mehrzahl der Anfang 1938 noch vorhandenen 1300 Synagogen zerstört, 7500 jüdische Läden geplündert, ungezählte Wohnungen jüdischer Bürger verwüstet, die Möbel aus dem Fenster geworfen. Die Polizei nahm rund 20 000 bis 30 000 Juden fest und brachte einen Teil von ihnen in Konzentrationslager, vor allem Dachau und Buchenwald. Hunderte starben dort aufgrund der Verhältnisse während des strengen Winters. Die meisten wurden erst nach Wochen und Monaten wieder freigelassen. Die in der Nacht angerichteten Schäden beliefen sich auf über eine Milliarde Reichsmark. (Vgl. auch Dokument Nr. 89.)

Schon wenige Tage nach den November-Pogromen hagelte es neue antijüdische Erlasse. Als »harte Sühne« für »feige Mordtaten« verordnete Göring am 12. November als Beauftragter für den Vierjahresplan: »Den Juden deutscher Staatsangehörigkeit in ihrer Gesamtheit wird die Zahlung einer Kontribution von einer Milliarde Reichsmark an das Deutsche Reich auferlegt.« Das war genau so viel, wie einige Jahre vorher vom gesamten deutschen Volk als Wehrbeitrag verlangt wurde. Außerdem ordnete Göring an, daß alle Schäden an jüdischen Wohnungen und Betrieben, die zwischen dem 8. und 10. November entstanden sind, von den Juden auf eigene Kosten sofort zu beseitigen seien.

Zur Ausschaltung der Juden aus dem deutschen Wirtschaftsleben verfügte ebenfalls am 12. November eine Verordnung, daß den Juden ab 1. Januar 1939 untersagt sei: der Betrieb von Einzelhandelsgeschäften, Versandhäusern, selbständigen Handelsunternehmen. Auf Märkten, Messen und Ausstellungen durften sie keine Waren mehr anbieten; Juden durften nicht mehr Betriebsführer und nicht mehr Mitglied einer Genossenschaft sein, auch keiner Wohnungsgenossenschaft. Dadurch verloren rund 100 000 Juden ihre Existenz, zahlreiche Juden wurden obdachlos.

Mit einer Polizeivorschrift vom 28. November 1938 wurde den Juden das Auftreten in der Öffentlichkeit erschwert: Es konnte ihnen von nun an verboten werden, bestimmte Straßen, Plätze, Parks und Gebäude zu betreten oder sich zu bestimmten Zeiten in der Öffentlichkeit zu zeigen. In Berlin durften Juden sich beispielsweise daraufhin vom 6. Dezember 1938 an nicht mehr in Theatern, Kinos, Konzertsälen, Museen, Sportplätzen, öffentlichen und privaten Bädern, in der Wilhelmstraße und der Leipziger Straße bis Unter den Linden sehen lassen. (Vgl. dazu auch Dokument Nr. 110.)

Seit dem 3. Dezember mußten Juden ihren Betrieb auf Anforderung innerhalb einer bestimmten Frist verkaufen oder liquidieren. Grundstücke durften Juden von da an nicht mehr erwerben; Aktien und Wertpapiere mußten sie bei einer Depotbank hinterlegen, freilich mit der Maßgabe, daß sie künftig darüber nur noch mit besonderer Genehmigung verfügen könnten. Gegenstände aus Gold, Platin oder Silber sowie Edelsteine und Perlen durften Juden ebenfalls von nun an weder erwerben, verpfänden noch verkaufen. Seit dem 21. Februar und 3. März 1939 hatten sie Gegenstände aus Gold, Silber und Platin sowie Edelsteine und Perlen abzuliefern; über eine Entschädigung, so vertrösteten die Erlasse, werde der Reichswirtschaftsminister später nähere Bestimmungen erlassen. Die »Achte Verordnung vom 17. Januar 1939 zum Reichsbürgergesetz« verbot jüdischen Zahnärzten, Tierärzten und Apothekern ihre Tätigkeit.

Am 23./24. November schrieb ein Leitartikler im »Schwarzen Korps«, dem offiziellen Organ des Reichsführers SS, Himmler, über die Juden als »Brutstätte des Bolschewismus« und »Auffangorganisation für das politisch-kriminelle Untermenschentum« schließlich folgendes Resumé: »Im Stadium einer solchen Entwicklung stünden wir daher vor der harten Notwendigkeit, die jüdische Unterwelt genauso auszurotten, wie wir in unserem Ordnungsstaat den Verbrecher auszurotten pflegen: mit Feuer und Schwert. Das Ergebnis wäre das tatsächliche und endgültige Ende des Judentums in Deutschland, seine restlose Vernichtung.«

5. Kapitel
Komitee auf Kontaktsuche

»Die Unkenntnis der breiten Masse über das innere Wesen des Juden, die instinktlose Borniertheit unserer oberen Schichten lassen das Volk leicht zum Opfer dieses jüdischen Lügenfeldzuges werden.«

Adolf Hitler 1925 in »Mein Kampf«

1

Gerade zu der Zeit, als sich in Deutschland die antijüdische Agitation und Gesetzgebung wieder zu steigern begann, setzte von außen ein neuer, großangelegter Versuch ein, den deutschen Juden zu helfen. Auf Initiative des US-Präsidenten Franklin D. Roosevelt trat vom 6. bis 15. Juli 1938 im Schweizer Badeort Evian eine internationale Flüchtlingskonferenz zusammen, an der sich 32 Staaten beteiligten.
Schon auf der Konferenz selber war erkennbar, daß dabei nicht viel herauskommen würde. Statt tatkräftig neue Hilfsmodelle zu entwickeln und anzupacken, benutzten die Ländervertreter die Konferenz als eine Art Klagemauer. Ausnahmslos hatten sie alle von ihren Regierungen die Weisung erhalten, sich ja zu nichts zu verpflichten. So stöhnten die europäischen Vertreter, ihre Länder könnten die Flüchtlingsströme nicht mehr verkraften. Und die Vertreter überseeischer Länder, denen

vielfach die Ausmaße des Problems erst auf der Konferenz richtig bewußt wurden, reagierten noch zurückhaltender, als sie es ohnehin schon vorhatten.

Einig waren sich offenbar alle nur darin, so zu tun, als würden sie etwas tun. Sie verabschiedeten einmütig eine freilich unverbindliche Resolution: Es sei für die Flüchtlinge ein umfassendes Hilfsprogramm vorzusehen, für das allerdings die Mithilfe der deutschen Regierung unerläßlich sei. Vor allem müßten die Deutschen den Juden einen Teil ihres Vermögens lassen. Außerdem gründeten sie ein sogenanntes Zwischenstaatliches Komitee, dem die Aufgabe übertragen wurde, dieses Hilfsprogramm zu entwerfen und durchzuführen. Zum Präsidenten des Komitees wurde der amerikanische Anwalt George Rublee gewählt.

Rublee war sich von vornherein darüber klar, daß der Erfolg des Komitees einzig und allein davon abhing, ob die Deutschen zur Zusammenarbeit mit dem Komitee zu bewegen waren. Dies aber schien fast ausgeschlossen, hatten die Deutschen doch schon zu Beginn der Evian-Konferenz zu verstehen gegeben, daß sie sich nicht von anderen Staaten in die Judenfrage hineinreden lassen wollten. In der Tat gestalteten sich dann auch die Versuche Rublees, mit deutschen Regierungsstellen in Kontakt zu kommen, äußerst schwierig. Obwohl ihm schließlich sogar eine Art Geheimabkommen mit der deutschen Regierung gelang, blieben greifbare Erfolge aus. (Vgl. Dokumente Nr. 39–57 und Nr. 76–88.)

Unter dem Aspekt des Erfolges könnte man das Zwischenstaatliche Komitee denn auch getrost vergessen, böten nicht die Berichte und Aktenvermerke damals unmittelbar beteiligter Diplomaten ein Musterbeispiel für zweierlei: wie vorsichtig an sich gutwillige, zuinnerst regimekritische Beamte taktieren mußten, um Juden möglichst dennoch helfen zu können, und wie sie den ständigen Konflikt – hie nach außen absolute Loyalität zum Regime; da das Ziel zu helfen, wo es möglich erschien – bewältigten, oder auch nicht.

Einer der Hauptakteure bei den Versuchen des amerikanischen Komitee-Präsidenten Rublee, mit der deutschen Regierung über eine Lösung des Flüchtlingsproblems irgendwie ins Gespräch zu kommen, war auf deutscher Seite Ernst Freiherr von Weizsäcker, seit 1938 unter Ribbentrop Staatssekretär im Reichsaußenministerium.

Wer seine Notizen, Vermerke und Anweisungen (vgl. Dokumente Nr. 39–57 und Nr. 58–75) liest, kommt nicht ohne weiteres auf den Gedanken, daß es sich hier um jemanden handeln könnte, der etwa Hitlers unmoralische Judenpolitik strikt ablehnte und gewillt war, alles in seiner Kraft Stehende zu tun, um den Juden zu helfen.

Zwar fehlt den hier abgedruckten Dokumenten, die Weizsäcker unterzeichnet hat, die typische antijüdische Häme. Dennoch scheinen sie zumindest strikte Loyalität mit seiner Regierung zu verraten. Später trugen selbst Dokumente seine Paraphen und Unterschriften, in denen das Außenministerium die Vorschläge des Reichssicherheitshauptamtes zur Endlösung der Judenfrage zu approbieren hatte.

Weizsäckers Paraphen und Unterschriften führten im sogenannten Wilhelmstraßen-Prozeß (gegen Mitglieder der Hitler-Regierung) zu einer Gefängnisstrafe von fünf Jahren, formell wegen Verbrechen gegen den Frieden. Da Weizsäcker aber nachweisen konnte, daß er Hitlers Kriegspolitik zu unterlaufen versucht hatte, wurde er vorzeitig entlassen. Für seine Gegnerschaft zu Hitler sprach auch, daß er sich im Jahre 1943 zum Vatikanbotschafter ernennen ließ. Wie er seine Rolle unter Hitler verstand, warum er sich 1936 vom Gesandten in Bern zunächst zum Leiter der Politischen Abteilung des Auswärtigen Amtes und schließlich zum Staatssekretär ernennen ließ, schilderte er am 23. August 1947 in einem Gespräch mit dem amerikanischen Anklagevertreter Robert M. W. Kempner (»Das Dritte Reich im Kreuzverhör«, München, 1969):

Kempner: »Die Toten und die Gemordeten, das ist eine Tatsache, und die zweite Tatsache ist: Sie waren als Staatssekretär mit von der Partie . . . Schön, Sie haben versucht zu verhindern, was Sie konnten. Das Verhindern hat mit Ihrer Hilfe und ohne Ihre Hilfe dazu geführt, daß die Leute tot sind.«

Weizsäcker: »Glauben Sie, es hätte mir ein Vergnügen gemacht, wenn die jungen Leute hätten in den Krieg ziehen müssen und ich in der Lage gewesen wäre, am 1. September (1939) im Ruhestand, unter einem Birnbaum (zu leben)? Dann hätte ich mir sagen müssen: Du hast dich zurückgezogen, du läßt sie ihr Blut zu Markte tragen ... Ist das eine bessere moralische Position?«

Kempner: »Ich sitze lieber unter einem Birnbaum mit mir allein, als daß ich den Todesgang von tausend Leuten nach Auschwitz mitzeichne.«

Weizsäcker: »Ich wußte nichts von diesem Papier.«

Kempner: »Wir wollen von Papier absehen. Nur sind Millionen von Menschen umgekommen, und ich weiß von mir, du bist irgendwie mit deinem Namen dabei. Ist das eine anständige Position, ist das vielleicht ein Standpunkt? Ich bin lieber unschuldig an einem Mord.«

Weizsäcker: »Ich bin lieber vor diesem Gericht, als daß ich mich zurückgezogen hätte.«

3

»Ich weiß, was ich gewollt habe«, hatte der AA-Staatssekretär von Weizsäcker 1947 in einem Gespräch mit Robert Kempner gesagt, aber: »Was man erreichen wollte, mußte man auf Umwegen tun.«

Dies also waren die Pole: Das Regime innerlich ablehnen, aber sich verstellen, um vielleicht noch etwas retten zu können. Der amerikanische Ankläger hatte dem entgegengehalten, solche Verstellung sei nicht nur unmoralisch, sondern letztlich auch erfolglos.

War sie aber wirklich erfolglos? Was wäre geschehen, wenn all die Weizsäckers durch Eichmänner ersetzt worden wären? Andererseits bleiben auch diese Fragen: »Wie weit durfte ein Beamter damals (und wie weit darf er heute) in der Verleugnung seiner wahren Ziele gehen? Wann ist kompromißloser Widerstand geboten und wann der Widerstand des Kompromisses, die Résistance der Verstellung?

Mochte Weizsäcker sich überlegt und vielleicht sogar zu Recht als heimlicher Widerständler empfunden haben, so vermutlich nicht sein Unterstaatssekretär Ernst Woermann, ein zweiter Hauptakteur in Rublees Bemühen um deutsche Kontakte. (Vgl. Dokumente Nr. 44–57, 70–75, 106.) Der 1888 geborene Dresdner war, wie Weizsäcker, bis 1943 im Reichsaußenministerium als Leiter der Politischen Abteilung tätig und arbeitete mit dem Staatssekretär eng zusammen. Im Wilhelmstraßen-Prozeß erhielt er wegen Verbrechen gegen die Menschlichkeit fünf Jahre Freiheitsstrafe, weil er im Schriftverkehr mit dem Reichssicherheitshauptamt allzu häufig und eindeutig dessen Endlösungsprojekten zugestimmt hatte.

Woermanns in diesem Buch abgedruckte Schreiben und Notizen unterscheiden sich in der Art ihrer Loyalität, in der Behandlung der Probleme kaum von denen seines Vorgesetzten Weizsäcker. Woermann war kein Antisemit; er hätte normalerweise keinem Juden ein Haar krümmen mögen. Aber er war auch kein Widerständler, nicht einmal ein verkappter. Er machte einfach mit.

Kempner hat diese charakterlose Oberflächlichkeit in einem Gespräch entlarvt, das er am 22. Mai 1947 mit Woermann führte. Auf die Vorhaltungen Kempners hatte Woermann stets nur drei Antworten parat: »Das weiß ich nicht.« Oder: »Ich erinnere mich nicht.« Oder: »Ich kann es nicht beurteilen.« Und seine Tätigkeit charakterisierte der Unterstaatssekretär mit dem Satz: »Das war die Politik des geringsten Widerstandes.« Das war ehrlich.

6. Kapitel
Schacht-Plan

»Der schwarzhaarige Judenjunge lauert stundenlang, satanische Freude in seinem Gesicht, auf das ahnungslose Mädchen, das er mit seinem Blute schändet.«

Adolf Hitler 1925 in »Mein Kampf«

1

Hatte der AA-Staatssekretär von Weizsäcker seine wahre Gesinnung häufig bis zur Unkenntlichkeit verleugnet, so stellte das andere Extrem Hjalmar Schacht dar. Kaum ein innerlich gegen die Nationalsozialisten eingestellter Beamter, Diplomat oder Politiker unter Hitler hat gegen dessen verbrecherische Praktiken schärfer polemisiert und sich insbesondere für die Juden mehr eingesetzt als der ehemalige Reichsbankpräsident und Reichswirtschaftsminister.

Der »Demokrat, Freimaurer und bekenntnistreue Christ«, wie Schacht sich selber nannte, war von Natur aus der Typ des asketischen, scharfsinnigen, couragierten Kämpfers, der schon vor Hitler seine eigenen Wege gegangen war. Als die führenden Politiker der Weimarer Republik seinen Kampf gegen die sinnlosen Geldanleihen im Ausland ignorierten, trat er im März 1930 als Reichsbankpräsident zurück.

Gegen Hitler und die Nationalsozialisten hegte er von Anfang an Skepsis. Vor der Juliwahl von 1932 nahm er mit keinem Wort für sie Stellung. Aber als sie dann 40 Prozent aller Stimmen gewannen – mehr als alle bürgerlichen Parteien zusammen –, gab es nach seiner Meinung keinen Weg mehr an den Nazis vorbei. Am 17. März 1933 nahm er von Hitler das Amt des Reichsbankpräsidenten an, 1934 das des Reichswirtschaftsministers.

»So bin ich«, schrieb er 1948 in seiner »Abrechnung mit Hitler«, »in die Hitlerregierung bewußt als ihr Gegner hineingegangen, insoweit sie zu ungerechten und gewalttätigen Maßnahmen neigte. Ich wollte nicht resignieren wie die demokratischen Politiker, wollte alle Kraft einsetzen, um so viel wie möglich zu retten von dem, was sie kampflos preisgegeben hatten.«

Diesem Ziel blieb Schacht treu, ohne die dabei gebotene Bereitschaft zum Kompromiß und zur Verstellung allzu sehr zu strapazieren. Er trat weder der Partei noch einer anderen nationalsozialistischen Organisation bei. Er wehrte sich erfolgreich gegen zusätzliche Titel, Uniformen und Ränge (außer dem Goldenen Parteiabzeichen). Er versagte Parteiforderungen, die ihm unmoralisch erschienen, die Gefolgschaft. Er duldete in der Reichsbank und im Reichswirtschaftsministerium keine Diskriminierung Andersdenkender. Er zeigte ganz offen seine Zugehörigkeit zur Bekennenden Kirche. Er zeigte sich öffentlich mit jüdischen Freunden und empfing sie ungeniert in der Reichsbank.

Die Einzelfälle, in denen er in den ersten Jahren der Hitlerzeit erfolgreich einzugreifen vermochte, sind Legion. Er hielt gegen die Einwürfe von Gauleitern und Reichsstatthaltern Beamte auf ihrem Posten – oder besorgte ihnen zumindest andere. Er versagte der Partei die Verwendung öffentlicher Gelder. Er bewahrte Handelskammern und Wirtschaftsorganisationen vor Parteiwillkür.

Vor allem nahm er sich immer wieder der bedrängten Juden an. Ungezählte Male rettete er jüdische Firmeninhaber vor Enteignung und Erpressung. In einem Schreiben an den Reichsinnenminister vom 12. Dezember 1934 verbat er sich den Boykott jüdischer Geschäfte mit der Begründung: »Diese Maßnahmen stehen im Gegensatz zu der von der Reichsregierung vertretenen Auffassung über die Behandlung von Nichtariern in der gewerblichen Wirtschaft.« Wiederholt drängte er Hitler persönlich zu einer Gesetzgebung, die den deutschen Juden wenigstens die gleichen Rechte gewähre wie Ausländern. Als eines Tages in dem brandenburgischen Städtchen Arnswalde der Vorsteher der Reichsbankfiliale in Schaukästen des berüchtigten »Stürmer« als Volksverräter bezeichnet wurde, weil er bei Juden eingekauft hatte, verlangte Schacht eine öffentliche Entschuldigung. Da sie nicht eintraf, ließ Schacht die Reichsbankfiliale so lange schließen, bis der betreffende Gauleiter sich tatsächlich entschuldigte.

Auf der Königsberger Ostmesse nahm Schacht am 18. August 1935 die Gelegenheit wahr, jene abzukanzeln, »die nächtlicherweile heldenhaft Fensterscheiben beschmieren, die jeden Deutschen, der in einem jüdischen Geschäft kauft, als Volksverräter plakatieren«. Auf Anordnung von Goebbels durfte die Rede in der deutschen Presse nicht veröffentlicht werden. Daraufhin ließ Schacht in der Druckerei der Reichsbank 250 000 Exemplare drucken und verschicken. Zwei Tage nach Königsberg, am 20. August, forderte er in einer Ministerrunde, »daß das gesetzlose Treiben gegen das Judentum bald ein Ende nehmen müsse«.

Bis zum Erlaß der Nürnberger Gesetze im September 1935 hielt der Präsident und Minister eine Wende zum Besseren immer noch für möglich. Nach dem Erlaß der Rassegesetze jedoch, über deren Inhalt das Kabinett vorher nicht informiert worden war, erwog er erstmals persönliche Konsequenzen. Es dämmerte ihm die Erkenntnis, wie er später schrieb, »daß die Führung der deutschen Regierung in die Hände von Verbrechern geraten war«.

Daß es für Schacht eine Grenze gab, die er nicht zu überschreiten gewillt war, zeigte sich dann zwei Jahre später. Als Göring im Juli 1937 über Schachts Kopf hinweg eine Bergbauverordnung erließ, die eigentlich in die Kompetenz Schachts fiel, insistierte Schacht bei Hitler so lange auf seiner Entlassung, bis dieser im Herbst zustimmte. Ich höre heute noch den Ausspruch meines Vaters, als er mit der Nachricht nach Hause kam. »Schacht ist gegangen«, sagte er mit bleichem Gesicht, »wir bekommen Krieg.«

Schacht blieb zunächst Reichsbankpräsident und Minister ohne Portefeuille. Aber die Nationalsozialisten, die bereits seit 1935 seinen Hausapparat durch Schachts Hausangestellte überwachen ließen, hatten ihn nun immer stärker als Feind im Visier. Mit Recht. Seit 1938 konspirierte Schacht mit Widerständlern, wie Hitler abzusetzen oder notfalls umzubringen sei. Zusammen mit dem Berliner Wehrkreiskommandeur von Witzleben arbeitete er 1938 den ersten handfesten Plan zu einem Staatsstreich aus, der freilich scheiterte.

Das Ende seiner politischen Karriere nahte am 2. Januar 1939, als er mit Hitler auf dem Obersalzberg über die beengte Finanzlage sprach und Hitler dafür plädierte, einfach Banknoten zu drucken. Schacht antwortete, er werde Hitler darüber eine Denkschrift verfassen, die er ihm am 7. Januar überreichen ließ. Kernsatz: »Das unbegrenzte Anschwellen der Staatsausgaben sprengt jeden Versuch eines geordneten Etats.« Das tat seine Wirkung: Hitler geriet in Wut, sprach von Meuterei und entließ Schacht tags darauf mit den Worten: »Sie passen in das ganze nationalsozialistische Bild nicht hinein.« Damit war Schacht seinen Posten als Reichsbankpräsident los und aus der offiziellen Politik ausgeschaltet.

Ein paar Jahre später verlor er den letzten Einfluß, der ihm noch geblieben war. Weil er im November 1942 Hitlers Kriegspolitik in einem Brief an Göring als betrügerisch geißelte, verlor er im Januar 1943 seinen Posten als Minister ohne Geschäftsbereich, dann das Goldene Ehrenzeichen der Partei und schließlich seinen Posten als Preußischer Staatsrat. Um so mehr beteiligte sich Schacht, wenn auch behutsamer als andere, an den Vorbereitungen eines Attentats auf Hitler.

Drei Tage nach dem Attentat vom 20. Juli verhaftete ihn die Gestapo und schleppte ihn durch mehrere KZ: Ravensbrück, Flossenbürg, Dachau. Da man ihm nichts nachweisen konnte, blieb er am Leben, wurde schließlich bei Kriegsende von den Amerikanern als Kriegsverbrecher festgenommen und noch einmal zwei Jahre lang durch amerikanische Gefängnisse geschleppt – bis er schließlich in Nürnberg und wenig später in einem Stuttgarter Prozeß freigesprochen wurde.

2

Einen der letzten großen Versuche zur Rettung deutscher Juden unternahm Schacht im Dezember 1938, nachdem ihm die Reichskristallnacht gezeigt hatte, wie aussichtslos die Position der Juden in Deutschland geworden war.

Schacht war über die Schandtaten dieser Nacht so empört, daß er auf der alljährlichen Weihnachtsfeier der Reichsbank vor den Lehrlingen, deren Eltern und vielen Parteiangehörigen noch einmal öffentlich darauf zu sprechen kam. »Solche Brutalität«, sagte er in seiner Ansprache über den Terror in dieser Nacht, »müßte jedem anständigen Menschen die Schamröte ins Gesicht treiben. Hoffentlich ist niemand von euch dabei beteiligt gewesen, sonst würde ich ihm raten, schleunigst aus der Reichsbank auszuscheiden. Für Leute, die Leben und Eigentum ihrer Mitmenschen nicht achten, ist bei uns kein Platz.«

Anschließend ließ er sich bei Hitler anmelden und legte ihm einen Plan vor, wie man 150 000 bis 200 000 Juden zu einer geregelten Auswanderung verhelfen könnte. Danach sollte aus dem beschlagnahmten jüdischen Vermögen ein Betrag von eineinhalb Milliarden Reichsmark ausgesondert und der Verwaltung eines internationalen Komitees (das nicht, wie auch der ganze Schacht-Plan, mit dem Rublees identisch war) unter Beteiligung führender Juden unterstellt werden. Gegen diese Sicherheit sollten die ausländischen Juden eine Anleihe zeichnen, mit deren Erlös die Auswanderung der deutschen Juden finanziert werden sollte. Die Rückzahlung der Anleihe sollte in zwanzig bis fünfundzwanzig Jahresraten in fremder Valuta erfolgen. (Vgl. Dokumente Nr. 58–75.)

Hitler erklärte sich einverstanden mit Schachts Absicht, die Anleihe bei einem sofort anzutretenden Besuch in London zustande zu bringen. Noch im Dezember reiste Schacht ab. Da die Angelegenheit lediglich zwischen Schacht und Hitler besprochen war, herrschte in der Öffentlichkeit und auch im Außenministerium zunächst die Meinung, der Reichsbankpräsident sei von Hitler mit den Kontakten zum Zwischenstaatlichen Komitee beauftragt worden. Tatsächlich sprach Schacht auch mit George Rublee, dem Präsidenten des Zwischenstaatlichen Komitees. Aber selbst Schacht wußte damals nicht, daß Rublee wiederum auf anderen Wegen mit Deutschland Kontakt aufzunehmen versuchte.

In London fand Schachts Ansinnen geteilte Aufnahme, so daß sich eine Entscheidung über den Erfolg von Schachts Plan in jedem Falle hingezogen hätte. Doch dann zerstörte die Entlassung Schachts Anfang Januar jede weitere Hoffnung.

Der Reichsbankpräsident Schacht verstand seine Rolle im Dritten Reich als »Opposition von innen«. Aber andere verstanden das anders. Nach dem Krieg gelang ihm kein politisches Comeback. Die Politiker mieden ihn, wiewohl sein Ruf als Finanzgenie unangetastet blieb. Relativ isoliert (er eröffnete nach dem Krieg in Düsseldorf ein Bankhaus und betätigte sich als Finanzberater des Iran, Ägyptens und Indonesiens) starb er im Jahre 1970, mit 94 Jahren noch bei bester Gesundheit und klarem Verstand.

Sein Hauptmakel bestand darin, daß er damals dabei war und daß er, wie es Hans Bernd Gisevius in seinem Buch »Adolf Hitler« (München, 1963) formulierte, bis zu seiner Entlassung »eine der tragenden Säulen des Dritten Reiches« bildete. Es schien Leuten wie Gisevius unverzeihlich, daß sich ein Finanzgenie wie Schacht zum Aufbau eines Hitler-Staates überhaupt in irgendeiner Form hatte hergeben können. Gisevius unerbittlich: »Kein – juristisch noch so berechtigter – Freispruch in Nürnberg kann ihm diese historische Verantwortung abnehmen.«

Auch Schacht selbst stellte sich während seiner Amtszeit immer wieder die Frage: aushalten oder gehen? Seine Antwort nach dem Krieg: »Würde ich aus der öffentlichen Tätigkeit ausscheiden und mich wieder ins Privatleben zurückziehen, so hieß das, Hitler das Feld einfach zu überlassen. Unendlich viele sind diesen Weg gegangen, aber sind sie damit auch ihrer Verantwortung ledig geworden? Nichts leichter, als sich nachher hinzustellen und zu sagen: ›Ich war nicht dabei, ich habe nicht mitgemacht.‹ Haben diejenigen, die so sprechen, deshalb weniger Schuld, daß Deutschland den Weg ins Verderben geführt wurde? Mit welchem Recht wollen diese Männer, die damals resignierten oder emigrierten, heute jene Wagemutigen und Verantwortungsbewußten aburteilen, die den anderen Weg gingen, den Weg des Kampfes, des Widerstandes, des Versuches, Deutschland zu retten, Unheil abzuwenden?«

Andere Kritiker werfen Schacht vor, seine Zivilcourage sei zwar groß gewesen, hätte aber angesichts seiner Position weit größer sein können. Schacht jedoch glaubte genau zu wissen, wie weit er gehen konnte, ohne sich vorschnell zu entlarven und damit ins Aus zu manövrieren. So achtete er beispielsweise bei allen Aktionen gegen die Nationalsozialísten peinlich genau darauf, daß er sich stets auf bestehende Gesetze oder persönliche Absprachen mit Hitler berufen konnte. Wurden die Gesetze, auf die er sich gestern noch berufen hatte, heute durch neue ersetzt, so wich auch Schacht zurück.

Seine öffentlichen Reden enthielten bewußt immer wieder ein paar Tupfer nationalsozialistischer Protzologie. So lobte er in seiner Rede auf der Deutschen Ostmesse in Königsberg, die in Wirklichkeit zahlreiche scharfe Absagen an nationalsozialistische Dogmen und Praktiken erteilte, zwischendurch auch mal Hitlers »grenzenlosen Mut«, seine »staatsmännische Kühnheit« und sein »unbeirrbares Verantwortungsgefühl vor der Geschichte«. Vor allem seit 1938 gebrauchte er, wie er später selber gestand, in seinen Reden »mehr als je zuvor nationalsozialistische Wendungen«. Er erklärte das so: »Ich mußte durch solche Tarnung unter allen Umständen den Verdacht der Gestapo von mir abzulenken versuchen, wenn ich mir die Freiheit des Handelns für die Zukunft nicht verscherzen wollte.«

Wieder andere Kritiker glaubten bei Schacht einen latenten Antisemitismus entdeckt zu haben. Sieht man einmal davon ab, daß sich dieser Vorwurf durch Schachts wahrlich außergewöhnliche Hilfsbereitschaft den Juden gegenüber von selbst erledigt, so hatte Schacht durchaus zu einigen jüdischen Problemen eine eigene Meinung. Er beschrieb es selbst so:

»Ich habe es im Interesse der Juden selber immer für verfehlt erachtet, daß die kulturellen Schlüsselstellungen gerade von den Juden so eifrig erstrebt wurden. Kultur wurzelt in Religion, und die Religion der Deutschen ist die christliche ... In einem christlichen Staat darf die Kulturpolitik keinesfalls Nichtchristen ausgeliefert sein, seien sie nun Juden, Mohammedaner oder Buddhisten. In allen anderen Tätigkeiten soll der Jude sich genauso bewegen dürfen wie die übrigen Staatsbürger.« Ich halte diesen Standpunkt Schachts für nicht ganz durchdacht; antisemitisch kann man ihn jedoch nicht nennen.

Auch nicht jene mehr taktisch gemeinten Äußerungen in seiner Königsberger Rede, in der er bekanntlich auch die Boykottmaßnahmen gegen Juden schärfstens verurteilte. Schacht: »Die Juden müssen sich damit abfinden, daß ihr Einfluß bei uns ein für allemal vorbei ist. Wir wünschen unser Volk und unsere Kultur rein und eigen zu erhalten, wie es die Juden seit dem Propheten Esra für ihr Volk als Forderung jederzeit aufgestellt haben.« (Esra verbot den Juden die Heirat mit einem Volksfremden.) Immerhin fügte Schacht in Königsberg gleich hinzu: »Aber die Lösung dieser Aufgaben muß unter staatlicher Führung geschehen und kann nicht ungeregelten Einzelaktionen überlassen bleiben.«

Auf der Ministerkonferenz vom 20. August 1935 räumte er ein, er verurteile nicht jeden Schritt gegen die Juden. Beispielsweise könne er die Erregung des Auslands über die Schilder »Juden nicht erwünscht« nicht verstehen. In Amerika könne man ähnliche Schilder sehr häufig sehen.

7. Kapitel
Rublee-Wohlthat-Unterredung

»Alle wirklich bedeutungsvollen Verfallserscheinungen der Vorkriegszeit gehen im letzten Grunde auf rassische Ursachen zurück.«

Adolf Hitler 1925 in »Mein Kampf«

Zu der Zeit, als Schachts Plan zur Aussiedlung der Juden wegen Schachts Herausschmiß scheiterte, feierten zwei andere Männer ihren ersten großen Erfolg in derselben Sache. Sie hatten sich nach unsäglichen diplomatischen Schwierigkeiten Ende Dezember in Berlin treffen dürfen und Anfang Januar 1939 eine Art Geheimabkommen unterzeichnet. Es war in der Form eines Briefwechsels abgefaßt und enthielt praktisch die Zustimmung der deutschen Reichsregierung zur geordneten Auswanderung von 400 000 Juden aus Deutschland (einschließlich Österreich und Sudetenland) innerhalb von fünf und mehr Jahren, unter finanziellen Bedingungen ähnlich denen des Schacht-Plans. Die beiden Verhandlungspartner waren George Rublee, Präsident des Zwischenstaatlichen Komitees, und Helmuth Wohlthat, Ministerialdirektor in Görings Amt für den Vierjahresplan. (Vgl. Dokumente Nr. 76–81.)

Wohlthat verkörpert neben von Weizsäcker und Schacht einen dritten Typ des Widerständlers »von innen«. Während man von Weizsäckers Art des Widerstandes als extrem kompromißbereit oder extrem verstellt und Schachts Haltung als extrem couragiert oder extrem offen bezeichnen könnte, so den Widerstand Wohlthats als extrem sachbezogen, extrem rationell und rational.

Das hängt nicht zuletzt mit Typus und Werdegang Wohlthats zusammen. Der kleine und drahtige, 1893 geborene Sohn eines mecklenburgischen Professors, der sein Offiziersexamen in der Preußischen Armee »mit allerhöchster Belobigung des Kaisers« bestand, war »kein Mensch mit großen Gefühlsbeigaben«, wie ihn mir Schacht einmal charakterisierte. Aber er besaß jenen sprichwörtlichen und beinah absolut zu nennenden preußischen Anstand, der ihn unfähig zu Schlechtem machte. Und er verfügte über jene Art von Verstand, die ein Problem erst losläßt, wenn sie es bis ins Detail seziert und gelöst hat. Hinzu kamen bei Wohlthat, was kleinen Drahtigen häufig eigen ist, Energie und Mut.

Alles andere ergab die Laufbahn: Im Ersten Weltkrieg brachte er es bis zum Oberleutnant. 1919 begann er an der Universität Köln mit dem Studium der Volks- und Finanzwirtschaft. Bereits während des Studiums übte er in einem Familienunternehmen als Geschäftsführer den Import von Ölen, Fetten und Ölsaaten. Seit 1929 betrieb er den Im- und Export von den USA aus, nicht ohne nebenher an der Columbia University in New York den »master of arts of political science« zu machen. Im Jahre 1933 wurde er in Deutschland Vorstandsmitglied der Reichsstelle für Milcherzeugnisse, Öle und Fette.

Längst hatte indessen Schacht Fähigkeiten und Gesinnung dieses Mannes erkannt. Im Jahre 1934 – Schacht hatte gerade das Wirtschaftsministerium übernommen – übertrug er ihm die Reichsstelle für Devisenwirtschaft. In dieser Eigenschaft handelte Wohlthat zahlreiche Wirtschaftsabkommen aus, so etwa mit der Schweiz, Norwegen, Rumänien, Großbritannien, der Türkei, dem Iran, Irak, Japan und der Mandschurei.

In Wohlthats Reichsstelle befand sich auch die entscheidende Schaltstelle für das Funktionieren jenes Haavara-Abkommens, das die finanziell gesicherte Aussiedlung von Juden nach Palästina ermöglichte. Am Gelingen dieses Transfers hatte Wohlthat erheblichen Anteil. Da er einer der wenigen Spezialisten war, die das komplizierte Devisen-Metier wirklich im Griff hatten – ganz im Gegensatz zu den wirtschaftstheoretisch ungeschulten Nationalsozialisten –, konnte er nahezu unangefochten agieren. Seine NS-Partner behandelte er mit einer so unterkühlten, überlegenen Kompetenz, daß sie häufig ihre Forderungen und Einwände sehr schnell zurückschraubten.

Obgleich Wohlthat mit der Ideologie und Politik der Nationalsozialisten nicht einverstanden war, ließ er sich nach der Demissionierung Schachts als Reichswirtschaftsminister nun von dessen Nachfolger Göring für die Bearbeitung von Fragen des Vierjahresplanes abstellen. Da Wohlthat es mehr mit Sachfragen als mit politischen Entscheidungen zu tun hatte, blieb ihm genügend Spielraum, um den neuen Posten ohne allzu große Selbstverleugnung anzunehmen. Genügend Spielraum blieb ihm auch deshalb, weil Göring das Gefühl hatte, er brauche diesen Mann, obwohl er von ihm wußte, daß er nicht in der Partei war und nie in sie eintreten würde.

Das war nach Schachts Weggang aus dem Wirtschaftsministerium keineswegs selbstverständlich. Wie sich gewissermaßen im Handumdrehen der Geist des Wirtschaftsministeriums bei der Amtsübernahme Görings änderte, schilderte der frühere Ministerialrat Sperl: »Herr Dr. Posse, der während der ganzen Amtszeit Dr. Schachts Staatssekretär war, begrüßte in seiner Ansprache den neuen Chef Göring als Nationalsozialisten. Das Ministerium sei stolz, nun endlich unter der Leitung eines Hitler seit Anfang der Bewegung aufs engste verbundenen, in wichtigsten Aufgaben und hervorragenden Stellungen bewährten alten Parteigenossen zu stehen und unter seiner Führung die Wirtschaft des nationalsozialistischen Deutschland zu lenken.«

Wohlthat schwieg zu solchen Ergüssen. Er zeigte nach außen keinerlei Opposition. Aber er hatte seine eigene Art der Unterminierung. Um Wohlthats große und kleine Hilfsaktionen für einzelne Juden und ganze Sippen, die er in einer äußerst nüchternen und trockenen Art zu arrangieren pflegte, wogten Legenden. Da Göring den Ministerialdirektor »zur besonderen Verwendung« nicht nur für fähig, sondern auch für loyal hielt, übertrug er ihm die delikaten Verhandlungen mit George Rublee. Die für die Juden positiven Ergebnisse, die Wohlthat dabei möglich machte, überstiegen bei weitem das, was die Nationalsozialisten ursprünglich an Konzessionen zu machen bereit waren. (Vgl. Dokument Nr. 78.)

Es ist bezeichnend für die Wohlthatsche Art des Widerstandes gegen die Nationalsozialisten, daß er – im Gegensatz zu Schacht – nach dem Kriege keinerlei Schwierigkeiten hatte. Obwohl er – wie Schacht – zwangsläufig durch seine Tätigkeit auch das Funktionieren des Nationalsozialismus unterstützte, hat ihm daraus später niemand einen Vorwurf gemacht.

Sein Übergang in die Nachkriegszeit gestaltete sich beinahe nahtlos: Wieder wollte man nicht auf ihn verzichten. Bereits 1949, als sonst kaum ein Deutscher sein Land verlassen durfte, reiste er quer durch Afrika, um Wirtschaftskontakte für deutsche Unternehmen zu knüpfen. Bereits 1950 kam er nach Kanada und 1953 in die USA, um beschlagnahmte deutsche Industriebesitzungen loszueisen. Er wurde Mitglied der Arbeitsgemeinschaft für Entwicklungsländer, der Deutschen Gesellschaft für Polarforschung und der Steuben-Schurz-Gesellschaft, einer deutsch-amerikanischen Freundschaftsvereinigung.

8. Kapitel
Frühes Ende

»Wenn dieses Buch erst einmal Gemeingut eines Volkes geworden sein wird, darf die jüdische Gefahr auch schon als gebrochen gelten.«

Adolf Hitler 1925 in »Mein Kampf«

Kein Zweifel, die Verhandlungsergebnisse Rublees und Wohlthats berechtigten zu neuen Hoffnungen. Die ersten verwaltungstechnischen und organisatorischen Vorbereitungen liefen an, wenn auch unter den Argusaugen jener Ministerien und deren nationalsozialistischer Aufpasser, die mit der Auswanderung der Juden befaßt waren. Sogar in der Frage der Devisenbeschaffung, einem der neuralgischen Punkte aller Aussiedlungsprojekte, schien Wohlthat weitergekommen zu sein. (Vgl. Dokumente Nr. 82–88.)

Auch die deutschen Juden setzten vermehrt auf das Zwischenstaatliche Komitee. Wie sehr sich viele von ihnen mittlerweile auf Auswanderung eingestellt hatten, zeigt eine – allerdings möglicherweise von den Nationalsozialisten mitbeeinflußte – Notiz im »Jüdischen Nachrichtenblatt« vom 24. Januar 1939, die zwei Tage vor einer erneuten Zusammenkunft des Zwischenstaatlichen Komitees in London erschien. »Die Juden in Deutschland«, schrieb der Redakteur, »sind in ihrer Gesamtheit davon überzeugt, daß die Auswanderung die einzige für sie in Betracht kommende Lösung ist.« Der deutsche Philo-Verlag hatte bereits Ende 1938 seinen Philo-Atlas als »Handbuch für die jüdische Auswanderung« herausgegeben.

Aber an dem anderen neuralgischen Punkt aller Auswanderungspläne schien seit den November-Pogromen alles zu scheitern: Die ausländischen Staaten fanden sich noch weniger als in den Vorjahren bereit, Juden aufzunehmen. (Vgl. Dokument Nr. 76.) So kam es, daß schließlich Tausende deutscher Juden Anfang 1939 das ferne Schanghai anstrebten. Andere schlichen illegal über die Grenzen in Europa und pendelten verloren von Land zu Land. Am aufnahmefreudigsten erwies sich zwischen dem 10. November 1938 und dem 1. September 1939 England, das in diesem Zeitraum immerhin noch 40 000 Juden aufnahm.

Mit Kriegsausbruch wurde die Lage noch schwieriger: Europäische Länder fielen als Auswanderungsziele wegen des Kriegszustandes meist aus; außereuropäische Länder waren kaum noch erreichbar. Dennoch gelang es einer kleinen Zahl von Juden, über Rußland und Japan in die Vereinigten Staaten einzureisen – bis auch diese Länder 1941 in den Krieg eintraten. Anderen gelang auf Schleichwegen die Flucht in südamerikanische Länder, nach Palästina oder China. Nach vorliegendem Material entkamen auf diese Weise im ersten Quartal 1940 immerhin noch 4755 Juden. Im Jahre 1941 sank der Monatsdurchschnitt, der im Vorjahr noch rund 1500 betrug, nun auf rund 500 Flüchtlinge. Als dann wenig später die Massendeportationen begannen, war eine Flucht praktisch unmöglich. Nur noch wenigen Dutzenden gelang der rettende Sprung in die Freiheit.

Mit dem sich ausbreitenden Krieg stießen auch die Beamten des »inneren Widerstandes« auf die Grenzen ihrer Möglichkeiten. Wer ihre Erfolge zusammenrechnet und sie den Verlusten gegenüberstellt, die in den nun folgenden Jahren eintraten, wird bilanzieren: Sie haben wenig erreicht. Wer ihre Leistung an Quantitäten mißt, muß ihren Einsatz für wenig sinnvoll halten – obwohl ein paar hunderttausend geretteter Juden schließlich, für sich genommen, auch nicht gerade wenig sind. Wer aber Qualitäten mißt, wer in ihrem Handeln einfach den immer wieder aufflackernden Beweis dafür sieht, daß es doch Güte, Verständnis, Erbarmen, Liebe gibt, für den waren die Taten dieser Männer voller Sinn.

9. Kapitel
Reichszentrale, Reichsvereinigung

»Ich begann sie allmählich zu hassen.«

Adolf Hitler 1925 in »Mein Kampf« über die Juden

1

»Die Judenvernichtung«, so schrieb der amerikanische Chronist der jüdischen Tragödie, Raul Hilberg, »war nicht von vornherein geplant. Kein Beamter des Jahres 1933 konnte voraussehen, wie die Maßnahmen gegen die Juden im Jahre 1935 aussehen würden. Und 1935 konnte niemand sagen, wie sie 1938 aussehen würden. Der Prozeß auf die Vernichtung hin entwickelte sich immer nur von Stufe zu Stufe. Selbst die Akteure hatten selten mehr als den nächsten Schritt vor Augen.«
In der Tat: Bis zum eigentlichen Beschluß der Endlösung Mord im Laufe des Jahres 1941 und dessen interner Verkündigung auf der sogenannten Wannsee-Konferenz am 20. 1. 1942 schien immer noch eine andere Entscheidung möglich, liefen immer wieder unter den Nationalsozialisten Vorstellungen, Pläne, Projekte und Aktionen in durchaus verschiedene Richtungen. Und nie war klar vorauszusagen, wer nun welchen nächsten Schritt tun würde, und wer sich letztlich durchzusetzen vermochte.

Freilich: Antisemiten im weitesten Sinne waren fast alle Nationalsozialisten. Aber wie sie ihren Antisemitismus in die Tat umzusetzen hätten, darüber herrschten verschiedene Meinungen. In »Mein Kampf« hatte Hitler bei allen martialischen Äußerungen über die Juden nie konkret geäußert, was er mit den Juden zu tun gedenke, wenn er einmal an der Macht war. Parteischriften ließen das ebenfalls häufig in der Schwebe. Chef-Ideologe Alfred Rosenberg fand anfangs gar, die Juden sollten als »eine in Deutschland lebende Nation anerkannt«, jedoch lediglich aus führenden Positionen eliminiert werden. Als Frankreichs Madagaskar-Angebot an Polen scheiterte, meditierte er im »Völkischen Beobachter« vom 8. Juli 1938: »Warum sollte nicht erneut ein großes afrikanisches Territorium ins Auge gefaßt werden, um den Juden die Möglichkeit eines ›selbständigen, schöpferischen Aufbaus‹ zu ermöglichen?«

Mindestens vier antisemitische Strömungen liefen unter den Nationalsozialisten nebeneinander her oder vermischten sich miteinander: eine politisch-kulturelle (»Juden aus den führenden Positionen!«), eine mystisch-antisemitische, eine rassistisch begründete und eine neurotisch-wahnhafte (um Streicher und Goebbels).

Zumindest die letzten drei Richtungen liefen auf eine Entfernung der Juden aus dem deutschen Volk hinaus. Nur die letzte Richtung hatte von vornherein jene menschenverachtenden, amoralischen Züge, die den Mord als Lösung prinzipiell einschloß. Und wem der Mord von einem oder ein paar oder 60 Juden nichts ausmachte, wie diese vierte Richtung seit 1933 zur Genüge bewies, dem mußte es prinzipiell gleichgültig sein, ob aus den 60 eines Tages sechs Millionen würden. Das war dann nur noch eine Frage der Situation und der Opportunität.

2

Die Situation entwickelte sich unmittelbar nach der Reichskristallnacht auf die Endlösung hin, ohne daß dies damals bereits zu erkennen gewesen wäre.

Göring erhielt nach der Reichskristallnacht von Hitler den Auftrag, als Chef des Vierjahresplanes die Lösung des Judenproblems organisatorisch in seiner Hand zu konzentrieren und zu forcieren. Am 12. November 1938 führte Göring diesen Auftrag durch. Auf einer Konferenz, zu der er alle an der Lösung der Judenprobleme beteiligten Stellen einlud, ordnete er dreierlei an: Die Juden müßten beschleunigt aus der Wirtschaft ausgeschieden werden; ihr Vermögen müsse kassiert und ihre Auswanderung verstärkt betrieben werden. (Vgl. Dokument Nr. 89.) Mit einem Schreiben, das er persönlich abzeichnete, übertrug Göring am 24. 1. 1939 dem Chef der Sicherheitspolizei und des Sicherheitsdienstes, Reinhard Heydrich, die Durchführung der verstärkten jüdischen Auswanderung. Am gleichen Tage sandte Göring noch einen Brief an Reichsinnenminister Wilhelm Frick, in dem er ihm nicht nur die Ernennung Heydrichs mitteilte, sondern auch die Maßnahmen zur Beschleunigung dieser Politik umriß. Am 15. November 1938 hatte er bereits vorgeschlagen, dies mittels einer »Reichszentrale für die jüdische Auswanderung« zu bewerkstelligen. Die Gründung dieser Reichszentrale folgte auf dem Fuße: Heydrich wurde ihr Leiter; der SS-Standartenführer Oberregierungsrat Heinrich Müller, der später als Gestapo-Müller in die dunkle SS-Geschichte einging, übernahm die Geschäftsführung. Am 11. Februar 1939 nahm die Reichszentrale ihre Arbeit auf. (Vgl. Dokumente Nr. 90–96.) Diese Ernennung und die Weisungen erfolgten zu einem Zeitpunkt, als George Rublee mit Helmuth Wohlthat zu konferieren begann.

Das Konzept, das dieser Reichszentrale zugrunde lag, war erprobt. Adolf Eichmann, der dem Sicherheitsdienst Heydrichs unterstand, hatte es bereits seit dem 1. August 1938, wenige Monate nach der Besetzung Österreichs, in Wien praktiziert: Dort hatte Eichmann erfolgreich 100 000 österreichische Juden zwangsweise abgeschoben. Das Geld für die Reisekosten hatte er von wohlhabenden Juden und deren ausländischen Freunden erpreßt. Ausgestattet mit zweifelhaften Papieren, meist von südamerikanischen Staaten, schickte er sie nun auf die Reise. Per Schiff irrten die Abgeschobenen von Hafen zu Hafen durch die halbe Welt, ehe sich ihrer schließlich nach Wochen oder Monaten ein Land annahm. Inzwischen hatte Eichmann sein Modell auch in Prag eingeführt, wo er in kurzer Zeit aus dem Reichsprotektorat Böhmen und Mähren 30 000 Juden abzog.

Eichmanns Methoden sollten jetzt also organisatorisch konzentriert auch im Altreich verwirklicht werden. Dies widersprach an sich dem Vertrag, den Wohlthat mit Rublee Anfang Januar unterzeichnet hatte, und der eine ordnungsgemäße, finanziell gesicherte und von den Aufnahmeländern garantierte Auswanderung vorsah. Heydrich war sich dessen selbstverständlich bewußt, weshalb er auf der ersten Sitzung der neugegründeten Reichszentrale am 11. Februar 1939 ausdrücklich auf den Rublee-Wohlthat-Plan zu sprechen kam. (Vgl. Dokument Nr. 92.)

Zwar sei der Plan, so argumentierte der SD-Chef, eigentlich Grundlage der Auswanderung. Aber da noch nicht sicher sei, ob er wirklich funktioniere, solle die Auswanderung erst einmal »ohne Rücksicht auf den Plan mit allen sonst zur Verfügung stehenden Mitteln gefördert werden«. Mit allen Mitteln, das hieß, man solle es so machen wie Eichmann in Österreich und Prag. Offensichtlich hielt Heydrich es für ausgeschlossen, daß sich das Ausland und die ausländischen Juden auf die Bedingungen des Rublee-Wohlthat-Planes einlassen würden – womit er nicht ganz unrecht hatte. Wohlthat, der bei dieser Sitzung anwesend war, mußte notgedrungen dem Ende seiner Bemühungen tatenlos zusehen.

Heydrichs Anordnungen griffen: Im Jahre 1939 verließen über den Zwangsapparat des SD rund 78 000 Juden das Altreich. Im Oktober 1939 übertrug Heydrich auf den Vorschlag von Gestapo-Müller die Geschäftsführung der Reichszentrale dem bewährten Eichmann, der eigentlich »bedeutend lieber in der Provinz« geblieben wäre. Aber nun wurde er, der stets Gehorsame, gerufen; und so kam er denn doch, brachte seine alten Mitarbeiter aus Prag und Wien gleich mit und zog in die Kurfürstenstraße 116, Berlin.

Dort stieg er auf, er wußte selbst nicht recht, wie ihm geschah: im Amt IV (Gestapo) des Reichssicherheitshauptamtes vom Referat IV D 4 (Auswanderung und Räumung) zum Referat IV B 4 (Judenangelegenheiten, Räumungsangelegenheiten). Und ohne daß er es selbst ahnen konnte, hatte er unversehens sämtliche organisatorischen Hebel in der Hand, die er später – auf Befehl, versteht sich – nur zu ziehen brauchte, um die Endlösung zu arrangieren.

10. Kapitel
Deutscher Madagaskar-Plan

»Siegt der Jude über die Völker dieser Welt, dann wird dieser Planet wieder wie einst vor Jahrmillionen menschenleer durch den Äther ziehen.«

Adolf Hitler 1925 in »Mein Kampf«

Dr. med. Felix Kersten, der Leibarzt des Reichsführers SS Heinrich Himmler, notierte am 11. November 1941 in sein Tagebuch: »Himmler ist heute sehr bedrückt. Er kommt aus der Kanzlei des Führers. Ich behandle ihn. Nach längerem Drängen und Fragen, was ihm fehle, erklärt er, man plane die Vernichtung der Juden.«

Genaueres brachte Kersten aus Himmler allerdings erst ein Jahr später heraus, als die Vernichtungsaktionen bereits in vollem Gange waren.

Himmler: »Ach, Kersten, ich wollte ja die Juden gar nicht vernichten. Ich hatte ganz andere Ideen. Aber dieser Goebbels hat das Ganze auf dem Gewissen.« Dann erzählte er den Hergang: »Vor Jahren bekam ich vom Führer den Befehl, die Juden aus Deutschland zu entfernen. Sie sollten ihr Vermögen sowie bewegliches Hab und Gut mitnehmen können. Ich begann die Aktion, habe sogar Übergriffe, die von meinen Leuten begangen und mir gemeldet wurden, bestraft. Fest stand aber unerbittlich und unerschütterlich: Heraus mußten die Juden aus Deutschland! Bis zum Frühling 1940 konnten Juden noch ungestört Deutschland verlassen, dann siegte Goebbels.«

Kersten: »Wieso Goebbels?«

Himmler: »Goebbels vertrat den Standpunkt, daß die Judenfrage nur mit der restlosen Vernichtung aller Juden zu lösen sei. Solange noch ein Jude lebe, werde er immer ein Feind des nationalsozialistischen Deutschlands sein. Daher sei jede Milde und Humanität den Juden gegenüber fehl am Platz.«

Diese Darstellung war nicht erfunden. Heinz Höhne, der derzeit wahrscheinlich beste Kenner der SS, hat in seiner Geschichte dieser Institution (»Der Orden unter dem Totenkopf«) im Gegensatz zu manch anderen Historikern der NS-Zeit auf »die irrige Vorstellung« hingewiesen, »die Täter des größten Massenverbrechens der Geschichte seien zugleich mit seinen Urhebern identisch«. Nach Höhne sprechen alle entscheidenden Indizien dafür, »daß die Judenmord-Entscheidung außerhalb der SS-Führung entstanden ist«.

Zweifellos galt auch in der SS, und dies intensiver als in anderen Gliederungen der NS-Diktatur, das Dogma vom Antisemitismus und der Ausspruch des obersten Parteirichters Buch: »Der Jude ist kein Mensch. Er ist eine Fäulniserscheinung.«

Aber der jungen SS-Elite, die vor allem im Sicherheitsdienst (SD) regierte und »vernünftigen« Nationalsozialismus verwirklichen wollte, waren die »Stürmer«-Methoden von Anfang an zu primitiv. Dies sei, so eine Schlagzeile im SS-Blatt »Schwarzes Korps«, ein »Antisemitismus, der uns schadet«. Fensterscheiben einschlagen und Möbel zertrümmern, Geschäfte plündern und Juden verhauen lehnten sie strikt ab. »Die nationalsozialistische Bewegung und ihr Staat«, hieß es am 5. Juni 1935 im »Schwarzen Korps«, »treten diesen verbrecherischen Machenschaften mit aller Energie entgegen. Die Partei duldet nicht, daß ihr Kampf für die heiligsten Güter der Nation zu Straßenaufläufen und Sachbeschädigungen umgefälscht wird.« Bezeichnenderweise war der Initiator der November-Pogrome im Jahre 1938 Goebbels und nicht Himmler. Als der Terror jener Nacht begann, fiel Himmler aus allen Wolken.

Aber es bedurfte nicht einmal solch drastischen Terrors, um die SS zu verärgern. Schon bei weit geringeren Anlässen reagierte sie empfindlich. Als beispielsweise die Berliner Verlagsanstalt Paul Schmidt im Herbst 1935 ein antisemitisches Flugblatt veröffentlichte, das beim Zusammenfalten die Karikatur eines Judenkopfes ergab, empfand dies die Abteilung II 2 B des Geheimen Staatspolizeiamtes so: »Der Inhalt des

Flugblattes ist als grober Unfug anzusehen. Polizeirat Reinke (Stapo Bln.) hat fernmündlich Anweisung erhalten, die Beschlagnahme des Flugblattes sofort zu veranlassen.«

Das waren keine Einzelfälle. Der SS-Untersturmführer Leopold Edler von Mildenstein, der seit 1935 die Judenpolitik der SS formulierte, verkehrte mit prominenten Zionistenführern und war davon überzeugt, daß nur eine geregelte Auswanderung nach Palästina das Judenproblem in Deutschland lösen könne. Der SS-Standartenführer und spätere Reichsgesundheitsführer Dr. Conti vertrat anfangs gar die Meinung, Juden seien »keine minderwertige, sondern eine andersartige Rasse«. Selbst Eichmann war ursprünglich alles andere als ein Antisemit im strengen Sinne. Schon sehr früh plädierte er dafür, den Juden irgendwo ein Territorium zu überlassen.

Freiwillige Auswanderung hieß denn auch zunächst das Konzept der SS, bis sich herausstellte, daß dafür kein Geld vorhanden war und das Ausland nicht genügend Juden aufnehmen wollte. Zwangsauswanderung hieß deshalb der nächste Schritt dieses Konzeptes, möglichst nach Palästina – was die Nationalsozialisten im Auswärtigen Amt und in der Auslandsorganisation der NSDAP gerade mit aller Macht zu verhindern suchten. (Vgl. Dokumente Nr. 4–18.)

Als die Briten, Mandatsmacht in Palästina, im Herbst 1937 nach einem blutigen Konflikt mit Juden und Arabern die Einwandererquoten drosselten, taten sich die Männer Heydrichs heimlich mit der zionistischen Geheimorganisation »Mossad le Aliyah Bet« zusammen, die in Europa junge Juden für die Kolonisation in Palästina anwarb und auf kleinen Schiffen illegal ins Land einschleuste. Nun arbeiteten die Agenten des Mossad mit dem SD zusammen. Im März 1939 ging der erste Transport ab. Insgesamt hatte der SD 10 000 Juden auf die Listen gesetzt – bis der Krieg dieses Programm zunichte machte.

Aber auch dann war noch keineswegs von Mord die Rede. Als 1939/40 das Wort von der »Endlösung« aufkam, gebrauchte die SS dies nicht im Sinne von Massenmord, sondern im Sinne von Zwangsdeportation – nach der freiwilligen Auswanderung und der Zwangsauswanderung nun der dritte Schritt. Ganz in diesem Sinne forderte SS-Gruppenführer Heydrich im Juni 1940 von Außenminister Ribbentrop eine neue »Endlösung der Judenfrage«. (Vgl. Dokument Nr. 97.)

Und schon hatte Eichmann eine Idee, wie man das machen könne; wie man im südöstlichen, von Deutschen besetzten Polen, nahe der Kleinstadt Nisko am San, ein großes Judenreservat errichten könne. Am 21. September 1939 erläuterte Heydrich seinen Untergebenen den neuen Plan: »Juden so schnell wie möglich in die Städte, Juden aus dem Reich nach Polen, systematische Ausschickung der Juden aus den deutschen Gebieten mit Güterzügen.« Anfang Oktober schon kam das Unternehmen in Gang: 4000 Juden, von der Sicherheitspolizei im Reichsprotektorat und in Österreich aufgetrieben, rollten zusammen mit Baumaterialien und Ingenieuren nach Nisko – bis der Hitlersche Generalgouverneur für Polen, Hans Frank, sich »dreinmengte« (Eichmann). Am 12. Februar 1940 hatte er mit einem Protest bei Göring Erfolg: Die Massenansiedlung verarmter Juden zerstöre die ohnehin schon angeschlagene polnische Wirtschaft noch mehr. Am 13. April mußte die Barackenstadt am Rande von Nisko aufgelöst werden.

Für Heydrich kein Grund zur Entmutigung. Wieder griff er zu einem Plan, den der Legationsrat Rademacher vom Auswärtigen Amt vorgeschlagen hatte: die Zwangsdeportation aller europäischen Juden in ein Großgetto auf der Insel Madagaskar. Bis ins Detail plante nun Rademacher in enger Zusammenarbeit mit Heydrichs Dienststellen ein madegassisches Juden-Großreich unter SS-Oberhoheit. (Vgl. Dokumente Nr. 97–107.)

Daß es das endgültig letzte SS-eigene Konzept zur Lösung der Judenfrage sein sollte, erfuhr Heydrich im Frühjahr 1941 durch einen Führerbefehl: Das Madagaskar-Projekt müsse, so lautete die Anweisung von oben, zugunsten einer Zwangsdeportation aller europäischen Juden nach dem Osten aufgegeben werden (vgl. Dokument Nr. 105). Heydrich hatte bereits läuten hören, was das bedeutete: Es war das Signal zum Sammeln, zum Antreten – zum Massenmord.

11. Kapitel
Amoklauf zur Wannsee-Konferenz

»Indem der Jude die politische Macht erringt, wirft er die wenigen Hüllen, die er noch trägt, von sich. Aus dem demokratischen Volksjuden wird der Blutjude und Völkertyrann.«

Adolf Hitler 1925 in »Mein Kampf«

1

Noch im Mai 1940 hatte der Reichsführer SS Heinrich Himmler »die bolschewistische Methode der physischen Ausrottung eines Volkes aus innerer Überzeugung als ungermanisch und unmöglich« abgelehnt. Wenig mehr als ein Jahr später stand er an der Spitze bestialischer und mörderischer Todesschwadrone.

Den Schlüssel zum Verständnis solch unerhörten, aber offenbar spielend vollzogenen Sinneswandels formulierte Himmler selbst, nachdem er sich interessehalber die Hinrichtung von 200 Minsker Juden angesehen hatte und dabei fast zusammengebrochen wäre: Jeder müsse seine Pflicht tun, so schwer sie auch falle. »Das ist ein Führerbefehl«, hatte er kurz vorher dem SS-Führer von dem Bach-Zelewski klargemacht, als dieser ihn nach einem ob der Ost-Greuel erlittenen Nervenzusammenbruchs darum bat, dem Spuk im Osten ein Ende zu machen. Der Inland-SD-Chef Otto

Ohlendorf bewies da stärkere Nerven. Er hielt durch, wie er nach dem Kriege protokollierte, weil er es für seine Pflicht gehalten habe, »den Befehlen meiner Regierung zu gehorchen, unabhängig davon, ob ich ihre Befehle für sittlich oder unsittlich hielt«.

Daß Hitler eines Tages den Befehl zur Ausrottung der Juden geben werde, kündigte sich am 21. Januar 1939 an, als er dem tschechoslowakischen Außenminister Chvalkovsky als Zukunftsvision verriet: »Die Juden würden bei uns vernichtet.« Neun Tage später orakelte er, im Falle eines Krieges werde »das Ergebnis nicht die Bolschewisierung der Erde und damit der Sieg des Judentums sein, sondern die Vernichtung der jüdischen Rasse in Europa«.

Wann der Befehl zur Endlösung definitiv erteilt wurde, ist nirgendwo festgehalten. Fest steht nur, daß er am 31. Juli 1941 bereits ergangen war. Denn an diesem Tage wandte sich der Reichsmarschall Göring an Reinhard Heydrich mit der Weisung, »mir in Bälde einen Gesamtentwurf über die organisatorischen, sachlichen und materiellen Vorausmaßnahmen zur Durchführung der angestrebten Endlösung der Judenfrage vorzulegen«. (Vgl. Dokument Nr. 108.)

Verschiedenes spricht dafür, daß Hitler seinen Mordbefehl etwa im März 1941 zumindest parat hatte, wenn nicht gar erteilte. Aktenkundig ist nur, daß er diesen Befehl zunächst in Raten herausließ. So diktierte er dem Chef des Wehrmachtsführungsstabes im OKW, General Alfred Jodl, anläßlich des von Hitler ins Auge gefaßten Krieges gegen die Sowjetunion am 3. März 1941: »Die jüdisch-bolschewistische Intelligenz als bisheriger Unterdrücker des Volkes muß beseitigt werden.« Am 30. März verpflichtete er die Heereskommandos im Falle eines Rußlandfeldzuges zu einem in der ganzen Militärgeschichte noch nie dagewesenen Handeln. Hitler: »Kommissare und GPU-Leute sind Verbrecher und müssen als solche behandelt werden.« Dieser berüchtigte Kommissarbefehl sah vor, die mit Politaufgaben betrauten russischen Soldaten stets rücksichtslos zu erschießen.

Zur gleichen Zeit, als der Kommissarbefehl die Heereskommandos frösteln ließ, begann Heydrich mit der Aufstellung von SS-Sonderkommandos. Sie waren unabhängig vom Heer berechtigt, »im Rahmen ihres Auftrages in eigener Verantwortung gegenüber der Zivilbevölkerung Exekutivmaßnahmen zu treffen« und sollten im eroberten Feindesland ihren »Sonderaufgaben« nachkommen.

Heydrich ließ zunächst noch im unklaren, worin diese Sonderaufgaben bestanden. Im April 1941 sprach er vor den zusammengerufenen Amtschefs des Reichssicherheitshauptamtes von einem »harten Auftrag«. Es gehe darum, den russischen Raum »zu sichern und zu befrieden«. Mitte Juni 1941 versammelte er die 3000 Männer dieser Sonderkommandos und blieb immer noch nebulös. Diesmal sprach er, bereits etwas betonter als noch im April, von einem Einsatz, der unerhörte Härte verlange. Wenige Tage später, vor den Führern der vier Einsatzgruppen dieser Sonderkommandos, kam es endlich an den Tag: »daß das Ostjudentum das Reservoir des Bolschewismus sei und deshalb nach Ansicht des Führers vernichtet werden« müsse.

Am 23. Juni 1941, einen Tag nach Beginn des Rußlandfeldzuges, zogen sie hinter der Frontlinie her, um ihr Handwerk auszuführen. Der Amoklauf gegen das Leben von fünf Millionen Juden begann.

Die Mordmaschinerie war in Gang, lief auf vollen Touren. Es bedurfte nur noch ihres systematischen und globalen Zuschnitts. Zu diesem Zweck lud Heydrich alle irgendwie von der Endlösung betroffenen Amtsstellen des Reiches für den 9. Dezember 1941 zu einer »Besprechung mit anschließendem Frühstück« in die Dienststelle der Internationalen Kriminalpolizeilichen Kommission, Am Großen Wannsee Nr. 56–58. Später mußte die Tagung auf den 20. Januar 1942 verlegt werden. Formal ging es dabei um die Zwangsdeportation aller europäischen Juden nach dem Osten. Gemäß dem Protokoll, das Eichmann führte, fiel nirgends das Wort »töten« oder »umbringen«. Aber das Programm ließ an Eindeutigkeit nichts mehr zu wünschen übrig. (Vgl. Dokumente Nr. 111–113.)

Goebbels notierte am 14. Februar 1942 in sein Tagebuch: »Der Führer hat erneut seinen Entschluß bekanntgegeben, mit den Juden in Europa mitleidlos aufzuräumen. Darüber soll keine falsche Sentimentalität aufkommen. Die Juden haben die Katastrophe verdient, die jetzt über sie gekommen ist. Die Vernichtung wird Hand in Hand gehen mit der Vernichtung unserer Feinde.«

Vergegenwärtigen wir uns noch einmal die Bilanz der Befehle Hitlers. 10,5 Millionen Juden lebten im Vorkriegseuropa, nur 4,5 Millionen überlebten den Krieg. 30 Millionen Zivilisten und 16 Millionen Soldaten mußten zwischen 1939 und 1945 ihr Leben lassen. Zurück blieben Millionen Witwen, Waisen; Millionen Menschen, die ihre Kinder, Verwandten, Verlobten, Freunde verloren; Millionen körperlich und seelisch Verwundete; Millionen, die Existenz und Heimat aufgeben mußten; allein rund 13,6 Millionen flohen aus dem Osten oder wurden von dort vertrieben.

Dreiunddreißig Jahre nach Kriegsende sind die Folgen des Krieges immer noch spürbar: Deutschland ist geteilt, was nicht schlimm wäre, wenn die Teilung dem Willen der Ostdeutschen entspräche. Aber leider ist der Ostteil Deutschlands von der Hitler- in die Kreml-Diktatur gestolpert und ein mehr oder weniger geräumiges Staatsgefängnis. Noch siedeln aus den ehemals deutschen Gebieten Polens Deutsche aus.

Hitler zerbrach alle Maßstäbe der Humanität, in sich selbst, in seinen Anhängern und in Millionen Menschen, die eigentlich gar nichts von ihm hielten. Aber es gab auch die anderen, die auf Gegenkurs gingen: heimlich im kleinen Kreis, unauffällig im Büro und im Werk. Ihre Zahl wird immer unbekannt bleiben. Hier und da, wie in den Dokumenten dieses Buches, wird ihre Spur einmal flüchtig sichtbar.

Daß sie sichtbar bleibt, ist wichtig. Denn auch dies ist dreiunddreißig Jahre nach Kriegsende Realität: Hitler, und wie es dazu kam, und warum es dazu kam – dies ist verblaßt. Zwar gibt es eine Schwemme an Hitler-Literatur und Hitler-Filmen. Aber sie scheint eher den Hunger nach Spannendem und Nostalgischem zu befriedigen, denn Geschichtsbewußtsein zu vermitteln. Hitler und seine Zeit ist zu einem Reservoir an Gruselgeschichten zusammengeschrumpft. Zwar hat noch rund die Hälfte aller Deutschen Hitler und den Krieg erlebt. Aber bei allzu vielen hat sich der Schrecken verflüchtigt.

Wie wenig bei vielen vom Wesentlichen hängengeblieben ist, zeigt, was sie an ihre Kinder weitergegeben haben. Der Flensburger Diplom-Pädagoge Dieter Bossmann wertete 3000 Aufsätze – Thema: »Was ich über Adolf Hitler gehört habe« – von 10- bis 23jährigen Schülern aus 121 Klassen aller Schularten quer durch die Bundesrepublik aus. Das

Ergebnis bezeichnete Bossmann als bestürzend. An den Fingern weniger Hände könne man jene unter den 3000 Darstellungen abzählen, die ein angemessenes Hitler-Bild vermitteln. Die Regel dagegen waren laut Bossmann Darstellungen wie diese:

»Adolf Hitler wurde Anfang 1920 bis 1925 geboren. Hitler war eine große Persönlichkeit im Deutschen Reich, um 1935 bis 1945. Er half Deutschland nach dem Zweiten Weltkrieg wieder auf die Beine. Er war später nur noch ein gewöhnlicher Bürger. Er starb im Jahre 1950 bis 1956.«

Oder: »Hitler war streng mit seinen Leuten und alle hatten Respekt vor ihm . . . Die Nachbarn wünschen sich heute noch manchmal, daß er wieder da wäre . . . Auch im Krieg war Hitler groß. Seine Soldaten waren mutig und lachten sogar, als sie in den Krieg zogen.«

Oder: »Er war der Anführer vom, ich weiß nicht genau, ich glaube, 2. Weltkrieg. Er hat eingeführt, wenn man jemandem begegnet, daß diejenigen ›Heil Hitler‹ sagen mußten.« Oder: »Hitler unser alter Führer. Hitler hat es nicht geduldet, wenn die Jugend lange Haare trug.«

Oder: »Solange Hitler an der Macht war, war Ruhe in Deutschland.«

Oder: »Nur einmal für ganz kurze Zeit müßte wieder ein ganz kleiner Hitler da sein. Dann gäbe es keine Verbrechen, Morde, Diebe und Arbeitslose mehr.«

»Welche Gewähr gibt es dafür«, so fragt Heinz Galinski, der Vorsitzende der Berliner Jüdischen Gemeinde, angesichts solch atemberaubender Unkenntnis und Verharmlosung, »daß diese Menschen unter keinerlei Umständen die parlamentarische Demokratie in Frage stellen werden?« Die Vorzüge einer Demokratie könne nur derjenige wirklich schätzen, »der weiß, was von einer Diktatur zu erwarten ist«.

In der Tat, wir Deutsche müssen aufpassen, daß uns die Zukunft nicht wieder in die Vergangenheit entgleitet. Aber aufpassen müssen auch die Juden und insbesondere die Israelis. Konrad Adenauer machte mir das klar, als er 1966 – fast drei Jahre nach seiner Zeit als Bundeskanzler – Jerusalem besuchte.

Ich traf Adenauer auf einem Korridor des »King David«, Jerusalems Prominenten-Hotel. Er hatte gerade mit ein paar Begleitern seine Suite verlassen.

»Ach, Herr Vogel«, grüßte Adenauer, »Moment mal, kommen Sie doch noch mal mit rein.« Er bat die Begleiter, einen Augenblick zu warten, ging wieder auf seine Suite zu, öffnete und schob mich hinein. »Kommen Sie, setzen wir uns draußen auf den Balkon.« Er wirkte sehr aufgeräumt.

Draußen, uns zu Füßen, lag Jerusalem, diese vielleicht geschichtsträchtigste Stadt der Erde, in gleißendem Sonnenlicht. Es war ein Anblick, der ein Gefühl von Frieden und Glück beschwor. Adenauer lehnte sich zurück, blickte hinunter auf die Stadt und fragte unvermittelt: »Sagen Sie, Herr Vogel, was halten die Juden eigentlich von ihrer Religion?«

Diese Frage kam für mich völlig unerwartet. Was sollte ich darauf antworten? »Wissen Sie, Herr Bundeskanzler, bei den Juden ist es so wie bei uns Christen. Wer einmal getauft ist, der kann, auch wenn er sich von Gott abwendet, nicht aus dieser Gnade der Taufe heraus. Die Auserwählung des jüdischen Volkes durch Gott ist ebenso eine Bindung, die bleibt, ganz gleich, ob der einzelne Jude gläubig ist oder nicht.«

Adenauer schien lange nachzudenken. »Nein, Herr Vogel, das machen Sie sich zu einfach. Ich will Ihnen mal was sagen: Wenn das jüdische Volk nicht mehr an seinen Gott glaubt, so wird auch dieser Staat keinen Bestand haben.«

Der »Alte« hatte gesprochen. Dann bat er mich, ihm die Gebäude der Altstadt zu erklären. Grabeskirche, Lutherkirche, das Kloster auf dem Berg Zion. Wir konnten noch nicht hinüber, die Stadt der Religionen war für uns mit ihrem Jahrtausende alten Teil gesperrt. 1966 war Jerusalem noch eine geteilte Stadt.

II. Teil
Dokumente

»Den Juden helfen« –
Amtliche Versuche zwischen
1933 und 1939

Dokumente Nr. 1–88

Haavara-Abkommen (1933–1939)

Dokumente Nr. 1–18

Dokument Nr. 1

»Die Abwanderung deutscher Juden nach Palästina fördern.«

Runderlaß Nr. 54/33 des Reichswirtschaftsministeriums vom 28. 8. 1933 an alle deutschen Devisenstellen. Der Erlaß enthält die Grundzüge des Haavara-Abkommens, einer Art Handelsabkommen zum finanziell gesicherten Transfer (= Haavara) von Juden nach Palästina. Auszug:

Um die Abwanderung deutscher Juden nach Palästina weiterhin durch Zuteilung der erforderlichen Beträge ohne übermäßige Inanspruchnahme der Devisenbestände der Reichsbank zu fördern und gleichzeitig die deutsche Ausfuhr nach Palästina zu steigern, ist mit den beteiligten jüdischen Stellen ein Abkommen auf folgender Grundlage abgeschlossen worden: Auswanderern, denen die Auswanderungsberatungsstelle bestätigt, daß über den als Einreisegeld erforderlichen Mindestbetrag von LP 1000,– hinaus weitere Beträge zur Gründung einer Existenz in Palästina erforderlich und angemessen sind, kann im Rahmen dieses Gutachtens für den RM 15 000,– übersteigenden Betrag die Genehmigung zur Einzahlung auf ein bei der Reichshauptbank errichtetes Sonderkonto I der Bank der Tempelgesellschaft zugunsten einer in Palästina zu errichtenden jüdischen Treuhandgesellschaft (bzw. bis zur Errichtung dieser Treuhandgesellschaft zugunsten der Anglo-Palestine Bank) erteilt werden. Das Sonderkonto I, für das zusammen mit dem weiter unten zu erwähnenden Sonderkonto II zunächst ein Gesamtbetrag von RM 3 Millionen vorgesehen ist, wird von der Tempelbank als Treuhandkonto für die genannte jüdische Treuhandgesellschaft geführt. Aus dem Konto werden deutsche Warenlieferungen nach Palästina bezahlt. Den Auswanderern wird der Gegenwert ihrer Einzahlungen nach Maßgabe der aus dem Absatz der deutschen Waren in Palästina zur

Verfügung stehenden Beträge durch die palästinensische Treuhandgesellschaft nach der Reihenfolge und dem Verhältnis der Einzahlungen auf dem Sonderkonto I untereinander in Palästina-Pfunden ausgezahlt. Zur Beratung der deutschen Juden in den sich auf diese Form des Kapitaltransfers nach Palästina beziehenden Fragen ist eine »Palästina-Treuhandstelle zur Beratung deutscher Juden G.m.b.H.« mit dem Sitz in Berlin, Friedrichstraße 218, gegründet worden. Ich ersuche, bei der Erteilung der Genehmigungen auf diese Stelle ausdrücklich hinzuweisen.

Für die Bank der Tempelgesellschaft ist bei der Reichshauptbank ferner ein Sonderkonto II eingerichtet worden. Auf Antrag können die Devisenbewirtschaftungsstellen deutschen Staatsangehörigen jüdischen Volkstums, die zur Zeit noch nicht auswandern, sich aber gleichwohl schon jetzt eine Heimstätte in Palästina schaffen wollen, die Genehmigung zur Einzahlung von Beträgen bis zu höchstens RM 50 000,– je Person auf dieses Konto (ebenfalls zugunsten einer in Palästina zu errichtenden jüdischen deutschen Treuhandgesellschaft, bzw. bis zur Errichtung dieser Treuhandgesellschaft zugunsten der Anglo-Palestine Bank Ltd.) erteilen.

Dokument Nr. 2

»Die eigentliche Haavara-Tätigkeit dauerte sechs Jahre.«

Dr. Werner Feilchenfeld, der frühere Generalmanager der Haavara-Gesellschaft, beschreibt den materiellen Umfang des Haavara-Transfers in »Haavara-Transfer nach Palästina und Einwanderung deutscher Juden 1933–1939«, Wissenschaftliche Reihe des Leo-Baeck-Instituts, J. C. B. Mohr Verlag (Paul Siebeck), Tübingen 1972:

Die Haavara-Transfertätigkeit begann im letzten Quartal 1933 und endete praktisch am 3. September 1939 mit Ausnahme des relativ kleinen Nachtransfers von Unterstützungsmark; die dieser Aufgabe gewidmete Tätigkeit der Intria Ltd., London, endete im Jahre 1941. Die eigentliche Haavara-Transfertätigkeit dauerte also fast 6 Jahre.

Der Gesamtbetrag des durch die Haavara und Reichsbank aus Deutschland nach Palästina transferierten jüdischen Vermögens war 139,6 Millionen Reichsmark, für die von den Transferberechtigten 8,1 Millionen Palästina-Pfund vereinnahmt wurden. Der sich danach ergebende Durchschnittskurs war also RM 17,23 für LP 1,–. Zu dem offiziellen Kurs von RM 12,50 für

LP 1,– wären nur 101 Millionen Reichsmark für 8,1 Millionen Palästina-Pfund erforderlich gewesen. Das Transferdisagio (Kursdifferenz, Anm. R. Vogel) für die gesamte Summe der nach Palästina transferierten Auswanderermark betrug also 39 Millionen Reichsmark, was einem Transferverlust von 27,5 Prozent entspricht. Die oben genannten 8,1 Millionen Palästina-Pfund enthielten jedoch 2,6 Millionen Palästina-Pfund, die die Reichsbank gegen Zahlung von 33,9 Millionen Reichsmark zur Verfügung stellte und die das durchschnittliche Disagio der gesamten transferierten Auswanderermark entsprechend verringerten.

Dokument Nr. 3

»36 Prozent Kapitalisten und 32,6 Prozent Arbeiter.«

Statistik der Jewish Agency for Palestine, öffentliche Vertretung jüdisch-palä-stinensischer Interessen: Vergleich der aus Deutschland eingewanderten Juden mit der Gesamteinwanderung nach Palästina für die Jahre 1933 bis 1942:

Einwan-derungs-kategorie		Gesamt-ein-wande-rung	Einwande-rung aus dem Deutschen Reich
	Anzahl der registrierten Personen	189 627	52 463
A 1	Kapitalisten, Mindestkapital LP 1000,–	19,9 %	36,0 %
A 2 + A 5	Freie Berufe, Mindestkapital LP 500,–	0,1 %	0,2 %
A 3	Handwerker, Mindestkapital LP 250,–	1,3 %	0,9 %
A 4	Personen mit gesichertem Einkommen (Rentner etc.)	0,2 %	0,4 %
B 2	Religiöse Berufe	2,2 %	0,6 %
B 3	Schüler und Studenten mit gesichertem Einkommen (Jugendalija)	8,2 %	14,5 %
C	Arbeiter	46,5 %	32,6 %
D	Von Ansässigen abhängige Personen (dependents)	21,6 %	14,8 %
		100,0 %	100,0 %

Dokument Nr. 4

»Jede Mitwirkung am Aufbau der jüdischen Wirtschaft in Palästina muß sich gegen uns auswirken.«

Studie des Generalkonsuls Döhle in Jerusalem vom 22. 3. 1937 an das Auswärtige Amt in Berlin über »neue Richtlinien« in der deutschen Palästina-Politik:

Deutsches Generalkonsulat   Jerusalem, den 22. März 1937
Nr. Polit. 16/37/Pol. VII 309

Die innerpolitische Entwicklung in Palästina zwingt uns zu einer Prüfung der Frage, ob unsere Palästina gegenüber bisher verfolgte Richtlinie beibehalten werden kann oder ob sie eine Änderung erfahren muß.
Die bisherige Richtlinie und ihre Folgen:
Bei allen unseren Maßnahmen war bisher der Gedanke der Förderung der jüdischen Auswanderung aus Deutschland und der Seßhaftmachung der ausgewanderten Juden in Palästina vorherrschend. In Durchführung dieses Gedankens sind für die jüdischen Auswanderer Transfermöglichkeiten geschaffen worden, ist der Transferierung der jüdischen Vermögen nach Palästina die deutsche Warenausfuhr dienstbar gemacht und auf einen Devisenerlös für unsere Warenausfuhr verzichtet worden. Wir haben uns damit abgefunden, der jüdischen Transfergesellschaft »Haavara« eine Monopolstellung einzuräumen und ihr bzw. der Jewish Agency die Lenkung der deutschen Wareneinfuhr nach Palästina in die Hände zu legen. Wir haben die Wünsche der palästinischen Araber auf Schaffung einer Sonderregelung, die ihnen den Bezug deutscher Waren unter Ausschaltung der Haavara ermöglicht, bisher nicht erfüllt, um die Monopolstellung der Haavara nicht zu beeinträchtigen. Wir haben wenig getan, um die Sympathie, welche die Araber für das neue Deutschland hegen, zu stärken und zu erhalten, und haben die Gefahr außer acht gelassen, daß die Araber durch unsere Mithilfe an dem Aufbau des jüdischen Nationalheims und der jüdischen Wirtschaft zu unseren Gegnern werden können. Wir haben weiter in den Kauf genommen, daß durch unsere Förderung der Judeneinwanderung die in Palästina bereits vor dem Kriege erworbenen und nach dem Kriege wieder gewonnenen deutschen Positionen (deutsche Kolonien und deutsche Institutionen) in Mitleidenschaft gezogen wurden. Wir haben auch in unserer bisherigen Einstellung Palästina gegenüber mit vollem Bewußtsein all die Gesichtspunkte, welche in anderen Ländern für die Wahrung des

deutschen Interesses maßgebend sind, zurückgestellt hinter den Versuch einer Verwirklichung des Gedankens der Förderung der jüdischen Auswanderung aus Deutschland und der Seßhaftmachung der ausgewanderten Juden in Palästina.

Innerpolitische Entwicklung und Zukunftsmöglichkeiten:
Die innerpolitische Entwicklung in Palästina und insbesondere die Verschärfung des arabisch-jüdischen Gegensatzes hat die Ziele des Zionismus beim Aufbau des jüdischen Nationalheims und die Ziele der arabischen Bewegung bei der Bekämpfung des Zionismus klar in Erscheinung treten lassen.
Ungewißheit herrscht im Augenblick nur über das Urteil, welches die Königliche Kommission auf Grund ihrer Untersuchungen fällen und über die Entscheidung, welche die Britische Regierung auf Grund dieses Urteils treffen wird. Ich glaube aber keinen Fehlschluß zu tun, wenn ich annehme, daß das Urteil der Kommission und die Entscheidung der Britischen Regierung auf eine Kompromißlösung hinauslaufen wird, welche weder die arabische noch die jüdische Seite voll befriedigen und weniger eine Lösung der bestehenden Schwierigkeiten als eine Vertagung des Problems darstellen wird.
Die Prüfung der von mir aufgeworfenen Frage möchte ich daher anhand der drei theoretisch bestehenden Möglichkeiten, einer vollen Erfüllung der jüdischen Wünsche, einer vollen Erfüllung der arabischen Wünsche und einer beide Seiten nicht befriedigenden Kompromißlösung verfolgen.
1. Volle jüdische Lösung: Sie würde darin bestehen, daß die Zusage der Balfour-Deklaration auf Schaffung eines jüdischen Nationalheims in Palästina erneuert und bekräftigt und die Mandatsregierung angewiesen würde, diese Zusage praktisch durchzuführen, und zwar ohne Rücksicht auf die Rechte der arabischen Bevölkerung. Dies würde auf eine Verwirklichung des Ausspruches von Dr. Weizmann – des Leiters der zionistischen Bewegung – hinauslaufen, daß Palästina so jüdisch werden solle, wie England englisch sei.
In Palästina wäre dann für Araber und auch für Deutsche keine normale Lebensmöglichkeit mehr vorhanden. Bei einer solchen Entwicklung brauchten uns die palästinischen Araber und auch ihre Sympathien für uns nicht weiter zu interessieren. Wir müßten höchstens mit Rückwirkungen auf die übrigen arabischen Länder rechnen, von wo uns der Vorwurf gemacht werden könnte, daß wir durch unsere Maßnahmen zur Förderung der jüdischen Position in Palästina uns an der Untergrabung der arabischen Position in Palästina beteiligt hätten. In einem solchen Falle müßten wir uns auch damit abfinden, daß die deutschen Kolonisten abwandern und die deutschen Institutionen ihre Pforten schließen. Bei einer solchen Entwick-

lung würde von dem deutschen Außenhandel nach Palästina nach Einstellung des Transfers jüdischer Gelder aus Deutschland so gut wie nichts übrig bleiben. Bei einer vollen Erfüllung der jüdischen Pläne würde sich aber auch der Wettbewerb der jüdischen Wirtschaft auf dem Weltmarkt stark bemerkbar machen und gerade in solchen Erzeugnissen, welche Deutschland ausführt und deren Erzeugung in Palästina wir durch die Förderung des Aufbaues der jüdischen Wirtschaft und durch Erleichterung der Verpflanzungsmöglichkeit deutsch-jüdischer Industrieunternehmungen nach Palästina erst ermöglicht haben.

Bei dieser Zukunftsschilderung glaube ich nicht übertrieben zu haben. Ich habe die Entwicklung in den letzten 1½ Jahren genau verfolgt und glaube, die Stoßkraft erkannt zu haben, welche die Juden in einem jüdischen Staat – und auf dies würde die Entwicklung hinauslaufen – politisch und wirtschaftlich haben würden und wie sich diese Stoßkraft auf eine Bekämpfung alles Deutschen auswirken würde. Wenn ich auch die Möglichkeiten, die sich bei einer vollen jüdischen Lösung ergeben, theoretisch entwickelt habe, so betrachte ich doch die Möglichkeit ihrer Verwirklichung als unwahrscheinlich. Bei diesem Urteil fuße ich auf der Kraft, welche die arabische Bewegung während der Unruhen gezeigt hat, und darauf, daß England bestrebt sein muß, die Araber und die Mohammedaner nicht zu seinen Dauerfeinden werden zu lassen.

2. Volle arabische Lösung: Sie würde in der Schaffung eines palästinischen Staates unter einem arabischen Herrscher bestehen und den Abschluß eines Vertrages mit England in sich schließen, ähnlich dem englisch-irakischen oder dem französisch-syrischen Vertrag. Die arabischen Machthaber würden dann die weitere Einwanderung von Juden und den weiteren Übergang von Landbesitz aus arabischen in jüdische Hände verbieten. Sonderrechte der Juden, besonders der zionistischen Organisationen, würden aufgehoben werden. Arabische Führer haben mir gegenüber die Auffassung vertreten, daß sich in einem solchen Falle, also bei Fortfall des zionistischen Einflusses, ein friedliches Zusammenleben von Juden und Arabern ermöglichen lassen würde, wie dies vor Auftreten des Zionismus der Fall gewesen wäre.

Bei Eintritt eines solchen Zustandes müßten wir auf die Weiterverfolgung des Gedankens, daß Palästina als Aufnahmeland für auswandernde deutsche Juden dienen kann, verzichten. Palästina unter arabischer Herrschaft würde dann eines von den wenigen Ländern sein, wo wir auf eine starke Sympathie für das neue Deutschland rechnen und wo wir für den deutschen Außenhandel bei richtiger Pflege einen sicheren, wenn auch nicht allzu großen Absatzmarkt finden können.

Die Verwirklichung eines solchen Planes in näherer Zukunft halte ich für wenig wahrscheinlich, oder nur nach einem Zwischenstadium, wie nachfolgend unter Ziffer 3 geschildert.

3. Kompromißlösung: Sie würde bestehen in einer Fortdauer des bisherigen Regimes mit gewissen Sicherungen für die Erhaltung des augenblicklichen Bevölkerungsverhältnisses und eventuell unter Einfügung einer gesetzgebenden Körperschaft.

Der wichtigste uns interessierende Teil einer jeden Kompromißlösung dürfte in einer Beschränkung der Judeneinwanderung bestehen. Wie weit die Beschränkung gehen wird, hängt von der mehr oder weniger starken Berücksichtigung der arabischen Wünsche ab. Jedenfalls wird die zukünftige Einwanderung nur einen Bruchteil der bisherigen Jahres-Höchsteinwanderungsziffer betragen.

Eine deutsche Einwirkung auf England auf Verhinderung einer Beschränkung der Judeneinwanderung nach Palästina kann meines Erachtens nicht in Frage kommen und würde auch keine Aussicht auf Erfolg haben. Ein solcher Schritt könnte sogar zu dem gleichen Ergebnis wie das polnische Vorgehen führen, daß noch weitere Länder die Judeneinwanderung beschränken oder verbieten.

Wie sich aus meinen Ausführungen ergibt, läßt sich unsere bisherige Richtlinie der Förderung der jüdischen Auswanderung aus Deutschland und der Seßhaftmachung der ausgewanderten Juden in Palästina weiter nur bei der unter Ziffer 1 geschilderten »vollen jüdischen Lösung« uneingeschränkt anwenden, während diese Richtlinie bei der »vollen arabischen Lösung« (Ziffer 2) gegenstandslos wird. Bei der Kompromißlösung muß unser Interesse an der Verfolgung unserer bisherigen Politik aber sehr stark zurückgehen.

Neue Richtlinien:

Meines Erachtens müssen wir daher für die Zukunft die Gesichtspunkte, welche normalerweise für die Wahrung des deutschen Interesses gelten, dem Gedanken der Förderung der Auswanderung von Juden aus Deutschland und der Seßhaftmachung der ausgewanderten Juden in Palästina nicht mehr unterordnen, sondern sie als gleichwertig betrachten und eine neue Richtlinie finden, welche dem deutschen Gesamtinteresse entspricht. Zur Prüfung der Frage, wie das deutsche Gesamtinteresse in Palästina am besten zu wahren ist, muß man auf unser Verhältnis zu den Juden und zu den Arabern bzw. auf deren Einstellung zu uns eingehen.

1. Juden: Ich sehe es nicht als meine Aufgabe an, die nach Palästina ausgewanderten deutschen Juden dem Deutschtum zu erhalten, sondern ihre Seßhaftmachung im Lande und den Erwerb der palästinischen Staatsangehörigkeit zu fördern. An dem Aufbau der jüdischen Wirtschaft in Palästina sehe

ich nur insofern ein deutsches Interesse, als den einzelnen auswandernden deutschen Juden hier eine Lebensmöglichkeit geschaffen und damit die Gefahr der Rückwanderung vermindert wird. In einem wirklichen Gelingen des jüdischen Aufbauwerkes, besonders auf industriellem Gebiet, sehe ich auf die Dauer sogar eine Gefahr für den deutschen Außenhandel, besonders in den Geschäftszweigen, in denen die Juden ihre Erfahrungen und Kenntnisse aus Deutschland mitbringen und zum Aufbau von Konkurrenzunternehmungen in Palästina benutzen. Bei der grundsätzlich feindseligen Einstellung des Judentums dem neuen Deutschland gegenüber sehe ich von seiten der palästinischen Juden einen scharfen Kampf gegen Deutschland voraus für die Zeit, wo eine Transferierung der jüdischen Vermögen aus Deutschland nicht mehr stattfindet und das jüdische Interesse an dem Warenbezug aus Deutschland also aufhört. Jede Mitwirkung am Aufbau und an der Stärkung der jüdischen Wirtschaft in Palästina muß sich dann gegen uns auswirken. Friedfertige Äußerungen von nach hier ausgewanderten deutschen Juden dürfen über diese jüdische Grundeinstellung nicht hinwegtäuschen. Die deutschen Juden sind in Palästina nur ein Bruchteil der gesamten Judenschaft, finden sich schwer in das niedrigere Niveau ihrer meist polnischen Rassegenossen hinein, müssen sich aber zwangsläufig einschalten und den kämpferischen Geist annehmen, den die Ostjuden und der Zionismus in Palästina haben.

Die Gegnerschaft der palästinischen Juden dem Deutschtum gegenüber tritt bei jeder Gelegenheit in Erscheinung. Die jüdische Presse gibt hierfür tagtäglich eine große Reihe von Beispielen. Der Boykott der deutschen Einfuhrwaren erfolgt nur deshalb nicht, weil die Juden sich darüber klar sind, daß ein solcher Boykott die Transferierung der jüdischen Vermögen hindern und sich also gegen die Juden auswirken würde und Deutschland ziemlich gleichgültig lassen könnte. Die deutschen Kolonisten in Palästina, besonders diejenigen landwirtschaftlichen Berufes, haben die jüdische Gegnerschaft aber bereits jetzt durch den seit vorigem Jahr durchgeführten Boykott der Erzeugnisse der landwirtschaftlichen deutschen Kolonien am eigenen Leibe erfahren.

2. Araber: Die palästinischen Araber zeigen in allen Schichten eine große Sympathie für das neue Deutschland und seinen Führer, eine Sympathie, die um so höher zu werten ist, als sie auf rein ideeller Grundlage ruht. Der deutsche Name hat bei den Arabern bereits aus der Vorkriegszeit her einen guten Klang und die Besuche des preußischen Kronprinzen im Jahre 1869 und des deutschen Kaisers im Jahre 1898 tauchen auch jetzt noch in den Unterhaltungen mit den Arabern auf. Die Leistungen der deutschen Truppen auf dem Kriegsschauplatz in Palästina haben gleichfalls zur

Stärkung des deutschen Ansehens beigetragen. Die Tüchtigkeit und das gute Einvernehmen, welches die deutschen Kolonisten den Arabern gegenüber hergestellt und in langen Jahrzehnten durchgehalten haben, hat das Ansehen des Deutschtums gekräftigt. Ausschlaggebend für die bei den Arabern Deutschland gegenüber jetzt bestehenden Sympathien ist aber die Bewunderung, welche unser Führer genießt. Gerade die Unruhezeiten boten mir öfter Gelegenheit festzustellen, wie weit diese Sympathie verbreitet ist. Wenn man sich bei einer bedrohlichen Haltung einer arabischen Volksmenge als Deutscher zu erkennen gab, war dies im allgemeinen schon ein Freibrief für ungehindertes Passieren. Wenn man sich aber durch den deutschen Gruß »Heil Hitler« auswies, schlug die Haltung der Araber meist in Begeisterung um und der Deutsche kam zu Ovationen, bei denen die Araber den deutschen Gruß stürmisch erwiderten. Die Begeisterung für unseren Führer und das neue Deutschland ist wohl deshalb so weit verbreitet, weil die palästinischen Araber in ihrem Kampf um ihre Existenz einen arabischen »Führer« ersehnen und weil sie sich im Kampf gegen die Juden in einer Front mit den Deutschen fühlen.

Es muß unser Bestreben sein, die bestehende arabische Sympathie für das neue Deutschland und seinen Führer zu erhalten und zu pflegen. Hierzu ist vorerst nicht einmal eine wirklich aktive Araber-Politik erforderlich, sondern nur die Vermeidung einer augenfälligen Förderung des Aufbaues des jüdischen Nationalheims. Bisher haben die arabischen Führer es vermieden, die deutschen Maßnahmen zur Förderung der Einwanderung deutscher Juden nach Palästina öffentlich zu diskutieren. Die Arabische Handelskammer in Jerusalem hat als Wortführerin der palästinischen arabischen Wirtschaft in den Verhandlungen mit mir nicht die Forderung auf Einstellung des Transfers jüdischer Vermögen durch die deutsche Wareneinfuhr gestellt, sondern nur um die Schaffung einer Möglichkeit des Bezuges deutscher Waren unter Ausschaltung der jüdischen Organisationen ersucht. Die Gefahr besteht aber natürlich, daß die arabische Stimmung umschlägt und der Vorwurf erhoben wird, daß wir durch den Transfer der jüdischen Vermögen uns aktiv am Kampf gegen die Araber beteiligen. Eine solche Gefahr besteht besonders dann, wenn wir uns den arabischen Bestrebungen gegenüber weiter passiv verhalten und selbst den bescheidenen Wunsch auf Ausschaltung der jüdischen Organisationen für den arabischen Warenbezug aus Deutschland nicht erfüllen.

Nach meiner Auffassung liegt das deutsche Interesse darin, dem arabischen Wunsch nachzukommen, soweit sich dies im deutschen Gesamtinteresse vertreten läßt. Wenn ich nicht eine wirklich aktive deutsche Araber-Politik vorschlage, so tue ich dies auch mit Rücksicht auf unser Verhältnis zu

England, die Mandatsmacht in Palästina. Die Mandatsregierung und die einzelnen englischen Beamten zeigen den Deutschen in Palästina und ihren Schöpfungen gegenüber eine gewisse Sympathie und es ist mein Bestreben, diese Einstellung im Interesse der deutschen Kolonisten zu erhalten. Der von mir den Deutschen gegenüber ausgesprochene Wunsch, sich nicht in die innerpolitischen Verhältnisse des Landes zu mischen, ist bisher voll erfüllt worden und hat dazu beigetragen, daß die deutschen Kolonisten einigermaßen glimpflich durch die schweren Unruhezeiten durchgekommen sind. Die Araber sind des öfteren an die deutschen Kolonisten mit dem Wunsch herangetreten, sich ihrem Streik und ihrem Protest gegen die Mandatsregierung anzuschließen und begründeten ihren Wunsch damit, daß der Kampf und der Boykott der Juden sich ja in gleicher Weise wie gegen die Araber auch gegen die Deutschen richte. Den deutschen Kolonisten ist es dank ihres Geschicks im Umgang mit Arabern gelungen, der Erfüllung dieses Wunsches auszuweichen, zum Teil zwar nur unter Berufung auf die von mir an sie gestellte Forderung, sich nicht in die innerpolitischen Verhältnisse des Landes zu mischen. Ich erwähne dieses hauptsächlich deshalb, um zu zeigen, daß wir bei einem Bestreben auf Erhaltung der arabischen Sympathie für Deutschland auf die tatkräftige und sehr geschickte Unterstützung der deutschen Kolonisten in Palästina rechnen können.

Auf kulturellem Gebiete hoffe ich in Kürze einen Vorschlag auf eine deutsch-arabische Zusammenarbeit machen zu können. Ich denke dabei insbesondere an die Erfüllung des auf arabischer Seite bestehenden Wunsches auf Ausbildung arabischer Studenten auf deutschen Hochschulen. Es kann sich dabei hauptsächlich nur um Studenten handeln, die sich nicht auf die Verwaltungskarriere, sondern auf freie Berufe vorbereiten.

Die Versorgung der arabischen Presse mit deutschen Nachrichten und Aufsätzen über Deutschland muß weiter entwickelt werden. In dieser Beziehung werde ich im engsten Einvernehmen mit Herrn Fritz Tietz – dem Pressebeirat der Gesandtschaft in Kairo – arbeiten, zu dessen Geschäftsbereich Palästina und Transjordanien geschlagen worden sind.

3. Deutsche: Wenn von Palästina die Rede ist, denkt man an erster Stelle an die Juden und dann auch an die Araber. Vergessen wird aber oft, daß wir in Palästina in den deutschen Kolonisten und in den deutschen Institutionen wertvolle deutsche Interessen haben. Die Gesamtzahl der arischen Reichsdeutschen in Palästina beläuft sich auf etwa 2500. Der größte Teil entfällt auf die Templerkolonien, welche ihre Aufbauarbeit in Palästina vor fast 70 Jahren begonnen, ihren echten deutschen Kern in den langen Jahrzehnten ihres Hierseins voll bewahrt haben und ein wertvolles deutsches Element darstellen.

In der Anlage ist eine Übersicht der bestehenden deutschen Institutionen beigefügt, die gleichfalls ein wertvolles deutsches Kulturgut sind, das in schwerer Arbeit aufgebaut worden ist.

Man muß sich darüber klar sein, daß bei einer vollen jüdischen Lösung die deutschen Kolonisten abwandern und die deutschen Institutionen ihre Pforten schließen müssen. Vor Jahresfrist – also vor dem Inerscheinungtreten der Kraft der arabischen Bewegung – wurde eine solche Entwicklung von den deutschen Kolonisten und auch von mir als unvermeidlich angesehen. Die deutschen Kolonisten fanden sich mit dem Gedanken einer solchen Zwangsentwicklung ab und stellten ihre persönlichen Interessen hinter das deutsche Staatsinteresse, Palästina als Abwanderungsland für deutsche Juden voll auszunutzen, zurück.

Da sich die Lage ohne unser Zutun grundlegend geändert hat, mit einer vollen jüdischen Lösung nicht mehr zu rechnen ist und Palästina als Abwanderungsland für deutsche Juden nur noch eine beschränkte Bedeutung haben wird, halte ich es als im deutschen Interesse liegend, die Deutschen in Palästina jetzt in ihrem Kampf um Erhaltung ihrer Positionen tatkräftiger zu unterstützen, als dies unter der bisherigen Politik möglich war – siehe Bericht Nr. Temp. 1/36 vom 15. Januar 1936, dessen Vorschläge zur Behebung der Schwierigkeiten, in welche die deutschen Kolonien in Palästina durch den Zustrom der Juden, durch die Monopolstellung der Haavara und durch den jüdischen Boykott gekommen waren, nicht angenommen worden sind.

Kritik der wirtschaftlichen Rückwirkungen der bisherigen Richtlinie:

Bei einer kritischen Nachprüfung der Vor- und Nachteile der Auswirkungen des bisherigen Verfahrens auf wirtschaftlichem Gebiet komme ich zu folgenden Schlüssen:

A) Vorteile:

1. Solange eine Einwanderungsbeschränkung für Juden nicht besteht, bildet Palästina ein günstiges Aufnahmegebiet für die aus Deutschland auswandernden Juden. Seit 1933 hat Palästina etwa $1/3$ der aus Deutschland ausgewanderten Juden aufgenommen.

2. Durch die Schaffung von Möglichkeiten für den Transfer jüdischer Vermögen können wir den in der ausländischen Presse erhobenen Vorwurf entkräften, daß wir die Juden aus Deutschland herausdrängen, ohne ihnen die Möglichkeit der Schaffung einer Existenz im Ausland zu geben.

3. Durch die Transferierung der jüdischen Vermögen auf dem Wege der deutschen Warenausfuhr wird die Arbeitsbeschaffung in Deutschland gefördert.

4. Der Angleich der deutschen Preise an diejenigen der Länder mit

abgewerteter Valuta geht nicht zu Lasten der deutschen Volkswirtschaft, sondern zu Lasten der jüdischen Transferenten. Die Bonifikationen, welche die Haavara auf die deutsche Wareneinfuhr gewährt, wirken sich in einem Abzug auf das transferierte jüdische Kapital aus.

5. Durch den Bezug deutscher Waren durch die palästinischen Juden tritt eine Schwächung der Schlagkraft des jüdischen Boykotts deutscher Waren auf dem Weltmarkt ein.

B) Nachteile:

1. Für die deutsche Warenausfuhr nach Palästina und anderer Ausfuhr, die über den Haavaraweg geleitet wird, erhalten wir keinen Devisenerlös. Vom Devisenstandpunkte aus ist jede derartige Ausfuhr ein glatter Verlust und ist also, wie die früheren Sachlieferungsgeschäfte, nicht als normale deutsche Ausfuhr anzusprechen.

2. Eine Lenkung der deutschen Einfuhr nach Palästina erfolgt nicht von einer deutschen Stelle nach den für die deutschen Ausfuhrinteressen maßgebenden Gesichtspunkten, sondern von der jüdischen Transfergesellschaft »Haavara« bzw. von der Jewish Agency. Seit Jahresfrist – seit Übernahme des Protektorates der Haavara durch die Jewish Agency – sind für die Lenkung der deutschen Einfuhr nach Palästina die Gesichtspunkte der zionistischen Leitung maßgebend und werden von der Einfuhr alle die Waren ausgeschaltet, welche dem Aufbau der jüdischen Wirtschaft in Palästina hinderlich sein können.

3. Die Monopolstellung, welche wir der Haavara dadurch eingeräumt haben, daß wir für Warenlieferungen nach Palästina, für welche Zahlung in Devisen angeboten wird, keine Ausfuhrvergütung gewähren, wirkt sich in einer Untergrabung der normalen Handelsbeziehungen aus. Die Klagen über eine willkürliche Handhabung des Bonifikationsverfahrens – Bevorzugung von jüdischen Geschäftsleuten – hören nicht auf. Der jüdischen Handelsspionage sind durch die zwangsweise Einschaltung der Haavara in allem Warenverkehr aus Deutschland Tor und Tür geöffnet.

4. Die Forcierung der deutschen Wareneinfuhr unter dem Druck auf Transferierung der Gelder aus Deutschland hat dazu geführt, daß die deutsche Wareneinfuhr nach Palästina an erste Stelle vor die englische Einfuhr gerückt ist. Wenn es sich um normale deutsche Ausfuhr mit Devisenerlös handelte, würde man sich an diesem Erfolg uneingeschränkt freuen können. Es handelt sich aber um eine Warenausfuhr ohne Devisenerlös. Die Steigerung der deutschen Einfuhr hat bereits zu starken Angriffen in der englischen Presse geführt (siehe Bericht Nr. Presse 6/37 vom 2. März 1937). Wenn wir uns nicht dazu entschließen können, die Öffentlichkeit darüber aufzuklären, daß eine hohe deutsche Ausfuhrziffer nach Palästina

weniger im deutschen und mehr im jüdischen Interesse liegt, werden sich die englischen Angriffe erneuern, was zweifellos nicht im Interesse einer handelspolitischen Verständigung zwischen Deutschland und England liegt.

5. Die Gefahr des Verlustes des arabischen Marktes: Da ich diese Frage in diesem Bericht schon behandelt habe, brauche ich nur auf meine früheren Ausführungen hinzuweisen.

6. Stärkung der jüdischen Wirtschaft in Palästina und damit der Konkurrenz auf dem Weltmarkt: Auch hier verweise ich auf frühere Ausführungen.

Bei der Bewertung der von mir geschilderten Vor- und Nachteile des bisherigen Verfahrens kann man verschiedener Auffassung sein. Ich glaube, daß der Wert der Arbeitsbeschaffung (Ziffer A,3) jetzt nicht mehr die gleiche Bedeutung als früher hat und daß auch dem jüdischen Boykott auf dem Weltmarkt (Ziffer A,5) nicht mehr ausschlaggebende Bedeutung beizumessen ist. Auf jeden Fall erscheint es mir zweifelhaft, ob man bei einer Abwägung der Vor- und Nachteile des bisherigen Verfahrens auch ohne Einschränkung der Judeneinwanderung nach Palästina zu dem Schluß kommen muß, daß der Gedanke der Förderung der jüdischen Einwanderung aus Deutschland und der Seßhaftmachung der ausgewanderten Juden in Palästina so vorherrschend sein muß, daß die anderen Gesichtspunkte unberücksichtigt bleiben müssen.

Darstellung des Transfers auf die tatsächlich mögliche Anzahl der einwandernden Juden:

Wie sich aus meinem Bericht ergibt, rechne ich aber mit einer Beschränkung der Judeneinwanderung nach Palästina und damit mit einer neuen Lage, die uns zu einer Nachprüfung der Frage zwingt, ob unsere Palästina gegenüber bisher verfolgte Richtlinie beibehalten werden kann, oder ob sie eine Änderung erfahren muß. Bisher hat die jüdische Einwanderung nach Palästina betragen:

	Insgesamt	davon aus Deutschland
im Jahre 1933	30 327	8 434
im Jahre 1934	42 359	11 041
im Jahre 1935	61 854	9 195
im Jahre 1936	30 000	9 748
	164 540	38 418

Wenn z. B. die Einwanderung durch die Mandatsregierung auf 10 000 Köpfe beschränkt würde, dürften auf die Einwanderung aus Deutschland nur etwa 2000 Personen entfallen. Ich kann mir nicht vorstellen, daß es dann im deutschen Interesse liegt, die Transferierung jüdischer Vermögen nach Palästina und die Warenausfuhr ohne Devisenerlös auf der bisherigen Höhe zu halten. Logischerweise müßte man in diesem Falle die Transfersumme, welche für die Auswanderung und Seßhaftmachung von 8000 deutschen Juden zur Verfügung gestellt wurde, bei 2000 deutschen Juden auf ein Viertel herabsetzen (für eine Übergangzeit müßte der Betrag für die Abwicklung höher eingesetzt werden). Ich gehe dabei von der Voraussetzung aus, daß eine deutsche Warenausfuhr ohne Devisenerlös nur zu vertreten ist, wenn wir auf anderem Wege Vorteile erzielen, im vorliegenden Fall, wenn wir Juden in entsprechender Zahl aus Deutschland herausbekommen. Daß wir zu diesem Zweck aber die bisherige Transfersumme beibehalten und damit jedem neu nach Palästina auswandernden Juden den vierfachen Betrag zuteilen sollen, den ein früherer Auswanderer erhalten hat, erscheint mir bei unserer schwierigen Devisenlage nicht zu vertreten. Wenn wir den Transfer jüdischer Vermögen an die Zahl der einwandernden deutschen Juden anpassen, würde unsere Ausfuhr nach Palästina auf dem Haavara-Wege aber stark zurückgehen und theoretisch auf ein Viertel des bisherigen Wertes sinken. Es läge also im deutschen Interesse, eine Steigerung der normalen Ausfuhr gegen Devisenerlös anzustreben. Eine solche Möglichkeit bieten die arabischen und die deutschen Käufer, die bisher nur notgedrungen den Weg über die Haavara gegangen sind. Ich schätze den Anteil, den die Araber direkt oder auf dem Weg über deutsche Vermittler von der deutschen Wareneinfuhr bisher aufgenommen haben, auf etwa 25 % der deutschen Gesamteinfuhr. Wenn wir Gelegenheit schaffen, mehr deutsche Konsumartikel zur Einfuhr zu bringen, als dies bei der jüdischen Lenkung der deutschen Wareneinfuhr bisher möglich ist, besteht Aussicht, daß wir diesen Prozentsatz erhöhen können. Durch eine solche Maßnahme würden wir einem zu starken Absinken der deutschen Wareneinfuhr entgegenwirken, ohne Gefahr zu laufen, durch Überflügelung der englischen Wareneinfuhrziffer Mißstimmung bei den Engländern zu erregen. Voraussetzung für die Schaffung solcher Absatzmöglichkeiten für die deutschen Waren ist aber, daß sie mit den Waren aus Ländern mit abgewerteter Valuta wettbewerbsfähig sind.

Die deutsche Wareneinfuhr innerhalb und außerhalb der Haavara:
Unsere Wareneinfuhr nach Palästina müßte also in Zukunft auf zwei Wegen erfolgen, einerseits über die Haavara und andererseits unter Ausschaltung der Haavara. Praktisch könnte sich dieses Verfahren wie folgt abspielen:
1. Der Haavara wird eine Summe für die Transferierung jüdischer Vermögen aus Deutschland zur Verfügung gestellt, welche den tatsächlich in Frage kommenden jüdischen Einwanderungsmöglichkeiten aus Deutschland entspricht, wobei man pro Kopf einen Betrag zugrundelegen kann, der nach den bisherigen Erfahrungen für die Seßhaftmachung in Palästina ausreicht. Nach

der von mir bereits erwähnten Schätzung der zukünftig möglichen Judeneinwanderung würde dies auf eine starke Herabsetzung der bisherigen
Transfersumme hinauslaufen. Die deutsche Wareneinfuhr über die Haavara
müßte sich im Rahmen der zu errechnenden Transfersumme halten.
2. Die zweite Möglichkeit müßte Bezüge deutscher Waren umfassen, für
welche Zahlung in Devisen angeboten wird. Voraussetzung für einen solchen
Warenbezug wäre, wie schon erwähnt, daß ein Angleich an die Preise der
Waren aus Ländern mit abgewerteter Valuta erfolgt. Dies ließe sich ermöglichen durch Anwendung des deutschen Ausfuhrvergütungsverfahrens auf
Warenverkäufe nach Palästina, für welche ein Devisenerlös erfolgt.

Die Bedenken, welche bisher gegen ein solches Verfahren bei den
zuständigen Stellen in Berlin bestehen, sind mir bekannt. Sie bestehen wohl
hauptsächlich darin, daß man die Monopolstellung der Haavara wahren
wollte, weil man sonst eine Einstellung des Warenbezugs auf dem Haavara-
Wege befürchtet und weil man das Entstehen eines doppelten Preisniveaus
für deutsche Waren auf dem Palästinamarkt vermeiden will.

Die Einstellung des Warenbezugs auf dem Haavara-Wege würde die
Einstellung des Transfers jüdischer Vermögen zur Folge haben. Zu einer
solchen Maßnahme kann sich die jüdische Seite nicht entschließen, ohne den
größten Schaden zu erleiden. Wir können dieses Risiko tragen.

Zur Vermeidung der Bildung eines doppelten Preisniveaus für deutsche
Waren auf dem Palästinamarkt läßt sich zweifellos ein Weg finden. Ich
möchte dies dem Urteil der zuständigen Stellen in Berlin überlassen, aber
darauf hinweisen, daß die Bank der Tempelgesellschaft in der Lage wäre, die
praktische Durchführung zu übernehmen und z. B. die Vergütungssätze den
Berliner Stellen vorzuschlagen, welche für die Wettbewerbsfähigkeit deutscher Waren notwendig erscheinen.

Übergangslösung:

Wie sich aus meinen Ausführungen ergibt, halte ich die Fortführung des
Haavaraverfahrens, wenn auch in beschränktem Ausmaß, und daneben die
Einführung des Ausfuhrvergütungsverfahrens für deutsche Warenverkäufe
mit Devisenerlös für notwendig. Im Augenblick möchte ich aber nur die
Einführung einer Übergangslösung vorschlagen, welche uns eine Anpassung
an jede nur mögliche Entwicklung der politischen Verhältnisse in Palästina,
insbesondere an das Ausmaß der Beschränkung der Judeneinwanderung
ermöglicht. Ich denke dabei an die Verwirklichung der Gedankengänge,
welche Dr. Schneider dem Auswärtigen Amt unterbreitet hat – siehe Bericht
Nr. Auß. 4/36 vom 5. Dezember 1936. Hiernach würde sich folgende
Möglichkeit ergeben:

Die Bank der Tempelgesellschaft erhält die Genehmigung, bis zu einem noch festzusetzenden Gesamtbetrag Sperrmark zur Bezahlung der Bestellungen palästinischer Araber und nach meinem Vorschlag auch für die in Palästina ansässigen Deutschen zu erwerben. Die Sperrmark wären über eine deutsche Großbank jeweils aus den Beständen der Paltreu bzw. Haavara anzufordern.

Auf die Preise der auf diesem Wege von Deutschland zu beziehenden Waren soll die Tempelbank Bonifikationen etwa in folgender Weise gewähren:

1. für Waren, welche die Haavara bonifiziert, die gleichen Sätze als die Haavara;

2. für Waren, welche die Haavara nicht bonifiziert, Sätze, die sich im Rahmen der Sätze des Ausfuhrvergütungsverfahrens halten.

Den genauen Plan bitte ich aus den Ausführungen von Dr. Schneider zu ersehen. Ob dieser oder ein anderer Weg gangbar ist, muß ich dem Urteil der Sachbearbeiter überlassen. Worauf es mir ankommt, ist, daß wir den Arabern und den Deutschen einen Weg für den Warenbezug aus Deutschland außerhalb der Haavara eröffnen, der Haavara im Rahmen der durch die tatsächliche Judeneinwanderung gegebenen Transfersumme den Warenbezug und die Transferierung weiter ermöglichen. Dieses Verfahren würde auch die Möglichkeit der Ausübung eines Druckes auf die Bonifikationspolitik der Haavara schaffen. Wenn die Übergangszeit vorüber ist und sich völlige Klarheit über die zukünftige Höhe der Einwanderung von Deutschland nach Palästina ergibt, halte ich den Übergang zum Ausfuhrvergütungsverfahren für die beste Lösung, da dann für die deutschen Waren ein voller Devisenerlös erfolgt.

Auf die Frage des deutschen Orangenbezuges aus Palästina und der Bezahlung durch deutsche Ausfuhrwaren möchte ich in diesem Bericht nur kurz eingehen. Die hierbei bisher in Erscheinung getretenen Schwierigkeiten beruhen hauptsächlich darauf, daß der Warenbezug aus Deutschland zur Bezahlung der Orangenlieferungen mit Rücksicht auf das Haavaraverfahren bisher Beschränkungen unterworfen wurde – die Waren sollten nur dem Eigenbedarf dienen –, so daß eine glatte Abwicklung erschwert oder unmöglich gemacht wurde. Wenn wir uns auf der ganzen Linie eine größere Bewegungsfreiheit der Haavara gegenüber schaffen und ihre Monopolstellung nicht mehr anerkennen, dürfte bei Anwendung dieses Grundsatzes auf das Orangengeschäft die Bezahlung durch deutsche Waren ohne Schwierigkeiten möglich sein.

Ich wäre für eine Weisung dankbar, ob meine Auffassung des deutschen Gesamtinteresses von den zuständigen Stellen geteilt wird, ich die von mir dargelegte politische Linie insbesondere den Arabern gegenüber verfolgen soll und ob ich damit rechnen kann, daß unsere wirtschaftlichen Maßnahmen sich in den politischen Rahmen einpassen werden.

Mit Herrn Assessor Dr. Wilmanns, Sachbearbeiter für Auswanderungsfragen in der Reichsstelle für Devisenbewirtschaftung, und dem Reichs- und Preußischen Wirtschaftsministerium (siehe Erlaß W III S E 1255 vom 17. Februar 1937) habe ich einen Teil der in diesem Bericht behandelten Fragen bereits besprochen und werde ihm nach seiner Rückkehr aus Bagdad Kenntnis von dem ganzen Bericht geben. Eine Klärung der von mir aufgeworfenen Frage kann aber wohl durch eine Entscheidung der zuständigen Stellen in Berlin erfolgen.

gez. Döhle

Dokument Nr. 5

»Zersplitterung des Weltjudentums der Gründung eines Palästinastaates vorzuziehen.«

Kurzstudie des AA-Gesandten von Bülow-Schwante aus dem für Judenfragen zuständigen Referat Deutschland des Auswärtigen Amtes vom 27. 4. 1937 an Gauleiter Bohle, den Chef der Auslandsorganisation der NSDAP, *und andere AA-Ressorts. Thema: Forderung nach einer »einheitlichen deutschen Stellungnahme zum Problem eines Judenstaates in Palästina«:*

Der jüdische Anspruch auf Gründung eines Judenstaates in Palästina wird immer deutlicher und mit immer größerer Selbstverständlichkeit verfochten. Die Debatte in den beiden anliegenden Ausgaben der Jüdischen Rundschau Nr. 29 und 30 dreht sich überhaupt nur noch um die künftige Grenzziehung! Nach Ansicht von Referat Deutschland ist es daher notwendig, eine einheitliche deutsche Stellungnahme zu dem Problem eines Judenstaats in Palästina herbeizuführen. Das Referat D. ist – wie wiederholt betont – der Auffassung, daß eine Zersplitterung des Weltjudentums im deutschen Interesse zweckmäßiger ist, als eine politische Konsolidierung in einem Palästina-Staat mit eigenen diplomatischen Vertretungen, Sitz im Völkerbund etc. Daß diese Befürchtung nicht utopisch ist, dürfte aus dem Artikel in der ›Jüdischen Rundschau‹ Nr. 29, S. 2, »Faschismus, Juden und Zionismus« hervorgehen. Danach hat der Abgeordnete der faschistischen Kammer Professor Orano, Rektor der Universität Perugia, in einem Buche »Juden in Italien« die Gefahr der Errichtung eines Judenstaates für das italienische Imperium untersucht. In dem Buche heißt es u.a., falls ein Judenstaat, der von Großbritannien garantiert sei, bestehe, ergäben sich folgende Möglichkeiten: »Judenfahne, Gesandtschaften, Konsulate, Wirtschaftsattachés und Bürger des zionistischen Staates als Ausländer in Italien, wobei es für die Juden in Italien unvermeidbar scheine, mit ihren Rassegenossen gemeinsame Sache zu machen.«

Bekanntlich haben nach dem Bericht der Deutschen Gesandtschaft in Bagdad die Araberführer bereits bei dem Gesandten in Bagdad deutsche Hilfe gegen die Gefahr der Gründung eines Judenstaates erbeten. Auf Weisung des A. A. ist eine hinhaltende Antwort erteilt worden. Gleichzeitig hat Herr Gesandter von Weizsäcker als Richtlinien für die künftige Behandlung der Palästina-Frage festgestellt, daß

1. eine Zersplitterung des Weltjudentums der Gründung eines Palästina-Staates vorzuziehen sei.

2. Daß bei einem Tätigwerden der deutschen Außenpolitik in dieser Richtung es jedenfalls unzweckmäßig erscheine, auf die britische Mandatsmacht zur Zeit direkt einzuwirken.

Diese Richtlinien würden aber nicht ausschließen, daß das A. A. seine Stellungnahme den innerdeutschen Ressorts zur Kenntnis gibt, damit bei innerpolitischen Maßnahmen, die der jüdischen Auswanderung dienen, berücksichtigt wird, daß die jüdische Auswanderung nach Palästina nicht bedenkenlos zu fördern, sondern die Auswanderung nach jeder anderen Richtung der Welt vorzuziehen ist.

Nach anliegendem Bericht der Deutschen Gesandtschaft in Bagdad ist es überdies erforderlich, den Auslandsbehörden eine Instruktion über ihre Haltung in der Palästina-Frage zu geben.

Hiermit dem Chef der A. O.

Pol. VII

Kult.

W.

mit der Bitte um Stellungnahme

ergebenst vorgelegt.

Berlin, den 27. April 1937
gez. v. Bülow-Schwante

Dokument Nr. 6

»*Es besteht ein deutsches Interesse an Stärkung des Arabertums.*«

Telegramm des Reichsaußenministers von Neurath vom 1. 6. 1937 an die Deutsche Botschaft in London, das Generalkonsulat in Jerusalem und die

Deutsche Botschaft in Bagdad über eine Sprachregelung zur eventuell bevorstehenden Gründung eines Judenstaates:

Geheime Reichssache	1. German Embassy London
Berlin, den 1. Juni 1937	2. Consugerma Jerusalem
83–21 A 25/5 (g. Rs.) (226g)	3. Dilpogerma Bagdad

Neueste Entwicklung in Palästina zwingt zur Entscheidung, welche Haltung deutscherseits gegenüber möglicher Bildung eines jüdischen Staates oder eines jüdischen Staatsgebildes unter britischer Mandatshoheit einzunehmen ist.

Zur Regelung der Sprache:

1. Bildung eines Judenstaates oder jüdisch geleiteten Staatsgebildes unter britischer Mandatshoheit liegt nicht im deutschen Interesse, da ein Palästina-Staat das Weltjudentum nicht absorbieren, sondern zusätzliche völkerrechtliche Machtbasis für internationales Judentum schaffen würde, etwa wie Vatikan-Staat für politischen Katholizismus oder Moskau für Komintern.

2. Es besteht daher ein deutsches Interesse an Stärkung des Arabertums als Gegengewicht gegen etwaigen solchen Machtzuwachs des Judentums.

3. Es ist zwar nicht anzunehmen, daß direktes deutsches Eingreifen Entwicklung der Palästina-Frage wesentlich beeinflussen könnte. Gleichwohl wird es sich empfehlen, die interessierten fremden Regierungen über unsere Auffassung nicht ganz im dunkeln zu lassen.

Zusatz für London:

Ich bitte daher der dortigen Regierung gelegentlich zum Ausdruck zu bringen, daß auch deutscherseits Interesse an der Entwicklung in Palästina besteht. Obwohl Deutschland bisher die Auswanderung von Juden deutscher Staatsangehörigkeit nach Palästina möglichst gefördert habe, sei es irrig anzunehmen, daß deutscherseits etwa auch die Bildung eines mehr oder weniger unter jüdischer Leitung stehenden Staatsgebildes in Palästina begrüßt würde. Wir glaubten nicht, daß die Bestrebungen zur Beruhigung der internationalen Lage gefördert würden, wenn ein jüdischer Palästina-Staat entstehe.

Zusatz für Bagdad:

Hierbei wäre das deutsche Verständnis für die arabischen nationalen Bestrebungen deutlicher als bisher, jedoch ohne bestimmte Zusicherungen zu bekunden.

Zusatz für Jerusalem:

Die aus dieser außenpolitischen Instruktion auf Grund der dort mit Bericht Polit. 16/37 vom 22. III. gemachten Anregung sich möglicherweise ergebenden wirtschaftlichen oder politischen Maßnahmen auf dem Gebiet der Förderung jüdischer Auswanderung (Haavara) bleiben späterer Entscheidung vorbehalten.

gez. Neurath

Dokument Nr. 7

»Förderung des eigenen jüdischen Auswanderungsdranges.«

Schreiben des AA-Gesandten von Bülow-Schwante vom 11. 6. 1937 an zwei Abteilungen des Auswärtigen Amtes über seine Vorstellungen zur Auswanderungspolitik gegenüber den Juden:

Geheime Reichssache

In der Anlage wird
1. eine telegrafische Instruktion für London, Jerusalem und Bagdad vom 1. Juni d. J.
2. eine Stellungnahme der Auslands-Organisation der NSDAP vom 5. Juni d. J.
zur Kenntnis und mit der Bitte weiterer Veranlassung
Abt. W.: 1) Wegen Revision bzw. Kündigung des Haavara-Abkommens im Benehmen mit den beteiligten inneren Behörden bzw. Parteistellen
Kult. Abt.: 2) Wegen Revision der deutschen Maßnahmen zur Förderung der Auswanderung des Judentums im Benehmen mit den beteiligten inneren Behörden bzw. Parteistellen vorgelegt.
Ref. D. tritt dem Standpunkt der A. O. der NSDAP bei. Grundsätzlich steht Ref. D. auf dem Standpunkt, daß eine wesentlich verstärkte Abwanderung des Judentums aus Deutschland nicht durch eine verwaltungsmäßige »Förderung« von deutscher Seite – womöglich unter devisenpolitischen Opfern (Haavara) – zu erreichen ist, sondern durch eine Förderung des eigenen jüdischen Auswanderungs*dranges.* Dieses Ziel wäre m. E. zu erreichen durch eine Verschärfung der innenpolitischen Judengesetzgebung (z. B. Sonderbesteuerung jüdischen Einkommens) bis zu einem Grade, der die Abwanderung der Juden aus eigener Initiative automatisch zur Folge hätte.
Hiermit bei Abt. W. – Abt. Kult. – je besonders –
mit der Bitte um weitere Veranlassung vorgelegt.

Berlin, den 11. Juni 1937
gez. von Bülow-Schwante

Dokument Nr. 8

»Ein Palästinastaat wird dem Judentum eine zusätzliche Machtbasis schaffen.«

Schreiben des AA-Gesandten von Bülow-Schwante vom 22. 6. 1937 an sämtliche Auslandsmissionen über die Vorbehalte des Auswärtigen Amtes gegenüber der Gründung eines jüdischen Staates in Palästina:

Streng vertraulich!

Auswärtiges Amt   Berlin, den 22. Juni 1937

Betr.: Deutsche Einstellung zur Frage der Gründung eines Judenstaates in Palästina

Die Unruhen in Palästina im Laufe des Jahres 1936 führten zur Einsetzung einer Königlich Britischen Kommission unter Leitung von Lord *Peel*. Diese Kommission hatte die Aufgabe, die jüdischen und arabischen Ansprüche in Palästina zu untersuchen und eine Lösung des arabisch-jüdischen Gegensatzes zu finden. Der inzwischen fertiggestellte Bericht der Kommission ist noch nicht veröffentlicht worden. Aus Pressestimmen ist jedoch bekannt geworden, daß in diesem Bericht offenbar auch der Gedanke einer Teilung Palästinas in einen arabischen und einen jüdischen Teil erwogen wird.

Die jüdische Presse – auch in Deutschland – setzt sich seit Monaten in leidenschaftlicher Form für die Bildung eines jüdischen Staates oder wenigstens eines jüdisch geleiteten Staatsgebildes unter britischer Mandatshoheit ein, wobei für eine möglichst große Ausdehnung des jüdischen Territoriums Propaganda gemacht wird. In geschickter Weise rührt das Weltjudentum in der judenfreundlichen Presse des Auslandes die Trommel für die Bildung eines jüdischen Palästinastaates. Nach Berichten der Deutschen Gesandtschaften in Stockholm und Helsingfors haben bekannte Zionistenführer bei der Schwedischen und Finnischen Regierung vorgesprochen und versucht, für die Bildung eines jüdischen Palästinastaates zu werben.

Die arabische Welt verfolgt mit brennendem Interesse diese Entwicklung und bekämpft jede Maßnahme der britischen Mandatsmacht, die den jüdischen Einfluß in Palästina stärken könnte. Auch das Arabertum beginnt, die Weltpresse mobil zu machen und die Aufmerksamkeit auf die Gefahr eines Judenstaates in Palästina hinzulenken. Dabei stehen die Regierungen der arabischen Staaten, insbesondere des Iraks, aber auch Ägyptens, nach den vorliegenden Meldungen völlig auf der Seite der Araber in Palästina.

Die Haltung der verschiedenen Regierungen gegenüber der möglichen Gründung eines jüdischen Palästinastaates ist bisher nicht immer deutlich. Welche Vorschläge die Peel-Kommission der Britischen Regierung machen wird, ist vorläufig nicht zu erkennen. Der britische Außenminister Eden hat dem deutschen Botschafter in London auf eine Anfrage lediglich erklärt, daß es sich bei der Lösung der Palästinafrage um eines der schwierigsten Probleme der britischen Außenpolitik handelt. In der Tat dürfte sich die britische Mandatsmacht in der schwierigen Lage befinden, die von Balfour während des Krieges gegebene Zusage der Gründung eines jüdischen »Nationalheimes« in Palästina loyal einzulösen, ohne die dringende Rücksicht des Empire auf das Arabertum außer acht zu lassen. Nach Lage der Dinge ist wohl anzunehmen, daß diese Rücksicht stark genug ist, um eine den jüdischen Wünschen völlig gerechtwerdende Lösung zunächst auszuschließen. Andererseits ist nicht zu verkennen, daß das internationale Judentum, insbesondere in den Vereinigten Staaten von Amerika, nicht ohne Erfolg den Entschluß der Britischen Regierung zu beeinflussen versucht.

Eine einigermaßen klare und zwar ablehnende Stellungnahme hat die italienische öffentliche Meinung eingenommen. In der letzten Zeit häufen sich die italienischen Pressestimmen, die der Judenfrage auch in Italien eine kritische Aufmerksamkeit zuwenden. Für die italienische Einstellung gegenüber dem Gedanken eines jüdischen Staates in Palästina fällt allerdings weniger eine antisemitische Animosität ins Gewicht als die Befürchtung, daß England die Gründung eines jüdischen Palästinastaates zu einer Plattform seiner Mittelmeerpolitik ausbauen könnte. Daß diese Befürchtung nicht ganz unbegründet ist, zeigt die Sprache der jüdischen Presse, die – wenn vielleicht auch nur als eine für das Ohr der Peel-Kommission berechnete captatio benevolentiae – immer wieder auf die Identität jüdischer und britischer Interessen in Palästina hinweist. Die Freundschaftskundgebung Mussolinis an die Araber bei der Übernahme des »Schwertes des Islam« könnte wohl auch für die Beurteilung der italienischen Haltung gegenüber der Entwicklung in Palästina richtungweisend sein.

Soweit bisher zu übersehen ist, würden französische Mittelmeerinteressen durch die Bildung eines jüdischen Palästinastaates nicht im gleichen Maße wie das italienische Interessengebiet berührt werden. Immerhin ist nicht abzuschätzen, welche Haltung Frankreich gegenüber einer von England der Mandatskommission des Völkerbundes vorgelegten Resolution über eine Neuorganisation des Palästinamandats einnehmen würde.

Die geschilderten Vorgänge haben zu einer Revision des deutschen Standpunkts gegenüber dem Problem der Bildung eines Judenstaates in Palästina geführt. Bisher war es das primäre Ziel der deutschen Judenpolitik, die Auswanderung der Juden aus Deutschland nach Möglichkeit zu fördern. Um dieses Ziel zu erreichen, werden sogar devisenpolitische Opfer gebracht. Durch Abschluß eines Transferabkommens mit Palästina (sogenanntes Haavara-Abkommen) wird es den nach Palästina auswandernden Juden ermöglicht, bestimmte Beträge zur Gründung einer Existenz im Wege zusätzlichen deutschen Exports nach Palästina frei zu bekommen. Diese aus innenpolitischen Gründen diktierte deutsche Haltung, die praktisch die Konsolidierung des Judentums in Palästina fördert und damit den Aufbau eines jüdischen Palästinastaates beschleunigt, hätte zu der Auffassung beitragen können, daß Deutschland der Bildung eines Judenstaates in Palästina wohlwollend gegenüberstehe.

In Wirklichkeit besteht aber ein größeres deutsches Interesse daran, die Zersplitterung des Judentums aufrechtzuerhalten. Denn die Judenfrage wird für Deutschland nicht gelöst sein, wenn kein Angehöriger der jüdischen Rasse mehr auf deutschem Boden seßhaft ist. Vielmehr hat die Entwicklung der letzten Jahre gelehrt, daß das internationale Judentum zwangsläufig stets der weltanschauliche und damit politische Gegner des nationalsozialistischen Deutschlands sein wird. Die Judenfrage ist daher zugleich eines der wichtigsten Probleme der deutschen Außenpolitik. Es besteht daher auch ein erhebliches deutsches Interesse an der Entwicklung in Palästina. Denn ein Palästinastaat wird das Judentum nicht absorbieren, sondern ihm – etwa entsprechend dem Wirkungskreis des Vatikanstaats – eine zusätzliche völkerrechtliche Machtbasis schaffen, die sich für die deutsche Außenpolitik verhängnisvoll auswirken könnte.

Obwohl ein direktes deutsches Eingreifen in die Entwicklung der Palästinafrage nicht beabsichtigt ist, hat die Deutsche Botschaft in London sowie die Deutsche Gesandtschaft in Bagdad und das Deutsche Generalkonsulat in Jerusalem Instruktionen erhalten, die diesem Standpunkt Rechnung tragen.

1. Der Britischen Regierung ist durch den Deutschen Botschafter in London mitgeteilt worden, daß Deutschland zwar bisher die Auswanderung der Juden nach Palästina möglichst gefördert habe. Es sei aber irrig anzunehmen, daß deutscherseits etwa auch die Bildung eines mehr oder weniger unter jüdischer Leitung stehenden Staatsgebildes in Palästina begrüßt würde. Deutschland könne angesichts der antideutschen Hetze des internationalen Judentums nicht annehmen, daß die Bildung eines jüdischen Palästinastaates der friedlichen Entwicklung der Völker dienlich sei.

2. Die Deutsche Gesandtschaft in Bagdad hat die Weisung erhalten, das deutsche Interesse für die arabischen nationalen Bestrebungen deutlicher als bisher zu bekunden.

3. Jerusalem hat gleichlautende Instruktionen erhalten.

Inwieweit diese außenpolitischen Instruktionen eine Änderung innerpolitischer Maßnahmen auf dem Gebiet der Wanderungspolitik zur Folge haben werden, unterliegt vorläufig der Prüfung und Entscheidung der beteiligten innerdeutschen Stellen.

Ich bitte um Bericht, falls sich dort Bestrebungen des Judentums bemerkbar machen, in der Öffentlichkeit oder bei der dortigen Regierung für die Bildung eines jüdischen Palästinastaates Interesse zu wecken.

Im Auftrag
gez. von Bülow-Schwante

Dokument Nr. 9

»Mit Sicherheit würde das Weltjudentum durch einen Judenstaat nicht absorbiert.«

Untersuchung des AA-Legationsrates Schumburg vom 7. 8. 1937 für den Stellvertretenden Staatssekretär Ernst Freiherr von Weizsäcker über die deutsche Einstellung zum britischen Plan der Bildung eines jüdischen Palästinastaates:

1. Sachlage:
Der Plan der britischen Peelkommission, der die Teilung Palästinas in einen jüdischen und arabischen Staat mit britischem Reservatgebiet vorsieht, liegt nach Beratung im englischen Parlament, die zu keiner eindeutigen Billigung des Planes führte, der Mandatskommission des Völkerbunds zur Beschlußfassung vor.

2. Mögliche Entwicklung:
Sowohl von jüdischer wie von arabischer Seite wird der Plan als ungerecht und unzweckmäßig angegriffen. Dabei ist jedoch nicht zu verkennen, daß sich die jüdische Kritik darauf beschränkt, die vorgesehene *Größe* des Territoriums eines jüdischen Staates als zu klein zu bemängeln, während das Arabertum die politische Zweckmäßigkeit eines jüdischen Staates überhaupt bestreitet. Die Kräfte der jüdischen und der arabischen Gruppe sind schwer abzuschätzen, zumal beide in sich zersplittert sind. Es dürfte aber als wesentlicher Faktor in die Vorberechnung der künftigen Entwicklung des Palästinaproblems das Interesse des britischen Imperiums an einem jüdischen Palästinastaat als Basis seiner Mittelmeerinteressen einzusetzen sein.

Dabei wird allerdings die Rücksichtnahme des Imperiums auf das Arabertum als Bremse wirken, wenn auch mit einiger Wahrscheinlichkeit vorauszusehen ist, daß diese Bremswirkung mit der Zeit nachlassen wird. Bezeichnenderweise betont die jüdische Presse bereits jetzt die Identität jüdischer und britischer Interessen.

3. Deutsche Interessenlage:
In der Drahtweisung nach London, Jerusalem und Bagdad ist als außenpolitische Richtlinie bereits festgelegt, daß Deutschland kein Interesse an einem Judenstaat in Palästina haben kann, da dieser eine zusätzliche völkerrechtliche Machtbasis für das Weltjudentum – ähnlich wie der Vatikanstaat für den politischen Katholizismus – bedeuten würde. Es ist jedenfalls mit Sicherheit anzunehmen, daß das Weltjudentum durch einen Judenstaat nicht absorbiert würde, sondern sich seiner nur als einer zusätzlich wirkenden politischen Organisation bedienen würde (jüdische Staatsangehörigkeit, jüdische diplomatische Vertretungen, jüdische Vertretung im Völkerbund etc.). Das deutsche Interesse an der Förderung der jüdischen Auswanderung nach Palästina wird daher durch das weitaus größere Interesse an der Verhinderung der Bildung eines jüdischen Staates kompensiert. Das innerpolitische Problem der Judenfrage würde durch das erheblich gefährlichere einer völkerrechtlich unterbauten Gegnerschaft des Weltjudentums gegen das Dritte Reich ersetzt werden. Daher besteht ein eindeutiges Interesse daran, die Bildung eines jüdischen Staates zu verhindern und die politische Zersplitterung des Judentums aufrechtzuerhalten.

4. Maßnahmen:
Die Folge dieser Überlegung wäre – abgesehen von innenpolitischen Maßnahmen wie Umlenkung der jüdischen Auswanderung nach anderen Staaten als Palästina – der Entschluß, das Arabertum mit Geld und Waffen zu unterstützen. Mit Rücksicht auf die Entwicklung des deutsch-englischen Verhältnisses ist von dieser Maßnahme abzusehen. Immerhin ist bereits eine Weisung an die in Frage kommenden Auslandsbehörden (London, Jerusalem, Bagdad) ergangen, in der die deutsche Interessenlage klargemacht wird.

Da auch Italien mit Rücksicht auf seine Mittelmeerinteressen einerseits der Bildung eines Palästinastaats mit Besorgnis gegenübersteht und andererseits den Schutz über den Islam proklamiert hat, wäre eine deutsch-italienische Aktion zu Gunsten der arabischen Interessen und parallel der Achse Berlin–Rom geeignet, die Bildung eines jüdischen Palästinastaats zu erschweren. Das Bedenken, daß eine solche Aktion einseitig italienischen Mittelmeerinteressen dienlich sein und damit England verstimmen könnte, ist aber so überwiegend, daß von einer solchen Anregung in Rom bisher abgesehen worden ist. Es wäre aber denkbar, daß die Palästinafrage in einer deutsch-englisch-italienischen Aussprache eine Rolle spielen könnte, bei der auch das deutsche Interesse zur Geltung käme.

Weiterhin wird Einfluß darauf zu nehmen sein, daß nicht dritte Staaten – in erster Linie Polen und Rumänien – ihre Stimme z. B. im Völkerbund zu Gunsten eines jüdischen Palästinastaates geltend machen, um damit die Lösung der Judenfrage in ihrem eigenen Staatsgebiet zu fördern. (Interessant ist in diesem Zusammenhang, daß die Sowjetregierung offensichtlich auf seiten des Arabertums steht.) – Ebenso muß seitens der Auslandsbehörden jüdischen Demarchen bei fremden Regierungen entgegengewirkt werden.

Falls der jüdische Staat in Palästina doch verwirklicht wird, würde die deutsche Außenpolitik jedenfalls vor ein neues Problem gestellt werden, das in seiner Schwere die innenpolitische Judenfrage weit überwiegen dürfte.

Hiermit dem stellv. Herrn Staatssekretär gehorsamst vorgelegt.

Berlin, den 7. August 1937
gez. Schumburg

Dokument Nr. 10

»Beibehaltung des Haavara-Abkommens nicht mehr tragbar.«

Brief Hermann Görings, des Beauftragten für den Vierjahresplan, vom 20. 9. 1937 an das Außenhandelsamt der Auslandsorganisation der NSDAP *mit Anweisungen zur Aushöhlung des Haavara-Abkommens:*

Ministerpräsident Generaloberst Göring, Beauftragter für den Vierjahresplan, Gruppe für Außenhandelsgeschäfte
Berlin W 9, den 20. Sept. 1937, Voßstraße 10

An das Außenhandelsamt in der Leitung der Auslandsorganisation der NSDAP
Berlin W 35, Tiergartenstr. 4

Betr.: Transferierung jüdischer Auswanderergelder nach Palästina im Rahmen des Haavara-Abkommens.

Unter Bezugnahme auf die mit Ihnen gehabte mündliche Besprechung teile ich Ihnen mit, daß die Beibehaltung des Haavara-Abkommens in der bisherigen Form vom volkswirtschaftlichen Gesichtspunkt aus nicht mehr tragbar erscheint und daß eine Abänderung möglichst sofort erfolgen muß. Diese Abänderung müßte m. E. nach folgenden Gesichtspunkten durchgeführt werden:

1. Die jüdischen nach Palästina auswandernden Personen und zukünftige Auswanderer haben den Kapitaltransfer von sich aus ohne Mithilfe der nichtjüdischen in Palästina ansässigen Importeure zu finanzieren.

2. Die nichtjüdischen, also arabischen und deutschen Importeure werden in die Lage versetzt, deutsche Waren ohne Inanspruchnahme der Palästinatreuhand, also unter Umgehung des Haavara-Abkommens, zu beziehen, bei Bezahlung durch Bardevisen und Inanspruchnahme des ZAV.

Ich bitte Sie, diesen Standpunkt bei der Ressortbesprechung am 21. 9. 37 im Auswärtigen Amt den Beteiligen zur Kenntnis zu bringen.

Heil Hitler!
I.A.
gez. Unterschrift

Dokument Nr. 11

»Der Führer hat sich dahin entschieden, die weitere Judenauswanderung zu fördern.«

Protokoll der Ressortbesprechungen vom 21. 9. 1937 im Auswärtigen Amt und vom 22. 9. 1937 im Reichswirtschaftsministerium zur Aushöhlung des Haavara-Abkommens samt Begleitbrief des Außenhandelsamtes vom 29. 9. 1937 an den Chef der Auslandsorganisation im Auswärtigen Amt:

An den Chef der Auslands-Organisation im Auswärtigen Amt
Berlin W 8

Berlin W 35, den 29. Sept. 1937, Tiergartenstr. 4

Außenhandelsamt, Buch-Nr. 90 292 WS/He.

Haavara-Abkommen / Palästina
Anbei übersende ich Ihnen Abschrift der Aufzeichnungen über die Ressortbesprechungen Haavara-Abkommen betreffend zu Ihrer Kenntnisnahme.
Ein erneuter Meinungsaustausch mit Generalkonsul Döhle hat ergeben, daß derselbe aus wirtschaftspolitischen Gesichtspunkten dem in der Ressortbe-

sprechung vom 21. d. Ms. gefaßten Beschluß nur deshalb zugestimmt hat, um eine weitere Behandlung der Haavara-Angelegenheit nicht zu erschweren. Von rein politischen Motiven aus gesehen glaubt er nach wie vor – und dieses ist auch die Auffassung des AHA –, die Verhandlungen über das Weiterbestehen des Haavara-Abkommens so zu führen, daß das Verfahren mit der Zeit eingestellt wird, jedoch der Art, daß eine offizielle Kündigung von der Gegenseite aus erfolgt.

Die Verhandlung am 25. d. M. im RWM ergab, daß, solange keine grundsätzliche Entscheidung über die im Absatz 6 auf Seite 2 des anliegenden Berichtes, worüber allem Anschein nach noch eine Unklarheit besteht, getroffen ist, die Schwierigkeiten in bezug auf die rein praktische und technische Durchführung des vorgesehenen Interimsvorschlages sich nur schwer beheben lassen dürften.

Aus obigen Erwägungen erscheint es mir angebracht, den allseitig zum Ausdruck gebrachten Wunsch, eine präzise und endgültige Stellungnahme des Innenministeriums in der Frage der jüdischen Auswanderung im allgemeinen und insonderheit in bezug auf Palästina herbeizuführen.

In der Zwischenzeit werden die Verhandlungen im Laufe dieser Woche fortgesetzt, die sich lediglich auf die Entgegennahme der Vorschläge seitens des Landesgruppenleiters Pg. Schwarz und der Tempelbank, vertreten durch den z. Zt. noch anwesenden Vorsitzenden des Aufsichtsrates, Herrn Aberle, und Formulierung bisheriger Beschlüsse beschränken.

Heil Hitler!
(W. Bisse)
Amtsleiter

Aufzeichnungen über die Ressortbesprechungen betr. Haavara-Abkommen im AA und RWM am 21. u. 22. 9. 37

I. Besprechung im AA am 21. 9. 37:
Anwesend Geh.Rat Bensler, Gen.Konsul Döhle, Jerusalem, Landesgruppenleiter C. Schwarz, Palästina, Gesandter von Hentig A.A., Min.Dir. Spitta RWM, Reichsbankrat Utermöhle RWM, OReg.Rat Daniel RWM, OReg. Rat von Süsskind RWM, Rotke Abtl. 3 RWM, Konsul Kalisch A.A., Leg.Rat Schumburg A.A., ein Vertreter vom Innenministerium, vom AHA Pg. Schleicher und Pg. Lepique.
Vor Beginn der Besprechung übergab Pg. Schleicher dem Vorsitzführenden Vertreter des A.A., Geh.Rat Benzler, ein Schreiben des Ministerpräsidenten Generaloberst Göring, Beauftragter für den Vierjahresplan, Gruppe für

Außenhandelsgeschäfte vom 20. 9. 37 (Abschrift anbei) mit der Bitte, die Stellungnahme der Geschäftsgruppe den Anwesenden zur Kenntnis zu bringen mit dem Hinzufügen, daß seitens des AHA die von der Geschäftsgruppe vertretene Ansicht geteilt wird.

Nach einleitenden Worten des Geh.Rat Benzler wurde Generalkonsul Döhle aufgefordert, seine Gedankengänge über die Notwendigkeit der Abänderung der mit der »Paltreu« getroffenen Abmachungen (Haavara-Abkommen) bekanntzugeben. Generalkonsul Döhle trat für die von ihm bereits im März d. Js. gemachten Vorschläge ein, welche darauf hinzielen, eine Trennung in der Behandlung der Warenbezüge aus Deutschland, und zwar einerseits der jüdischen und andererseits der nichtjüdischen Interessentenkreise, vorzunehmen.

Nachdem in der Ressortbesprechung am 28. 7. 37 im A.A. grundsätzlich entschieden worden war, daß die Maßnahmen zur Förderung der Auswanderung von Juden in jeder Weise gefördert werden sollen, andererseits volles Verständnis für die Wünsche der deutschen Siedler sowie der arabischen Bevölkerung besteht, bat Geh.Rat Benzler, die Frage ernstlich zu prüfen, inwieweit ein neuer Weg eingeschlagen werden könnte.

Der Vertreter der Reichsstelle für Devisenbewirtschaftung, OReg.Rat Daniel, vertrat den Standpunkt, daß eine vollkommene Trennung in der Belieferung der obigen beiden Kategorien unmöglich sei. Dies mit der Begründung, daß hiermit die Gefahr des Außerkrafttretens der Haavara bestände, was mit Rücksicht auf die verschiedenen Stimmungen der jüdischen Kreise zu vermeiden wäre.

Reichsbankrat Utermöhle wies darauf hin, daß aus den bisherigen Ergebnissen seiner Besprechungen mit den Vertretern der Haavara Neigungen beständen, irgendwelchen Wünschen, die deutscherseits vorgetragen würden, nachzukommen. Er bemerkte jedoch hierzu, daß die Möglichkeit eines Wiederauflebens eines Boykotts von seiten der Juden nicht zu übersehen und es daher ratsam sei, die deutschen Wünsche nicht gänzlich auf den neuen Plan abzustimmen.

Nach eingehenden Überlegungen des Für und Wider kam man zu dem Entschluß, einer Interimslösung, die bereits früher seitens der Reichsvertretung in Jerusalem vorgeschlagen worden war, näherzutreten, nachdem bei allem Entgegenkommen, welches das RWM zu zeigen bereit war, Herr Spitta auf die hohe Verantwortung bei der Durchführung des ersten Planes hingewiesen hatte.

Der Landesgruppenleiter Pg. Schwarz zeigte seine Bereitschaft zur Zurückstellung des Planes 1, indem er von sich aus es für zweckdienlich hielt, erstmals die Erfahrungen bei Durchführung des Planes 2, der dahin zielt, die deutsche Tempelbank in erhöhtem Maße als bisher in das Haavara-Abkommen einzuschalten, auszuwerten.

Nachdem der zweite Plan als gangbar anerkannt wurde, wobei Einmütigkeit darüber bestand, der Tempelbank bzw. einer seitens des Reichsvertreters zu bestimmenden Persönlichkeit als Kontrollorgan für die Überwachung der zugestandenen Rabattsätze ein besonderes Recht einzuräumen, wurde vorgeschlagen, die Besprechung am folgenden Tage im RWM fortzusetzen.

Dieser Vorschlag fand die Zustimmung der Anwesenden, insbesondere, da die Behandlung des diesjährigen Orangenabkommens bereits im RWM vorgesehen war und es angezeigt erschien, die näheren Einzelheiten über die rein praktische Seite in kleinerem Kreise zu behandeln.

Vor Schluß der Aussprache wies der Vertreter des Innenministeriums darauf hin, daß die Aufzeichnungen über die Besprechung am 28. 7. 37 eine Berichtigung zu erfahren haben dahingehend, daß der Führer auf Grund eines ihm in der Auswanderungsfrage der Juden gehaltenen Vortrages sich generell dahin entschieden habe, die weitere Judenauswanderung zu fördern, ohne hierbei ausschließlich auf Palästina besonders hingewiesen zu haben. Berichterstatter wurde gebeten, über diese Berichtigung noch eine besondere schriftliche Äußerung seines Amtes zu erwirken.

Auf Wunsch des Pg. Schleicher wurde das Schreiben des Ministerpräsidenten Generaloberst Göring, Beauftragter für den Vierjahresplan, Gruppe für Außenhandelsgeschäfte, durch Konsul Kalisch, der in Vertretung des Geh.Rat Benzler die Besprechung zu Ende leitete, weil letzterer wegen anderweitiger Besprechungen der weiteren Verhandlung nicht mehr beiwohnen konnte, vorgelesen. Es entstand hierauf eine weitere lebhafte Diskussion, welche den Eindruck hinterließ, daß alle Stellen ernstlich bemüht blieben, eine für die deutschen Belange günstigere Lösung herbeizuführen.

II. Besprechung im RWM am 22. 9. 37:
an welcher die gleichen Herren teilnahmen wie am 21. 9. 37 mit Ausnahme der Vertreter des AA und des Innenministeriums, wobei bemerkt sei, daß Generalkonsul Döhle, der besonders zu dieser Besprechung gebeten wurde, anwesend war.

Das Ergebnis ist folgendes:
1. Die tags zuvor vorgeschlagene Interimslösung wurde eingehend besprochen. Die Tempelbank soll aus politischen Erwägungen kaschiert als die allein zuständige Stelle für den deutschen und nichtjüdischen Handel mit Palästina im Rahmen des Haavara-Abkommens anerkannt werden.

Der Reichsvertreter soll ermächtigt werden, von sich aus eine Persönlichkeit namhaft zu machen, die befugt sein soll, über die seitens der Haavara festzulegenden Rabattsätze zu wachen und bei auftretenden Beschwerden von seinem Kontrollrecht Gebrauch zu machen.

2. Assessor Wilmanns machte den Vorschlag, einzelne Warengattungen aus der »Negativliste« zugunsten deutscher Abnehmer herauszunehmen, und glaubt, durch eine Verständigung mit den Haavara-Leuten zu erreichen, daß von dieser Seite aus keine Schwierigkeiten in den Weg gelegt würden. Es würde sich hierbei um eine Belieferung gegen Devisenzahlung mit ZAV handeln. Vertreter der Abteilung E des RWM wurde aufgefordert zu prüfen, welche Waren für die gemachte Anregung in Betracht kommen. OReg.Rat Daniel, der den Vorsitz bei den Besprechungen führte, bat Landesgruppenleiter Schwarz um Vorschläge über diesbezügliche Wünsche einzelner deutscher Firmen. Aus diesen Vorschlägen sollen einzelne für Deutschlands aussichtsreiche und interessierende Geschäftsmöglichkeiten herausgegriffen werden und im Sinne des Vorschlages des Assessors Wilmanns behandelt werden. Je nach dem Ergebnis der gemachten Erfahrungen würde das Verfahren dann später leicht erweitert werden können.

III. Orangen-Abkommen:

1. Die Durchführung des diesjährigen Orangenabkommens wird in die Hände der Tempelbank als Treuhänderin gelegt, also der jüdischen »Paltren« entzogen. Zur Erledigung der notwendigen Formalitäten soll der zur Zeit in Hamburg anwesende Vorsitzende des Aufsichtsrats der Tempelbank, Herr Aberle, nach Berlin kommen und an den weiteren Besprechungen teilnehmen.

2. Der Reichsnährstand wird aufgefordert, sich damit einverstanden zu erklären, daß die abschließenden Verhandlungen nicht, wie vorgesehen, Ende Oktober, sondern jetzt unverzüglich stattfinden.

3. Pg. Schwarz wurde aufgefordert, eine Liste der Waren einzureichen, die für die Kompensation mit Orangen in Betracht kommen. Der Abteilung E. wurde nahegelegt, die durch Pg. Schwarz bereits genannten Warengattungen auf ihre Geeignetheit im Rahmen der ergangenen Exportvorschriften zu prüfen.

Die bisherigen Angaben bezogen sich auf Kistenholz, Einwickelpapier, Düngemittel, Automobile, Pumpen, landwirtschaftliche Maschinen.

4. Es wird angenommen, daß die Haavara zu bestimmen sein wird, den gleichen Betrag zur Finanzierung der Orangengeschäfte wie im vorigen Jahre zur Verfügung zu stellen (RM 800 000,– Barquote).

5. Um das vorgesehene Kontingent von 2½ Millionen Reichsmark auszu-

gleichen, wurden weitere Anregungen besprochen, die dahin zielen, einen günstigeren Ausgleich der Frachtensätze durch Kompensation zu erzielen.

6. Ferner wurde auf die Möglichkeit hingewiesen, Kistenholz im Veredelungsverfahren zu kompensieren.

Allerdings käme dieser Vorschlag für das diesjährige Abkommen nicht mehr in Frage.

Es wurde beschlossen, noch in dieser Woche die Paraphierung des Abkommens mit der Tempelbank vorzunehmen, wobei Pg. Schleicher es übernahm, dafür Sorge zu tragen, daß ein Vertreter der Tempelbank noch möglichst in dieser Woche in Berlin anwesend ist, um die Verhandlungen fortzuführen.

Wenngleich das Ergebnis der Besprechungen am 21. und 22. d. Mts. den Wünschen des AHA noch nicht hundertprozentig gerecht wird, so steht Unterzeichneter doch unter dem Eindruck, daß das RWM sich den berechtigten Wünschen einer Änderung des Haavara-Abkommens nicht mehr verschließt. Auch schien der Reichsvertreter Generalkonsul Döhle, wie auch der Landesgruppenleiter Pg. Schwarz über den Ausgang der Verhandlungen befriedigt zu sein.

Berlin, den 23. September 1937   Heil Hitler!

                                                  (Schleicher)

Ps. Eine Anfrage in Hamburg hatte den Erfolg, daß Herr Aberle von der Tempelbank sich noch in dieser Woche für die vorgesehenen weiteren Besprechungen zur Verfügung hält.

Berichtigung Seite 2: Konsul Diehl in Vertretung des Gesandten von Hentig.

Dokument Nr. 12

»Darauf bestehen, daß das Haavara-Verfahren in Fortfall kommt.«

Bericht des Amtsleiters Schwarz, Außenhandelsamt der NSDAP, vom Oktober 1937 an den Chef der Auslandsorganisation der NSDAP mit Vorschlägen zur Beendigung des Haavara-Abkommens:

An den Chef der Auslandsorganisation im Auswärtigen Amt
Betr. Nr. 610
Der Erlaß des Auswärtigen Amtes vom 22. 3. 1937 stellt eindeutig fest, daß

Deutschland kein Interesse an der Förderung der Errichtung eines jüdischen Staates hat.

Auf Grund dieses Erlasses wurde am 15. 10. 1937 im AA unter Vorsitz des Herrn Ministerialdirektors Weizsäcker die Stellungnahme des AA zur Frage des Haavara-Verfahrens dahingehend präzisiert, daß das AA folglich kein Interesse an der Aufrechterhaltung des Haavara-Abkommens hat, da durch das letztere die wirtschaftliche Erstarkung des jüdischen Palästinas gefördert wird.

Der Reichs- und Preuß. Wirtschaftsminister geht in seinem Schnell-brief vom 9. 10. 1937, der auch dem AA vorliegt, bei seinen Vorschlä-gen zur Abänderung des Haavara-Verfahrens von folgender Voraussetzung aus:

»Die Auswanderung der Juden aus Deutschland soll weiterhin nachdrück-lich gefördert werden, das gilt auch von der Auswanderung nach Palästina, solange gegenteilige Entschließungen nicht vorliegen.« Bisher stellte sich das RWM und insbesondere die Reichsstelle für Devisenbewirtschaftung auf den Standpunkt, daß man deutscherseits auf das Haavara-Verfahren nicht verzichten könne, da das Reichsinnenministerium eine Förderung der Auswanderung nach Palästina unter allen Umständen wünsche.

In einer Besprechung am 18. 10. im RIM unter Beteiligung der zuständigen Ressorts hat das Reichsinnenministerium erklärt, daß es kein Interesse an der Förderung einer Auswanderung der Juden nach Palästina habe und daher an der Beibehaltung des Haavara-Verfahrens nicht interessiert sei. Durch diese eindeutige Erklärung des RIM entfallen also die Voraussetzun-gen, unter denen die Reichsstelle für Devisenbewirtschaftung bisher an der Beibehaltung des Haavara-Abkommens festgehalten hat. Es besteht also Meinungsgleichheit in dieser Frage zwischen der AO, dem AA und dem Reichsinnenministerium. Wenn auch durch die seitens des RWM nunmehr geplanten Abänderungen die schärfsten Diskriminierungen der Reichsdeut-schen in Palästina behoben sein dürften und die AO ihrerseits ihre langjährigen Forderungen durchgesetzt hat, so wird es doch empfehlenswert sein, wenn das AA mit Rücksicht auf die rein politische Seite der Angelegenheit (Erlaß vom 22. 6.) beim Reichs- und Preuß. Wirtschaftsmini-ster darauf besteht, daß das Haavara-Verfahren nunmehr in Fortfall kommt.

gez. Schwarz

Dokument Nr. 13

»Außerkraftsetzung des Abkommens hätte durch eine Anordnung des Reichswirtschaftsministers zu erfolgen.«

Schreiben des Amtsleiters Kraneck, Rechtsamt der Auslandsorganisation der NSDAP, *vom 27. 10. 1937 an Gauleiter Bohle, Chef der Auslandsorganisation im Auswärtigen Amt, mit Überlegungen zur Beendigung des Haavara-Abkommens:*

Rechtsamt der Auslandsorganisation der NSDAP
Der Amtsleiter Dr. Kr./Pm.

Berlin W 35, den 27. Okt. 1937, Tiergartenstraße 4

An den
Chef der Auslandsorganisation im Auswärtigen Amt,
Berlin W 8, Wilhelmstr. 75

Förderung der Auswanderung von Juden nach Palästina – Haavara-Abkommen.

Anliegend übersende ich abschriftlich die Stellungnahme des Außenhandelsamtes der AO zum Ergebnis der Ressortbesprechung vom 18. d. Mts., der ich mich anschließe. Danach steht fest, daß das Haavara-Abkommen nicht mehr geeignet ist, die Auswanderung von Juden nach Palästina zu fördern. Darüber hinaus ist nach der Entscheidung des Herrn Reichsministers des Auswärtigen die Stärkung des Judentums in Palästina aus politischen Gründen unerwünscht. Ich halte es daher für erforderlich, daß das Haavara-Abkommen nunmehr sofort auch tatsächlich außer Anwendung gebracht wird. Da die Ressortbesprechung nur dem Zwecke diente festzustellen, ob das Reichsinnenministerium auf die weitere Anwendung des Abkommens Wert legt, ist bisher noch nicht klargestellt, ob die Außerkraftsetzung des Abkommens nun tatsächlich durchgeführt wird. Sie hätte durch eine Anordnung des Herrn Reichswirtschaftsministers zu erfolgen. Ich schlage vor, bei dem Herrn Reichsminister des Auswärtigen dahin vorstellig zu werden, daß er den Herrn Reichswirtschaftsminister bittet, die Nichtanwendung des Haavara-Abkommens nunmehr anzuordnen.

Heil Hitler!
gez. Dr. Kraneck
Amtsleiter

Dokument Nr. 14

»*Durch das Fortfallen der deutschen Auswanderung wird nur Platz für die ostjüdische Auswanderung geschaffen.*«

Undatierte und unadressierte Aufzeichnung des Geheimrats von Hentig, Gesandter im Auswärtigen Amt, mit Argumenten für die Beibehaltung des Haavara-Abkommens:

Zur Frage der Aufhebung des Haavara-Abkommens

Das Haavara-Abkommen ist eine zunächst lediglich von wirtschaftlichen Gesichtspunkten ausgehende und zu betrachtende Angelegenheit. Es wird deswegen darüber die Abtlg. W und die Devisenstelle des Reichswirtschaftsministeriums, die sie besonders angeht, zu beurteilen haben. Für Pol. VII kann sie nur Ausgangspunkt der Frage sein: Soll die Auswanderung von Juden aus Deutschland eingestellt oder, wie dies bisherigen Weisungen entsprechend geschah, in Gang gehalten werden?

Die Furcht, die Begründung eines souveränen Judenstaates zu fördern, hat zu dem Vorschlag geführt, die Abwanderung deutscher Juden nach Palästina abzustoppen.

Ein halbes Jahr nach Erscheinen des Peel-Plans ist kurz die Sachlage die, daß auch im englischen Kabinett, von Minister Ormsby-Gore abgesehen, keine Neigung besteht, den Peel-Plan und die in ihm vorgesehene Teilung Palästinas durchzuführen. Im jüdischen und im arabischen Lager haben sich die Widerstände ebenfalls so verdichtet, daß die Aussichten für eine Errichtung des Judenstaats in absehbarer Zeit als ganz gering angesehen werden müssen. Es fragt sich deswegen, ob politische Maßnahmen von unserer Seite ergriffen werden dürfen, die diese Errichtung des Judenstaats als feststehende oder zum mindesten höchstwahrscheinliche Tatsache vorwegnehmen. Ich persönlich glaube deswegen, daß Sicherungsmaßnahmen und Tauschgeschäfte, wie sie vorgeschlagen worden sind, die Schaffung der Stelle eines Handelsattachés in Jerusalem, wie er nur an Gesandtschaften üblich ist, und durch wachsende Geschäfte begründet werden kann, und schließlich Maßnahmen gegen die Auswanderung deutscher Juden nach Palästina keine Mittel sind, dieses Ziel, wenn man es sich schon steckt, zu erreichen. Sie haben m. E. sogar eine dem beabsichtigten Zweck entgegengesetzte Wirkung.

Unrichtig ist, um nur zwei Punkte hervorzuheben, die Auffassung, daß eine Abdrosselung der Auswanderung deutscher Juden von unserer Seite irgendwie die Entwicklung des Judenstaats beeinflussen könnte. Es wird durch das Fortfallen der deutschen Auswanderung nur Platz für die ostjüdische Auswanderung aus Polen und Rumänien geschaffen, die uns entschieden noch unerwünschter sein muß, sind doch diese Juden noch feindseliger gegen uns eingestellt und ohne die Bindungen, die deutsche Juden vor einer noch weiter gehenden Bekämpfung Deutschlands zurückhalten müßten.

Zweitens ist das Abflauen der Einwanderung in Palästina nicht etwa auf ein Nachlassen der jüdischen Auswanderung dorthin zurückzuführen, sondern auf die englische Verfügung, die unmittelbar nach dem Peel-Plan – zur Beruhigung der Araber – getroffen wurde, die jüdische Einwanderung bis zu einer weiteren Entscheidung auf 1000 Mann im Monat zu beschränken.

Der schlimmste Übelstand scheint mir die in dem letzten halben Jahr eingerissene Unsicherheit zu sein.

Ich schließe mich deswegen durchaus dem Antrag des Innenministeriums an, die Angelegenheit der höchsten politischen Leitung, aber naturgemäß unter Berücksichtigung aller von uns vorzubringenden Gründe, zur Entscheidung vorzulegen.

Dokument Nr. 15

»Ohne Zweifel eintretender jüdischer Boykott.«

Memorandum und Begleitbrief des Reichsbankrats Utermöhle, Reichsstelle für Devisenbewirtschaftung im Reichswirtschaftsministerium, vom 7. 12. 1937 für den Geheimrat von Hentig, Auswärtiges Amt, mit Argumenten für die weitere Tätigkeit der Haavara und die Fortführung der Juden-Auswanderung über diese Treuhandorganisation:

Reichsbankrat Utermöhle in der Reichsstelle für Devisenbewirtschaftung

An das Auswärtige Amt, z. Hd. von Herrn Geheimrat Hentig, Berlin W 8

7. Dezember 1937

Sehr geehrter Herr Geheimrat!
Unter Bezugnahme auf unsere heutige Unterredung übersende ich Ihnen Abschrift der Zusammenstellung über das Ergebnis der bisherigen jüdischen Auswanderung aus Deutschland und über die Möglichkeiten, die gegeben sind, um die Auswanderung von Juden weiter zu fördern und überhaupt zu

ermöglichen. Diese Zusammenstellung habe ich mit Schreiben vom 15. November 1937 dem Herrn Ministerpräsidenten, Geschäftsgruppe Devisen, zu Händen von Herrn Ministerialdirigenten Dr. Gramsch, zugeleitet. Ich glaube, daß Sie aus dieser Zusammenstellung die wichtigsten Einzelheiten zu ersehen vermögen, die eine Aufrechterhaltung der Tätigkeit der Haavara nicht nur rechtfertigen, sondern erfordern.

Heil Hitler!
Ihr sehr ergebener
gez. Utermöhle

Abschrift:
Jüdische Auswanderung

I. Bisheriges Ergebnis

Von den seit 1933 schätzungsweise ausgewanderten 120 000 Juden aus Deutschland sind etwa 40 000 nach Palästina und etwa 40 000 in die überseeischen Länder gewandert. Die in den ersten Jahren unter Berücksichtigung der damaligen Devisenlage noch verhältnismäßig großzügig zugelassene Mitnahme von Waren und die ursprünglich unbeschränkte Mitnahme von ausländischen Wertpapieren, soweit sie Altbesitz waren, sowie die Zuteilung von Bardevisen ist inzwischen fast völlig unterbunden worden. Trotzdem in der ersten Zeit der jüdischen Auswanderung bedeutende Vermögenswerte von jüdischen Auswanderern mitgenommen worden sind, liegt der gesamte Durchschnitt der auf die Auswanderung entfallenen Devisenbeträge schätzungsweise wenig höher als RM 3 000,– pro Kopf. Im übrigen ist zu berücksichtigen, daß auf dem Palästina-Transfer, der auf der zusätzlichen Ausfuhr von Waren beruht und daher devisenmäßig am ehesten tragbar ist, allein rund RM 70 Mill. und daß auf die Abwanderung aus dem Saargebiet gemäß dem Römischen Abkommen etwa RM 25 Mill. entfallen.

II. Transfermöglichkeiten

1. Die Bereitstellung von effektiven Devisen, Verrechnungsdevisen und beschränkt verfügbaren Devisen ist im Laufe der Zeit immer stärker eingeschränkt worden und seit einiger Zeit so gut wie völlig ausgeschlossen.
2. Die Verfügung über Grundstücke oder Rechte aus Grundstücken war bis zum Erscheinen der Zehnten Durchführungsverordnung genehmigungsfrei möglich. Der Grundstücksverkehr kann wegen der aufgetretenen Mißstände jetzt nur noch in ganz beschränktem Maße der Auswanderung nutzbar werden. (Vergl. RE 132/37 vom 23. 9. 1937.)
3. Die ursprünglich Auswanderern gestattete Mitnahme bzw. Verwendung bereits im Ausland befindlicher ausländischer Wertpapiere und deutscher

Auslandsfonds ist immer stärker eingeschränkt worden und heute völlig ausgeschlossen. Falls in Ausnahmefällen ausländische Wertpapiere freigegeben werden, wird im allgemeinen verlangt, daß wenigstens der vierfache Betrag in Devisen der Reichsbank zur Verfügung gestellt wird. Nur wenn der überwiegende Teil des Vermögens im Ausland liegt und unserem Zugriff entzogen ist, wird gegebenenfalls ein Teil der Wertpapiere freigegeben, um den Restbetrag für die Reichsbank erfassen zu können und überhaupt Devisen zu retten.

4. Nach RE 1/36 war Auswanderern die Mitnahme von Waren für ihren eigenen Bedarf gestattet worden. Diese Möglichkeit ist aus Rohstoff- und Devisengründen immer stärker eingeschränkt und heute für die Auswanderung ohne Bedeutung.

5. Eine geringfügige Transfermöglichkeit bestand in der Freigabe von ausländischen Lebensversicherungen, sofern die Überführung in den ausländischen Teil der Versicherung ohne Inanspruchnahme der Reichsbank erfolgen konnte. In letzter Zeit wird auch in diesen Fällen entweder die Abgabe eines angemessenen Devisenbetrages oder aber die ersatzlose Zahlung eines erheblichen Reichsmarkbetrages an die Deutsche Golddiskontbank verlangt. Im übrigen verliert auch diese Transfermöglichkeit an Bedeutung, da Lebensversicherungen nur noch auf Reichsmarkbasis abgeschlossen werden sollen.

6. Falls zusätzlich Exportgeschäfte durch den Auswanderer hereingebracht werden, kann nach strenger Prüfung der Zusätzlichkeit in Einzelfällen ein geringer Prozentsatz der Exportversicherung abgezweigt werden. Auch diese Fälle sind selten.

7. Der Verkauf des im allgemeinen schon mit erheblichen Verlusten realisierten Inlandsvermögens als Auswanderersperrmark ist bei einem Sperrmarkkurse von etwa 18 Prozent nur noch für Auswanderer mit größerem Vermögen tragbar.

8. Die Verwendung von Sperrguthaben zur teilweisen Bezahlung deutscher Warenlieferungen in das Ausland ist für eine große Anzahl von Waren unterbunden. (A.E. 18/37 D.St.Ue.St. vom 25. 2. 1937.)

III. Künftige Gestaltung

Die Ausführungen zu II zeigen, daß die Judenauswanderung in dem erwünschten Maße mit den geschilderten Möglichkeiten nicht mehr bewerkstelligt werden kann. Es bleiben nur folgende Wege:

1. Juden mit einem Vermögen von etwa über 50 000,– RM werden allmählich unter dem Druck innerpolitischer Maßnahmen auswandern und ihr Vermögen als Sperrmark im Ausland verkaufen. Sie erzielen unter

Berücksichtigung der Reichsfluchtsteuer einen Transfer von etwa 13–14 Prozent. Wenn diese »vermögenden« Juden aus Deutschland herausgehen, wird die bereits äußerst schnell voranschreitende Verarmung der jüdischen Gemeinden sehr bald dazu führen, daß diese nicht mehr in der Lage sind, vermögenslose und stellungslose Juden zu unterstützen. Von den etwa 360 000 noch in Deutschland befindlichen Juden werden zur Zeit bereits etwa 90 000 unterstützt. (Durch das jüdische Winterhilfswerk sind im Winter 1936/37 etwa 83 000 Personen mit etwa 3,5 Mill. RM unterstützt worden.) Es muß damit gerechnet werden, daß in verhältnismäßig kurzer Zeit wesentlich mehr Juden in Deutschland sein werden, die der Wohlfahrt zur Last fallen und für die es praktisch kaum eine Auswanderungsmöglichkeit geben wird. Die von dem Hilfsverein der Juden in Deutschland gezahlten Unterstützungen für Passagen und andere Leistungen sind von 1932 bis 1936 um das 18fache gestiegen. (Von 91 000,– auf 1 621 000,– RM.) Nur ein geringer Teil der Juden, soweit sie gesund und jung genug sind, kann in jüdischen Betrieben landwirtschaftlich oder handwerklich ausgebildet werden und später als Arbeiter auswandern. Da diese Ausbildungsmöglichkeiten nach dem Willen des Herrn Reichs- und Preußischen Innenministers nur auf jüdische Betriebe ausgedehnt werden dürfen, sind die Möglichkeiten außerordentlich gering. Die Auswanderung würde zudem ausschließlich auf die Jugend abzustellen sein und folgerichtig müßte den übrigen in Deutschland verbleibenden Juden eine Lebensmöglichkeit belassen werden.

2. Auswanderung nach Palästina unter Einschaltung des Haavara-Verfahrens. Diese Auswanderung wird mit Devisen bezahlt, die aus einer rein zusätzlichen deutschen Warenausfuhr entstehen. Wenn diese Devisen nicht für die Auswanderung zur Verfügung gestellt würden, so könnten infolge des ohne Zweifel eintretenden jüdischen Boykotts Waren nur noch in ganz geringem Umfang an die Deutschen und Araber in Palästina abgesetzt werden. Durch eine Verbotsliste ist sichergestellt, daß für rohstoffhaltige und devisenwertige Waren der Reichsbank effektive Devisen zur freien Verfügung anfallen. Bisher sind etwa ¹/₃ sämtlicher aus Deutschland ausgewanderten Juden nach Palästina ausgewandert. Hierbei sind die im Jahre 1933 in europäische Staaten geflüchteten Juden mitgezählt. Wird nur die Überseeauswanderung berücksichtigt, so ist sogar etwa die Hälfte aller Ausgewanderten nach Palästina gegangen. Die als »Kapitalisten« (mit 1000 Pfund Vorzeigegeld) nach Palästina ausgewanderten Juden haben allmählich immer mehr Angehörige und andere Juden aus Deutschland nachgezogen. Die Zuteilung der Arbeiterzertifikate hängt zusammen mit dem »Kapitalistentransfer« und kann hiervon nicht getrennt werden. Nach den Ausführun-

gen Weizmanns beim Zionistenkongreß in Zürich wird der zukünftige Judenstaat in Palästina noch etwa 2 Mill. Menschen aufnehmen können. Es wird zu erreichen sein, daß unter Anwendung des Haavara-Verfahrens eine günstigere Verteilung auf ärmere Judenschichten und eine jährliche Einwanderung von 20 000 bis 25 000 Juden nach Palästina erfolgt. Zur Zeit steht die Beschränkung der Zertifikate durch die englische Mandatsregierung diesem entgegen. Am 4. Nov. 1937 hat aber der engl. Kolonialminister Ormsby-Gore erklärt, daß es sich bei dieser Beschränkung nur um eine rein zeitweilige Maßnahme (bis März 1938) handelt. Ein zukünftiger Judenstaat würde die Einwanderung von Juden nach seinem eigenen Willen gestalten können. Nach Angaben der Jewish Agency sind in den Jahren 1934, 35, 36 (und 8 Monate 1937) Pal. Pfund 3 972 000 aus Deutschland nach Palästina verbracht worden. (Demgegenüber sind von Polen Pal. Pfund 6 731 000 nach Palästina verbracht.)

3. Auswanderung mit Devisen, die von Einwanderern nach Deutschland hereingebracht werden. Die von Einwanderern aus Ländern mit freier Devisenbewirtschaftung abzuliefernden Devisen werden mit einem Aufschlag von 100 Prozent an die Juden verkauft, nachdem eine Devisenspitze an die Reichsbank abgezweigt worden ist. Das Verfahren ist aus dem Allg. vertr. Erlaß 131/27 D.St. zu ersehen. Durch dieses Verfahren wird erreicht, daß die Schichten von Juden aus Deutschland herausgebracht werden, für die ohne dieses Verfahren keinerlei Möglichkeit besteht, auszuwandern. Zudem wird der vermögendere Jude gezwungen, dem vermögenslosen Juden Mittel zur Verfügung zu stellen, damit auch dieser auswandern kann.

Im Rahmen des RE 104/36 D.St. vom 20. 7. 1936 sind im Laufe von etwa einem Jahre (Oktober 36 – Oktober 37) von Rückwanderern abgeliefert:

Devisen zum Tageskurse von etwa	RM 10 454 000,–
Dagegen sind an die Rückwanderer ausgezahlt etwa	RM 16 300 000,–
(Den Einwanderern ist also im Durchschnitt eine Aufbesserung von etwa 55 Prozent gewährt worden.) Von dem eingegangenen Devisenbetrage hat die Reichsbank ersatzlos erhalten etwa	RM 2 125 000,–

Daneben hat die Reichsbank im Laufe des letzten Jahres von Rückwanderern (im Rahmen des RE 53/35) Devisen zum amtlichen Kurse erhalten in Höhe von etwa	RM 2 850 000,–
An Auswanderern wurden bis zum 15. 10. 37 auf Grund des RE 153/36 Devisen ausgezahlt im Gegenwert von etwa	RM 4 800 000,–
Hierfür haben die Juden an die Dego bezahlt etwa	RM 9 644 000,–

Durch Erhöhung der Provision, die den Banken in USA für die Vermittlung der Rückwanderung gezahlt wird, ist die Summe der hereinkommenden Einwanderungsdevisen in der Zeit vom 16. 9. bis 15. 10. 1937 auf etwa RM 1 640 000,– Devisen angestiegen. Wenn nur mit einem monatlichen Eingang von rund 1 ½ Mill. RM Devisen (gem. RE 104/36) gerechnet werden kann, von denen die Reichsbank rund RM 300 000,– ersatzlos bekommt, so würden für die verbleibenden etwa RM 1 200 000,– Devisen monatlich wenigstens 800 Juden, die besonders unerwünscht sind, aus Deutschland herausgebracht werden können.

Falls dieses Verfahren beibehalten werden kann, besteht im übrigen die Möglichkeit, Devisen, die für jüdische Unterstützungszahlungen in Form von Haavara-Mark aus dem Ausland an Angehörige im Inland aufgewandt werden, außer für die Palästinaauswanderung für dieses Verfahren zum Teil nutzbar zu machen. Durch die Beseitigung der Schenkungssteuer für derartige Zahlungen könnten die Beträge m. E. nicht unerheblich gesteigert werden. Es könnte alsdann auch nach neuen Wegen gesucht werden, weitere Devisenbeträge in dieses Verfahren einzubauen, wie z. B. durch die Übereignung von so gut wie unverwertbaren Grundstücken und Hypotheken, die im Ausland durch die Juden allmählich flüssig gemacht werden könnten, oder durch teilweise Abzweigung von Exportdevisen für zusätzliche Geschäfte (Bau eines Kraftwerks, Stauwerks usw.).

Falls jedoch auch die Einwandererdevisen – die durch die Auszahlung einer Aufbesserung an die Einwanderer übersteuert sind – nicht mehr für Auswanderungszwecke zur Verfügung gestellt werden sollen und die Palästinaauswanderung als unerwünscht stark eingeschränkt werden müßte, sehe ich keine Möglichkeit, die Auswanderung durchzuführen, ohne daß auf irgendeinem anderen nachteiligen Wege direkt oder indirekt Devisen geopfert werden müssen.

147

Dokument Nr. 16

»Die deutschen Kaufleute in Palästina sind einem zionistischen Haavara-Büro ausgeliefert.«

Brief des Amtsleiters Schwarz, Außenhandelsamt der NSDAP, vom 12. 1. 1938 an Reichsinnenminister Göring mit der erneuten Forderung nach sofortiger Aufhebung des Haavara-Abkommens:

Außenhandelsamt, Buch-Nr. 1023/8. Schw./Kr.

Der Reichs- und Preußische Minister des Innern, Berlin NW 40, Königsplatz 6

Haavara-Verfahren   12. 1. 1938

In Beantwortung Ihres Schnellbriefes vom 17. 12. 37 teile ich Ihnen die Stellungnahme der Leitung der Auslands-Organisation der NSDAP wie folgt mit:
Die Auslands-Organisation lehnt die weitere Beibehaltung des Haavara-Verfahrens nach Palästina vollkommen ab und beantragt, daß das Verfahren beschleunigt abgestellt wird. Zu dieser Stellungnahme sind folgende Gründe maßgebend:

1. Die sogen. Kapitalisten, d. h. die vermögenden Juden, für die das Haavara-Verfahren besonders geeignet ist, ihre Kapitalien nach Palästina zu transferieren, tragen wesentlich bei zum wirtschaftlichen Aufbau und zur Stärkung Palästinas. Bei der gegenwärtigen Entwicklung und den Bestrebungen des Judentums, einen zionistischen Staat zu errichten, ist eine solche volkswirtschaftliche Stärkung durch Zufluß deutscher Kapitalgüter durchaus unerwünscht.
2. Durch das Haavara-Verfahren obliegt die gesamte Kontrolle des deutschen Handels nach Palästina dem jüdischen zionistischen Haavara-Büro. Die deutschen Kaufleute in Palästina sind daher auf Gnade und Ungnade einem zionistischen Haavara-Büro ausgeliefert.
3. Durch das Haavara-Verfahren bekommt das Haavara-Büro wertvolle und unerwünschte Einblicke in die deutsche Preisgestaltung und in den deutsch-palästinensischen Handel.
4. Palästina ist ein Frei-Devisen-Land ohne Devisengesetzgebung und ohne

Devisenrestriktion. Bei der gegenwärtigen Arbeitsmarkt- und Produktionslage in Deutschland ist es erwünscht, alle freiwerdenden Waren, die nicht vordringlich für den Aufbau des Vierjahresplanes oder für die Wehrhaftmachung des deutschen Volkes benötigt werden, gegen möglichst hohe Gegenleistungen zu exportieren, d. h. gegen Devisen im Ausland zu verkaufen. Das Haavara-Verfahren bedeutet aber einen Export deutscher Waren ohne irgendwelche volkswirtschaftliche Gegenleistungen.

5. Mit Rücksicht auf die besonders starken politischen Spannungen zwischen Juden und Arabern in Palästina, die sich auf dem gesamten arabischen-mohammedanischen Raum auswirken, ist es sowohl politisch als auch wirtschaftlich unklug, einer rein jüdischen-zionistischen Organisation den Handel nach Palästina auszuliefern.

6. Über das Haavara-Verfahren wurden auch deutsche Waren nach benachbarten Ländern – wie beispielsweise Ägypten und Irak – exportiert. Es liegt auf der Hand, daß diese über Haavara laufenden Exporte die regulären Exporte in die vorgenannten Länder stören und den Markt für deutsche Ware aufs empfindlichste deroutieren.

Es trifft keineswegs zu, daß die Landesgruppe der A.O. oder die Leitung der A.O. zugestimmt haben, daß die Haavara erhalten bleibe; im Gegenteil hat bereits im Jahre 1934 die A.O. bei der Reichsstelle für Devisenbewirtschaftung auf das energischste gegen das Haavara-Verfahren protestiert und das Unzweckmäßige des Verfahrens mehrmals mündlich und schriftlich niedergelegt, leider ohne jeden Erfolg. Die A.O. muß daher gegen die Unterstellung der Reichsstelle für Devisenbewirtschaftung, als ob sie mit der Beibehaltung des Haavara-Verfahrens einig gehe, ganz entschieden protestieren.

Darüber hinaus möchte ich feststellen, daß der deutsche Generalkonsul in Jerusalem bei wiederholten Gelegenheiten wegen der Unzweckmäßigkeit des Haavara-Verfahrens bei mir vorstellig geworden ist und in meiner Gegenwart bei seiner letzten Anwesenheit in Berlin (Oktober 1937) beim Beauftragten für den Vierjahresplan, Gruppe für Außenhandelsgeschäfte, um möglichst baldige Abstellung des Haavara-Verfahrens gebeten hat.

Zwischen dem Deutschen General-Konsulat in Jerusalem, der Landesgruppe der A. O. in Palästina und der Leitung der Auslandsorganisation in Berlin besteht daher völlige Meinungsgleichheit darüber, daß das Haavara-Verfahren nicht mehr tragbar ist und möglichst sofort aufgehoben werden muß.

Heil Hitler!
(gez. Unterschrift)

Dokument Nr. 17

»Inzwischen aber nichts unternehmen, was auf eine Förderung des Haavara-Systems hinausläuft.«

Protokoll-Notiz des NSDAP*-Landesgruppenmitglieds Klein vom 22. 1. 1938 über eine Besprechung von acht Vertretern des Reichswirtschaftsministeriums mit zwei Vertretern der* NSDAP*-Landesgruppe – Befürworter und Gegner des Haavara-Abkommens. Die Befürworter des Abkommens aus dem Reichswirtschaftsministerium erzwangen Aufschub einer endgültigen Entscheidung:*

Besprechung im Reichs- und Preußischen Wirtschaftsministerium am 22. Januar 1938 über:

Haavara-Verfahren

Anwesend: Staatssekretär Dr. Posse, Ministerialdirigent Dr. Spitta, Reichsbankrat Dr. Bernhuber, Oberregierungsrat Dr. Daniel, Reichsbankrat Utermöhle, Assessor Humbert, Oberregierungsrat von Süsskind-Schwendi, Reichsbankrat Roth; von der Gruppe: Schwarz und Klein.

O.R. *Daniel* führte aus, daß man sich damit befaßt, die Haavara nach einem neuen Plan zu organisieren, der grundsätzlich an dem bisherigen System festhält und einige Abstellungen bestehender Mängel bringt. Es bestehe Interesse, die Auswanderung der Juden durch das Haavara-System weiter zu betreiben. Man wünsche die Auswanderung der Juden aus Deutschland. Gegenüber den vorher von RbkR. Dr. Bernhuber gemachten Ausführungen, wonach die Haavara beseitigt werden und der freie Devisenverkehr mit ZAV eingeführt werden müsse, bemerkte Herr Daniel, daß der Standpunkt der beteiligten Reichsressorts noch durchaus uneinheitlich sei. Insbesondere stehe das Auswärtige Amt (Geheimrat von Hentig, Konsul Wurst) auf dem Standpunkt, daß die Haavara zweckmäßig sei und gehalten werden müsse. Staatssekretär Dr. *Posse* bemerkte hierzu, daß seiner Ansicht nach die beantragte Entscheidung an höchster Stelle dahin lauten werde, daß die Auswanderung des Judentums mit allen Mitteln zu fördern sei.
Im Auftrage der Gruppe beantragte Herr *Klein*, eine Entscheidung über die Fortführung oder einen etwaigen Ausbau des Haavara-Verfahrens zurückzustellen und möglichst auf den Vorschlag Dr. Bernhubers überzugehen.
RbkR. Dr. *Bernhuber* bemerkte hierzu noch, daß schwere Bedenken gegen

die Haavara namentlich deshalb vorlägen, weil unvollkommene Kontrolle über die Warenausfuhr, den Devisenverkehr dabei und die ins Ausland gehenden Werte möglich sei. Er schlug vor, durch allmähliche Erweiterung der negativen Liste den Übergang zum freien Devisenverkehr herbeizuführen. Überdies sei zu bemerken, daß die aus Dienstleistungen anfallenden Devisen bisher nicht in den Besitz der Reichsbank gelangten, sondern für Vorzeigegelder usw. verbraucht worden sind.

O.R. Dr. *Daniel* führte nun aus, daß die Beibehaltung der Haavara im Interesse der Aufrechterhaltung des deutschen Handels mit Palästina und der dort lebenden Deutschen zweckmäßig sei, da diese durch eine Beteiligung an diesem System wirtschaftliche Vorteile hätten. Der Landesgruppenleiter der NSDAP habe diese Auffassung bestätigt. Darüber hinaus sei das Haavara-Verfahren die billigste und bequemste Art, Juden zur Auswanderung aus Deutschland zu veranlassen.

Amtsleiter *Schwarz* wies darauf hin, daß die Auswanderung nach Palästina keine Entlastung der Judenbilanz bedeute, da nach dem offiziellen Bericht der Reichsstelle für das Auswanderungswesen vom Jahre 1937 in diesem Jahr nur 1800 Juden aus Deutschland nach Palästina ausgewandert sind, und darüber hinaus für das Jahr 1938 von seiten der Mandatsregierung überhaupt nur 1000 Einwanderungszertifikate bereitgestellt worden sind, so daß noch eine weitere Verminderung der jüdischen Auswanderung nach Palästina mit Sicherheit zu erwarten sei.

Herr Schwarz bestritt die Mitteilung, wonach der Landesgruppenleiter Palästina *für* Beibehaltung der Haavara sei, und teilte mit, daß der Landesgruppenleiter sowohl mündlich als auch schriftlich für den allmählichen Abbau des Haavara-Verfahrens bereits seit 3 Jahren eingetreten ist. – Weiterhin skizzierte er die bereits bekannten Nachteile des Haavara-Systems.

RbkR. Dr. *Bernhuber* führte aus, daß der reguläre Export gegen Devisen bisher deshalb nur gering gewesen sei, weil die negative Liste nicht umfangreich genug war und im wesentlichen nur solche Waren enthielt, die entweder ausfuhrverboten waren oder aus irgendwelchen Gründen nicht ausgeführt werden konnten.

Es wurde schließlich beschlossen, die Entscheidung über die Juden-Auswanderung abzuwarten, inzwischen aber nichts zu unternehmen, was auf eine Förderung oder einen Ausbau des Haavara-Systems hinausläuft. Anstatt dessen soll durch baldige Erweiterung der negativen Liste der Übergang zum freien Devisenverkehr eingeleitet werden. Dabei soll daran festgehalten werden, daß die aus Dienstleistungen anfallenden Devisenbeträge zur

Verfügung der Reichsbank kommen und nicht für die Judenauswanderung verwendet werden.

Berlin, den 22. Januar 1938
Kl.-Schw./P. gez. Klein

Dokument Nr. 18

»Wie sehr uns die judenfeindliche Politik schon geschadet hat.«

Aktennotiz des Amtsleiters Schwarz, Außenhandelsamt der NSDAP, *vom 24. 1. 1938, mit der er den Geheimrat von Hentig, Auswärtiges Amt, beim Büro des Chefs der* NSDAP-*Auslandsorganisation wegen seiner positiven Haltung zum Haavara-Abkommen und zur Judenauswanderung nach Palästina denunziert:*

Geheim!

Außenhandelsamt der A.O.	Berlin, den 24. 1. 1938
Buch-Nr. 1392/8. Schw./Kr.	

Akten-Notiz für Pg. Fischer
Büro Chef A.O.
Durch Pg. Bisse

Betr.: Haavara-Verfahren/Geheimrat von Hentig.

Am Freitag, den 21. ds. Mts. abends teilte mir Pg. Klein von der Gruppe für Außenhandelsgeschäfte telefonisch mit, daß der Reichsbankrat Utermöhle in der Reichsstelle für Devisenbewirtschaftung ihm telefonisch auf Anfrage davon Kenntnis gegeben habe, daß das A.A. seinen Standpunkt in der Haavara-Frage neuerdings geändert habe. Utermöhle berief sich hierbei auf Geheimrat von Hentig.
In einer Sitzung unter Vorsitz von Staatssekretär Posse am Sonnabend, den 22. 1. 38 teilte Oberreg.-Rat Dr. Daniel mit, daß das A.A. (Herr von Hentig) neuerdings für die Aufrechterhaltung des Haavara-Verfahrens eintrete. Um die Stellungnahme von Herrn v. H. genau zu präzisieren, rief Pg. Klein am 22. 1. 38 mittags gegen 12 Uhr Herrn v. H. telefonisch in

meiner Gegenwart an. Hierbei erklärte v. H., daß er solange für die Aufrechterhaltung der Haavara sei, als man ihm keine besseren Vorschläge zur Förderung der Judenauswanderung vorlegen könne. Herr Klein hielt dem entgegen, daß nach seiner Information das A.A. aber für die Aufhebung des Haavara-Verfahrens sei. Herr v. H. erklärte nun, dies sei nur persönliche Ansicht eines jungen Mannes im A.A. namens Schomburg[sic!], der sich aber weder er noch die Abteilung W im Amt angeschlossen habe.

Anschließend berief sich Herr v. H. darauf, daß wir das Privateigentum respektieren müßten und daß er ja jahrelang im Kampf für die Minderheitenfrage gestanden habe und daher beurteilen könne, wie sehr uns die judenfeindliche Politik schon geschadet habe und wie großer Schaden uns aus dieser Politik noch in Zukunft erwachsen werde. Dies zur Kenntnis Pg. Fischer.

Heil Hitler!
gez. E. A. Schwarz

Unterzeichneter hat dieses Gespräch mit Nebenhörer mitgehört und ist bereit, mit Herrn v. H. konfrontiert zu werden. Pg. Klein kann als Zeuge vernommen werden.

Mussolinis und Roosevelts Vorschläge (1934, 1938/39)

Dokumente Nr. 19–23

Dokument Nr. 19

»Die Juden müssen einen richtigen Staat haben, nicht das lächerliche Nationalheim, das die Engländer ihnen angeboten haben.«

Dr. Nahum Goldmann, Präsident des Jüdischen Weltkongresses, schildert in seiner 1970 im Kölner Verlag Kiepenheuer und Witsch erschienenen Autobiographie »Staatsmann ohne Staat«, wie er am 13. 11. 1934 mit Mussolini im römischen Palazzo Venezia über das Schicksal der Juden in Deutschland sprach. Auszug:

»Ich sprach über die deutsche Judenfrage und erklärte Mussolini, warum ich bei einem früheren Anlaß seinem Wunsch, eine Kompromißformel für eine Verständigung mit Hitler zu finden, nicht hatte nachkommen können.
›Ich vertrete die Interessen aller Juden der Welt, und ich kann nicht, um die Position der deutschen Juden vielleicht ein wenig zu verbessern, das Prinzip der Gleichberechtigung der Juden in der ganzen Welt antasten lassen. Dieses Prinzip der Gleichberechtigung für die Juden ist ein permanentes Prinzip, ebenso wichtig für künftige jüdische Generationen, wie für die heutige. Wir sind ein altes historisches Volk‹, erklärte ich dem Duce, ›und unsere Politik kann nicht die Zukunft unseres Volkes preisgeben, um einige kleine Verbesserungen für einen Teil der heutigen jüdischen Generation zu erkaufen.‹
Mussolini hörte sich das sehr interessiert an. ›Als Dr. Sacerdoti mir das damals in Ihrem Namen auseinandersetzte‹, sagte er, ›war ich böse, aber ich verstehe jetzt, daß Sie recht haben. Sie sind ein kluger Mann, und Sie vertreten ein großes und unvergängliches Volk. Haben Sie keine Angst vor Herrn Hitler‹, fuhr er fort, und obschon er französisch redete, sprach er von ›Herrn Hitler‹, konnte als Romane aber das ›H‹ nicht aussprechen.

›Ich kenne Herrn Hitler‹, versetzte er. (Einige Wochen vorher hatten Mussolini und Hitler sich bei der berühmten Begegnung in Venedig zum ersten Mal getroffen.) ›Er ist ein Dummkopf, ein *vaurien*, ein fanatischer Dummkopf, ein Schwätzer; es ist qualvoll, ihm zuzuhören. Sie sind viel stärker als Herr Hitler; von Herrn Hitler wird es keine Spur mehr geben, wenn die Juden noch ein großes Volk sein werden. Sie und wir‹, schrie er plötzlich, wobei ich nicht wußte, ob er mit ›wir‹ Italien oder den Faschismus meinte, ›sind große historische Mächte. Herr Hitler ist ein Witz von einigen Jahren. Haben Sie keine Angst vor ihm und sagen Sie das Ihren Juden‹.

›Immerhin hat Hitler eine Flotte, eine Armee und ein organisiertes Volk von 70 Millionen Menschen. Wir sind zerstreut, wir haben keine Flotte, keine Armee, keine Macht.‹

›Das ist richtig‹, erwiderte Mussolini, ›ich sage Ihnen aber, Sie sind mächtiger als Hitler. Die Hauptsache ist, daß die Juden keine Angst vor ihm haben. Wir werden alle sein Ende erleben. Aber Sie müssen einen jüdischen Staat schaffen. Ich bin ein Zionist; ich habe es Dr. Weizmann gesagt. Sie müssen einen richtigen Staat haben, nicht das lächerliche Nationalheim, das die Engländer Ihnen angeboten haben. Ich werde Ihnen helfen, einen jüdischen Staat zu schaffen, aber die Hauptsache ist, daß die Juden auf ihre Zukunft vertrauen und keine Angst vor diesem Dummkopf in Berlin haben.‹«

Dokument Nr. 20

»*Ein schmaler Streifen im Südwesten Äthiopiens.*«

Begleitbrief des Deutschen Botschafters von Mackensen in Rom vom 7. 1. 1939 mit dem Memorandum des US-Präsidenten Roosevelt vom 7. 12. 1938, in dem der Präsident dem italienischen Diktator Mussolini vorschlägt, dieser solle den Juden im Süden und Südwesten Äthiopiens Land zur Ansiedlung zur Verfügung stellen:

Deutsche Botschaft   Rom, den 7. Januar 1939
Rom
– 11/39 –

Im Anschluß an den Drahtbericht vom 4. d. Mts. – Nr. 4 – 83–24 B 7/1

Betr.: Brief des Präsidenten Roosevelt an Mussolini betreffend die Ansiedlung von Juden.

Vertraulich
An das
Auswärtige Amt
Berlin

Graf Ciano hat mir im Anschluß an unsere Unterhaltung vom 4. nunmehr eine Abschrift des Briefes des Präsidenten Roosevelt an Mussolini zukommen lassen sowie des Memorandums, in dem die Gedankengänge des Präsidenten zur Frage der Ansiedlung von Juden enthalten sind. Ich beehre mich, beide Schriftstücke in Abschrift vorzulegen.

gez. von Mackensen
(Botschafter)

Übersetzung

Vertraulich   zu 83–24 B 7/1

Memorandum zu den im Brief des Präsidenten an den Chef der Regierung vom 7. Dezember 1938 angesprochenen Punkten.

Während das Zwischenstaatliche Komitee in London bei der Planung einige Fortschritte erzielen konnte, sind auf praktischem Gebiet bei der Wiederansiedlung der Flüchtlinge bis jetzt noch keine vergleichbaren Ergebnisse erreicht worden. Der Präsident der Vereinigten Staaten vertritt die Ansicht, daß sich dieses Problem nur durch internationale Zusammenarbeit und aufeinander abgestimmte politische Maßnahmen auf der Grundlage von Recht und Menschlichkeit so lösen lassen wird, daß keine weiteren internationalen Feindseligkeiten und Akte bösen Willens zu befürchten sind.
Bei der Suche nach für eine Wiederansiedlung geeigneten Gebieten, hat sich Präsident Roosevelt besonders von der Geeignetheit des sogenannten Plateaus überzeugen lassen, dessen kleinerer Teil im Südwesten Äthiopiens liegt; größere Teile davon liegen südlich der äthiopischen Landesgrenze. Er hat den Eindruck gewonnen, daß der italienische Regierungschef einer entsprechend finanzierten Ansiedlung von Flüchtlingsfamilien in diesem Gebiet zustimmen könnte, da sie Plänen der italienischen Regierung in bezug auf die Entwicklung und den wirtschaftlichen Wiederaufbau Äthiopiens

entgegenkommen. Sofern der Chef der Regierung diesen Plan befürworten könnte, und es ihm darüberhinaus gelingen sollte, die sich im Besitz der übrigen Teile des Plateaus befindlichen Staaten für diesen Plan zu gewinnen, wäre der Präsident der Vereinigten Staaten bereit, diesem als Teil einer umfassenderen Planung öffentlich seine Unterstützung angedeihen zu lassen.

Von großer Bedeutung ist die deutsche Haltung zu diesem Problem. Zweifellos hat der Chef der Regierung Kenntnis davon bekommen, daß Dr. Schacht während seines vor kurzem erfolgten Besuchs in London einen formellen Kontakt zum Direktor des Zwischenstaatlichen Komitees hergestellt hat und dabei spezifische Vorschläge zur Sprache brachte, die sich auf die Emigration aus Deutschland über eine bestimmte Reihe von Jahren hinweg sowie die damit zusammenhängenden finanziellen Probleme bezogen. Auf Einladung der deutschen Regierung plant nun der Direktor des Komitees zu Beginn des neuen Jahres einen Besuch in Berlin, um diese Diskussion fortzusetzen. Ein wesentlicher Punkt der finanziellen Diskussion wird sich auf die Schwierigkeit beziehen, ausländische Währungen in ausreichender Form bereitzustellen, um den Auswanderern Bargeld zu verschaffen. Der Präsident machte den Vorschlag, daß dieses Problem zumindest teilweise dadurch gelöst werden könnte, daß man den aus Deutschland ausreisenden Emigranten erlaubte, ihre Deutsche Reichsmark dazu zu verwenden, in Deutschland sich selbst mit unbedingt notwendigen Gütern wie Landmaschinen, Kleidung und anderem zu versorgen. Sofern die deutsche Regierung es den Emigranten erlaubte, solche Artikel für den eigenen Bedarf mitzunehmen, wobei ein ausreichender Pro-Kopf-Höchstbetrag noch festzusetzen wäre, könnten die Währungsprobleme wesentlich verringert werden.

Der Präsident der Vereinigten Staaten hegt die begründete Hoffnung auf das freundliche Interesse des Chefs der italienischen Regierung an einer grundsätzlichen und allgemein befriedigenden Lösung dieses dringenden internationalen Problems.

Dokument Nr. 21

»Irgendwo die Errichtung eines eigenen jüdischen Staates.«

Brief des italienischen Diktators Mussolini vom 11. 1. 1939 an den US-Präsidenten Roosevelt mit einer ablehnenden Stellungnahme zu dessen Juden-Memorandum (vgl. Dokument Nr. 20) und dem Vorschlag zur Errichtung eines jüdischen Staates:

Übersetzung.

Abschrift. 83–24 B 13/1

11. Januar 1939 – XVII

Lieber Präsident,

Botschafter Phillips hat mir nach seiner Rückkehr aus Washington Ihren Brief übergeben, und ich habe mit ihm die verschiedenen, in diesem Schreiben und dem anliegenden Memorandum von Ihnen aufgeworfenen Punkte besprochen. Er wird Sie gewiß über unsere Unterhaltung unterrichtet haben, und mein Standpunkt dürfte Ihnen daher bereits bekannt sein.

Was Äthiopien betrifft, ist es nicht möglich, daran zu denken, eine jüdische Einwanderung dorthin zu organisieren. Abgesehen von jeder anderen Erwägung, ist die allgemeine Einstellung der jüdischen Kreise zu Italien nicht derart, daß es der Italienischen Regierung ratsam erscheinen könnte, auf ihrem Hoheitsgebiet eine erhebliche Masse jüdischer Auswanderer aufzunehmen.

Andererseits handelt es sich um Fragen, die nicht nur die Lage der Juden in Italien oder in manch anderem Lande betreffen, sondern um Probleme allgemeinen Charakters, da die jüdische Frage, in verschiedener Form, in fast allen europäischen Staaten besteht und folglich als eine allgemeine europäische Frage anzusehen ist, um sie praktisch lösen zu können.

Nach meiner Ansicht sind die einzigen Länder, die eine umfangreichere jüdische Auswanderung aufnehmen und organisieren könnten, diejenigen Länder, die über weite, schwach bevölkerte Gebiete mit großen Entwicklungsmöglichkeiten verfügen, die entsprechend ausgenützt werden können. Nur diese Länder können bei dem Umfang und dem Reichtum ihrer Struktur für eine große Anzahl von Juden Verwendung finden, die die europäischen Länder, die sie gegenwärtig bewohnen, verlassen wollen. Ferner könnten auch kleinere überseeische Länder mit geringeren Entwicklungsmöglichkeiten in ihren verfügbaren Gebieten eine Anzahl Juden aufnehmen, falls durch internationale Abkommen die Auswanderung sachgemäß organisiert würde. Was ich jedoch immer für die zweckmäßigste Lösung gehalten habe und halte, wäre die Errichtung irgendwo eines eigenen jüdischen Staates. Das Experiment des Jewish Home in Palästina ist mißlungen, und zwar weil die geschichtlichen Voraussetzungen für die Schaffung eines jüdischen palästinischen Staates denkbar ungünstig waren; der Gedanke, irgendwoanders einen solchen Staat zu gründen, sollte jedoch nicht aufgegeben werden. Selbst wenn es ein gebietlich kleiner Staat wäre, würden doch die Juden darin, wie es alle anderen Völker haben, ihre Heimat und ihren nationalen Rückhalt finden.

Die Juden, die dann Angehörige dieses Staates würden, hätten auf diese Weise eine Staatsangehörigkeit und einen endgültigen Status und selbst wenn sie ihren Wohnsitz in anderen Ländern hätten, würden sie von seiten dieses Staates jene übliche Betreuung und Hilfe finden, die alle Ausländer genießen. Nur so würde das jüdische Problem aufhören, in Europa das unlösbare Problem einer Minderheit zu sein, der einzigen, die keine Nationalität besitzt.

Das sind die Gedanken, die ich Herrn Botschafter Phillips dargelegt und hier kurz zusammengefaßt habe. Ich werde meinerseits stets gern jeden konkreten Vorschlag, den Sie etwa in Erwägung gezogen haben mögen, prüfen, in der Überzeugung, daß eine allgemeine Lösung des jüdischen Problems auf einer praktischen Grundlage äußerst wünschenswert ist.

Ich benutze diese Gelegenheit, um Ihnen, lieber Präsident, für die freundlichen Worte, die Sie in Ihrem Schreiben an mich gerichtet haben, zu danken und Ihnen meine besten Wünsche und die Versicherung meiner ausgezeichnetsten Hochachtung zu übermitteln.

Mussolini

Dokument Nr. 22

»Nicht um einen jüdischen Staat, sondern um ein jüdisches Reservat zu errichten.«

Stellungnahme des Vortragenden Legationsrates Hinrichs, Auswärtiges Amt, vom 24. 1. 1939 zu Mussolinis und Roosevelts Vorstellungen über die Lösung der Juden-Aussiedlung. Die Stellungnahme wurde verschickt an die sechs wichtigsten mit der Juden-Aussiedlung befaßten deutschen Stellen:

An den Beauftragten für den Vierjahresplan, Herrn Ministerpräsident Generalfeldmarschall Göring, z. Hd. von Herrn Oberregierungsrat v. Normann

Dem Reichsministerium des Innern, z. Hd. von Herrn Ministerialrat Loesener

Dem Reichswirtschaftsministerium, z. Hd. von Herrn Ministerialrat Alf. Krüger

An die Geheime Staatspolizei, Geheimes Staatspolizeiamt, z. Hd. von Herrn SS-Standartenführer Müller

Dem Reichsministerium für Volksaufklärung und Propaganda, z. Hd. von Herrn Ministerialrat Ziegler und Herrn Oberregierungsrat Diewerge

Dem Außenpolitischen Amt der NSDAP, z. Hd. von Herrn Reichsleiter Alfred Rosenberg

– je besonders –

In der Anlage übersende ich 1) ein seitens des amerikanischen Präsidenten Roosevelt an den Duce gerichtetes Schreiben vom 7. Dezember v. J. betreffend die Lösung der Judenfrage durch Ansiedlung in Abessinien, 2) das Antwortschreiben des Duce nebst deutscher Übersetzung vom 11. Januar 1939 zur Kenntnisnahme.
Ich darf darauf hinweisen, daß die in dem italienischen Antwortbrief geäußerte Meinung über die Gründung eines Judenstaates sich nicht ganz mit der deutschen Auffassung einer Lösung der Judenfrage deckt. Nach deutscher Auffassung bedeutet die Gründung eines Judenstaates, gleichgültig welcher Größe und welcher Lage, eine Gefährdung der deutschen Interessen. Ein Runderlaß des Auswärtigen Amtes an die deutschen Auslandsbehörden – 83–21 A 15/6. – vom 22. Juni 1937, der diese Frage behandelt, füge ich zur Kenntnisnahme bei.
Das Judentum erstrebt heute einen Judenstaat nicht etwa, um den Juden in aller Welt eine Heimat zu geben, sondern aus anderen Gründen. Das Weltjudentum will einen Miniaturstaat haben, um exterritoriale Gesandte und Vertreter in alle Länder der Welt zu senden und durch diese seine

besonderen Interessen vorwärtstreiben zu können. Es bestehen hier keine Einwände dagegen, daß den Juden ein Gebiet außerhalb Palästinas zugewiesen wird, allerdings nicht um einen jüdischen Staat, sondern um ein jüdisches Reservat einzurichten.

Ich habe die Deutsche Botschaft in Rom angewiesen, diese Gesichtspunkte gegenüber der italienischen Regierung erneut zu vertreten.

Im Auftrag gez. Hinrichs

Dokument Nr. 23

»*Ein kaum ernst zu nehmender Beitrag zur Lösung der Frage.*«

Brief des Deutschen Botschafters von Mackensen in Rom vom 4. 3. 1939 an das Auswärtige Amt in Berlin über die abschätzige Ansicht des italienischen Außenministers Graf Ciano zu Mussolinis und Roosevelts Vorstellungen von der Lösung der deutschen Judenfrage:

Deutsche Botschaft Rom   Rom, den 4. März 1939.
1067/39, II.

Auf die Erlasse vom 24. Januar und 7. Februar d. J. – 83–24 B 13/1 und – 83–24 B 31/1 –.

An das Auswärtige Amt in Berlin.

Betr.: Einstellung Mussolinis zur Frage eines selbständigen Judenstaates.

– 1 Anlage –

Ich habe in der heutigen ersten Unterhaltung mit dem Grafen Ciano nach seiner Rückkehr aus Polen, über die ich im übrigen drahtlich berichtet habe, Gelegenheit genommen, die Frage der italienischen Auffassung zur Gründung eines selbständigen Judenstaates aufzugreifen, und habe dem Minister unter Hinweis auf den während seiner Abwesenheit erschienenen anliegenden Artikel Gaydas aus dem »Giornale d'Italia« vom 2. d. Mts. und unter Bezugnahme auf die Mitteilungen, die wir den Italienern unter dem 22. März v. J. gemacht haben, noch einmal dargelegt, daß und warum wir die

Gründung eines selbständigen jüdischen Staates nicht für zweckmäßig halten.

Graf Ciano nahm meine Mitteilungen zur Kenntnis, schien aber der ganzen Frage eine besondere praktische Bedeutung nicht beizumessen, und war viel eher geneigt, auch diesmal wieder die Rooseveltschen Anregungen, ebenso wie seinerzeit in der Unterhaltung vom 4. Januar d. J. (vergl. meinen Drahtbericht Nr. 4 vom 4. Januar), als einen kaum ernst zu nehmenden Beitrag zur Lösung der Frage hinzustellen.

Auf alle Fälle habe ich dem Minister – da die Angelegenheit trotz seiner derzeitigen Auffassung doch eines Tages praktische Bedeutung erlangen könnte –, ebenso wie das am 22. März v. J. geschehen ist, eine kurze Aufzeichnung über unseren Standpunkt hinterlassen, die er gerne entgegennahm.

gez. von Mackensen (Botschafter)

Französisches Madagaskar-Angebot (1937/38)

Dokumente Nr. 24–38

Dokument Nr. 24

»Der Gouverneur von Madagaskar bereit, die Ansiedlung von Juden zu unterstützen.«

Bericht des Deutschen Nachrichtenbüros (DNB), der offiziösen Nachrichtenagentur des Dritten Reiches, vom 16. 1. 1937 (hier zitiert nach dem »Völkischen Beobachter«, Zentralorgan der NSDAP, vom 17. 1. 1937) über die Möglichkeit, französische Kolonien für die Ansiedlung von Juden zu öffnen:

DNB Paris, 16. Januar.

Öffnung französischer Kolonien für jüdische Ansiedler?

Die Frage der Ansiedlung von Juden in außereuropäischen Ländern beschäftigt seit einiger Zeit auch die französische Regierung und insbesondere den Kolonialminister, der erst kürzlich Besprechungen mit den Vertretern der verschiedenen in Frankreich ansässigen jüdischen Vereinigungen hatte. Hierbei wurde in Erwägung gezogen, gewisse französische Kolonien der jüdischen Einwanderung freizugeben, bzw. die Juden dort anzusiedeln. Der Kolonialminister erklärte in diesem Zusammenhang, daß dieser Plan ihm grundsätzlich sehr sympathisch sei. Er sei bereit, mit Unterstützung der Gouverneure Sachverständige dafür zur Verfügung zu stellen.

Eine Reihe derartiger Untersuchungen sei bereits durchgeführt, und er verfüge schon über Berichte aus einigen Kolonien. Der Gouverneur von Madagaskar habe sich bereiterklärt, die Ansiedlung von Juden zu unterstützen, vorausgesetzt, daß sie von wirklich ernst zu nehmenden Organisationen herausgeschickt würden und über die notwendigen Mittel verfügten. Außer Madagaskar sei es möglich, siedlungsfähige Gebiete in Neukaledonien, auf den Neuen Hebriden und in Französisch-Guinea zu finden, wo das Klima viel erträglicher sei, als man allgemein annehme.

Dokument Nr. 25

»Ansiedlung von Juden in französischen überseeischen Gebieten praktisch bedeutungslos.«

Zwei Berichte der jüdischen Wiener »Stimme« vom 24. 1. 1937 über Pläne zur Entsendung einer jüdischen Kommission in die Kolonialgebiete Frankreichs und über negative Reaktionen in der amerikanisch-jüdischen Presse auf die französischen Angebote:

Paris, 24. Jänner. (JTA.) Der »Pariser Hajnt« berichtet, daß jüdische Organisationen in Paris in Zusammenarbeit mit amerikanischen und englischen jüdischen Organisationen Vorbereitungen zur Entsendung einer jüdischen Kommission treffen, die die vom Kolonialminister Moutet angebotenen Niederlassungsmöglichkeiten in französischen Kolonien an Ort und Stelle untersuchen soll. Persönlichkeiten, die dieser Kommission angehören sollen, beurteilen die Aussichten in Neu-Kaledonien günstig. Verhandlungen mit dem Kolonienministerium über die Unterstützung der Kommission durch die staatlichen Stellen sollen in den nächsten Tagen aufgenommen werden.

New York, 24. Jänner. (JTA.) Die New Yorker Tageszeitung ›Tog‹ ist der Ansicht, daß die vom französischen Kolonienminister bekanntgegebenen Möglichkeiten für die Ansiedlung von Juden in überseeischen französischen Besitzungen praktisch bedeutungslos sind. Daß Madagaskar klimatisch für die Ansiedlung von Europäern völlig ungeeignet ist, sei allgemein bekannt. Aber auch die anderen vom französischen Kolonienminister erwähnten Gebiete kämen für die Ansiedlung von Juden kaum in Frage. Auf alle Fälle wäre es unsinnig, von Möglichkeiten für Masseneinwanderung zu sprechen.

Dokument Nr. 26

»Die Juden bilden ein sehr seriöses Siedlungselement.«

Bericht der jüdischen Wiener »Stimme« vom 26. 1. 1937 über Äußerungen des französischen Kolonialministers Marius Moutet zur Möglichkeit der Judenansiedlung in französischen Kolonien:

»Ich weiß, daß die Juden ein sehr seriöses Siedlungselement bilden und für landwirtschaftliche Arbeit, die die Grundlage einer jeden großzügigen Kolonisation ist, sehr befähigt sind. Ein im höchsten Grade bemerkenswertes Beispiel landwirtschaftlicher kolonisatorischer Tüchtigkeit haben die Juden in Palästina gegeben, wo sie in verhältnismäßig kurzer Zeit etwa 400 000 Menschen seßhaft gemacht haben. Ödländer wurden fruchtbar gemacht, Städte blühten auf.

Um das Werk der Juden in Palästina richtig würdigen zu können, muß man sich vergegenwärtigen, daß zum Beispiel Frankreich, welches doch auf kolonisatorischem Gebiet Hervorragendes leistete, vor fast einem Jahrhundert in Algerien ein kolonisatorisches Werk begann und daß die Zahl der Franzosen aus dem Mutterland, die sich seither dort niederließen, kaum die Zahl der Juden in Palästina erreicht.«

»Indem ich nun daran gehe«, fuhr der Minister fort, »auf die Möglichkeiten der Ansiedlung von Juden in den französischen Kolonien hinzuweisen, möchte ich vorausschicken, daß man sich, was Massenansiedlungspläne in unseren Überseeterritorien betrifft, keinen übertriebenen Illusionen hingeben soll. Zeugt ja auch schon das Palästinawerk davon, daß für Massenansiedlung beträchtliche finanzielle Mittel erforderlich sind. Andererseits muß man in Betracht ziehen, daß es heute bereits an geeigneten Siedlungsterritorien mit einem dem Europäer zuträglichen Klima mangelt. Eine Massenkolonisation planen, hieße die Entstehung politischer Schwierigkeiten riskieren; leider bietet auch hierin Palästina ein Beispiel.

Unter solchen Vorbehalten bin ich des Glaubens, daß eine Anstrengung mit Nutzen versucht werden kann. Die französische Regierung ist geneigt, Menschen, die guten Willens sind, zu einer Ansiedlung in ihren Kolonien zu verhelfen. Ich halte aussichtsvolle Resultate durchaus für möglich. Doch muß man das Territorium mit Bedacht wählen und vor Beginn des Werkes gründliche Voruntersuchungen anstellen. Ich für mein Teil bin bereit, die Fachleute für solche Untersuchungen zu stellen. Auch die Gouverneure werden mich hierin unterstützen.

Übrigens – ich kann es Ihnen mitteilen – haben Untersuchungen bereits begonnen, mir liegen Berichte der Chefs der Kolonien hierüber vor. Eine Reihe dieser Chefs, zum Beispiel der Gouverneur von Madagaskar, steht dem Projekt durchaus wohlwollend gegenüber, sofern ernst zu nehmende Organisationen, die über die nötigen finanziellen Mittel verfügen, hinter dem Werk stehen. Außer den hoch gelegenen Gebieten von Madagaskar kämen für eine Ansiedlung von Juden noch Gebiete in Neu-Kaledonien, auf den Neu-Hebriden, ja sogar in Guayana in Betracht, dessen Klima keineswegs so schlecht ist, wie man im allgemeinen glaubt. Ich habe den Leiter des politischen Ressorts beim Ministerium für die Kolonien, Gaston Joseph, sowie ein weiteres Mitglied meines Ministeriums, Bouteille, gebeten, die Angelegenheit sehr genau zu verfolgen und die Materialien und Dokumente bereitzustellen. Ich persönlich würde sehr glücklich sein, wenn ich einerseits zu diesem Kolonisationswerk Nutzbringendes beitragen und anderseits so vielen Menschen helfen könnte, die in ein unverdientes Elend geraten sind. Meine Sympathie gilt den Opfern politischer oder religiöser Leidenschaften und der Rassenvorurteile.«

Der Minister erklärte weiters, die französischen Behörden werden sich auf individuelle Kolonisation nicht einlassen. Vorbedingung müsse die Konstituierung eines mächtigen Organismus sein, der über finanzielle Mittel verfügt und auch sonstige Garantien für die Solidität seines Unternehmens bietet. Angemessene finanzielle Mittel, vorangehende Erforschung des in Betracht kommenden Territoriums und sorgfältige Auswahl der Kolonisten – damit eine Rückwanderung ungeeigneter Elemente vermieden wird –, das sind die Bedingungen für eine erfolgreiche Arbeit. Eine finanzielle Beihilfe könnte schließlich auch von der französischen Regierung ins Auge gefaßt werden, dies aber nur dann, wenn die Regierung die Sicherheit hat, daß das Unternehmen einen Erfolg bringen wird.

Dokument Nr. 27

» Wir sind zu jeder Art friedlicher Zusammenarbeit bereit.«

Bericht der Reichsausgabe der »Frankfurter Zeitung« vom 13. 5. 1937 über polnische Siedlungspläne in Madagaskar und über ein Angebot Frankreichs an die deutschen Juden:

Jüdische Siedlungspläne in Madagaskar.
Paris, 12. Mai. Der französische Kolonialminister Moutet hat erklärt, daß Frankreich und seine Kolonien zu jeder Art von Zusammenarbeit bereit seien. Er ging dabei von dem Plan der polnischen Regierung aus, in Madagaskar polnische Juden anzusiedeln, der gegenwärtig von den Regierungen der beiden Länder geprüft wird. Der französische Kolonialminister ging aber in seinen Erklärungen über diesen Sonderfall hinaus und antwortete auf die Frage, wie Frankreich sich zu einem ähnlichen Ersuchen eines ihm benachbarten Landes stellen würde: »Wir sind zu jeder Art friedlicher Zusammenarbeit bereit unter der unerläßlichen Bedingung, daß

das politische Statut unserer Kolonien oder Mandatsgebiete nicht in Frage gestellt wird und daß man von uns nicht verlangt, die Karte Frankreichs zu ändern. Ich habe keinen Grund zu verheimlichen, daß man bei mir wegen der Bildung französisch-deutscher Wirtschaftsgesellschaften vorgefühlt hat. Diese Unterhaltungen bezogen sich übrigens mehr auf die technische als auf die politische Seite der Angelegenheit. Unter den genannten Bedingungen lehnen wir keinerlei Abkommen ab. Ich habe darum gebeten, daß man mir genaue Vorschläge macht, die dann geprüft werden.« Was den polnischen Plan angeht, so hat die polnische Regierung soeben auf Vorschlag des französischen Kolonialministers selbst zunächst einmal drei Sachverständige, darunter einen Vertreter der jüdischen Organisationen, nach Madagaskar entsandt, um die Möglichkeiten an Ort und Stelle zu prüfen. Moutet betont, daß es sich bei der Niederlassung in Madagaskar natürlich nur um eine beschränkte Anzahl von Personen handeln könne, deren finanzielle und fachliche Eignung eine gewisse Sicherheit biete.

Dokument Nr. 28

»*Für eine Einwanderung außer Madagaskar keine französische Kolonie.*«

Bericht der Wiener Zeitung »Frontmiliz« vom 29. 5. 1937 über polnisch-jüdische Siedlungsabsichten in Madagaskar:

Auswanderungsmöglichkeiten für die Juden.
Da die Einwanderung der Juden nach Palästina auf immer größere Schwierigkeiten stößt, so hat sich die polnische Regierung, deren Land bekanntlich das größte Kontingent an Auswanderern beistellt und daher durch diese Schwierigkeiten am meisten betroffen ist, an Frankreich wegen Ansiedlung polnischer Auswanderer in französischen Kolonien gewandt.
Der französische Kolonialminister hat erklärt, daß außer Madagaskar keine französische Kolonie für eine Einwanderung als Siedler in Betracht kommen kann.
Nun entnehmen wir polnischen Blättern, daß in allernächster Zeit eine Kommission zum Studium der Siedlungsverhältnisse in Madagaskar abgehen wird. Die Kommission wird aus dem bekannten polnischen Weltreisenden Major Lepecki, dann aus dem jüdischen Siedlungsführer Dyk und dem Direktor der Auswanderungsgesellschaft, Alter, bestehen.

Dokument Nr. 29

»Die Ergebnisse sollen bisher nicht besonders günstig gewesen sein.«

Telegramm der Deutschen Botschaft in Paris vom 9. 8. 1937 an das Auswärtige Amt in Berlin über die Mitglieder einer polnischen Auswanderer-Kommission, die in Madagaskar Ansiedlungs-Möglichkeiten erforschte:

Deutsche Botschaft Paris   Paris, den 9. August 1937

1) An das Auswärtige Amt, Berlin

Inhalt: Polnische Auswanderung nach Madagaskar.
Eine polnische Kommission, bestehend aus dem Major Lipetzki, dem Agronomen Dick und einem Spezialisten für Auswanderungswesen, Alter, bereist zur Zeit mit Genehmigung und Unterstützung der französischen Regierung die Insel Madagaskar, um die Möglichkeiten für eine polnische Auswanderung nach Madagaskar zu prüfen. In erster Linie wird angeblich an die jüdische Auswanderung gedacht.
Der Agronom Dick soll Deutscher sein und von 1910–1932 in Berlin in den für Landwirtschaft zuständigen Ministerien gearbeitet haben. Alter war früher bei einer Dampfschiffahrtsgesellschaft und hat dort die Auswanderer-fragen bearbeitet. Dick und Alter sprechen nach Angabe eines glaubwürdi-gen Gewährsmannes nur deutsch, so daß für ihre Unterhaltung mit den französischen Behörden ein Dolmetscher zugezogen werden muß. Die Ergebnisse ihrer Reise sollen bisher nicht besonders günstig gewesen sein.

gez. Quiring.

Dokument Nr. 30

»Das jüdische Element fühlt sich in Polen ganz wohl.«

Kommentar des »Danziger Vorposten« vom 27. 11. 1937 zur praktisch nicht zustande kommenden Ansiedlung polnischer Juden in Madagaskar:

Warschau, 27. November 1937
Wie aus Paris gemeldet wird, hat der französische Kolonialminister eine polnische Studienkommission für die Frage der Schaffung polnisch-jüdischer Kolonien im Ausland empfangen, nachdem diese Kommission Anträge

betreffs der Kolonisation Madagaskars ausgearbeitet hatte. Minister Moutet erklärte der Kommission, daß die französische Regierung bereit sei, die Insel Madagaskar für die Einwanderung aus Polen freizugeben. Die polnische Rechtspresse stellt fest, daß damit ein bedeutender Schritt getan sei, um die Entjudung Polens zu fördern. Die Juden könnten nicht mehr sagen, daß sie kein Gebiet hätten, wo sie hinwandern könnten. Frankreich stelle ihnen dieses Gebiet zur Verfügung und garantiere ihnen dort eine vollkommen freie Entwicklung in kultureller Autonomie. Die Angelegenheit sei nur noch eine Frage der Finanzierung und die könne doch bei der Finanzkraft des Weltjudentums nicht schwer fallen. Es habe sich jedoch gezeigt, daß das jüdische Element in Polen ernstlich gar nicht daran denke, Polen zu verlassen, sondern sich in Polen ganz wohlfühle.

Der »Warszawski Dziennik Narodowy« meint, es gebe daher nur ein Mittel, um die jüdische Auswanderung zu verwirklichen: Man müsse für die Juden solche Verhältnisse in Polen schaffen, daß es für sie nicht lohne, in Polen zu bleiben. Konsequent und entschieden müsse ihre Beseitigung aus dem Wirtschaftsleben durchgeführt werden, ihre politischen Rechte müssen beschränkt werden und ihr Einfluß in der polnischen Öffentlichkeit müsse beseitigt werden. Polen würde damit nicht nur sich selbst, sondern auch der Befriedung Europas einen Dienst leisten.

Dokument Nr. 31

»Zu einer endgültigen Verständigung bisher nicht gekommen.«

Bericht der Deutschen Botschaft in Warschau vom 30. 11. 1937 an das Auswärtige Amt in Berlin über den Stand der polnisch-französischen Kontakte wegen der Ansiedlung polnischer Juden auf der Insel:

Deutsche Botschaft   Warschau, den 30. November 1937
Warschau P I 10 c/11.37

An das Auswärtige Amt, Berlin

Inhalt: Polnische Auswanderung nach Madagaskar.
Soweit hier bekannt ist, werden die Bemühungen um eine Ansiedlung von polnischen Juden in Madagaskar weiter fortgesetzt, zu einer endgültigen Verständigung mit der französischen Regierung soll es aber bisher noch nicht

gekommen sein. Die polnische Presse veröffentlichte in diesem Zusammenhang dieser Tage die Meldung, daß der französische Kolonialminister die polnische Studienkommission mit den Herren Lepeski, Alter und S. Dyk zu einem einstündigen Gespräch empfangen habe, in dem der französische Minister angeblich seine positive Haltung gegenüber der polnischen Ansiedlung in Madagaskar aufrechterhalten habe. Einzelheiten über den Stand der Angelegenheit konnten hier bisher nicht ermittelt werden.

gez. von Wühlisch

Dokument Nr. 32

»Die Juden lassen lieber andere für sich arbeiten.«

Kommentierender Bericht des nationalsozialistischen »Westdeutschen Beobachters« vom 9. 12. 1937 über die vermeintlichen Gründe über die Verzögerungen im polnisch-jüdischen Madagaskar-Projekt:

Juden nach Madagaskar?
Lb. Die Lösung der Judenfrage wird in Polen immer dringender. Rund 11 v. H. der Bevölkerung sind Juden, und die starke Herauskehrung ihres Eigenlebens führt zu beträchtlichen Spannungen und ständigen Entladungen. Die antijüdische Bewegung nimmt infolgedessen zu. Die Angehörigen verschiedener Berufe setzen sich gegen die Parasiten zur Wehr, und besonders die Hochschuljugend führt einen Abwehrkampf. In Regierungskreisen beschäftigt man sich ernstlich mit dieser Frage, und polnische Minister haben sich für eine jüdische Massenauswanderung ausgesprochen. Aber wohin mit den vielen Juden? Neben Palästina sieht man sich nach einem zweiten Auswanderungsland um. Die südamerikanischen Staaten winken einer Masseneinwanderung dieser Völkerparasiten ab. Einen Ausweg wies der französische Kolonialminister, welcher der Förderung einer jüdischen Einwanderung in Madagaskar, das sich im französischen Besitz befindet, das Wort redete. Ein gemischter polnischer Ausschuß soll auf dieser großen Insel, die der Ostküste Südafrikas vorgelagert ist, die Unterbringungsmöglichkeiten prüfen. Auch Delbos hat bei seinem jetzigen Besuch mit Beck diese Frage erörtert. Madagaskar, das die Eingeborenen auch Nossi-Ndambo (Insel der Wildschweine) nennen, ist sehr fruchtbar und hat auf dem Hochlande, das den größten Teil der gebirgigen Insel einnimmt,

170

ein Klima, das etwa dem der Riviera entspricht. Siedlungsgebiet ist reichlich vorhanden. Aber es ist fraglich, ob das die Juden besonders reizen wird. Für Landarbeit und überhaupt für harte Arbeit haben sie nichts übrig. Sie lassen lieber andre für sich arbeiten. Die eingeborene Bevölkerung, unter der in den Küstengebieten auch ein negroider Einschlag zu finden ist, soll nicht antijüdisch eingestellt sein. Das könnte sich ändern, wenn sich die Juden dort erst häuslich niederlassen. Ein »gelobtes Land« für die Juden, die man in Polen los sein will, würde Madagaskar nur sein, wenn sie dort ohne eigne Anstrengung auf Kosten anderer ein Herrenleben führen könnten. Es ist also fraglich, ob die Aufforderung zum Auszug der Kinder Israels nach Madagaskar Polen von einem großen Teil dieser Schmarotzer befreien würde.

Dokument Nr. 33

»Ob gerade die Juden dafür geeignet sind, ist die zweite Frage.«

Kommentar der Bremerhavener »Nordwestdeutschen Zeitung« vom 10. 12. 1937 zur Wahl Madagaskars als Siedlungs-Land:

Streifzüge
Ein neues »gelobtes Land«?
Ungefähr elf Prozent der Bevölkerung Polens sind Juden, die ihr Eigenleben führen, die nur zu oft sich in Gegensatz zu den Staatsinteressen stellen, die sich zu Agenten der bolschewistischen Propaganda anwerben lassen und die freien Berufe zum Schaden der Nationalpolen überschwemmen. Die Judenfrage in Polen drängt auf eine Lösung. Polnische Minister haben wiederholt erklärt, daß sie in erster Linie eine Lösung in einer jüdischen Massenauswanderung sehen und sie mit allen Mitteln fördern werden. Aber Palästina versagte. Die südamerikanischen Staaten, die noch über riesige freie Gebiete verfügen, wollten gleichfalls nichts von einer polnischen Masseneinwanderung wissen. Die »Rettung« kam von Frankreich. Der französische Kolonialminister erklärte, daß er eine starke Einwanderung von Juden nach Madagaskar in jeder Beziehung fördern würde. Nun begibt sich in diesen Tagen eine gemischte polnische Kommission nach Madagaskar, um den Juden dort ein neues »gelobtes Land« einzurichten oder mindestens die Möglichkeiten dazu zu überprüfen. Madagaskar hat einen Umfang, der dem von Frankreich und Holland und Belgien zusammengenommen gleich-

kommt. Es ist, trotzdem es nahe an der ostafrikanischen Küste liegt, eher eine asiatische als eine afrikanische Insel, denn die Bevölkerung ist malayischen Ursprunges. Die Bodengestaltung und die Tierwelt ähneln mehr Asien als Afrika. Unter der Küstenbevölkerung macht sich allerdings ein negroider Einschlag bemerkbar, denn die vornehmen Madagassen haben früher Sklaven aus Mozambique eingeführt, die sich dann später an den tropischen Küsten angesiedelt haben. Seltsamerweise gibt es in Madagaskar Semiten, die, wie angenommen wird, in vorchristlicher Zeit auf die Insel gekommen sind, als noch der sagenhafte Handel mit dem Lande Ophir blühte. In den etwas mehr als 40 Jahren französischer Herrschaft über die Insel ist die Oberschicht der Madagassen französisiert und besitzt zum Teil französische Bürgerrechte. Die Ärzte, Ingenieure usw. sind meistens Eingeborene. Die Fruchtbarkeit Madagaskars ist sprichwörtlich, es können drei Ernten im Jahre gewonnen werden. Das Klima auf dem Hochlande, das fast die ganze Insel einnimmt, gleicht dem der Riviera, dort herrscht das ganze Jahr hindurch Frühsommertemperatur. Es gibt auf dem Hochlande noch weite Gebiete, die der Besiedlung warten, ob indessen gerade die Juden dafür geeignet sind, ist die zweite Frage. Die eingeborene Bevölkerung ist, so weit bekannt wurde, nicht judenfeindlich, wohl nur deshalb, weil sie die Juden nicht kennt. Jedenfalls das Wort Madagaskar ist in die Debatte geworfen. Man darf gespannt sein, wie lange es sich in ihr halten wird.

Dokument Nr. 34

»Verfügbares Land für 30 000 jüdische Familien.«

Bericht der Deutschen Botschaft in Paris vom 17. 12. 1937 an das Auswärtige Amt in Berlin mit Einzelheiten über den polnischen Siedlungsplan in Madagaskar aus der »Pariser Tageszeitung« vom 16. 12. 1937:

Deutsche Botschaft Paris   Paris, den 17. Dezember 1937
e.o.A.A 04679

An Auswärtiges Amt, Berlin

Inhalt: Polnische Abwanderung nach Madagaskar.
Die »Pariser Tageszeitung« vom 16. d. M. bringt Einzelheiten über den polnischen Siedlungsplan für Madagaskar. Danach sollen 25–30 000 jüdi-

sche Familien aus Polen nach Madagaskar entsandt werden. Es wird an die Gründung einer Emigrationsgesellschaft gedacht, zu deren Finanzierung jüdisches Kapital aus Amerika, England und Frankreich hinzugezogen werden soll.

Die polnische Kommission, die an Ort und Stelle die Verhältnisse prüfte, ist zu dem Ergebnis gekommen, daß sich im Innern von Madagaskar geeignete Gebiete für Kakao-, Zuckerrüben- und andere Plantagen erschließen lassen. Das verfügbare Land würde in ungefähr 2200 Bauerngehöfte mit je 24 bis 28 ha Nutzland aufgeteilt werden.

Ich füge den Artikel in der Anlage bei.

Im Auftrag gez. Kühn

»Pariser Tageszeitung« 16. Dezember 1937

Siedlungsplan für Madagaskar   Warschau, 15. Dezember

Über die Frage der Ansiedlung jüdischer Familien aus Polen in Madagaskar, die auch während des Warschauer Besuchs des französischen Außenministers Yvon Delbos behandelt wurde, werden jetzt nähere Einzelheiten bekannt. Es besteht der Plan, 25 000 bis 30 000 Familien nach der französischen Insel zu senden. Es dürfte eine besondere Emigrationsgesellschaft gegründet werden, zu deren Finanzierung jüdisches Kapital aus Amerika, England und Frankreich herangezogen würde.

Vor ungefähr einem Jahre richtete die polnische Regierung ihr Augenmerk zum ersten Male auf Madagaskar. Frankreichs wohlwollende Stellungnahme veranlaßte die polnische Regierung, eine Kommission nach Madagaskar zu entsenden, um dort die Frage zu prüfen. Zum Präsidenten dieser Kommission wurde Major Mieczyslaw Lepecki ernannt, der lange Jahre hindurch Marschall Pilsudskis persönlicher Adjutant war; ferner gehörten der Kommission an Leon Alter, der Direktor der Jüdischen Auswanderungsgesellschaft, und Samuel Dyck aus Palästina, ein Spezialist in Fragen der jüdischen Niederlassung. Die Kommission fuhr am 5. Mai von Marseille nach Madagaskar, wo sie vier Monate lang blieb. Mitte Oktober unterbreitete sie dem polnischen Außenministerium ihren ausführlichen Bericht.

Vor kurzer Zeit besuchte die Kommission auch, wie kurz berichtet, den französischen Kolonialminister Marius Moutet und unterbreitete ihm eine Abschrift ihres Planes, mit dem die französische Regierung im Prinzip einverstanden ist.

Die Kommission kam zum Schluß, daß die Küstengebiete Madagaskars für Europäer zu warm und zu feucht sind, daß sich hingegen im Innern geeignete Gebiete für Kakao-, Zuckerrüben- und andere Plantagen erschließen lassen. Die Experten hoffen, ungefähr 44 500 ha Land von den Eingeborenen und weitere 23 000 ha von der französischen Regierung kaufen zu können, wovon 10 Prozent zweifellos nicht urbar sind. Weitere 10 Prozent würden in den Händen eingeborener Farmer belassen, um jegliches Ressentiment zu vermeiden. Das übrige, das heißt das urbare Land, würde in ungefähr 2200 Bauerngehöfte mit je 24 bis 28 ha Nutzland aufgeteilt.

Dokument Nr. 35

»Zentral-Madagaskar zur Ansiedlung weißer Menschen bäuerlichen Schlags geeignet.«

Korrespondenten-Bericht der Reichsausgabe der »Frankfurter Zeitung« vom 30. 12. 1937 aus Warschau über den polnischen Ruf nach Kolonien zur billigeren Rohstoffeinfuhr und über den Madagaskar-Plan zur Ansiedlung polnischer Juden:

Polens Wunsch nach Kolonien.
Pläne und Diskussionen in der Presse.

(Von unserem Korrespondenten.)

Warschau, 29. Dezember. Das Kolonialproblem beschäftigt die polnische Presse lebhaft. In einem längeren Aufsatz hat sich jetzt der Präsident der »Polnischen See- und Kolonialliga« General Kwasnieski mit der Berechtigung der polnischen Kolonialforderung beschäftigt. Nach seiner Rechnung machen die Kolonialwaren rund fünfzig Prozent des gesamten polnischen Imports aus. Der Bedarf Polens an kolonialen Rohprodukten sei durch die Industrialisierung stetig im Ansteigen. Polens Handelsbilanz, die in diesem Jahr mit etwa sechzig Millionen Zloty passiv sei, werde durch den notwendigen Import von Rohstoffen überaus stark belastet. Polen könne große Summen an Devisen sparen, wenn es über eine eigene Kolonialorganisation verfüge. Nach der Ansicht des Generals ist Afrika für eine koloniale Expansion Polens gut geeignet, denn in diesem Erdteil seien alle Rohstoffe vorhanden, die Polen benötige. Der Einwand, daß aus Afrika nur drei

Prozent der europäischen Rohstoffeinfuhr kämen, sei nicht stichhaltig, da die afrikanischen Bodenschätze bisher noch nicht ausgewertet seien. Es sei die Aufgabe der »Polnischen See- und Kolonialliga«, die Schaffung einer polnischen kolonialen Handelsorganisation vorzubereiten. Dazu seien in erster Linie die Vergrößerung der polnischen Handelsflotte, die Gründung neuer Überseelinien und die Errichtung von polnischen Unternehmen und Faktoreien in Übersee erforderlich.

Das koloniale Problem stehe in engem Zusammenhang mit dem Auswanderungsproblem. Für den Überschuß der ländlichen Bevölkerung in Polen könne nicht allein durch die Bodenreform und durch umfangreiche Meliorationen eine Existenzgrundlage geschaffen werden. Der Landmangel werde immer bestehen bleiben. Wenn etwa in Polesien durch die Austrocknung der Sümpfe anderthalb Millionen Hektar Neuland gewonnen würden, so könne dadurch die Zahl der bäuerlichen Wirtschaften um etwa 150 000 vermehrt werden. Bei einem Stand von durchschnittlich fünf Personen je Wirtschaft könnten dadurch 750 000 Menschen neu untergebracht werden. Damit sei aber das Problem bei weitem nicht gelöst; denn der natürliche Zuwachs der polnischen Bevölkerung betrage allein in einem Jahr 400 000 Personen. Daher müßten Auswanderungsgebiete erschlossen werden.

Mit der Frage der Auswanderung beschäftigte sich unter der Überschrift »Madagaskar« auch die »Polnische Politische Information«, die Agentur des polnischen Außenministers. Polen habe stets betont, so meint die Agentur, daß das Problem der Auswanderung auch seine koloniale Seite habe, und daß eine internationale Zusammenarbeit in den Gebieten erforderlich sei, die für eine Ansiedlung der weißen Rasse in Frage kämen. In diesem Zusammenhang sei an die Auswanderung polnischer Juden nach Madagaskar gedacht worden. Im Einverständnis mit der französischen Regierung habe die polnische Regierung eine gemischte polnisch-jüdische Kommission dorthin geschickt, um die Frage zu prüfen, ob sich das Land für die Einwanderung und Ansiedlung Weißer eigne. Nach mehrmonatigen Prüfungen habe die Kommission festgestellt, daß sich höher gelegene Gebiete in Zentral-Madagaskar zur Ansiedlung weißer Menschen bäuerlichen Schlags eigneten. Die polnische und französische Regierung stünden dieser Siedlungsaktion positiv gegenüber, was bei den Besprechungen zwischen Delbos und Beck in Warschau ausdrücklich bestätigt worden sei. Nach den notwendigen Vorarbeiten werde die Auswanderung nach Madagaskar angebahnt werden können. Frankreich habe, so schließt das Blatt, als erste Kolonialmacht ein reales Verständnis für die polnischen Forderungen gezeigt.

Dokument Nr. 36

»In Frankreich regen sich immer mehr Stimmen gegen diese Einwanderung.«

Bericht der nationalsozialistischen Wiener »Neuen Welt« vom 25. 1. 1938 über die negative Meinung des Pariser Journalisten Jacques Buissot zum französischen Madagaskar-Angebot an die polnischen Juden:

Auf nach Madagaskar!
Doch Franzosen sind dagegen

Die Zahl der Länder, die versuchen, Teile ihrer jüdischen Bevölkerung abzustoßen, wird immer größer. Nachdem Polen nachhaltige Bemühungen in dieser Richtung angestellt hat, wird die Gefahr einer drohenden Verjudung auch in Rumänien erkannt. Polen und Rumänien suchen nun ein Gebiet, in das der Überschuß der jüdischen Bevölkerung abwandern kann, sie suchen ein neues »gelobtes Land« und glauben es in Madagaskar gefunden zu haben. In den polnischen und vielleicht auch in den rumänischen Gettos mag man heute von neuen Möglichkeiten in einem fremden Lande träumen, bekräftigt von Bestätigungen über tatsächlich schwebende Verhandlungen zwischen Polen und Frankreich wegen einer jüdischen Masseneinwanderung in Madagaskar. Der Plan hat sicherlich für Polen und nicht viel weniger auch für Rumänien etwas Verlockendes; in Frankreich aber regen sich immer mehr Stimmen gegen diese Einwanderung, die nur Verwirrung und Unordnung auf der »Großen Insel« einführen könne. In Kolonialkreisen nahm man mit Bestürzung von den Plänen Kenntnis.
Madagaskar ist reich und darf in diesem Sinne tatsächlich als ein »gelobtes Land« gelten. Ob es aber als ein Aufnahmegebiet für den Überschuß der Bevölkerung aus den polnischen und rumänischen Judenvierteln dienen soll, ist für Frankreich eine andere Frage, und mit dieser Frage befaßt sich nunmehr Jacques Buissot in der Pariser Tageszeitung »L'Époque«. Es ist nicht verwunderlich, wenn er in seiner Antwort zu einem durchaus negativen Urteil kommt. Einmal legt er dar, daß in Madagaskar dort, wo das Klima gut ist, der Boden schlecht ist. Er glaubt nicht, daß die Einwanderer unter der Tropensonne ihren Boden bestellen wollen. Die Möglichkeit, Eingeborene für die Einwanderer arbeiten zu lassen, wird ebenfalls bei dem bereits heute bestehenden großen Mangel an genügenden Arbeitskräften auf Madagaskar nicht gesehen. Auch der Erwerb von Boden macht Schwierigkeiten. Hier wird vor allem auf das unglückliche palästinische Beispiel verwiesen. Die Möglichkeit, daß nach Schiffbruch in der Landwirtschaft ein Teil der

Einwanderer sich mit Handelsgeschäften befassen könnte, wird ebenfalls als wenig erbaulich empfunden. Wohl sollen in den schwebenden Vereinbarungen Bestimmungen besprochen werden, die diese Möglichkeiten ausschalten, aber, so meint Buissot, die »Anpassungsfähigkeiten« des Judentums sind groß und die Bestimmungen und Verordnungen dürften für die Juden keine unüberwindbaren Hindernisse bilden. Das Problem habe eine bevölkerungspolitische Seite. Madagaskar zählt 3 600 000 Einwohner, darunter 35 000 Europäer, unter diesen wiederum 25 000 Franzosen. Nach Angaben von Buissot hat eine erste nach Madagaskar gesandte Mission, die die Niederlassung polnischer Juden prüfen sollte, mit einer Auswanderung von 2000 Familien gerechnet, eine zweite Mission, deren Kapital durch die Vereinigten Staaten gewährleistet werde, sollte aber die Unterbringung von 50 000 Familien prüfen. So wirft Buissot zum Schluß die Frage auf, will Frankreich Madagaskar bewahren, dann muß es sich gegen die Masseneinwanderung von polnischen und rumänischen Juden wehren, will aber Frankreich aus Madagaskar ein neues »gelobtes Land« machen, dann soll es nur ruhig gleich die Verteidigungs- und Verwaltungslasten aufgeben und seine Fahne auf Madagaskar einziehen.

Dokument Nr. 37

»Die unerträgliche jüdische Überfremdung eindämmen.«

Bericht der nationalsozialistischen Wiener »Reichspost« vom 10. 4. 1938 über die Meinung des französischen Gelehrten Cambillard, der die Juden-Ansiedlung auf Madagaskar ablehnt, weil sie die dortige französische Kultur zerstöre:

Die gefährdete französische Kultur.
Die Einwanderung von Juden nach Madagaskar.

Die immer stärker werdende Welle des Antisemitismus in Europa stellt die von der jüdischen Geißel bedrohten Staaten vor die Frage, was eigentlich mit den Juden zu geschehen habe. Diese Fragestellung ist besonders in Polen brennend, und so hatte sich die polnische Regierung bereits vor einiger Zeit entschlossen, eine Studienkommission nach Madagaskar zu entsenden, um die Eignung dieser Insel für die Ansiedlung der Juden zu überprüfen. Diese Form der Lösung der Judenfrage ist zweifellos die humanste, die gefunden werden kann, und man sollte meinen, daß Frankreich, glücklicher Besitzer dieser Insel, alles daransetzen würde, um durch die Tat zu zeigen, daß seine humanitären Ideale mehr als eine Parole sind. In der linksstehenden französischen Zeitung »Oeuvre« ergreift nun ein Professor Cambillard die Feder, um den Nachweis zu liefern, daß die Einwanderung der Juden in Madagaskar unmöglich sei. Frankreichs Kolonialpolitik laufe nämlich darauf aus, die Eingeborenen auf die Höhe der französischen Kultur zu erheben. Wenn nun über ein kaum kultiviertes Land wie Madagaskar sich die Welle der jüdischen Einwanderung ergösse, würde die französische Kultur vernichtet werden. »Das Kulturwerk, das unsere Offiziere, unsere Pflanzer, unsere Ärzte, unsere Erzieher jeden Tag verrichten, würde mit einem Schlage abgestoppt werden, wenn nicht gar ein rapider Rückgang die Folge dieses Zustromes wäre. Die Hauptzentren der jüdisch-polnischen Einwanderung wären schon durch ihre bloße Gegenwart die Hauptbrennpunkte der Auslöschung der französischen Kultur in diesem Land.« Aus diesem Grunde sollen daher – schließt der Verfasser – die polnischen Behörden von ihrem Vorschlage abstehen.

Ob sich wirklich die polnischen und die mitteleuropäischen Behörden mit diesem weisen Ratschlag zufriedengeben werden? Man sollte doch in Frankreich einsehen, daß der Schutz der bodenständigen, christlichen, europäischen Bevölkerung mindestens ebenso wichtig ist wie der Schutz irgendwelcher Neger und die Erhaltung recht zweifelhafter zivilisatorischer Fortschritte. Aber wenn es notwendig ist, sogar die Neger vor den Juden zu schützen und den schärfsten Antisemitismus zu predigen, wieviel gerechtfertigter ist es dann, wenn Mitteleuropa danach strebt, die unerträgliche jüdische Überfremdung einzudämmen. Freilich, für europäische Probleme hat Frankreich nur dann etwas übrig, wenn sie nach dem Leisten der Gleichheit und Brüderlichkeit gelöst werden können. Diese Gleichheit und Brüderlichkeit besteht allerdings heute nur mehr Negern gegenüber, aber nicht gegenüber den Völkern Mitteleuropas. Wenn wir Mitteleuropäer von den Franzosen geringer geachtet werden als französische Neger, so werden wir uns darüber gelassen nach dem alten Spruch trösten: »Wir Wilden sind doch bessere Menschen!«

Dokument Nr. 38

»In der jetzigen Zeit sind die Gehirne der Nichtjuden von dem Gedanken der ›Humanität‹ angekränkelt.«

Kommentar der antisemitischen NS-Zeitschrift »Stürmer« (Nr. 38/1938) zum Scheitern der Juden-Ansiedlung in Madagaskar:

Der Bazillus

Die Juden wollen nicht nach Madagaskar. Sie können das Klima nicht vertragen.

Juden sind Schädlinge und Krankheitserreger. In jedem Volk, in dem sie sich niederlassen und ausbreiten, rufen sie die gleichen Wirkungen hervor. Sie rufen die Wirkungen hervor, die im menschlichen Körper von den Bazillen hervorgerufen werden. Und ebenso wie der menschliche Körper sich gegen die eindringenden Bazillen wehrt und sie auszuscheiden versucht, ebenso wehren sich die nicht-jüdischen Völker gegen das Eindringen und das Verbreiten der Juden. In alle Völker ist der Jude bereits eingedrungen. Darum ist in allen Völkern die Judenfrage eine brennende Frage geworden. In allen Völkern erheben sich Stimmen, die das Ausscheiden der Juden aus den nichtjüdischen Völkern verlangen.
In früheren Zeiten machten gesunde Völker und gesunde Volksführer mit Volksschädlingen kurzen Prozeß. Sie ließen sie entweder austreiben oder töten. In der jetzigen Zeit sind die Gehirne der Nichtjuden von dem Gedanken der »Humanität«, der angeblichen »Menschenliebe«, vernebelt und angekränkelt. Diese Humanitätsduselei hat den Nichtjuden der Jude eingetrichtert. Spricht man heute davon, daß der Jude als Schädling aus der Volksgemeinschaft ausgeschieden und beseitigt werden müsse, dann kommen von allen Seiten Einwendungen. »Das verstößt gegen die Humanität«, »der Jude ist auch ein Mensch«, »man kann gegen den Juden nicht unmenschlich verfahren« usw. . . .
. . . Gerade deshalb ist der Stürmer der Ansicht, daß man das Madagaskar-Problem möglichst bald in Angriff nehmen und durchführen soll. Dann wird die Welt ihr blaues Wunder erleben. Dann wird sie einen Anschauungsunterricht in der Judenfrage bekommen, der sie von ihrer Humanitätsduselei bald heilen wird. Dann werden die nichtjüdischen Völker, soweit sie noch nicht von allen guten Geistern verlassen sind, erkennen, wer und was Jude ist. Sie werden erkennen, daß der Jude nicht »auch ein Mensch«, sondern ein Bazillus ist, ein Schmarotzer, ein Schädling, ein Tunichtgut, ein Krankheitserreger, der im Interesse der Menschheit beseitigt werden muß.

gez. Karl Holz

Zwischenstaatliches Komitee (1938/39)

Dokumente Nr. 39–88

Auf Kontaktsuche

Dokumente Nr. 39–57

Dokument Nr. 39

»Ein Transfer des von Juden angesammelten Kapitals kann Deutschland nicht zugemutet werden.«

Anweisung zur Sprachregelung des AA-Staatssekretärs Ernst Freiherr von Weizsäcker vom 8. 6. 1938 zu Beginn der Konferenz von Evian für die Deutschen Botschaften in London, Paris, Rom, Washington und Warschau, für die Deutschen Gesandtschaften in Belgrad, Bukarest, Budapest, Prag und Sofia sowie für das Deutsche Konsulat in Genf – die »deutsche Judenfrage« ein rein »innerdeutsches Problem«:

Auswärtiges Amt   Berlin, den 8. Juni 1938
83–29 8/7

Zur Regelung der Sprache wird folgendes mitgeteilt: Der hiesige britische Botschafter hat anläßlich des Beginns der Konferenz von Evian den Herrn Reichsaußenminister darauf angesprochen, ob die Reichsregierung bereit sei, bei der Lösung der Emigrantenfrage, insbesondere bei der Förderung der Auswanderung von Juden deutscher Staatsangehörigkeit mit den übrigen interessierten Staaten zusammenzuarbeiten. Kein Land sei bereit, die auswandernden Juden aufzunehmen, zumal wenn sie mittellos seien. Es stelle sich daher die Frage, ob die Reichsregierung bereit sei, bei der Transferierung von Kapital in jüdischen Händen mitzuwirken.
Der Herr Reichsaußenminister hat dem britischen Botschafter erwidert, daß

er eine Zusammenarbeit mit anderen interessierten Staaten in der deutschen Judenfrage grundsätzlich ablehnen müsse. Es handele sich um ein innerdeutsches Problem, das außer jeder Diskussion stehe. Die Frage, ob Deutschland die Transferierung von Kapital in jüdischen Händen erleichtern könne, müsse verneint werden, da ein Transfer des von Juden – vor allem nach dem Kriege – angesammelten Kapitals Deutschland nicht zugemutet werden könne.

Eine Zusammenarbeit mit den zur Zeit in Evian tagenden Mächten käme daher für Deutschland nicht in Frage.

gez. Weizsäcker

Dokument Nr. 40

»Er möge sich den Gedanken einer Zusammenarbeit mit uns aus dem Kopfe schlagen.«

Aktennotiz des AA-Staatssekretärs von Weizsäcker vom 2. 8. 1938 über ein Gespräch mit dem Britischen Botschafter. Von Weizsäcker gibt dem Botschafter zu verstehen, daß das Auswärtige Amt die Zusammenarbeit mit dem Zwischenstaatlichen Komitee der Evian-Flüchtlingskonferenz strikt ablehne:

Auswärtiges Amt   Berlin, den 2. August 1938
83-29 Band 2/8

Der Britische Botschafter sprach mich heute von neuem, jedoch, wie er mehrfach betonte, ganz inoffiziell auf die Evian-Konferenz an. Er teilte mir mit, der von der Konferenz geschaffene permanente Ausschuß werde sich in diesen Tagen einen Direktor wählen, vermutlich werde es ein Amerikaner, schwerlich ein Engländer werden. Dieser Direktor werde evtl. nach Berlin kommen, um in Besprechungen mit deutschen Stellen den Versuch zu einer geordneten Grundlage für den Abtransport von Juden ins Ausland aufzustellen, wozu allerdings die Überlassung eines Vermögensteils der Juden an die Auswandernden erforderlich werde.

Der Botschafter bat mich um einen persönlichen Rat, wie die Sache am besten anzufassen wäre, ob der Betreffende den Herrn Reichsaußenminister und vielleicht auch den Herrn Reichswirtschaftsminister sehen könne. Es handele sich, wie er ausdrücklich betonen wolle, nicht um eine Zusammenarbeit mit deutschen Regierungsstellen, sondern lediglich um eine freundschaftliche Feststellung des deutschen Standpunktes und gegebenenfalls um Feststellung der Zahl der Auswandernden und ihrer finanziellen Dotierung. Ich erwiderte dem Botschafter etwa das folgende: Auch der Amerikanische Botschafter habe mich vor kurzem auf diese Sache angeredet, wenn auch in allgemeinerer Form. Ich hätte Mr. Wilson damals schon gesagt, er möge sich den Gedanken einer Zusammenarbeit mit uns in dieser Angelegenheit aus dem Kopfe schlagen. Die Emigranten-Komitees seien eine mir geläufige Sache. Ich hätte ziemlich genau das frühere MacDonald-Komitee verfolgt, welches schließlich an seiner Erfolglosigkeit eingeschlafen sei. Es habe sich nämlich herausgestellt, daß zwar viele Länder Juden produzierte, daß aber kein einziges sie konsumieren wolle. Die Motive zu dem Evian-Komitee seien nach meiner Erkenntnis nicht rein humanitärer Natur. Der Beratungsverlauf habe nur bewiesen, daß sich wiederum kein Land bereit finde, eine bestimmte ins Gewicht fallende Quote von Juden bei sich aufzunehmen. Angesichts dieses Mißerfolgs wolle man nun an Deutschland herantreten, um mit Hilfe der Feststellung, daß wir den Juden keine Devisen mitgeben wollen oder können, die Schuld an dem Mißerfolg auf uns abzuwälzen. Ich glaube daher, der künftige Komitee-Direktor täte besser daran, nicht nach Deutschland zu kommen.

Auf Anspielungen des Botschafters, daß doch wohl gewisse Instanzen in Deutschland geneigt sein könnten, mit dem Komitee-Direktor Gespräche zu führen, ich möge also seine Anregung doch wenigstens weitergeben, erwiderte ich dem Botschafter, dazu wäre ich bereit, er solle sich aber auf keine andere Antwort gefaßt machen als die, welche ich ihm soeben gegeben habe.

gez. Weizsäcker

Dokument Nr. 41

» Tiefer menschlicher Instinkt und die außergewöhnliche Fähigkeit, schwierige Probleme in überlegener Weise zu erledigen.«

Telegramm des Deutschen Botschafters in Washington vom 10. 8. 1938 an das Auswärtige Amt in Berlin samt zwei Artikeln aus der » Washington Post« vom 4. und 11. 8. 1938 über George Rublees Wahl zum Direktor des von der Evian-Konferenz gegründeten ständigen Zwischenstaatlichen Komitees, das die Auswanderung von Flüchtlingen aus Deutschland erleichtern helfen soll:

Deutsche Botschaft   Washington, D. C., den 10. August 1938

– Nr. 1354 –
2 Anlagen 3 Durchdrucke
Inhalt:
Mr. George Rublee amerikanischer Direktor des Emigranten-Hilfswerks

An das Auswärtige Amt Berlin

In der Anlage lege ich zwei Artikel aus der »Washington Post« vom 4. und
11. August vor, in denen die Ernennung des Mr. George Rublee zum
ständigen Leiter des Evian-Komitees gemeldet wird. Persönliche Angaben
über Mr. George Rublee, einen bekannten Rechtsanwalt in Washington, der
im Alter von 70 Jahren steht, sind am Ende des Artikels vom 4. August
zusammengestellt (vgl. auch Who's Who in America, S. 2114/15).
Auf Antrag des State Department hat die Botschaft für Mr. Rublee eine
Grenzempfehlung ausgestellt. Anscheinend beabsichtigt Mr. Rublee, sich
demnächst durch Deutschland nach der Schweiz zu begeben.

Aktenzeichen – AA 83–24 B 18/10

Anlage 1 zum Bericht Nr. 1354 vom 10. 8. 1938

GEORGE RUBLEE, EIN HIESIGER ANWALT, WIRD DIE VERHANDLUNGEN ÜBER
DAS FLÜCHTLINGSPROBLEM LEITEN

Der Mann aus dem District of Columbia wird in London erwartet, um neue
Pläne vorzulegen.

London, 3. August. – Das Zwischenstaatliche Komitee aus 27 Nationen, das
sich letzten Monat in Evian, Frankreich, mit dem Flüchtlingsproblem
beschäftigte, nahm heute hier wieder seine Sitzungen auf und wählte den
Anwalt George Rublee aus Washington, D. C., zum ständigen Direktor.
Das Komitee hörte sich auch Berichte über die Notlage von Tausenden von
Flüchtlingen aus Deutschland und anderen Ländern an, die von Myron
C. Taylor, dem amerikanischen Vertreter bei der Konferenz von Evian, und
von Henri Bérenger, dem Leiter der französischen Delegation, vorgetragen
wurden.

183

Rublee, der sich im Augenblick noch in Washington befindet, wird in Kürze in London erwartet, um die Arbeit des Komitees zu organisieren. Er wird in London sein Hauptquartier aufschlagen und mit allen Ländern engen Kontakt halten, die bereit sind, den Flüchtlingen Asyl zu gewähren.

Bei seiner kurzen heutigen Sitzung ernannte das Komitee Lord Winterton, Geheimsiegelbewahrer und Leiter der Britischen Delegation, zu seinem Vorsitzenden. Die Vereinigten Staaten, Frankreich, Brasilien und die Niederlande wurden aufgefordert, die vier Vize-Vorsitzenden zu stellen.

Taylor erklärte dem Komitee, daß das Problem der »unfreiwilligen Emigration« die westliche Zivilisation herausfordere. Er vertrat die Ansicht, daß es Aufgabe der Konferenz sei, eine Lösung zu finden. Das wäre nicht nur zum Wohl aller Ursprungsländer der unfreiwilligen Emigranten, sondern käme auch den Aufnahmeländern zugute, in denen die Flüchtlinge eine neue Heimat fänden.

»In den dem Ersten Weltkrieg folgenden Jahren«, meinte er, »haben bestimmte Kräfte versucht, den Warenstrom einzudämmen, während andere ihn künstlich stimulieren wollten. Und ganz ähnlich haben gewisse Kräfte versucht, die Menschenströme entweder zu stoppen oder künstlich zu forcieren. Als Folge davon wurden Abertausende von Menschen aus ihrer Heimat vertrieben, in der sie viele Jahrhunderte verwurzelt waren, und wanderten ohne Hoffnung durch fremde Länder.«

M. Bérenger meinte unter anderem: »Solange Menschen aus ihrer Heimat vertrieben und über Grenzen abgeschoben werden, nachdem man sie all ihres Besitzes beraubt hat, und das alles nur, weil sie angeblich einer anderen Rasse angehören und fremdes Blut in ihren Adern fließt, solange wird die Unordnung in Europa und der übrigen Welt immer größer werden.

Eine Regierung, die ihre Bürger vertreibt, sollte den Ausgewiesenen wenigstens ihre Habe lassen, die ihre Existenzgrundlage darstellen. Und die Aufnahmeländer sollten den Neuankömmlingen die Möglichkeit zu arbeiten verschaffen, damit ihnen ein neuer Aufstieg ermöglicht wird.

Wir müssen rasch handeln, denn die Selbstmordrate steigt und das Elend wird immer größer.«

EIN HARVARD-MANN

George Rublee ist Mitglied der Washingtoner Rechtsanwaltskanzlei Covington, Burling, Rublee, Acheson and Shorbe. Er wohnt 2840 Woodland drive northwest. Geboren wurde er in Madison, Wisconsin. Er studierte in Harvard, wo er 1890 seinen A. B. (Bachelor of Arts) und 1895 seinen LL. B. (Bachelor of Laws) erhielt. 1915 ernannte ihn Präsident Wilson als progressiven Republikaner zum Mitglied der *Federal Trade Commission.* Außerdem diente er der Amerikanischen Botschaft in Mexico City als Rechtsberater, nahm an der Londoner Seerechtskonferenz als Mitglied der amerikanischen Delegation teil und war Berater der Regierung von Kolumbien.

Anlage 2 zum Bericht Nr. 1354 vom 10. 8. 1938

Washington Post, 11. August 1938

Der richtige Mann für den Job

Bevor sich die Flüchtlings-Konferenz von Evian letzte Woche vertagte, konstituierte sie ein ständiges Zwischenstaatliches Komitee, das sich weiterhin mit dem Problem beschäftigen soll. Und es ernannte George Rublee aus Washington zu seinem Direktor. Eine bessere Wahl hätte es kaum treffen können. Aufgrund seiner Ausbildung und seines Temperaments ist Mr. Rublee besonders gut für den Umgang mit jenen ernsten Problemen geeignet, welche von dieser ständigen Flüchtlings-Organisation gelöst werden müssen. In ihm vereinen sich ein tiefes humanitäres Engagement mit der Fähigkeit, schwierige Probleme mit sanfter Hand und doch höchst wirksam in den Griff zu bekommen. Das sind genau die Qualitäten, die er für eine erfolgreiche Bewältigung der ihm anvertrauten höchst schwierigen Aufgabe benötigen wird.

Als sehr erfolgreicher Anwalt ist Mr. Rublee weder für die Regierung noch für die internationale Diplomatie ein Fremder. So war er *inter alia* schon Mitglied der *Federal Trade Commission,* Berater des *Treasury Department* und amerikanischer Delegierter beim epochemachenden *Allied Maritime Transport Council,* der wertvolle Erfahrungen für den Aufbau der technischen Einrichtungen und Strukturen des Völkerbunds vermitteln konnte. Als Rechtsberater der Amerikanischen Botschaft in Mexico City arbeitete Mr. Rublee freundschaftlich mit dem verstorbenen Dwight Morrow bei der Lösung lang anstehender amerikanisch-mexikanischer Streitfragen zusammen. Später war er Berater der amerikanischen Delegation bei der Londoner Seerechtskonferenz von 1930 und danach Berater der Regierung von Kolumbien. Diese seine Erfahrungen und seine Fähigkeiten werden sowohl ihm wie der Menschheit gute Dienste bei der Lösung seiner neuen Aufgabe leisten.

Dokument Nr. 42

»Nur um in Deutschland den Sündenbock zu finden.«

Aktennotiz des AA-Staatssekretärs von Weizsäcker vom 18. 10. 1938 für den Reichsaußenminister über zwei Memoranden des Britischen und Amerikanischen Botschafters in Berlin. Darin erbitten die Botschafter Henderson und Wilson erneut, dem Direktor des Zwischenstaatlichen Komitees ein Gespräch mit deutschen Regierungsstellen zu vermitteln. In der Anlage die beiden Memoranden:

Der Britische Botschafter brachte heute bei mir das anliegende Memorandum vor, welches das zwischenstaatliche Comité für die Erleichterung der Auswanderung von Flüchtlingen aus Deutschland behandelt. In dem Memorandum wird – wie schon vor etwa zwei Monaten – angeregt, daß der in London residierende Direktor des Comités, der Amerikaner Rublee, und sein Mitarbeiter Herr Pell nach Berlin kommen, um mit den deutschen Behörden in eine Besprechung darüber einzutreten, wie der Abtransport von Juden aus Deutschland am besten zu bewerkstelligen sei.

Ich habe dem Botschafter – wie schon einmal im Sommer – auseinandergesetzt, daß eine Reise von Herrn Rublee nach Deutschland nach meiner persönlichen Auffassung keinen Wert habe. Es stehe ja nicht einmal fest, welche Länder bereit seien, deutsche Juden aufzunehmen. Das Comité habe sich bisher als steril erwiesen. Nun wolle es, um seine Lebensfähigkeit darzutun, mit der Deutschen Regierung reden. In Deutschland würde dann festgestellt, daß wir – aus naheliegenden Gründen – den Juden keine Devisen mitgeben würden, und damit wäre dann der Zweck erreicht, nämlich zu beweisen, daß wiederum deutsche Widerspenstigkeit das Judenelend verschulde. Nur um in Deutschland den Sündenbock zu finden, könne ich die Reise von Herrn Rublee nicht befürworten. Nach weiteren Ausführungen des Botschafters erklärte ich mich bereit, das Memorandum den zuständigen Stellen zu unterbreiten, jedoch ohne irgendeine positive Antwort in Aussicht zu stellen.

Nach dem Engländer kam dann der Amerikanische Botschafter und brachte dieselbe Sache vor. Vgl. dessen anliegendes Memorandum vom heutigen Tage. Wilson brachte den Inhalt seines Memorandums in einen allgemeineren Rahmen. Er sprach wieder davon, daß er in der zweiten Novemberhälfte – wie bereits mitgeteilt – nach den Vereinigten Staaten reise und vorher den Herrn Reichsminister noch sprechen wolle. Sein dringender Wunsch, ein besseres Verhältnis zwischen Deutschland und Amerika herzustellen, umfasse neben den österreichischen Schulden u.a.m. eben auch die Judenfrage, die nolens volens ein wichtiger Faktor in den deutsch-amerikanischen Beziehungen sei. Amerika habe zur Aufnahme von Juden bekanntlich eine Jahresquote von 27 000 Menschen vorgesehen und sei also bereit, Juden aufzunehmen. Man hoffe in Washington doch zu einem ordnungsmäßigen Verfahren des Abtransports der Juden aus Deutschland zu gelangen, und zwar sowohl im Interesse der Stimmung in Amerika wie auch im deutschen Interesse. Einen detaillierten Plan für dieses Verfahren habe er – Wilson – und auch Herr Rublee nicht. Seine Zurückweisung durch uns wäre aber ebenso bedauerlich, wie der Effekt einer Regelung der Frage für das deutsch-amerikanische Verhältnis erfreulich wäre.

Ich habe dem Amerikanischen Botschafter, vielleicht etwas weniger schroff als gegenüber Nevile Henderson, die Gründe auseinandergesetzt, welche einer nützlichen Aussprache Rublees mit deutschen Instanzen im Wege stehen dürften, mich jedoch auch Wilson gegenüber bereit erklärt, sein Memorandum den zuständigen Stellen zuzuleiten.

gez. Weizsäcker

Übersetzung

Britische Botschaft   Berlin, 17. Oktober 1938

MEMORANDUM

Am 24. März erkundigte sich die Regierung der Vereinigten Staaten bei einer Reihe von Regierungen, darunter auch der Regierung Seiner Majestät, ob sie zur Mitarbeit in einem speziellen Komitee bereit wären, dessen Ziel es sei, die Auswanderung von Flüchtlingen aus Deutschland zu erleichtern.

Am 6. Juli trafen sich die Vertreter von zweiunddreißig Regierungen in Evian auf Einladung der Regierung der Vereinigten Staaten.

Das Zwischenstaatliche Komitee nahm einstimmig zwei Resolutionen an. Die wichtigere von beiden machte auf die Konsequenzen für andere Staaten aufmerksam, die sich aus der sogenannten »unfreiwilligen Emigration« größerer Bevölkerungsgruppen ergeben könnten. Sie unterstrich die Notwendigkeit »eines Langzeitprogramms, durch das sowohl heutigen wie kommenden Gruppen unfreiwilliger Emigranten koordinierte Unterstützung gewährt werden kann und zwar innerhalb des Rahmens bestehender Einwanderungsgesetze und ihrer Handhabung durch die einzelnen Regierungen«. Das Komitee sprach sich weiterhin dafür aus, »daß Länder, die bereit seien, Flüchtlinge aufzunehmen oder an der Lösung solcher Probleme mitzuarbeiten, auf die Zusammenarbeit und Unterstützung durch das Heimatland der Auswanderer sollten rechnen können«. Das Komitee gab darüberhinaus seiner Hoffnung Ausdruck, daß das Ursprungsland »seinen Beitrag dazu leisten wird, daß unfreiwillige Emigranten ihr Eigentum und ihre Besitztümer mit sich nehmen können, so daß eine ordnungsgemäße Auswanderung ermöglicht wird«.

Das Komitee stellte eine Reihe von Empfehlungen auf, von denen die folgenden von besonderer Bedeutung sind:

»(a) Der für die Aktivitäten des Zwischenstaatlichen Komitees in Betracht kommende Personenkreis soll sich wie folgt zusammensetzen: (1) Personen, die ihr Heimatland noch nicht verlassen haben (Deutschland einschließlich Österreich), die aber aufgrund ihrer politischen Überzeugungen, ihrer Religion oder ihrer Rassenzugehörigkeit zum Auswandern gezwungen sind; (2) Personen des unter (1) definierten Personenkreises, die bereits ausgewandert sind, sich bis jetzt aber noch nicht dauerhaft in einem anderen Land niedergelassen haben.«

»(b) Ein Zwischenstaatliches Komitee soll in London eingerichtet werden, ›um die beim Treffen von Evian angeschnittenen Probleme weiter zu diskutieren und zu lösen‹. Dieses Komitee soll einen mit allen Vollmachten ausgestatteten Direktor ernennen (1) ›zur Führung von Verhandlungen, um die gegenwärtigen Bedingungen des Exodus zu verbessern und Bedingungen zu schaffen, die eine ordnungsgemäße Auswanderung ermöglichen‹; (2) ›um Kontakt mit den aufnahmebereiten Ländern aufzunehmen, damit die Möglichkeiten einer dauerhaften Ansiedlung besprochen und entwickelt werden können‹.«

Das Zwischenstaatliche Komitee traf sich am 6. August in London. Es setzt sich aus allen in Evian vertretenen Ländern zusammen, mit Ausnahme der Schweiz und ein oder zwei süd- und zentralamerikanischen Staaten. Es ernannte Lord Winterton zum Vorsitzenden und die Repräsentanten der Vereinigten Staaten, Frankreichs, der Niederlande und Brasiliens als Vize-Vorsitzende. Zum Direktor wurde der Amerikaner Mr. George Rublee ernannt.

Das Komitee traf Vorkehrungen, um Informationen über die Möglichkeiten der Ansiedlung in den verschiedenen Ländern untereinander austauschen zu können. Sein Direktor stellte Ermittlungen darüber an, inwieweit die einzelnen Länder bereit sind, ihre Grenzen für die Einwanderer zu öffnen. Er war aber noch nicht in der Lage, den anderen Teil seiner Aufgabe, nämlich Gespräche mit der deutschen Regierung, wahrzunehmen, um zu erkunden, unter welchen Bedingungen diese bereit ist, die Auswanderung zu genehmigen. Die Haltung der zur Aufnahme bereiten Länder wird durch das

Ergebnis dieser Gespräche beeinflußt. Bevor sie nicht geführt sind, können diese Länder keine definitiven Zusagen über die Höhe der von ihnen akzeptierten Einwandererquote machen. Der Direktor und sein Assistent Mr. Pell haben den Wunsch, sobald wie möglich ihre Gespräche mit den dafür autorisierten deutschen Behörden aufzunehmen.

Soweit das Zwischenstaatliche Komitee eine Lösung für die sich aus der unfreiwilligen Auswanderung ergebenden Probleme auf rein praktischer Basis sucht, darf angenommen werden, daß die deutsche Regierung die anderen Regierungen bei ihren Bemühungen zur Lösung des diesen aufgezwungenen Problems unterstützt und den Druck auf die Auswanderungswilligen aufhebt, so daß eine ordnungsgemäße Abwicklung ermöglicht wird. Dazu gehört auch, daß den Auswanderungswilligen erlaubt wird, einen vernünftigen Anteil ihres Besitzes mitzunehmen. Sofern die deutsche Regierung diese Personen zwingt, das Reichsgebiet ohne jeden Besitz und völlig mittellos zu verlassen, bürdet sie damit ihren entgegenkommenden Nachbarstaaten und anderen Ländern in der ganzen Welt große Lasten auf, die aus humanitären Gründen alles tun, um das Schicksal dieser Menschen zu erleichtern. Alle im Zwischenstaatlichen Komitee vertretenen Ländern würden dadurch vor schwierige neue Probleme gestellt.

Aus diesem Grund ist es wünschenswert, daß der Direktor des Komitees Berlin zum frühest möglichen Zeitpunkt besucht, um das Auswanderungsproblem mit den dafür autorisierten deutschen Behörden zu diskutieren.

Übersetzung

MEMORANDUM

Die Deutsche Regierung ist zweifellos darüber informiert, daß sich als Ergebnis des Treffens der Vertreter von zweiunddreißig Nationen in Evian am 6. Juli des Jahres ein Zwischenstaatliches Komitee mit Sitz in London konstituiert hat, dessen Ziel es ist, die Auswanderung aus Deutschland zu erleichtern und für eine dauernde Ansiedlung der wegen ihrer politischen und religiösen Überzeugungen oder wegen ihrer Rassenzugehörigkeit auswandernden Personen in anderen Ländern zu sorgen. Zum Vorsitzenden dieses Komitees wurde Lord Winterton ernannt. Die diplomatischen Repräsentanten der Vereinigten Staaten, Frankreichs, der Niederlande und Brasiliens in London wurden zu seinen Vertretern bestellt. Direktor des Komitees wurde der amerikanische Staatsbürger Mr. George Rublee. Die Arbeit des Komitees beschränkt sich darauf, praktische Lösungen zur ordnungsgemäßen Ansiedlung der Emigranten zu finden. Das Komitee enthält sich strikt jeder Kritik und jedem Versuch der Einmischung, soweit es sich um das Recht der Deutschen Regierung auf innenpolitische Maßnahmen in bezug auf die politischen und religiösen Überzeugungen beziehungsweise die rassische Zugehörigkeit ihrer Staatsbürger handelt.

Als Folge bestimmter Maßnahmen und Gesetze werden jedoch die im Komitee vertretenen Staaten mit einer verstärkten Einwanderungswelle rechnen müssen. Diese Länder sehen sich also ernsten Problemen konfrontiert, die nur in Zusammenarbeit mit den dafür zuständigen deutschen Behörden ordentlich gelöst werden können. Ohne Informationen und gegenseitige Abstimmung über die Zahl der Auswanderer sowie den Zeitpunkt ihrer Emigration sowie Angaben über den ihnen belassenen Besitz ist es dem Komitee nicht möglich, für eine ordnungsgemäße und dauerhafte Ansiedlung Auswanderungswilliger in größerem Umfang zu sorgen. Wir gehen davon aus, daß es sowohl im Interesse der deutschen wie auch der ausländischen Regierungen liegt, daß die Beratungen über die Erleichterung der Auswanderung und einer dauerhaften Ansiedlung so bald wie möglich aufgenommen werden.

Der Direktor des Komitees, Mr. George Rublee, und sein Assistent Mr. Pell halten sich bereit, sofort nach Berlin zu kommen und Beratungen darüber aufzunehmen, unter welchen Bedingungen diese Emigranten ausreisen dürfen. Das Zwischenstaatliche Komitee hat eine Übersicht über die Möglichkeiten ihrer dauernden Ansiedlung erstellt, aber eine abschließende Zustimmung der Aufnahmeländer wird zum großen Teil vom Ergebnis der Konsultationen zwischen dem Direktor des Komitees und der Deutschen Regierung abhängen.

Berlin, 18. Oktober 1938

Dokument Nr. 43

»Ein Besuch in Deutschland kommt nicht in Frage.«

Aktenvermerk des AA-Staatssekretärs von Weizsäcker vom 20. 10. 1938 über einen Besuch des Amerikanischen Botschafters Wilson, der erneut um einen Besuch Rublees, des Direktors des Zwischenstaatlichen Komitees, in Berlin nachsucht. Unter dem Aktenvermerk, der offensichtlich Ribbentrop auf dem Obersalzberg vorgelegt wurde, ein Ablehnungsvermerk des Reichsaußenministers:

Vermerk   Berlin, den 20. Oktober 1938

Der *Amerikanische* Botschafter kam bei seinem heutigen Besuch nochmals
auf die Frage eines eventuellen Besuchs von Herrn Rublee, Direktor des
Internationalen Ausschusses für die Emigration deutscher Juden in London.
Wilson erklärte mir, und zwar auf Weisung seiner Regierung, bei einem
Besuch von Rublee in Berlin würde es sich um einen informellen und nur auf
Sondierung der bestehenden Möglichkeiten abzielenden Schritt handeln. Es
sollte dabei nur festgestellt werden, ob etwa bei späteren Besprechungen
eine Aussicht auf eine positive Lösung des Abtransports von Juden
bestehe.
Der B tschafter fügte in Parenthese hinzu, er sei beeindruckt davon, daß die
amerikanische Zeitung »Washington Post« sich in günstigem Sinne zu den
letzten Äußerungen des Reichswirtschaftsministers Funk ausgesprochen
habe. Wenn diese Zeitung (Inhaber Eugene Meyer, wohl einer der
wichtigsten Juden Amerikas, und sein deutschfeindlicher Redakteur Mor-
ley) eine so freundliche Tonart anschlügen, so habe das im Sinne eines
möglichen Stimmungswechsels etwas zu bedeuten.
Wilson hofft, daß es zu dem formlosen Besuch Rublees in Deutschland
kommen werde.

Ein Besuch Rublees in Deutschland kommt nach Ansichten des Herrn
Reichsministers nicht in Frage.
Hiermit dem Herrn Staatssekretär ergebenst vorgelegt.

83–24 B 20/10   Berchtesgaden, 23. Okt. 1938
                                              (Unterschrift)

Dokument Nr. 44

»*Für diesen Zweck keine Devisen.*«

Aktenvermerk des Unterstaatssekretärs Woermann, Leiter der damals einzi-
gen politischen Abteilung des Auswärtigen Amtes, vom 24. 10. 1938 über ein
Gespräch mit dem französischen Botschaftsrat Graf de Montbas. Er übergab
Woermann eine Note der Französischen Botschaft in Berlin und bat ebenfalls
um ein Gespräch für Rublee mit deutschen Stellen. In der Anlage die
französische Note:

Auswärtiges Amt 83-24 B 24/10   Berlin, den 24. Oktober 1938

Vermerk

Der Französische Botschaftsrat suchte mich heute auf und übergab mir unter Bezugnahme auf die bereits vom Britischen und Amerikanischen Botschafter hier unternommenen Schritte die beiliegende Note, mit der die Französische Regierung gleichfalls empfiehlt, daß im Auftrage des intergouvernementalen Komitees in London über die Flüchtlingsfragen sich Mr. Rublee nach Berlin begibt und hier empfangen wird. Graf de Montbas begründete die französische Demarche mit dem besonderen eigenen Interesse, das Frankreich an der Regelung der Angelegenheit habe. Frankreich sei sowohl das Durchgangsland wie das Endziel vieler Emigranten, außerdem seien viele deutsche Behörden mehrfach dazu übergegangen, Emigranten einfach über die Grenze zu schieben. Gegen diese Praxis habe sich die französische Regierung zuletzt mit ihrer Note vom 6. Oktober – Nr. 692 – gewandt. Frankreich könne diese Emigranten, wenn sie einmal auf französischem Gebiet seien, nicht in ihrer Gesamtheit ohne weiteres zurückschieben. Jedenfalls entstünden der französischen Regierung durch diese Praxis erhebliche Kosten, da die Gemeinden oder der Staat für die Flüchtlinge einspringen müßten. Die Französische Regierung wolle sehr gern eine freundschaftliche Lösung dieser Fragen.

Ich habe mich dem Botschaftsrat gegenüber ähnlich geäußert wie kürzlich Herr Staatssekretär Freiherr von Weizsäcker gegenüber dem Englischen und dem Amerikanischen Botschafter, und besonders darauf hingewiesen, daß wir uns von einer Reise des Herrn Rublee nicht viel versprechen könnten, da sie möglicherweise nur mit der Feststellung enden würde, daß wir für diesen Zweck keine Devisen hätten. Im Laufe des Gesprächs erwähnte Graf de Montbas noch, Reichsminister Funk habe sich gegenüber dem Amerikanischen Botschafter, wie er von diesem gehört habe, nicht völlig negativ ausgesprochen, vielmehr gesagt, man denke daran, hier eine Art Trustes für die Emigranten einzusetzen.   gez. Woermann

Übersetzung

Französische Botschaft Berlin   Berlin, den . . . .

An das Auswärtige Amt Berlin

Wie der deutschen Regierung bereits mitgeteilt, hat die internationale Konferenz, die im vergangenen Juli in Evian auf Initiative der amerikanischen Regierung zusammengetreten ist, um die durch die Zunahme der deutschen Emigration aus politischen oder konfessionellen Gründen entstandenen Probleme zu untersuchen, zur Einrichtung eines Zwischenstaatlichen Komitees mit Sitz in London geführt, das entsprechend den von der Konferenz angenommenen Entschließungen den Auftrag hat, in freundschaftlichem Einvernehmen mit und durch das Zusammenwirken der interessierten Staaten eine praktische Lösung dieser Probleme anzustreben.

Die Aufgabe dieses Komitees besteht hauptsächlich in der Ausarbeitung einer gemeinsamen Regelung der deutschen Emigration, die im Einklang mit den Gesetzen der betreffenden Staaten stehen und die gegenwärtige Praxis durch eine die Zustimmung aller findende Übereinkunft ersetzen soll – andrerseits darin, dabei so zu verfahren, daß die Emigranten dem sie aufnehmenden Lande nicht zur Last fallen noch ein Element sozialer oder finanzieller Unruhe in es hineintragen.

Die Initiative der in dem Londoner Komitee vertretenen Staaten geht ausschließlich – und das braucht kaum betont zu werden – auf humanitäre Motive zurück. Keiner dieser Staaten bestreitet der deutschen Regierung das uneingeschränkte Recht, hinsichtlich bestimmter Staatsangehöriger Maßnahmen zu ergreifen, die lediglich auf der Ausübung ihrer Souveränität beruhen. Sie meinen jedoch, daß diese Maßnahmen, soweit sie die hier in Frage stehende deutsche Emigration auslösen und in Gang setzen und somit den Rahmen einer rein innerdeutschen Angelegenheit sprengen, die Mitarbeit der Reichsregierung an einer raschen und angemessenen Lösung, an der sie selbst in vielerlei Hinsicht interessiert ist, um so wünschenswerter erscheinen lassen. Sie meinen ferner, daß diese Zusammenarbeit im besonderen auf den zweiten der obenerwähnten Punkte zielen müßte, nämlich den Emigranten die Mitnahme ausreichender Mittel zu ermöglichen, damit sie dem aufnehmenden Lande nicht zur Last fallen.

Es dürfte der deutschen Regierung nicht gleichgültig sein, auf diese Weise, unter für die betreffenden Staaten annehmbaren Bedingungen, solchen Elementen, die sie auf ihrem Gebiet als unerwünscht betrachtet, die Ausreise und Niederlassung im Ausland zu erleichtern, wie auch jederzeit genauestens über die Zahl jener ihrer Staatsangehöriger unterrichtet zu sein, die sich im Ausland niedergelassen haben.

In diesem Geiste hat das Zwischenstaatliche Komitee in London vorgeschlagen, daß Herr Rublee, der Direktor des Komitees, sich möglichst bald persönlich nach Berlin begibt, um mit den zuständigen deutschen Persönlichkeiten oder zuständigen Behörden in Verbindung zu treten und mit ihnen zusammen zu prüfen, unter welchen Bedingungen die deutsche Regierung zur Mitarbeit an dem in Evian gemeinsam begonnenen Werk bereit wäre. Diese Reise wird einen rein informativen Charakter haben und so dem Komitee erlauben, in voller Kenntnis aller zur Sache gehörenden Probleme effektiv an der Aufstellung eines Plans zu arbeiten, der den deutschen Emigranten die Möglichkeit sichern soll, sich im Ausland niederzulassen, ohne gegen die Gesetzgebung ihres Herkunftslandes noch gegen diejenige ihrer neuen Heimat zu verstoßen.

In der Überzeugung, daß die Möglichkeit einer schnellen Regelung der Emigrantenfrage eng mit dem Ergebnis der Besprechungen verknüpft ist, die Herr Rublee in Berlin führen würde, empfiehlt die französische Regierung den vorliegenden Vorschlag mit besonderem Nachdruck der wohlwollenden Aufmerksamkeit der Reichsregierung.

Berlin, den 24. Oktober 1938

Dokument Nr. 45

»Habe ich ihn gefragt, wieviel prozentig Rublee Arier sei.«

Notiz des AA-Staatssekretärs von Weizsäcker vom 7. 11. 1938 über ein Gespräch mit dem Britischen Geschäftsträger Forbes über die Möglichkeit eines Rublee-Besuchs in Berlin. Die Notiz wurde an Unterstaatssekretär Woermann, an die Direktoren der Politischen, Wirtschafts- und Rechtsabteilung sowie an das Referat Deutschland des Auswärtigen Amtes weitergeleitet:

Auswärtiges Amt   Berlin, den 7. November 1938
83-24 B 7/11

Der *Britische* Geschäftsträger fragte mich heute wieder nach dem Stande der Sache Rublee. Ich erklärte dem Geschäftsträger, die Sache sei mit den inneren Behörden in Erörterung und müsse ihre Zeit haben. Übrigens war Forbes auch seinerseits der Ansicht, daß das Komitee keineswegs eine Liste von solchen Ländern in der Hand habe, welche bereit wären, gewisse deutsche Judenquoten aufzunehmen. Ferner bestätigte er meine Behauptung, daß die nordamerikanische Quote für Einwanderung aus Deutschland (27 000 Personen pro Jahr) auf lange hinaus bereits überzeichnet sei. Da Forbes angab, Mr. Rublee persönlich von Mexiko her gut zu kennen, habe ich ihn gefragt, wieviel prozentig Rublee Arier sei. Forbes glaubt, daß Rublee kein jüdisches Blut habe.

gez. Weizsäcker

Dokument Nr. 46

»Einwandfrei festgestellt, daß Rublee vollkommen arisch sei.«

Notiz des AA-Unterstaatssekretärs Woermann vom 10. 11. 1938 an einige Ressorts des Auswärtigen Amtes über ein Gespräch mit dem Ersten Sekretär der Amerikanischen Botschaft, Heath, zum Thema Rublee-Besuch in Berlin:

Auswärtiges Amt   Berlin, den 10. November 1938
83-24 B 10/11

Der 1. Sekretär der *Amerikanischen* Botschaft, Herr Heath, suchte mich heute auf und kam auf ein Gespräch zurück, das Botschafter Wilson kürzlich über Herrn Rublee mit Herrn Staatssekretär Freiherr von Weizsäcker gehabt hätte. Damals sei über das Gerücht gesprochen worden, daß Mr. Rublee Nichtarier sei. Die Amerikanische Botschaft habe inzwischen Erkundigungen eingezogen und einwandfrei festgestellt, daß Mr. Rublee vollkommen arisch sei. Übrigens könne das auch Sir George Ogilvie-Forbes bestätigen. Er knüpfte daran die Hoffnung, daß Rublee doch noch hier empfangen werde. Ich habe ihm hierfür keine Hoffnung gemacht.
Bei dieser Gelegenheit erwähnte Herr Heath ein umlaufendes Gerücht, wonach alle ausländischen Juden aus Deutschland ausgewiesen werden sollten. Er habe sich schon im Innenministerium danach erkundigt und dort den Bescheid erhalten, daß nichts darüber bekannt sei. Ich habe ihm gesagt, daß auch mir nichts bekannt sei und daß ich an das Gerücht nicht glaube. Herr Heath meinte, daß, wenn das Gerücht wahr wäre, sich recht ernste Schwierigkeiten daraus ergeben würden.

                                          gez. Woermann

Dokument Nr. 47

»Ich habe mich gänzlich zurückhaltend geäußert.«

Aktenvermerk des Vortragenden Legationsrates, Geheimrat Rüter, Handelspolitische Abteilung des Auswärtigen Amtes und dort für Großbritannien und das Commonwealth zuständig, vom 10. 11. 1938 über ein Gespräch mit Sir Frederick Leith-Ross, Chief Economic Adviser der Britischen Regierung. Thema: Bemerkungen zur Person Rublees, des Direktors des Zwischenstaatlichen Komitees:

Deutsche Botschaft
London

Vermerk

Bei meiner heutigen Besprechung in der Treasury mit Sir Frederick
Leith-Ross, dem Chief Economic Adviser der Britischen Regierung, kam er
darauf zu sprechen, daß sich in London zurzeit ein Amerikaner namens
Rublee aufhalte, der der Direktor des von der Evian-Konferenz eingesetzten
Komitees für Emigrantenfragen ist. Rublee sei ein sehr angenehmer älterer
Herr, der aber von finanziellen Fragen keine Ahnung habe und deshalb
eigentlich für seine Aufgabe nicht geeignet sei. Die Idee des Rublee ist,
England für eine Finanzierung der jüdischen Auswanderung aus dem Reich
zu interessieren, und er hat dieserhalb wiederholt auf der Treasury
vorgesprochen.
Sir Frederick äußerte – wie er betonte, rein persönlich –, daß die Englische
Regierung auf derartige Vorschläge kaum eingehen könne, ehe sie nicht
wüßte, wie sich die Deutsche Regierung zu irgendwelchen finanziellen
Maßnahmen zur Beförderung der Auswanderung stelle. Er denke daran, dem Rublee zu raten, nach Berlin zu gehen, um das festzustellen,
und er fragte mich, ob der Besuch Rublees in Berlin wohl genehm sein
würde.
Ich habe mich gänzlich zurückhaltend geäußert, da ich das Problem nicht
kenne. Sir Frederick bat dann aber, falls ich ihm in der Sache irgendwelche
Mitteilungen zukommen lassen könnte, dies über Mr. Pinsent von der
Berliner Britischen Botschaft zu tun.

London, den 10. November 1938
gez. Rüter

Dokument Nr. 48

»Vielleicht wäre es besser, wenn Rublee nicht nach Berlin gebeten würde.«

*Aktenvermerk des AA-Unterstaatssekretärs Woermann vom 14. 11. 1938 für
den Reichsaußenminister über ein Gespräch mit dem österreichischen Minister
für Wirtschaft, Arbeit und Finanzen, Fischböck. In diesem Gespräch bot sich
der Minister als Kontaktmann zu Rublee an:*

Generalfeldmarschall Göring habe in der Besprechung über die Judenfrage vom vergangenen Sonnabend die Förderung der jüdischen Auswanderung verlangt und dabei auch eine Zusammenarbeit mit Treuhandorganisationen im Ausland ins Auge gefaßt.

In einer Besprechung, die er, Fischböck, heute auf Grund eines vom Generalfeldmarschall erteilten besonderen Auftrages mit dem Reichswirtschaftsminister, dem Reichsfinanzminister und Staatssekretär Stuckart vom Reichsministerium des Innern gehabt habe, sei die Frage erörtert worden, ob nicht von dem Angebot des Direktors Rublee von dem Londoner Comité Gebrauch gemacht werden solle. Er glaube, daß man mit Rublee vielleicht doch zu praktischen Ergebnissen kommen könne. Von Wien aus sei an Rublee bereits durch Sir Otto Niemeyer von der Bank von England aus ein Projekt herangebracht worden, das immerhin von den Engländern nicht völlig abgelehnt worden sei. Es handelt sich dabei um den Plan, die jüdische Auswanderung mit der Exportförderung zu verbinden und so den Juden zu ermöglichen, ihre Schuldbuchforderungen ins Ausland zu übertragen. Sein Projekt weiche von dem des Staatssekretärs Brinkmann insofern ab, als dieser diese Aktion individuell vornehmen solle, während nach dem Wiener Projekt etwa folgendermaßen vorgegangen werden würde:

Wenn 200 000 Juden Schuldverschreibungen über eine Milliarde Reichsmark hätten, so würden sie unter der Voraussetzung der zusätzlichen Exportförderung hiervon jährlich 3 % Verzinsung und 3 % Amortisierung, also 60 Millionen transferiert erhalten. Nach 30 Jahren wären dann die Schuldbuchforderungen amortisiert. In England oder sonst im Auslande werde eine Organisation gegründet, die diese eine Milliarde Schuldbuchforderungen mit etwa 200 Millionen Reichsmark bevorschusse und an die der Verzinsungs- und Tilgungsdienst gezahlt werde. Das Projekt habe natürlich zahlreiche sachliche und technische Schwierigkeiten. Wenn es nicht verwirklicht werden könnte, so hätten wir jedenfalls einen Beitrag geliefert. Es würde dann ausschließlich Sache des Londoner Gegenkomitees sein, für die Unterbringung der Juden in anderen Ländern zu sorgen.

Minister Fischböck regte dann noch persönlich an, ob er nicht mit den Besprechungen mit Rublee beauftragt werden könne, da er auf Grund seiner Wiener Erfahrungen gewissermaßen Spezialist hierfür sei. Hierüber habe er bisher ausschließlich mit Staatssekretär Stuckart gesprochen, der keine Bedenken erhoben habe.

Hiermit dem Herrn Reichsminister mit der Bitte um Entscheidung vorgelegt. Ich schlage vor, der Anregung des Ministers Fischböck zu entsprechen, wenn vorher festgestellt ist, daß die beteiligten Ressorts, einschließlich des Geheimen Staatspolizeiamts, damit einverstanden sind.

Vielleicht wäre es besser, wenn Rublee nicht nach Berlin gebeten würde, sondern die Besprechung in London oder an einem dritten Orte stattfinden würde.

gez. Woermann

Dokument Nr. 49

»Zusammenkunft in privater Form und weder in Berlin noch in London.«

Aktenvermerk des AA-Unterstaatssekretärs Woermann vom 16. 11. 1938 an das AA-Referat Deutschland über Ribbentrops Genehmigung eines Treffens Rublee/Fischböck:

Auswärtiges Amt   Berlin, den 16. November 1938
83-24 B

Vermerk

Der Herr Reichsminister hat sich damit einverstanden erklärt, daß Minister Fischböck entsprechend dem von ihm gemachten Vorschlag die Verbindung mit Herrn Rublee in der Frage der jüdischen Auswanderung aufnimmt. Die Zusammenkunft soll jedoch in privater Form und weder in Berlin noch in London stattfinden. Bevor ich diesen Auftrag an Minister Fischböck übermittele, müßte das Einverständnis der beteiligten Ressorts herbeigeholt werden. Nach Angabe von Minister Fischböck gemäß meiner früheren Aufzeichnung haben der Reichsfinanzminister, der Reichswirtschaftsminister und Staatssekretär Stuckart bereits zugestimmt. Es wäre aber von diesen, wohl am besten durch Schnellbrief, eine Zusage zu erreichen, ebenso von der Gestapo. Ferner wäre wohl auch das Reichsbankdirektorium und der Stellvertreter des Führers zu beteiligen.

Hiermit

dem Referat Deutschland

mit der Bitte um baldige weitere Veranlassung.

gez. Woermann

Dokument Nr. 50

»Der Presse ist zunächst von der Zusammenkunft nichts mitzuteilen.«

Aufzeichnung des Vortragenden Legationsrates Hinrichs, Auswärtiges Amt, vom 21. 11. 1938 mit handschriftlicher Ergänzung des AA-Unterstaatssekretärs Woermann zum geplanten Treffen des österreichischen Ministers Fischböck mit dem Direktor des Zwischenstaatlichen Komitees, Rublee:

Geheime Reichssache

Auswärtiges Amt
83-24 B 21/11/38

Aufzeichnung

Der österreichische Minister für Wirtschaft, Arbeit und Finanzen, Dr. Fischböck, suchte am 18. d. M. Herrn Unterstaatssekretär Woermann erneut auf, um über die Entscheidung des Herrn Reichsaußenministers, betreffend Aufnahme einer Verbindung mit dem Direktor des Londoner Komitees der Evian-Konferenz, Herrn Rublee, informiert zu werden.

Der Herr Unterstaatssekretär eröffnete Herrn Fischböck, daß der Herr Reichsaußenminister grundsätzlich seine Zustimmung zu einer unverbindlichen und inoffiziellen Fühlungnahme mit Herrn Rublee erteilt habe. Diese Besprechung soll zunächst lediglich zum Ziele haben, die Vorschläge von Herrn Rublee nach Art und Ausmaß kennenzulernen. Zweckmäßigerweise würde jedoch die Zusammenkunft nicht auf deutschem Boden stattzufinden haben.

Herr Fischböck schlug vor, die Frage auf einer in der nächsten Woche unter dem Vorsitz des Generalfeldmarschalls Göring stattfindenden Sitzung den an der Lösung der Judenfrage beteiligten Ressorts vorzulegen. Auf diese Weise sei auch die vom Auswärtigen Amt verlangte Beteiligung des Stellvertreters des Führers und der Geheimen Staatspolizei sichergestellt. Er selbst plädiere für Wien als Ort der Zusammenkunft, da hier eine Geheimhaltung wohl leichter sei als selbst im neutralen Ausland. Gegebenenfalls werde er das AA. bitten, Herrn Rublee durch einen Mittelsmann der Deutschen Botschaft in London unter der Hand Ort und Termin der Besprechung mitzuteilen.

Eine Beteiligung der hiesigen Amerikanischen und Englischen Botschaft soll unterbleiben.

Der Presse gegenüber ist zunächst von dieser beabsichtigten Zusammenkunft nichts mitzuteilen.

Hiermit
dem
Herrn Unterstaatssekretär   Berlin, den 21. November 1938
vorgelegt.   gez. Hinrichs

(Handschriftliche Ergänzung von Unterstaatssekretär Woermann:)

1. Ich habe Fischböck mitgeteilt, daß Reichsaußenminister Zusammenkunft
nur an neutralem Ort für möglich hält.
2. Herr Fischböck teilte mit, daß Generalfeldmarschall Göring besonderen
Auftrag für die Judenfrage habe und daß auch diese Aktion in seinen Bereich
gehöre.
3. Generalfeldmarschall Göring hat es übernommen, den Minister der
Finanzen zu unterrichten, Gestapo ist aber vergessen worden. Herr
Fischböck bat, daß dies von hier aus nachgeholt werde.
4. Brief nach London ist abgegangen.
                                    (Paraphe von Woermann mit Datum 23. 11. 38)

Dokument Nr. 51

»Eine ganz lose Fühlung an einem neutralen Ort in rein privater Form.«

*Brief des AA-Unterstaatssekretärs Woermann vom 21. 11. 1938 an den
Deutschen Botschafter von Dirksen in London über die Form, in der das
geplante Treffen Rublee/Fischböck arrangiert werden soll:*

Geheime Reichssache

Auswärtiges Amt
83-24 B 21 II g Rs (312 g Rs)
Berlin W. 8, den 21. November 1938, Wilhelmstraße 76

Lieber Herr von Dirksen,
vielleicht hat Kordt Ihnen schon erzählt, daß wir hier dem Gedanken einer
losen Fühlung mit Herrn Rublee näher getreten sind. Es haben sich nun alle

beteiligten Stellen damit einverstanden erklärt, daß eine ganz lose Fühlung an einem neutralen Orte zwischen Herrn Rublee und Minister Fischböck stattfindet. Sie soll in rein privater Form erfolgen und es soll, was das größte Problem dabei ist, darüber nichts bekannt werden. Wir haben uns nun überlegt, wie wir die Sache am besten einfädeln können. Ein Schritt von Ihnen bei der Englischen Regierung kommt leider nach den Umständen nicht in Frage. Dagegen erinnere ich mich, daß Herr Abshagen seit längerer Zeit in freundschaftlichen Beziehungen zu Mr. Pell steht, der früher Mitarbeiter von Norman Davis war und der jetzt wohl der zweite Mann nach Rublee ist. Man könnte also die Sache über Abshagen–Pell in Gang bringen. Da nun Abshagen seinerseits Fischböck nicht kennt, wäre es natürlich gut, wenn er zunächst dessen Bekanntschaft machen würde. Dann könnte er erzählen, er habe Fischböck getroffen, dieser habe sich für den Plan interessiert und habe auch ganz bestimmte konkrete Gedanken darüber. Er habe in Wien mit der Frage der jüdischen Emigration zu tun usw. usw.

Ich möchte daher im Einverständnis mit dem Reichsminister vorschlagen, daß Herr Abshagen sofort nach Wien fährt, wo Herr Fischböck bis Ende dieser Woche zu erreichen ist. Am besten würde er über Berlin kommen, damit ich erst mit ihm noch über die Sache sprechen kann.

Zur näheren Erläuterung füge ich noch Aufzeichnungen meiner Gespräche zwischen Minister Fischböck und mir bei. Fischböck hat mir nachträglich gesagt, daß er auch mit dem Generalfeldmarschall und mit Reichsbankpräsident Schacht über die Angelegenheit gesprochen hat und daß Schacht seinen in meiner Aufzeichnung vom 14. November angedeuteten Plan noch etwas modifiziert haben wollte.

Ich würde Ihnen also dankbar sein, wenn Sie die Angelegenheit sofort mit Abshagen besprechen würden und mir dann ohne nähere Bezugnahme auf den Gegenstand telegraphieren oder telephonieren würden, daß Abshagen am soundsovielten in Berlin und bereit ist, nach Wien weiter zu fahren. Die Kosten würden auf amtliche Mittel übernommen werden und könnten, wenn Abshagen dies wünscht, ihm dort aus besonderen Mitteln ausbezahlt werden.

Mit herzlichen Grüßen und

Heil Hitler!
stets Ihr
gez. Woermann

Herrn
Botschafter von Dirksen
London
Deutsche Botschaft
Mit Kurier am 22. 11.

Dokument Nr. 52

»Die Sache wird immer eiliger.«

*Aktenvermerk des AA-Unterstaatssekretärs Woermann vom 22. 11. 1938
über ein Gespräch mit dem Amerikanischen Geschäftsträger Gilbert zu den
Vorbereitungen für ein Treffen des österreichischen Ministers Fischböck mit
Rublees Mitarbeiter Pell statt mit Rublee selbst:*

Auswärtiges Amt Geheime Reichssache
83-24 g Rs 28/11 (313 g Rs) Berlin, den 28. November 1938

Vermerk

Der *Amerikanische* Geschäftsträger teilte mir heute mit, daß er von seiner
Regierung beauftragt sei, auf das Gespräch zurückzukommen, das der Herr
Reichsminister kürzlich mit Botschafter Wilson über eine Verbindung mit
Rublee gehabt habe. Der Herr Reichsminister habe dem Botschafter gesagt,
daß in dieser Angelegenheit Erwägungen stattfänden. Die Sache werde
immer eiliger, da das in London eingesetzte Regierungskomitee demnächst
eine Sitzung abhalten müsse, zu der sich der amerikanische Delegierte Tailor
gerade nach London eingeschifft habe. Das Komitee habe sich bisher
vollkommen ruhig verhalten, und sein, Gilberts, Rat sei, daß es auch ferner
ganz unpolitisch bleiben solle.
Ich habe Herrn Gilbert gesagt, ich glaubte dahin unterrichtet zu sein, daß der
Herr Reichsminister dem Botschafter Wilson gegenüber es ausdrücklich
abgelehnt habe, daß irgendeine offizielle Fühlungsnahme zwischen Vertretern der Deutschen Regierung und dem Londoner Komitee stattfinde. Es
könne sich vielmehr nur um eine ganz private Fühlungnahme handeln. Herr
Gilbert bestätigte, daß das Gespräch so verlaufen sei. Er wollte aber wissen,
welchen Fortgang die Sache nun nähme. Ich habe ihm gesagt, es läge in der
Tat eine private deutsche Initiative vor, von der wir unterrichtet seien. Es sei
möglich, daß in absehbarer Zeit ein Gespräch zwischen dieser privaten
deutschen Seite und Herrn Pell, dem Mitarbeiter Rublees, stattfinden werde.
Auf seine Frage, wo das Gespräch denn stattfinden solle, sagte ich Herrn
Gilbert, daß ein neutraler Ort hier in Aussicht genommen wäre, da unter
allen Umständen verhindert werden müsse, daß über diese private erste
Fühlungnahme irgend etwas in der Presse verlaute. Aus diesen Gründen sei
auch der Gedanke aufgetaucht, daß der erste Gesprächspartner nicht
Rublee, sondern sein erster Mitarbeiter Pell sein sollte. Ich könne ihm aber

versichern, daß die ganze Angelegenheit sofort ins Wasser falle, wenn irgendwelche Indiskretionen begangen würden. Ich bäte ihn also, meine Mitteilungen als ganz vertraulich zu behandeln. Herr Gilbert fand es nicht gut, daß nicht Rublee selbst, sondern Pell beteiligt werden sollte, und sagte, daß in einem bestimmten Stadium, und zwar sehr bald, doch die Komiteemitglieder von dieser Sache etwas erfahren müßten.

Ich habe Herrn Gilbert auf seinen Wunsch zugesagt, ihn in etwa einer Woche nochmals zu unterrichten.

Die Angelegenheit steht jetzt so, daß Herr Abshagen sich in Wien mit Herrn Fischböck getroffen hat und am Sonnabend nach London zurückgefahren ist. Er will dann Pell sagen, daß sein Bekannter Fischböck als Privatmann bestimmte Ideen habe und daß er am 7. Dezember sich in Brüssel aufhalte und dann Herrn Pell zur Verfügung stehe. Herr Abshagen will über die Botschaft London telegrafisch mitteilen, ob Herr Pell auf diese Anregung eingeht.

gez. Woermann

Dokument Nr. 53

»Stimmungsmäßig wird unser Entschluß im Ausland günstige Wirkungen auslösen.«

Brief des Deutschen Botschafters von Dirksen in London vom 30. 11. 1938 an den AA-Unterstaatssekretär Woermann über die bevorstehenden deutschen Kontakte zu einem Vertreter des Zwischenstaatlichen Komitees der Evian-Flüchtlingskonferenz:

Der Deutsche Botschafter	London, Carlton House Terrace,
83-24 B 30/11 g Rs (315 g Rs)	den 30. November 1938

Geheime Reichssache

Lieber Herr Woermann,

für Ihr Schreiben vom 21. November betreffend unsere Mitwirkung an einer Regelung der jüdischen Auswanderungsfrage habe ich Ihnen bisher noch nicht gedankt, da eine besondere Antwort durch die Reise von Herrn Abshagen nach Berlin und Wien überflüssig wurde. Heute ist nun Herr Abshagen zurückgekehrt und hat mir über das Ergebnis seiner Reise sowie über seine Unterhaltung mit Mr. Pell Bericht erstattet. Ich habe dem Auswärtigen Amt hierüber telegrafiert, so daß ich zur Sache selbst nicht viel

Neues hinzuzufügen habe. Ich möchte nun zum Ausdruck bringen, wie sehr ich unseren Entschluß, uns in einen geregelten Abtransport möglichst vieler Juden aus Deutschland einzuschalten, begrüße; ich glaube, daß wir durch diese Bereitwilligkeit nicht nur unseren eigenen Interessen dienen und dadurch eine beschleunigte Judenabwanderung erzielen, sondern ich bin überzeugt, daß auch stimmungsmäßig unser Entschluß im Ausland, insbesondere auch hier in England, sehr günstige Wirkungen auslösen wird.

Anliegend füge ich den Durchschlag einer Aufzeichnung über eine Unterhaltung von Herrn Abshagen mit Mr. Pell über die polnische Haltung in der Judenfrage bei; sie ist in mehrfacher Hinsicht ganz interessant.

Mit vielen Grüßen
stets Ihr gez. Dirksen

Dokument Nr. 54

»Lösung auf rein geschäftlicher Grundlage unter Vermeidung aller politischen Intrigen.«

Brief des Deutschen Botschafters von Dirksen in London vom 5. 12. 1938 an den AA-Unterstaatssekretär Woermann über Informationen, die der deutsche Korrespondent Abshagen von Rublees Vertretern Pell und Cotton erhielt:

Der Deutsche Botschafter   London, 5. Dez. 1938, Carlton House Terrace
83-24 B 5/12

Lieber Herr Woermann!

Herr Abshagen, der heute mit den Herren Pell und Cotton gefrühstückt hat, berichtete mir soeben folgende interessante Einzelheiten über die Verhandlungen des Evian-Komitees, die soeben in London stattgefunden haben.

Zu Beginn der Verhandlungen sei der französische Vertreter, Senator Béranger, aufgestanden, um den erstaunten Mitgliedern kundzutun, daß sie sich eigentlich um die auf der Tagesordnung stehenden Fragen nicht mehr zu kümmern hätten. Herr Chamberlain habe bei dem Pariser Besuch Herrn Bonnet die weitere Behandlung dieses schwierigen Problems zu treuen Händen überlassen mit dem Hinweis darauf, daß demnächst ja Herr von Ribbentrop nach Paris komme und daß Frankreich zurzeit mit Deutschland in sehr viel besseren Beziehungen lebe als England. Demnach hat Herr Bonnet wohl die Absicht, unseren Reichsminister auf seinem Pariser Besuch mit der Angelegenheit zu befassen.

Herr Rublee, der über diese Entwicklung naturgemäß etwas beunruhigt ist, weil er fürchtet, daß die Sache durch ungeschickte Behandlung auf französischer Seite gefährdet werden könnte, hat dem Ausschuß keinerlei Andeutungen über die Fäden gemacht, die er inzwischen angeknüpft hat. Er hat lediglich darauf hingewiesen, daß seine Verhandlungsmöglichkeiten mit Deutschland noch nicht ausgeschöpft seien und daß man ihm angesichts der großen Behutsamkeit, mit der das Problem behandelt werden müßte, weiterhin Zeit lassen solle. Dem hat sich der Ausschuß angeschlossen, und wir können der am 8. d. M. stattfindenden Besprechung Fischböck–Abshagen/Pell–Cotton in Brüssel hoffentlich mit Ruhe entgegensehen. Herr Rublee selbst hat die französische Delegation dringend gebeten, alles zu vermeiden, was den Erfolg seiner künftigen Unterhandlungen mit Deutschland präjudizieren könnte.

Es ist immerhin erstaunlich, daß Chamberlain »passed the baby on to Mr. Bonnet«. Das Foreign Office ist seltsamerweise über dieses Besprechungsthema in Paris von 10, Downing-Street nicht unterrichtet worden. Chamberlain ist an die Franzosen wohl herangetreten, weil er, wie Herr Abshagen weiterhin erfahren hat, von Roosevelt stark bedrängt wurde, irgend etwas in der Angelegenheit zu unternehmen. Roosevelt hat Chamberlain wissen lassen, daß er alle Versuche zur Herbeiführung einer besseren Atmosphäre solange als Versuche mit untauglichen Mitteln betrachten müsse, als die Judenfrage nicht auf ein Verhandlungsgeleise geschoben sei.

Pell hat Herrn Abshagen dann noch erzählt, daß vor wenigen Tagen Generalfeldmarschall Göring den britischen Botschaftsrat Ogilvie-Forbes in Berlin anscheinend bei einer gesellschaftlichen Veranstaltung auf das Projekt angesprochen hat. Der Generalfeldmarschall habe dabei folgende Bedingungen als unerläßlich bezeichnet: Die Lösung müsse auf rein geschäftlicher Grundlage unter Vermeidung aller diplomatischen oder politischen Intrigen gefunden werden. Devisen könnten nicht zur Verfügung gestellt werden; soweit Devisen je für den Plan gebraucht würden, müßten sie durch eine Erhöhung des deutschen Exports hereingebracht werden. Für die vorläufige Finanzierung der Abwanderung müßten vorschußweise Devisen aus dem Ausland zur Verfügung gestellt werden.

Die Herren Abshagen, Pell und Cotton verlassen London Mittwoch abend. Herr Abshagen ist ab Donnerstag vormittag 10 Uhr in Brüssel, Hotel Metropol, zu erreichen. Er wird sich nach seiner Ankunft unmittelbar mit

Botschafter von Bülow-Schwante oder in dessen Abwesenheit mit Gesandt-schaftsrat von Bargen in Verbindung setzen.

Ich verbleibe mit herzlichen Grüßen und   Heil Hitler!
                                                           gez. Ihr Dirksen

Dokument Nr. 55

»Auf Anfragen ist zu antworten, daß von solcher Besprechung nichts bekannt sei.«

Telegramm des AA-Unterstaatssekretärs Woermann vom 6. 12. 1938 an die Deutsche Botschaft in Brüssel über das geplante Treffen des österreichischen Ministers Fischböck mit zwei Vertretern des Zwischenstaatlichen Komitees der Evian-Flüchtlingskonferenz:

Auswärtiges Amt   Geheime Reichssache
Berlin, den 6. Dezember 1938   zu 83-24 B 30/11 g Rs
U. St. S.   (314 g R s) Ang. 2

Notiz: Von Bekanntgabe an andere Referate ist zurzeit abzusehen.
Diplogerma
Brüssel   Tel. in Ziff.
Nr. 143   (Geh. Chiffr. Verf.)

Ganz geheim!
Österreichischer Wirtschaftsminister Fischböck eintrifft dort Hotel Metro-pol am 7. zwecks unverbindlicher und privater Fühlungnahme mit Beauf-tragten ständigen Londoner Komitees der Eviankonferenz. Seitens Evianko-mitees wird Mitarbeiter Generalsekretärs Amerikaner Pell nebst Begleiter Cotton entsandt. Vermittlung am 8. stattfindenden Besprechung hat auf Wunsch AA. reichsdeutscher Korrespondent Abshagen aus London über-nommen. Abs. Fischböck vorspricht selbst Botschaft. Bitte daher zwecks Geheimhaltung von Botschaft aus keine Verbindung aufnehmen.
Auf etwaige Anfragen deutscher oder ausländischer Presse ist zu antworten, daß von solcher Besprechung nichts bekannt sei, vielmehr interessiere deutscherseits Frage, welche Maßnahmen bisher untätiges Eviankomitee zur Förderung jüdischer Auswanderung beabsichtige.

                                              gez. Woermann

Dokument Nr. 56

»Besprechung um etwa eine Woche verschoben.«

Notizen des AA-Unterstaatssekretärs Woermann vom 6. und 7. 12. 1938 über zwei Gespräche mit dem Amerikanischen Geschäftsträger Gilbert zum geplanten Treffen des österreichischen Ministers Fischböck mit zwei Vertretern des Zwischenstaatlichen Komitees der Evian-Flüchtlingskonferenz:

Auswärtiges Amt	Geheime Reichssache
83-24 B 6/12 g Rs (318 g Rs)	Berlin, den 6. Dezember 1938

Ich habe den *Amerikanischen* Geschäftsträger heute der früheren Abrede entsprechend darüber unterrichtet, daß Herr Pell sich am 8. Dezember mit einer privaten deutschen Persönlichkeit, deren Namen ich nicht genannt habe, treffen wird. Ich habe Herrn Gilbert erneut ersucht, die Angelegenheit mit der allergrößten Vertraulichkeit zu behandeln, da sie sonst scheitern würde. Er hat dies zugesagt.

Ich habe nochmals betont, daß die Begegnung mit Mr. Pell sich zwar mit Vorwissen deutscher Regierungsstellen vollziehe, daß es sich aber um eine rein private Unterhaltung handele, deren Einzelheiten mir nicht einmal bekannt seien.

gez. Woermann

Berlin, den 7. Dezember 1938

Ich habe Gilbert heute davon unterrichtet, daß infolge Krankheit des deutschen Partners die Besprechung um etwa eine Woche verschoben ist.

Dokument Nr. 57

»Die Besprechung soll aber unter allen Umständen stattfinden.«

Brief des AA-Unterstaatssekretärs Woermann vom 7. 12. 1938 an den Deutschen Botschafter von Dirksen in London über die Verschiebung des Treffens zwischen dem österreichischen Minister Fischböck und zwei Vertretern des Zwischenstaatlichen Komitees der Evian-Flüchtlingskonferenz:

Auswärtiges Amt   Berlin, den 7. Dezember 1938, Wilhelmstr. 76
84-25 B 5/12

                                          Mit Kurier 13. Dez.

Herrn
Botschafter von Dirksen
London/Deutsche Botschaft

Lieber Herr von Dirksen,
haben Sie vielen Dank für Ihren interessanten Brief vom 5. Dezember über
die Angelegenheit Pell. Der Brief enthielt manches für uns Neue. Die
Besprechung Pell–Fischböck ist, wie Ihnen Herr Hinrichs telefonisch gesagt
hat, ja nun verschoben worden, und zwar auf Veranlassung des Reichsbankpräsidenten Schacht, der den Fischböck-Plan noch verbessern möchte. Die
Besprechung soll aber unter allen Umständen stattfinden.
Sobald der neue Termin feststeht, erhalten Sie natürlich weitere Nachricht.

Mit herzlichen Grüßen und   Heil Hitler!
                                   stets Ihr   gez. Woermann

Schacht-Plan

Dokumente Nr. 58–75

Dokument Nr. 58

»Die Idee war, die Juden möglichst friedlich aus Deutschland abzuschieben.«

*Gespräch Rolf Vogels mit dem ehemaligen Reichsbankpräsidenten
(1933–1939) und Reichswirtschaftsminister (1934–1937) Hjalmar Schacht
am 16. 1. 1970, wenige Monate vor Schachts Tod, in dessen Münchner
Wohnung. Schachts Plan, die Auswanderung der Juden über eine Anleihe des
Weltjudentums zu finanzieren, zu deren Sicherheit das Vermögen der
deutschen Juden dienen sollte, scheiterte nach Schachts Meinung Ende 1938
an den englischen Juden. Auszüge:*

Frage: Herr Dr. Schacht, Sie haben sich als Reichswirtschaftsminister darum
bemüht, den Juden eine freie Auswanderung mit ihrem Vermögen zu

erwirken. Wo sahen Sie in den Jahren 1937/38 noch Chancen, das bei Hitler und seinem Parteiapparat durchzusetzen?

Schacht: Als ich das Reichswirtschaftsministerium im August 1934 übernahm, habe ich vorher, bevor ich Hitler meine Zusage gab, an ihn die Frage gestellt: »Was wird mit den Juden?« Darauf hat Hitler geantwortet: »Die Juden sollen in der Wirtschaft ihre Geschäfte genauso weiterführen wie bisher.« Darauf habe ich gesagt: »Gut, dann bin ich bereit, das Wirtschaftsministerium zu übernehmen.« Das ist ein Vorgang, der immer wieder vergessen wird. Kein Mensch weiß heute etwas davon.

Ich habe dann mit Schrecken gesehen, wie die ganze Entwicklung in der antisemitischen Frage der Partei – nicht beim deutschen Volk, bei den Bonzen der Partei – immer stärker wurde. Wie der Antisemitismus immer weiter ging. Dann kam schließlich die Kristallnacht am 9. November 1938. Da habe ich mir gesagt, das geht so nicht weiter. Du mußt jetzt etwas tun. Ich möchte übrigens bemerken, daß während der ganzen Zeit, in der ich Wirtschaftsminister gewesen bin, also bis Herbst 1937, keinem Juden, der sich an mich gewandt hat, irgend etwas geschehen ist. Ich habe mich für jeden eingesetzt. Das werden Ihnen alle Leute aus der damaligen Zeit bestätigen können, die das beobachtet haben.

Nunmehr, nach der Kristallnacht im November 1938, bin ich zu Hitler gegangen und habe mit ihm oben auf dem Obersalzberg eine Unterhaltung gehabt und habe ihm gesagt: »So können Sie die Judenfrage nicht behandeln. Wenn Sie die Juden los werden wollen, dann müssen Sie ihnen die Möglichkeit dazu geben, das in einer vernünftigen und geordneten Weise zu tun.«

Daraufhin habe ich ihm den Vorschlag gemacht, den ich hier präzisieren möchte. Ich habe den Juden nicht das Vermögen bei der Auswanderung zurückgeben wollen, das hier im Reich festlag. Das konnte ich gar nicht. Ich mußte ihnen Geld beschaffen. Das Vermögen dieser Menschen bestand ja in Häusern, in Geschäftsbeteiligungen, in Aktien und so weiter. Ich habe ihnen das Vermögen erhalten wollen und habe Hitler infolgedessen vorgeschlagen, das gesamte jüdische Vermögen in Deutschland, das die Reichsbank damals auf meine Veranlassung zu schätzen versucht hat und mit sechs Milliarden Reichsmark feststellte, den Juden zu erhalten. Es sollte treuhänderisch verwaltet werden. Das Komitee sollte aus Deutschen bestehen – sprich Nazis natürlich –, Juden als Vertretern des Vermögens und einigen Ausländern, die eine Finanzierung dieses Vermögens vornehmen sollten. Die Finanzierung hatte ich mir so gedacht: Das gesamte treuhänderisch verwaltete Vermögen sollte als Sicherheit für eine Anleihe dienen. Ich habe bei sechs Milliarden geschätztem Vermögen diese Anleihe auf 1,5 Milliarden Mark vorgeschlagen, also auf 25 Prozent. Das wäre eine richtige Größenordnung gewesen, so glaube ich. Ich stellte mir vor, daß die internationale Judenschaft, die doch einen großen Teil wohlhabender Leute umfaßte, bereit sein würde, diese Anleihe zu zeichnen, wenn man ihr damit die Möglichkeit der Auswanderung ihrer Glaubensgenossen verschaffen konnte.

Merkwürdigerweise hat mir Hitler auf dem Berg Anfang Dezember 1938 zu diesem Plan seine Zustimmung gegeben, woraus ich entnahm, daß es ihm auch angenehm gewesen wäre, die Judenfrage auf eine verständige Weise zu lösen. Von all den Plänen zwischen Göring und Heydrich habe ich nicht die leiseste Ahnung gehabt, sondern die Idee zu meinem Plan kam aus meiner Erfahrung heraus. Hitler hatte mir auch nicht etwa gesagt: »Ja, das stimmt mit meinen Ideen überein«, sondern er hat mir nur gesagt: »Wenn Sie glauben, Herr Schacht, daß Sie das fertigbringen, dann würde ich meine Zustimmung dazu geben.«

Frage: Hatten Sie bei Hitler das Gefühl, daß er Ihnen widerwillig entgegentrat?

Schacht: Nein, im Gegenteil. Ich hatte das Gefühl der Erleichterung bei ihm. Er muß sich also mit dem Problem schon vorher befaßt haben, wie man durch eine große Auswanderungswelle die Juden aus Deutschland herausbekommen könne. Ich halte es durchaus für wahrscheinlich, daß Unterredungen mit Heydrich oder Göring schon vorher stattgefunden hatten. Ich glaube, daß dies durchaus der Fall gewesen ist, daß aber die Ideen von Heydrich und Göring natürlich viel zu vage waren, um auf Hitler Eindruck zu machen, während mein positiver Plan ihm natürlich sofort zusagte. Vielleicht dachte er: »Das wäre ja eine Lösung für das, was Heydrich und Göring mir vorgeschlagen haben und mit mir diskutieren könnten.« Aber davon hat mir Hitler niemals ein Wort gesagt.

Frage: Ist dieser Plan jemals niedergeschrieben worden?

Schacht: Nein. Er ist niemals niedergeschrieben worden. Ich habe damals zu Hitler gesagt: »Gut, dann werde ich nach London fahren und mit meinen Londoner Freunden über diese Sache sprechen, denn nur so kann der Plan lanciert werden.« Ich bin dann Ende Dezember 1938 nach London gefahren und habe meinem Freund Montague Norman, dem Gouverneur der Bank von England, den Plan mitgeteilt. Norman war sehr beeindruckt davon und sagte: »Das müssen wir mit den Leuten besprechen, aber wer kommt dafür in Frage? Es kommt dafür der zuständige Minister Lord Winterton in Frage und von den Juden würde ich Ihnen vorschlagen Lord Bearstedt vom Bankhaus Samuel & Samuel.« Ich sagte: »Gut, dann werde ich Lord Bearstedt aufsuchen und mit ihm darüber sprechen«, worauf Norman taktisch ganz richtig und sehr schön sagte: »Das kommt natürlich gar nicht in Frage. Ich werde Lord Bearstedt für morgen vormittag hier auf die Bank bestellen, dann wird er hier mit Ihnen sprechen.« Das war mir natürlich sehr recht. Am nächsten Tag erschien Lord Bearstedt, und ich habe ihm meinen Plan dargelegt, genauso, wie ich es Ihnen soeben geschildert habe. Daraufhin sagte mir Lord Bearstedt: »Das ist natürlich ein sehr vernünftiger und diskutabler Plan, dem ich meinerseits sicherlich wohlwollend gegenüberstehen würde. Ich muß aber mit dem jüdischen Führer hier in London sprechen, das ist Chaim Weizmann. Ich werde also zu Chaim Weizmann gehen und Ihnen in ein oder zwei Tagen sagen können, wie wir die Sache behandeln werden. Daraufhin habe ich diese beiden Tage gewartet. Am zweiten Tag ist Lord Bearstedt zurückgekommen und hat mir wiederum in Gegenwart von Montague Norman erklärt: »Es tut mir leid, Chaim Weizmann ist absolut gegen diesen Plan.« Darauf habe ich gefragt: »Können Sie mir irgendeine Begründung für diese Ablehnung geben?« Seine Antwort war: »Das kann ich leider nicht«, was heißen sollte, »das darf ich leider nicht.« Das hat er mir natürlich nicht gesagt. Er sagte nur: »Ich kann Ihnen den Grund nicht nennen, aber die Judenschaft würde das nicht akzeptieren.« In der Zwischenzeit (in den beiden Tagen, die ich warten mußte) hatte ich mit Lord Winterton und mit Herrn Rublee gesprochen, der von Evian nach London gekommen war. *(Georg Rublee war zu diesem Zeitpunkt der Generalsekretär der internationalen Flüchtlingskonferenz in Evian und wird uns bald noch ausführlicher beschäftigen.)* Beide waren durchaus mit meinem Plan einverstanden – ja, auch Rublee. Ich wußte nicht, daß er zu diesem Zeitpunkt eine Besprechung über die Auswanderung der deutschen Juden in Berlin suchte oder erwartete. Davon habe ich nichts erfahren. Davon habe ich nie etwas erfahren, das hat er mir nicht gesagt, aber das wäre ja eine Selbstverständlichkeit gewesen, wenn die Dinge weitergegangen wären. Dann hätten diese Besprechungen zwischen Rublee und mir natürlich auch stattgefunden. Mit anderen Worten: Der Plan war gescheitert, bevor ich nach Berlin zurückkehrte.

Frage: Was war nach Ihrer Meinung der Grund für die Ablehnung Weizmanns und der jüdischen Kreise?

Schacht: Das kann ich leider nur vermuten: Ich kannte Weizmann gar nicht. Ich hatte nur von ihm gelesen und über ihn gehört. Ich halte es nicht für ausgeschlossen, daß Weizmann sich gesagt hat: »Mein Ziel, Zion wieder zu errichten, einen jüdischen Staat zu gründen, werde ich nur durchsetzen, wenn ich große Opfer geschehen lasse, die der Sache einen Aufschwung geben.« Ich glaube, er hat die Idee gehabt, Opfer zu schaffen. Sonst wüßte ich nicht, warum denn sonst seine harte Ablehnung gekommen ist. Das Geld wäre meines Erachtens mit Leichtigkeit aufzutreiben gewesen. Den Juden wäre das Vermögen erhalten worden. Dieses Vermögen war groß genug, um die Sicherheit der Anleihe zu garantieren. Das war alles in Ordnung. Ich glaube, daß bei ihm die idealistische Auffassung, über die man sich verschieden aussprechen kann, vorgeherrscht hat.

Nachdem ich aus London zurückgekommen bin, habe ich natürlich berichtet:

»Herr Weizmann macht das nicht.« Daraufhin sind die Verhandlungen abgebrochen worden. Ich bin dann, weil ich den Krieg Hitlers nicht finanzieren wollte, aus meinem Amt als Reichsbankpräsident hinausgeworfen worden, und Göring wurde dann der starke Mann über seine Funktion beim Vierjahresplan. Walter Funk war zu dieser Zeit Wirtschaftsminister – und im Reichswirtschaftsministerium war ja die ganze Angelegenheit bekannt. Funk könnte Göring dann veranlaßt haben, meinen Ministerialdirektor Wohlthat mit diesem Komplex zu befassen. Wohlthat war ein sehr intelligenter und korrekter Mann. Ich glaube, er war ohne viel sentimentale Beigaben. Er hat wahrscheinlich noch einmal den Versuch unternommen, an meinen Gedanken wieder anzuknüpfen. Ich habe darüber zu dieser Zeit niemals etwas gehört, aber Wohlthat lebt ja, Sie können ihn ja befragen.

Frage: Wie standen Sie zum Haavara-Abkommen?

Schacht: Die Idee war, die Juden möglichst friedlich aus Deutschland abzuschieben, wenn's geht, ohne Aufsehen, ohne Krach. So wollte es Hitler damals. So konnte ich durch die Erfüllung des Haavara-Abkommens vielen Juden zur Ausreise nach Palästina verhelfen, vor allem auch unter Mitnahme ihres Vermögens.

Frage: Hat das damals Schwierigkeiten von englischer Seite gegeben?

Schacht: Nein, überhaupt nicht. Ich habe mit den Engländern in der Judenfrage außer dieser Angelegenheit niemals etwas zu tun gehabt.

Dokument Nr. 59

»*Transferierung des Vermögens durch Export deutscher Waren, vorfinanziert von ausländischen Juden.*«

Telegramm und Aktenvermerk des AA-Legationsrates Schumburg vom 12. 12. 1938 zu Schachts Londoner Reise im Dezember 1938, auf der Schacht Partner für seinen Plan zur Finanzierung jüdischer Auswanderer suchte:

Luftposttelegramm
(Geh. Ch. Verf.)

Auswärtiges Amt, Berlin den 12. Dezember 1938, o. o. W VI 3621

An Diplogerma London

Zur vertraulichen Information
Reichsbankpräsident Schacht begibt sich nach Schluß der gegenwärtigen Sitzung bei der Bank für Internationale Zahlungen in Basel auf Einladung des Gouverneurs der Bank von England zu einem privaten Besuch nach London, wo er voraussichtlich ab Mittwoch vormittag über die Bank von England für die Botschaft erreichbar sein wird. Die Reise erfolgt mit Einverständnis des Führers und Reichskanzlers. Über ihren Anlaß wird Herr Schacht die Botschaft unmittelbar unterrichten.

gez. Wiehl

Die Unterrichtung der Botschaft entspricht einer mir vom Rb.Pr. Dr. Schacht über Herrn Vizepr. Dreyse telephonisch übermittelten Bitte. Herr Dreyse fügte hinzu, daß Herr Schacht auf der Reise nach Basel in München dem Führer über die Angelegenheit Vortrag gehalten und seine Zustimmung zu der Reise erhalten habe. Herr Schacht wolle in London das Problem der deutschen internationalen Verschuldung und die finanzielle Seite des Judenproblems besprechen, letzteres nach seinem bekannten Plan für eine Transferierung eines Teils des Vermögens auswandernder deutscher Juden durch Export deutscher Waren unter Vorfinanzierung durch einen von ausländischen Juden aufzubringenden Fonds. Herr Dreyse meinte, Herr Schacht habe diesen Plan in Basel bereits mit Montague Norman besprochen, und die Tatsache, daß dieser daraufhin Herrn Schacht zu diesem Privatbesuch nach London eingeladen habe, lasse immerhin erkennen, daß Norman den Plan nicht für aussichtslos halte.

Referat D hatte keine Kenntnis *(handschriftlich)*   gez. Schumburg

Dokument Nr. 60

»Innerhalb einiger Jahre 150 000 Juden aus Deutschland abtransportieren und im Ausland ansiedeln.«

Telegramm des Deutschen Botschafters von Dirksen in London vom 16. 12. 1938 an das Auswärtige Amt über Details des Schacht-Plans:

Geheim
Nr. 546
London, den 16. Dezember 1938
Ankunft den 19. Dezember 1938, 10.30 Uhr

Reichsbankpräsident Dr. Schacht, der sich drei Tage in London als Gast von Mr. Montague Norman aufgehalten hat, wird am Sonnabend früh die Rückreise nach Berlin wieder antreten. Über das Ergebnis seiner Besprechungen hat er mir folgendes mitgeteilt:
1. Hinsichtlich der Frage der Abwanderung der Juden aus Deutschland hat er eine längere Besprechung mit Lord Winterton, dem Vorsitzenden der Evian-Konferenz, Mr. Rublee, dem Vorsitzenden des zwischenstaatlichen Flüchtlings-Ausschusses, und mit dem wirtschaftlichen Hauptberater der englischen Regierung, Sir Frederick Leith-Ross, gehabt. Er hat hierbei den Plan entwickelt, daß innerhalb einiger Jahre 150 000 Juden aus Deutschland abtransportiert und im Ausland angesiedelt werden sollten; die finanziellen Mittel in Höhe von anderthalb Milliarden Mark würden von einem ausländischen Konsortium aufzubringen und deutscherseits durch zusätzliche Ausfuhr zu verzinsen und zu amortisieren sein. Dieser Plan wurde von den Herren Winterton, Rublee und Leith-Ross als Diskussionsbasis angenommen. Der Fortgang der Besprechungen soll verabredet werden, sobald Herr Schacht in Berlin Bericht erstattet hat und die Richtlinien für die weiteren Verhandlungen unsererseits festgelegt sind.
2. Der Reichsbankpräsident hat sodann mit dem Handelsminister Stanley, Sir Frederick Leith-Ross und verschiedenen maßgebenden Finanzleuten der City über gemeinschaftlich interessierenden Fragen von allgemeiner Bedeutung gesprochen, insbesondere über die Möglichkeit der Ausdehnung des zwischenstaatlichen Güteraustausches, über die Wiederherstellung der Devisenfreiheit und die hierfür erforderlichen Voraussetzungen. Er hat für seine Gedanken bei seinen Gesprächspartnern lebhaftes Interesse und den Willen zur fördernden Mitarbeit gefunden. Es wurde eine Fortsetzung des Gedankenaustauschs vereinbart. Präsident Schacht hat den Eindruck, daß der Handelsminister Stanley gegebenenfalls bereit sein würde, zu solchem Gedankenaustausch nach Berlin zu kommen.
3. Mit dem Premierminister Chamberlain hat Präsident Schacht ebenfalls eine längere Unterhaltung gehabt, bei der Chamberlain sich für die Wirtschaftsfragen interessiert und darüber unterrichtet zeigte. Hierbei hat

der Premierminister auch das chinesische Problem angeschnitten, das von allgemeiner Bedeutung sei und ein Zusammenwirken erwünscht erscheinen ließe. Herr Schacht hat demgegenüber auf die Sonderstellung hingewiesen, die wir auf Grund unserer Verträge Japan gegenüber einnehmen.

4. Einer Anregung von Lord Halifax zu einer Besprechung hat Präsident Schacht nicht stattgegeben, da er jeden Anschein vermeiden wollte, daß er das Gebiet rein wirtschaftlicher Besprechungen verließe. Aus demselben Grund ist er auch einer Unterhaltung mit Lord Londonderry, um die dieser sich wiederholt bemühte, und mit anderen politischen Persönlichkeiten aus dem Wege gegangen.

gez. Dirksen

Dokument Nr. 61

»Wie man die Judenauswanderung aus Deutschland erleichtern könne.«

Pressemeldung des Deutschen Nachrichtenbüros (DNB), der offiziösen Nachrichtenagentur des Dritten Reiches, vom 19. 12. 1938. In der Meldung bestätigt die deutsche Regierung erstmals offiziell, »daß Dr. Schacht gewisse Gedankengänge entwickelt hat«:

Falsche Gerüchte über Schacht
DNB Berlin, 19. Dezember
Reichsbankpräsident *Dr. Schacht* ist von einem privaten dreitägigen Besuch bei dem Gouverneur der Bank von England aus *London* zurückgekehrt. Der Besuch war zwischen den Bankleitern vereinbart worden, weil es dem Gouverneur der Bank von England infolge körperlicher Indisposition während einer Reihe von Monaten nicht möglich gewesen war, zu den regelmäßigen monatlichen Zusammenkünften bei der Bank für Internationalen Zahlungsausgleich in Basel zu erscheinen. Der nunmehrige Besuch gab Gelegenheit, eine Reihe von Dingen zu besprechen, die sich aus dem regelmäßigen dienstlichen und geschäftlichen Verkehr der beiden Institute ergeben.

Bei diesem Besuch hat der Reichsbankpräsident Gelegenheit gehabt, eine Reihe von führenden Herren der City und des öffentlichen Lebens zu sehen, wobei natürlich auch *allgemeine wirtschaftliche Fragen* berührt worden sind. Die in der ausländischen Presse erschienenen Berichte über angebliche Vorschläge, Pläne usw., die Dr. Schacht entwickelt haben soll, sind reine

Vermutungen, da Dr. Schacht es vermieden hat, irgendeinen Pressevertreter zu sehen oder Mitteilungen an die Presse zu geben. Insbesondere ist jede Vermutung, als ob Dr. Schacht über irgendwelche Kredite gesprochen hätte, *irrig*. Richtig ist, daß Dr. Schacht gewisse Gedankengänge entwickelt hat, wie man unter Mithilfe der Reichsregierung die Judenauswanderung aus Deutschland erleichtern könne, ohne daß jedoch hierüber irgendwelche definitiven Abmachungen zustande gekommen sind. Es ist lediglich vorbereitet, daß die Leitung des bekannten Eviankomitees demnächst mit den deutschen zuständigen Stellen weiter berät.

Dokument Nr. 62

Eine Meldung der Nachrichtenagentur Europress vom 19. 12. 1938 deutet an, daß sich Göring aktiv an den Maßnahmen zur Judenaussiedlung beteiligt:

Straßburg, 19. Dez. 1938, 23.40 Uhr

3. Berlin: Eine Sitzung des Evian-Komitees soll in Kürze in Berlin stattfinden, und zwar in Anwesenheit von Vertretern des Reiches und jüdischer Finanzsachverständiger. Es verlautet, daß Generalfeldmarschall Göring selber den Vorsitz übernimmt.

Dokument Nr. 63

»Engländer sehr skeptisch.«

Telegramm des Deutschen Botschafters Dirksen in London vom 19. 12. 1938 an das Auswärtige Amt in Berlin über die Beurteilung des Schacht-Plans im Ausland:

Nr. 548 vom 19. 12.

Anschluß Luftposttelegramm 16. Dezember Nr. 546

Erfahre zuverlässig, daß Rublee und Pell Schachtplan günstig beurteilen und entsprechend nach Washington berichtet haben. Engländer sehr skeptisch,

Franzosen im englischen Fahrwasser; Holländer zeigen Verständnis. State Department Washington beurteilt Plan ebenfalls günstig und hat Präsident Roosevelt entsprechend berichtet.

gez. Dirksen

Dokument Nr. 64

»Durchaus nicht unzufrieden.«

Meldung des Deutschen Nachrichtenbüros (DNB), der offiziösen Nachrichtenagentur des Dritten Reiches, aus Paris vom 20. 12. 1938 über die Ergebnisse von Schachts London-Besuch:

Einer Londoner Meldung der Agence Economique et Financière zufolge erklärt man in Berlin, daß Dr. Schacht über die Ergebnisse seines Londoner Besuches durchaus nicht unzufrieden zu sein scheint. Soweit es sich um die Frage der jüdischen Auswanderung handele, sei es sehr gut möglich, daß Dr. Schacht erneut, und zwar im Februar, nach London reisen werde, nachdem die Besprechungen zwischen den Vertretern des Flüchtlingsausschusses von Evian und den deutschen Behörden zum Abschluß gekommen sein würden.

Auch der Berliner Korrespondent des Paris Midi erklärt, daß Dr. Schacht im Februar erneut sich nach London begeben werde, denn der Reichsbankpräsident sei soeben nicht mit leeren Händen aus England zurückgekommen, denn in Berlin seien Verhandlungen mit den Vertretern der Eviankonferenz eingeleitet . . . Aber Dr. Schacht und gewisse eingeweihte englische Kreise seien sich nicht nur über verschiedene finanzielle Fragen einig geworden, sondern auch die englisch-deutschen Beziehungen hätten, wie man in Deutschland sage, einen neuen Schritt vorwärts gemacht.

Dokument Nr. 65

»Der Feldmarschall wünsche, die Sache aus dem Gebiet der Politik in das rein wirtschaftliche hinüberzuspielen.«

Aktenvermerk des Staatssekretärs Ernst Freiherr von Weizsäcker, Auswärtiges Amt, vom 20. 12. 1938 über sein im Auftrag des Reichsaußenministers

Ribbentrop geführtes Gespräch mit Schacht. In ihm läßt Ribbentrop dem Reichsbankpräsidenten seine Verärgerung über dessen Londoner Initiativen übermitteln; Schacht verteidigt sich mit Görings und Hitlers Weisungen:

Auswärtiges Amt   Eingangsstempel 8. Januar 1939

83-24 B 20/12   Berlin, den 20. Dezember 1938

Auf Grund der in der B. Z. vom 19. Dezember erschienenen Notiz »Schachts Gespräche in London, der Zweck der Reise« hat mich der Herr Reichsminister beauftragt, den Reichsbankpräsidenten Schacht anzurufen, um ihn wegen dieses Artikels und insbesondere seines Schlußsatzes sowie wegen der Erörterung der Materie in London zur Rede zu stellen. Ich führte bei dem Telefongespräch mit Präsident Schacht u. a. aus, der Herr Reichsminister habe sich über den betreffenden Artikel gewundert, und zwar sowohl wegen der Veröffentlichung selbst als auch wegen der Behandlung einer solch grundsätzlichen Frage der auswärtigen Politik in London. Die Materie sei seit sechs Monaten zwischen den ausländischen diplomatischen Vertretungen und dem Auswärtigen Amt in Erörterung und von uns bisher ganz negativ behandelt worden. Ich hätte zu fragen, ob etwa ein Auftrag des Führers vorgelegen habe, die Materie ohne Fühlungnahme mit dem Herrn Reichsaußenminister zu erörtern. Die Konsequenz würde dann sein, daß der Präsident Schacht ja auch die weiteren Verhandlungen mit den fremden Regierungen zu führen haben würde. Durch den Schlußpassus des Zeitungsartikels werde die bisherige Linie des Reichsaußenministers desavouiert und in der Frage für die Zukunft vorgegriffen.

Präsident Schacht gab unumwunden zu, daß der Artikel von ihm stamme. Es handle sich um einen Auftrag des Führers, den er, der Präsident, in dem ihm gesteckten Rahmen in London ausgeführt habe. Der Führer wünsche von ihm Berichterstattung nach Rückkehr. Er, Schacht, habe sich daher jetzt beim Führer zum Vortrag gemeldet, hoffe diesen in ein bis zwei Tagen erstatten zu können und werde danach umgehend sich auch bei dem Herrn Reichsminister zur Berichterstattung einfinden. Ehe er dem Führer Meldung gemacht habe, möchte er sich in der Sache nicht weiter äußern. Im übrigen, so fuhr Präsident Schacht fort, sei ihm durch Feldmarschall Göring gesagt worden, er möge die Besprechungen, welche er geführt habe, in London aufnehmen. Göring und Schacht hätten die Materie eingehend miteinander erörtert. Der Feldmarschall wünsche die Sache aus dem Gebiet der Politik in das rein wirtschaftliche hinüberzuspielen und habe dazu nach seiner

Äußerung auch vom Führer einen ausdrücklichen Auftrag. Über die Zuständigkeiten erklärte Schacht in der Sache nicht mehr zu wissen, als was der Feldmarschall ihm gesagt habe. Er glaube also korrekt gehandelt zu haben und sei auch ganz bewußt in London allen Erörterungen politischer Natur, um die prominente Engländer ihn gebeten hätten, aus dem Wege gegangen. Seine Reise nach London gehe auf eine private Einladung von Norman zurück. Es habe sich um Erörterungen von Bank zu Bank gehandelt, wobei die Judenauswanderung ein Nebenthema gebildet habe. Trotz der ausdrücklichen Aufforderung durch den Feldmarschall habe Schacht jedoch auf dem Wege nach Basel noch in München sich beim Führer in einer halbstündigen Aussprache den Auftrag ausdrücklich wiederholen lassen.

Auf meinen Einwand, Präsident Schacht habe von der ganzen Absicht vor Antritt seiner Reise den Reichsaußenminister nicht unterrichtet, erwiderte Schacht, hierzu hätte er nach der Anlage der Reise keine Zeit gehabt, auch wenn er das Auswärtige Amt für zuständig gehalten hätte.

gez. Weizsäcker

Dokument Nr. 66

»Schachtplan als Verhandlungsgrundlage angenommen.«

Telegramm des Deutschen Botschafters Dirksen in London vom 21. 12. 1938 an das Auswärtige Amt in Berlin über die Annahme des Schacht-Plans durch das Zwischenstaatliche Komitee der Evian-Konferenz:

Nr. 549 vom 21. 12.   Im Anschluß an Drahtbericht

Nr. 548 vom 19. Dezember

Gestern stattfand unter Vorsitz Rublees Sitzung Finanzsachverständiger Englands, Vereinigter Staaten, Frankreichs und Niederlande. Erfahre hierzu zuverlässig, daß Schachtplan als Verhandlungsgrundlage angenommen und Rublee beauftragt wurde, Anfang Januar Verhandlungen in Berlin zu führen.
Schriftbericht folgt.

Dirksen

Dokument Nr. 67

»*Vollkommen zurückhalten.*«

AA-Weisung vom 22. 12. 1938 an den Deutschen Botschafter Dirksen in London zur Haltung in der Schacht-Plan-Frage; dazu AA-Telegramm vom 23. 12. 1938:

Der Herr Reichsminister bittet, eine Drahtweisung auf das Telegramm 549 vom 21. 12. folgenden Inhalts an Herrn Botschafter von *Dirksen* zu richten: »Botschafter Dirksen möge sich in der Angelegenheit vollkommen zurückhalten. Jede Diskussion mit der Kommission soll er wegen Mangel an Instruktionen ablehnen.

Hiermit Herrn Staatssekretär ergebenst vorgelegt

Berlin, 22. Dezember 1938

Auswärtiges Amt   zu 83-24 B 21/12
Berlin, den 23. Dezember 1938   U.St.f. (Woermann)
                                       StS (v. Weizsäcker)

German Embassy Telegramm in Ziffern:
London
Nr. 438
(Geh.Ch.Verf.)
Auf Nr. 549 vom 21. 12.

Falls dort seitens Rublee-Komitees Anfragen oder Ersuchen gestellt werden sollten, ist mit Ablehnung jeder Diskussion wegen Mangel an Instruktionen zu antworten. Bitte in jeder Beziehung völlige Zurückhaltung gegenüber Rublee-Komitee wahren.
(Büro Reichsminister vorzulegen) N.A.

Hinrichs

Dokument Nr. 68

»Heute Vortrag Schachts beim Führer.«

Meldung des Deutschen Nachrichtenbüros vom 2. 1. 1939 aus London über die Realisierung des Schacht-Plans. Unter der Meldung ein handschriftlicher Vermerk, vermutlich von Legationsrat Schumburg aus der Abteilung Deutschland des Auswärtigen Amtes:

London, 2. Januar. Der politische Korrespondent des »Daily Express« (Beaverbrook) will wissen, daß man in dieser Woche in Berlin die sofortige Auswanderung von 150 000 jungen Juden erörtern werde. Dr. Schachts Vorschläge zur Lösung des Emigrantenproblems habe man geprüft und als Verhandlungsgrundlage angenommen. Der Direktor des Zwischenstaatlichen Ausschusses, Rublee, werde in einigen Tagen mit Gegenvorschlägen nach Deutschland fahren. Er werde vorschlagen, daß man nicht die gesamte jüdische Bevölkerung in Deutschland sofort zu evakuieren versuche, sondern zunächst die jungen Juden, von denen man glaube, daß sie sich leichter in neuen Ländern ansiedeln ließen.

Handschriftlicher Vermerk unter der Zeitungsmeldung:
Heute findet der Vortrag Schachts beim Führer statt.

Dokument Nr. 69

»Der Führer ist einverstanden gewesen.«

Aktennotiz des AA-Staatssekretärs Ernst Freiherr von Weizsäcker über ein Telefongespräch mit Schacht am 4. 1. 1939. Schacht möchte Reichsaußenminister von Ribbentrop über seine London-Reise informieren:

Auswärtiges Amt   Berlin, den 4. Januar 1939

Vermerk: Herrn Reichsminister:
Präsident Schacht kam heute telefonisch auf meinen kürzlichen Anruf zurück, worin ich ihm die Frage nach seiner Autorisation zu den Rublee-Besprechungen gestellt hatte. Herr Schacht sagt, er habe dem Führer vorgestern Vortrag gehalten. Der Führer sei mit seinen – Schachts – Besprechungen in

London einverstanden gewesen und habe ihn mit der Fortsetzung beauftragt. Schacht will nunmehr Rublee hierher bestellen.

Um seiner mir kürzlich gegebenen Zusage zu entsprechen, möchte der Präsident heute oder morgen oder am Sonnabend den Herrn Reichsminister über seine Londoner Unterhaltungen mündlich Bericht erstatten.

Nachdem ich dem Präsidenten die Dispositionen des Herrn Reichsministers mitgeteilt hatte, schlug Schacht Sonnabend für seinen Besuch bei dem Herrn Reichsminister vor. Am Sonnabendnachmittag scheint er zu einer Monatssitzung nach Basel zu verreisen.

Ich habe es absichtlich unterlassen, Schacht nach dem Inhalt seiner Gespräche in London und nach der sachlichen Grundlage zu fragen, auf welcher er nun mit Rublee weiter verhandeln will.

gez. Weizsäcker

Dokument Nr. 70

» Vom Führer einen Sonderauftrag für die Gesamtbehandlung der jüdischen Auswanderung.«

Aktenvermerk des AA-Unterstaatssekretärs Woermann vom 5. 1. 1939 über ein Gespräch mit Ministerialdirektor Helmuth Wohlthat, der vom Reichswirtschaftsministerium zu Görings Amt für den Vierjahresplan übergewechselt war, über Kompetenzen in der Frage der Juden-Aussiedlung:

Auswärtiges Amt   Berlin, den 5. Januar 1939

Vermerk

Min.Dir. Wohlthat gab mir heute Kenntnis von drei Anfragen, die er vom Auslande in der Judenfrage erhalten habe. Die Befassung Wohlthats mit diesen Fragen vom Auslande her erklärt sich nach seiner Angabe daraus, daß er in seiner früheren Eigenschaft als Leiter der Devisenstelle sich mit Projekten für die Auswanderung von Juden befaßt habe, die auch mit ausländischen Stellen damals besprochen worden seien.

Es handelt sich jetzt im einzelnen um folgendes:

1. Von einer ungarischen amtlichen Stelle ist ihm mit ausdrücklichem Vorwissen aller maßgebenden ungarischen Stellen, einschließlich des ungarischen Außenministers, in inoffizieller Form folgendes Projekt unterbreitet worden:

222

Die Ungarische Regierung würde bereit sein, die Auswanderung der ungarischen Juden aus Deutschland, die auf 10 000 mit einem Kapital von 200 Millionen geschätzt werden, zu fördern. Zu diesem Zwecke solle ein Treuhänder für das ungarisch-jüdische Vermögen eingesetzt werden, das von einer ausländischen Kapitalistengruppe bevorschußt werden würde. Die Amortisation und Verzinsung des Vorschusses könne in echtem zusätzlichen Export geschehen, wobei z. B. an Lieferung von Donauschiffen gedacht werde. Der große Vorteil dieser Regelung besteht darin, daß die Ungarische Regierung damit als erste eine Diskriminierung der ungarischen Juden in Deutschland zulasse und offiziell anerkenne.

2. Herr Wohlthat hat die Anfrage im Auftrage von Lord Bearstedt (früher Mr. Samuel) aus London bekommen, der ein Projekt für die Gesamtauswanderung von Juden aus Deutschland zur Erörterung stellt. Lord Bearstedt sei der Generaldirektor der Royal Dutch-Shell Gruppe und einer der reichsten und einflußreichsten Leute Englands. Das Projekt sieht gleichfalls Bestellung eines Treuhänders für das jüdische Vermögen in Deutschland, Bevorschussung durch eine ausländische Gruppe und Verzinsung und Amortisation durch zusätzlichen Export vor.

3. Schließlich hat Herr Wohlthat die Anfrage einer weiteren englischen Gruppe bekommen, hinter der die Hudson-Bay-Company stehe. Diese sei eine der größten Landverkaufsgesellschaften der Welt und wolle jüdische Siedlungen in eigener Regie vornehmen. Das Projekt bewegt sich im wesentlichen auf derselben Grundlage wie das zu 2. erwähnte. Der zusätzliche Export soll nach diesem Projekt zum Teil durch Lieferungen für Siedlungsbauten abgedeckt werden.

Herr Wohlthat fragte, wie das Auswärtige Amt zu diesen Projekten stehe. Ich habe ihm gesagt, daß Präsident Schacht nach seiner Angabe vom Führer einen Sonderauftrag für die Gesamtbehandlung der jüdischen Auswanderung erhalten habe. Er werde über diese Angelegenheit mit Herrn Reichsminister von Ribbentrop voraussichtlich in den nächsten Tagen sprechen. Ich könne eine Stellungnahme des Auswärtigen Amtes ihm erst mitteilen, wenn ich über den Verlauf dieses Gesprächs unterrichtet sei. Jedenfalls schiene mir erforderlich, daß alle solche Projekte einheitlich von einer einzigen Stelle bearbeitet würden.

Herr Wohlthat will diese Projekte seinerseits auch mit Präsident Schacht besprechen und Generalfeldmarschall Göring vortragen.

gez. Woermann

Dokument Nr. 71

»Der Jude hat seinen Besitz dem deutschen Volksvermögen entzogen.«

Aktennotiz des AA-Legationsrates Hinrichs vom 7. 1. 1939 an den AA-Staatssekretär von Weizsäcker über die Einwände des Referats Deutschland im Auswärtigen Amt gegen etwaige Verhandlungen Schachts mit dem Direktor des Zwischenstaatlichen Komitees der Evian-Konferenz für Flüchtlingsfragen, George Rublee:

Auswärtiges Amt
zu 83-24 B 4/1
und zu der anliegenden Notiz des Herrn St.S. vom 4. d. M.

Ref. Deutschl. bezweifelt, ob es zweckmäßig ist, die Verhandlungen mit Herrn Rublee ausschließlich durch den Reichsbankpräsidenten unter wirtschaftlichen und finanztechnischen Gesichtspunkten führen zu lassen, nachdem bereits seitens des AA. eine Fühlungnahme mit dem Eviankomitee auf politischer Basis vorbereitet war. Dieser Zweifel ist um so mehr begründet, als die Erfahrung bei der Durchführung der Judenauswanderung nach Palästina gelehrt hat, daß die Verbindung von Export- und Finanzinteressen mit dem Problem der Judenauswanderung wesentliche innenpolitische und außenpolitische Faktoren des Judenproblems außer acht läßt und damit für die deutschen Interessen nachteilig wirkt.

Soweit Einzelheiten über den sogenannten Schachtplan hier bekannt sind, soll auch in diesem Falle der Auswanderungswille der Juden dadurch gefördert werden, daß ihnen der Transfer bestimmter Vermögensteile ermöglicht wird. Das soll – ebenso wie beim Haavara-Abkommen – im Wege des zusätzlichen Exports geschehen. Der auswandernde Jude soll anstelle seiner Vermögenswerte Exportwaren in natura mitnehmen, die aus seinem Sperrmarkkonto der deutschen Industrie vergütet werden, bzw. sollen ihm Bons ausgehändigt werden, die der ausländische Importeur an Zahlungsstatt für zusätzlich exportierte deutsche Waren akzeptieren soll.

Nach ständig vertretener Auffassung von Ref. D. ist es gefährlich, das jüdische Interesse an einem möglichst weitgehenden Vermögenstransfer mit dem Interesse der deutschen Exportindustrie an einer verstärkten Ausfuhr zu koppeln. Damit wird die deutsche Exportindustrie zwangsläufig dazu gedrängt, die jüdischen Interessen an einem weitgehenden Vermögenstransfer zu unterstützen. Das Interesse der deutschen Industrie ist aber nicht gleichlaufend mit dem Interesse der deutschen Volkswirtschaft. Denn es handelt sich bei diesem Export um eine Warenausfuhr ohne Devisenertrag (die Bezahlung erfolgt aus dem Sperrmarkkonto der auswandernden Juden!).

M. E. besteht weder eine rechtliche noch eine moralische Verpflichtung, den Juden die Möglichkeit der Transferierung ihres Vermögens zu geben, d. h. eine Chance, die sogar Reichsdeutschen verschlossen ist. Nach nationalsozialistischer Auffassung hat der Jude als Fremdrassiger, der zumeist besitzlos nach Deutschland eingewandert ist, seinen Besitz durch ein spezifisch jüdisches Geschäftsgebaren dem deutschen Volksvermögen entzogen. Durch den »Einsatz des jüdischen Vermögens für die deutsche Wirtschaft« soll daher dieser Besitz der deutschen Volkswirtschaft wieder zugänglich gemacht werden. In dem Augenblick, wo die einzutragenden Schuldbuchforderungen der Juden auch nur zum Teil transferabel gestaltet würden, würde dieser Besitz in Gestalt deutscher Waren dem Vermögen des deutschen Volkes verlorengehen.

Es sollte daher m. E. zunächst versucht werden, ob die jüdische Auswanderung nicht bereits ohne Vermögenstransfer oder zumindest schon bei einem auf das geringste Maß beschränkten Vermögenstransfer in Gang kommt, nachdem – was nach den bisher bekannt gewordenen Absichten des sogenannten Schachtplans nicht der Fall ist – dem Juden kein Zweifel darüber gelassen wird, daß es für ihn in Deutschland künftig nichts mehr zu verdienen gibt und er seinen Besitz in Form einer verzinslichen Reichsschuldbuchforderung in Deutschland stehen lassen muß.

Es braucht nicht ausgeführt zu werden, daß die gleichen Gesichtspunkte im verstärkten Maße auch für den hier und da erörterten Gedanken einer Transferierung jüdischen Vermögens auf der Grundlage einer Auslandsanleihe gelten. Der Herrn Min.Dir. Wohlthat vorgelegte Plan einer Transferierung des Vermögens ungarischer Juden in Deutschland in Form einer »Bevorschussung« (vgl. anliegende Aufzeichnung des Herrn U. St. S. vom 5. d. M.) durch eine ausländische Kapitalistengruppe läuft m. E. auf dasselbe Problem hinaus. Die Frage der Transferierung jüdischen Vermögens in der Hand von jüdischen ungarischen Staatsangehörigen durch Lieferung von Donauschiffen ist bereits vor längerer Zeit von einem Vertreter der Ungarischen Regierung Herrn Gesandten Clodius vorgetragen und von diesem als undiskutabel abgelehnt worden.

Hiermit dem Herrn Staatssekretär
gehorsamst vorgelegt.

Berlin, den 7. Januar 1939   gez. Hinrichs

Handschriftliche Randbemerkung des AA-Unterstaatssekretärs Woermann vom 10. 1. 1939:

Ich nehme Bezug auf die mündliche Besprechung mit Staatssekretär: Notiz für die morgige Besprechung des Herrn Reichsministers mit Herrn Reichsbankpräsident Dr. Schacht.

Schriftliche Anmerkung des AA-Staatssekretärs von Weizsäcker für den Reichsaußenminister von Ribbentrop:
Da der Führer dem Präsidenten Schacht den Weg zu einem Versuch mit Rublee freigegeben hat, sind meines Erachtens Erwägungen, wie in dieser Niederschrift enthalten, z. Zt. gegenstandslos.

Dokument Nr. 72

»In einer stillen Organisation den Abtransport der deutschen Juden ins Ausland vornehmen.«

Aktenvermerk des AA-Staatssekretärs Ernst von Weizsäcker vom 13. 1. 1939 über das Einverständnis Ribbentrops mit Schachts Verhandlungen zur Juden-Aussiedlung:

Auswärtiges Amt   Berlin, den 13. Januar 1939
83-24 Bg 13/1 (12g)   Geheim
St.S. Nr. 34.

Der Herr Reichsminister hat sich gegenüber dem Herrn Reichsbankpräsidenten damit einverstanden erklärt, daß dieser den Versuch macht, in einer stillen Organisation den Abtransport deutscher Juden ins Ausland vorzunehmen. Herr Schacht hat dem Herrn Reichsminister seinen Plan dahin erläutert, daß eine Schädigung der deutschen Wirtschaft davon nicht zu erwarten sei. Um jedoch einen maßgebenden Einfluß des Amtes in dem für diese Aufgabe einzusetzenden Konsortium zu sichern und auch in minder wichtigen Fragen die ausschlaggebende Stimme des Auswärtigen Amtes vorzubehalten, soll ein Mitglied des auswärtigen Dienstes in dieses Konsortium entsendet werden. Die Personenwahl hat sich der Herr Reichsminister vorbehalten.

gez. Weizsäcker

Dokument Nr. 73

»Deutschland zu einem Abkommen über die Emigration der Juden bereit.«

Meldung des Rundfunksenders Straßburg vom 14. 1. 1939 über angebliche Fortschritte in den Beratungen zwischen Rublee, dem Direktor des Zwischen-staatlichen Komitees der Evian-Konferenz für Flüchtlingsfragen, und Reichs-bankpräsident Schacht.

IV. Rundfunksender

Straßburg, um 23.45 Uhr
14. Januar 1939

PTT Nachrichten (deutsch) aus Paris:

1. Berlin: Ein Mitglied des Evian-Ausschusses für die Emigration der Juden erklärte zu den gegenwärtigen Verhandlungen zwischen Rublee und Schacht: Wichtige Fortschritte sind erzielt worden. Die Dauer unseres Aufenthalts in Berlin hängt von der Schnelligkeit ab, mit diesen Verhandlungen zum Abschluß zu gelangen. Dr. Schacht, der eine Besprechung mit Generalfeldmarschall Göring hatte, hat auf die von Rublee gestellten Fragen und auf dessen Vorschläge zur Änderung des ursprünglichen Plans geantwortet. Aus dieser Antwort kann man schließen, daß Deutschland zu einem Abkommen über die Emigration der Juden bereit zu sein scheint, das geeignet ist, die Beteiligten zufriedenzustellen. Wie es scheint, haben sich die führenden deutschen Politiker darüber Rechenschaft abgelegt, daß eine Normalisierung der wirtschaftlichen Beziehungen zu den Vereinigten Staaten so lange unmöglich ist, ehe diese Fragen nicht gelöst werden.
Die deutschen Zeitungen haben bisher auch nicht die geringste Anspielung auf diese Besprechungen gemacht und nicht einmal die Anwesenheit Rublees in Berlin bekanntgegeben.

Dokument Nr. 74

»Dr. Schacht nicht in der Lage, die Besprechungen mit Herrn Rublee fortzusetzen.«

Aktennotiz des AA-Unterstaatssekretärs Woermann vom 20. 1. 1939 über die Folgen von Schachts plötzlicher Absetzung als Reichsbankpräsident:

Der Amerikanische Geschäftsträger teilte mir heute unter Zurücklassung eines Aide Memoire mit, daß Herr Rublee von der Reichsbank telephonisch die Mitteilung bekommen habe, daß Dr. Schacht nicht in der Lage sei, die Besprechungen mit Herrn Rublee fortzusetzen. Er fragte, ob eine andere Person an die Stelle von Dr. Schacht träte, und bat, daß Mr. Rublee, wenn irgend möglich, vor seiner morgen Sonnabend abend erfolgenden Abreise nach Paris verständigt werden möchte. Da die amerikanische Botschaft den diplomatischen Weg möglichst ausschalten wollte, bat Herr Gilbert, daß die Benachrichtigung des Herrn Rublee möglichst unmittelbar erfolgen möge.

gez. Woermann

Dokument Nr. 75

» Den diplomatischen Kanal für diese Besprechungen ausschalten. «

Aktennotiz des AA-Unterstaatssekretärs Woermann vom 21. 1. 1939 über die Mitteilung an den Amerikanischen Geschäftsträger, daß für Dr. Schacht ein Nachfolger ernannt werde:

Nach Rücksprache mit dem Gesandten Schmidt habe ich dem Amerikanischen Geschäftsträger auf seine gestrige Frage mitgeteilt, daß in Aussicht genommen sei, für Dr. Schacht einen Nachfolger für die Rublee-Verhandlungen zu ernennen. Ich könne ihm jedoch nicht sagen, ob das heute geschehen würde. Jedenfalls sei ja Herr Rublee darüber unterrichtet, daß Herr Schacht die Besprechungen nicht nur für seine eigene Person geführt habe. Im übrigen stimmten wir der auch von ihm (Gilbert) vertretenen Auffassung zu, den diplomatischen Kanal für diese Besprechungen nach Möglichkeit auszuschalten. Ich nähme daher an, daß Herr Rublee unmittelbar benachrichtigt würde, sobald die Nachfolge Dr. Schachts feststehe.

gez. Woermann

Rublee-Wohlthat-Unterredung

Dokumente Nr. 76–81

Dokument Nr. 76

»Die Reaktion auf meine Bemühungen war wenig ermutigend.«

Tonbandbericht George Rublees, des Direktors des Zwischenstaatlichen Komitees der Evian-Konferenz, über seine Tätigkeit im Komitee, insbesondere seine Berliner Verhandlungen mit dem Ministerialdirektor Helmuth Wohlthat aus Görings Amt für den Vierjahresplan. Der Bericht wurde von der New Yorker Columbia University im Rahmen ihrer »Oral Histories« Mitte der 60er Jahre aufgezeichnet (Zwischenüberschriften stammen von Rolf Vogel):

Rublees Weg nach Evian
Diese Bemerkungen stellen lediglich die Eindrücke eines Beobachters dar. Ich besaß keinen Einblick in die Begleitumstände, die meinem Urteil ein zusätzliches Gewicht verliehen hätten.
Im Sommer 1938, kurz nach meiner Rückkehr aus Mexiko, sagte mir Mr. Lamont von J. P. Morgan & Co., er glaube, ich könnte Mr. Myron Taylor behilflich sein, der Präsident der US Steel Corporation und davor Leiter verschiedener großer Baumwollfabriken im Süden gewesen war. Er besaß ein großes Vermögen und interessierte sich für Politik.
Mr. Taylor interessierte sich vor allem für eine internationale Organisation, die im französischen Evian gegründet werden sollte, um eine Lösung des Judenproblems in Deutschland zu finden. Ich weiß nicht mehr genau, wie alles zustande kam, aber ich sprach mit Mr. Taylor und dem stellvertretenden Außenminister Sumner Welles, die beide den Wunsch äußerten, ich möge in dieser Organisation einen führenden Posten übernehmen. In Evian wurde daraufhin ein Intergovernmental Committee geschaffen, und ich wurde zum Direktor gewählt. Ich nahm die Stelle an, weil ich der Meinung war, daß ich für die in Aussicht genommenen Verhandlungen in Deutschland der geeignete Mann sei.
Der übrige Teil der Tätigkeit lag mir weniger.

Das Londoner Komitee
Das internationale Komitee für politische Flüchtlinge in Deutschland war im wesentlichen folgendermaßen organisiert: Es bestand ein Rat, in dem die

zweiunddreißig Teilnehmerstaaten an der Evian-Konferenz vertreten waren. Die betreffenden Regierungen ließen sich im allgemeinen durch ihre Botschafter in London vertreten. Ratsvorsitzender war Edward Turnour, Lord Winterton, der dem britischen Kabinett angehörte.

Ich war geschäftsführender Direktor und berichtete dem Rat von Zeit zu Zeit. Mir stand ein kleiner Stab zur Seite. Einer meiner Mitarbeiter war Robert T. Pell vom State Department. Er war in Evian Assistent von Mr. Myron Taylor gewesen, so daß er mit der Gliederung des Komitees und dessen Vorläufern durchaus vertraut war. Er war ein besonders tüchtiger und aktiver junger Mann, der mir stets eine große Hilfe war.

Mein anderer Mitarbeiter war der Sohn meines alten Freundes Joseph P. Cotton, Joseph P. Cotton, jr. Ich hatte ihn schon von kleinauf gekannt, und er hatte der Regierung auf verschiedenen Posten gedient. Ich wollte ihn bei mir haben, und auch er erwies sich als große Hilfe. Das State Department überließ uns eine Sekretärin, die meinen kleinen Stab vervollständigte. Die britische Regierung wies uns in der Nähe der Westminster Abtei einige Büroräume zu.

Ich stellte bald fest, daß weder in britischen Regierungskreisen noch im Diplomatischen Corps ein besonderes Interesse an meiner Arbeit bestand. Der amerikanische Botschafter Joseph P. Kennedy zeigte nur geringes Interesse und ließ mir nie wesentliche Unterstützung angedeihen. Ich vermutete, daß auch Präsident Roosevelt kein sonderliches Interesse zeigte. Sumner Welles, der stellvertretende Außenminister, und Mr. Myron Taylor nahmen sehr regen Anteil und unterstützten mich jederzeit nach besten Kräften. Ich vermute, daß der Präsident gedacht haben mag, daß irgendeine Geste nötig sei, um die durch die Judenverfolgungen erzeugte Empörung zu besänftigen, daß er aber keine echte Hoffnung gehabt hat, das Schicksal der Juden in Deutschland zu erleichtern. Ich bin mir nicht ganz sicher, aber dies ist der Eindruck, den ich hatte, und es tat mir leid, daß ich vor meiner Abreise nicht mit dem Präsidenten gesprochen hatte. Wäre es zu einem solchen Gespräch gekommen, hätte ich die Tätigkeit vielleicht nicht übernommen.

Aktive Unterstützung der Regierung fehlt – Erfolgschancen sehr gering

Ich hatte den Eindruck, daß meine Erfolgsaussichten durch das Fehlen aktiver Unterstützung sehr gering waren. Ich hatte eine schwierige Aufgabe übernommen – das war mir klar. Ich wäre nicht gekommen, wenn sich nicht die Aussicht auf Verhandlungen mit Deutschland geboten hätte, um dabei irgendeine Art von Vereinbarung zu treffen. Ich kam nur auf eine begrenzte Zeit, denn ich konnte es mir nicht leisten, mein Anwaltsbüro länger als sechs

230

Monate im Stich zu lassen. Die zeitliche Begrenzung und der eigentliche Grund für mein Kommen waren der britischen Regierung, Lord Winterton und einigen anderen Persönlichkeiten bekannt, aber im allgemeinen wußte man wenig davon.

Meiner Meinung nach glaubte Botschafter Joseph Kennedy, meine Mission sei deshalb nicht ernst zu nehmen, weil sie keinerlei Erfolgschancen besaß.

Ich glaube nicht, daß ein Antisemitismus höheren Orts das Hindernis war. Man hielt in Regierungskreisen meine Mission einfach für vergeblich. Ich glaube, daß das Evian-Komitee lediglich einen eindrucksvollen Protest darstellte.

Ich traf kurz nach Mitte August in London ein. Bald darauf kam es zur tschechischen Krise, und zunächst glaubte man allgemein, daß es zum Kriege kommen würde; ich konnte natürlich vorläufig nicht viel für die jüdischen Flüchtlinge tun. Ich erinnere mich, daß man an einem bestimmten Tag in London den Kriegsausbruch für den nächsten Tag erwartete. Alle befanden sich in Alarmstimmung, denn für London waren keine Schutzmaßnahmen ergriffen worden. Es gab nur wenige Flugabwehrkanonen, und im Ausland herrschte Panikstimmung.

Ich gehörte zu einem Komitee, das für die in London lebenden Amerikaner sorgen sollte. Dann kam das Münchener Abkommen. Die Krise ging vorüber, und ich begann mit meiner Arbeit.

Ich lernte Leute im Foreign Office kennen, sowie den Berater des Premierministers Chamberlain, Sir Horace Wilson, der in gewisser Hinsicht über dem Foreign Office stand, und arbeitete mit den Botschaftern verschiedener Länder zusammen.

Zahlreiche Menschen kamen in mein Büro, um mit mir zu sprechen und Vorschläge zu machen, was ihrer Meinung nach geschehen müsse – Leute, die in Deutschland gewesen waren, manchmal auch deutsche Juden, die hatten ausreisen können und mir über die dortigen Lebensverhältnisse berichteten. Ich hörte mir an, was diese Menschen zu sagen hatten, aber ich erhielt von ihnen nur sehr wenig Unterstützung.

Wer würde die deutschen Juden aufnehmen?

Dann setzte ich mich mit den Botschaftern und Ministern anderer Staaten in Verbindung, um festzustellen, ob ihre Länder Juden aufnehmen würden. Es gab Gebiete, wo eine solche Aufnahme meines Erachtens erwartet werden konnte – die Staaten Südamerikas, Australien und die menschenleeren Staaten auf der ganzen Welt. Ich stieß auf wenig Gegenliebe. Man wollte keine jüdischen Flüchtlinge aufnehmen, die vermutlich kein Geld besaßen und den eigenen Geschäftsleuten nur Konkurrenz machen würden. Als Einwanderer waren nur Menschen erwünscht, die in der Landwirtschaft arbeiten würden, und von den Juden wurde dies nicht angenommen.

Die Reaktion auf meine Bemühungen war also wenig ermutigend. Lord Winterton, erinnere ich mich, kam einmal zu mir und verkündete triumphierend, daß Kenia fünfzig oder sechzig Familien aufnehmen würde. Er hielt diese Zahl für einen nennenswerten Beitrag.

Im Oktober oder Anfang November trat ein glücklicher Zufall ein. Meine Frau war Gast bei einem Mittagessen, das von einer Französin gegeben wurde; dort lernte sie Frau Wenninger kennen, deren Mann, General Ralph Wenninger, deutscher Luftwaffenattaché in England war. Meine Frau erzählte ihr, was meine Aufgabe in England sei. Frau Wenninger schien interessiert und meinte, daß auch ihr Mann Interesse haben würde, aber er sei gerade in Deutschland.

Meine Frau fragte, ob sie und ihr Mann nicht nach seiner Rückkehr mit uns zu Abend essen würden, und Frau Wenninger nahm gerne an. Etwas später, nach General Wenningers Ankunft, waren sie tatsächlich unsere Gäste im Hyde Park Hotel, wo wir ein Appartment bewohnten. Ich erläuterte General Wenninger meine Mission und die Gründe, warum ich für die erfolgreiche Durchführung meines Auftrags nach Deutschland reisen müsse. Ich lernte General Wenninger und seine Frau besonders schätzen. Sie waren kultivierte, anständige Leute. Sie stammten aus dem Rheinland. Sooft ich mit ihm zu tun hatte, flößte er mir Respekt ein, und ich hatte keinerlei Zweifel an seiner Aufrichtigkeit. Ich weiß nicht, wie er zum Nationalsozialismus stand – ich habe ihn nicht danach gefragt. Ich habe diese Frage nicht direkt angeschnitten, aber ich bin ziemlich sicher, daß er die Judenverfolgungen ablehnte. Ich habe mich nie über deutsche Politik mit ihm unterhalten. Ich habe mich zurückgehalten und mich ausschließlich auf mein Empfinden verlassen, daß er ein ehrenwerter Mann war.

Ich sah, daß er sich für meine Ausführungen interessierte. Kurz darauf lud er uns zum Abendessen in Chelsea ein, wo wir ausführlicher über das Thema sprachen. Etwas später bat er mich wieder zum Abendessen, und diesmal war auch der deutsche Botschaftsrat Theodor Kordt anwesend. Er schien sich für meine Gedanken wirklich zu interessieren. Ich erläuterte ihm meine Pläne und den Grund für meine Absicht, nach Deutschland zu reisen.

Interesse bei der Deutschen Botschaft in London

Die deutsche Botschaft war offensichtlich sehr interessiert. Es müssen Konsultationen mit Berlin stattgefunden haben, denn etwa zu diesem

Zeitpunkt wurde vorgeschlagen, daß meine Mitarbeiter, Pell und Cotton, nach Frankreich reisen und sich dort mit Vertretern der deutschen Regierung treffen sollten, um die Frage meines Deutschlandbesuchs zu erörtern. Aber aus irgendeinem Grund, dessen ich mich nicht entsinne, fand dieses Zusammentreffen nicht statt.

Ich behielt diese Verhandlungen für mich. Lord Winterton habe ich erst etwas später darüber orientiert. Erst als gewisse Erfolgsaussichten bestanden, habe ich mit ihm darüber gesprochen; das Evian-Komitee wurde nicht informiert.

In der Zwischenzeit bemühte man sich in Berlin ebenfalls darum, meine Reise nach Deutschland zu ermöglichen. Der amerikanische Botschafter, Hugh Wilson, besprach die Angelegenheit mit dem Auswärtigen Amt, aber ohne Erfolg. Auf Grund meiner gesamten Erfahrungen bei dieser Mission war mir klar, daß sich das Auswärtige Amt meinem Besuch widersetzte und keine Regelung der Judenfrage wünschte. Es lag auf der Hand, daß Reichsaußenminister Joachim v. Ribbentrop dagegen war. Ich weiß noch, daß ich einen Brief von Botschafter Wilson erhielt, in dem er mich um Aufklärung bat, ob ich Jude sei, was man in Berlin vermutete. Wahrheitsgemäß verneinte ich die Frage.

Wird die »Kristallnacht« Auswirkungen auf Rublees Mission haben?

Während ich mich noch mit General Wenninger besprach, wurde im November ein deutscher Diplomat in Paris von einem Juden erschossen. Entweder war es der Botschafter oder ein hoher Beamter der deutschen Botschaft. Dies führte in Deutschland zu einer Woge der Empörung, und man nahm an den Juden Rache. Ihr Eigentum wurde zerstört, und es kam zu Ausschreitungen besonders durch die extrem radikal eingestellten Leute in Deutschland, welche die Juden haßten; schließlich wurde, soweit ich weiß, das gesamte jüdische Eigentum durch die Regierung beschlagnahmt, und erhebliche Bußgelder wurden den Juden auferlegt.

Ich wußte zunächst nicht, wie sich diese Vorkommnisse auf meine Verhandlungen auswirken würden, aber man beschloß offenbar in Deutschland, daß den Radikalen Zügel angelegt werden müßten und daß die Verhandlungen mit mir fortgesetzt werden sollten. Etwa zu diesem Zeitpunkt hatte ich bereits Lord Winterton, Mr. Taylor und die anderen Persönlichkeiten, unter denen ich tätig war, über meine Absichten orientiert.

Dr. Hjalmar Schacht, der Reichsbankpräsident, war außerdem Minister in der Deutschen Reichsregierung; er kam nach London, um die Angelegenheit zu besprechen. In Lord Wintertons Büro fand mit Schacht eine Konferenz statt, an der Mr. Myron Taylor und ich teilnahmen. Ich kann mich an die einzelnen Vorschläge und Gegenvorschläge nicht mehr erinnern, doch erhielt ich kurz nach Schachts Rückkehr nach Berlin von ihm eine offizielle Einladung, die Flüchtlingsfrage mit der deutschen Regierung in Berlin zu erörtern. Ich nahm diese Einladung an.

Schacht und alle Deutschen, mit denen ich verhandelte, legten Wert auf die Feststellung, daß es sich um keine offiziellen Verhandlungen zwischen einzelnen Regierungen handeln dürfe, denn die Judenfrage in Deutschland sei ausschließlich eine innerdeutsche Angelegenheit, die ohne Einmischung von außen entschieden werden müsse. Sie waren jedoch bereit, die Angelegenheit inoffiziell zu erörtern; das Evian-Komitee wurde von Deutschland nie formell anerkannt.

Fahrt nach Berlin

Meiner Erinnerung nach war es Anfang Januar 1939, als ich mit meinen Mitarbeitern Pell und Cotton nach Berlin fuhr. Wir wurden am Bahnhof von einem Sekretär der amerikanischen Botschaft abgeholt und in einem Hotel in der Nähe der Botschaft untergebracht. Botschafter Wilson war abwesend; er befand sich in den Vereinigten Staaten. Ich glaube, er ist gar nicht mehr nach Deutschland zurückgekehrt. Ich hatte ihn auf seiner Reise in England gesehen und mit ihm gesprochen. Der Chargé d'Affaires war Prentis B. Gilbert.

Er und sein gesamter Mitarbeiterstab hießen uns herzlich willkommen, und während meines gesamten Aufenthaltes stand ich in engster Verbindung mit unserer Botschaft. Ich erhielt jegliche Unterstützung, die nur möglich war.

Auch der britische Botschafter, Sir Neville Henderson, war abwesend. Der Chargé d'Affaires, Sir G. A. D. Ogilvie-Forbes, war ein alter Freund von mir, der in Mexiko auf Posten war, während ich dort bei Botschafter Morrow tätig war. Auch er gab mir jede nur mögliche Hilfe. Ein weiterer glücklicher Umstand war der, daß der italienische Botschafter, der als Vertreter eines mit Deutschland verbündeten Landes eine wichtige Rolle spielte, Bernardo Attolico war, der während des Ersten Weltkriegs im Sekretariat des Alliierten Rats für Seetransporte sehr eng mit mir zusammengearbeitet hatte und den ich natürlich sehr gut kannte. Er empfing mich sehr freundschaftlich und gab in der Botschaft für mich ein Abendessen. Ich habe gar keinen Zweifel, daß er die deutschen Behörden positiv über mich unterrichtet hat.

Verhandlungen mit Schacht

Ich sollte mit Dr. Schacht verhandeln. Es kam zu drei oder vier Besprechungen mit ihm im Wirtschaftsministerium, dessen Leiter er war. Er war verbindlich, manchmal sogar jovial. Ich wurde von meinen Assistenten Pell und Cotton begleitet. Wir dachten bereits, gute Fortschritte zu erzielen, und hofften auf das Zustandekommen eines Abkommens, als sich ein merkwürdiger Vorfall ereignete.

Nach der letzten Zusammenkunft bat Schacht Pell, einen Augenblick dazubleiben. Wir warteten, bis Pell herauskam, und auf der Rückfahrt sagte Pell, Schacht habe ihn in eine Fensternische gezogen und ihm mit leiser Stimme unter Berufung auf einen Bericht der Gestapo gesagt: »Mr. Rublee und Sie hätten erklärt, ich sei gegenüber dem Regime nicht loyal. Kann dies dementiert werden?« Wir hatten nichts Derartiges erklärt, aber wir wußten, daß sich in unseren Hotelzimmern wahrscheinlich Abhörgeräte befanden und daß wir beobachtet wurden. Wir wären natürlich gern bereit gewesen, jederzeit zu erklären, nichts Derartiges über ihn gesagt zu haben – und daß wir davon überhaupt nichts wußten.

Wir waren überrascht. Am nächsten Morgen, bevor ich aufgestanden war, ließ Dr. Schacht anrufen, er könne mich nicht mehr sehen. Wir riefen im Ministerium an und stellten fest, daß er das Ministerium verlassen hatte und niemand wußte, wo er sich befand. Man habe uns nichts weiter zu sagen.

Ich informierte Mr. Gilbert und Mr. Ogilvie-Forbes in ihren Botschaften. Ich mußte unbedingt wissen, wo ich stand, denn meine Verhandlungen waren noch nicht abgeschlossen, und ich mußte am Tag nach Schachts Verschwinden zurück nach Paris reisen. Dort fand eine Sitzung des Evian-Komitees statt, an der ich teilnehmen mußte. Ich wußte, daß mich das Komitee, falls ich ohne Wiederaufnahme der Verhandlungen mit der Deutschen Regierung nach Paris käme, nicht nach Berlin zurückkehren lassen würde. Es mußte etwas geschehen, und wir hatten nur zwei Tage Zeit.

Göring als letzte Rettung

Mr. Gilbert und Mr. Ogilvie-Forbes taten ihr Bestes, aber sie konnten im Auswärtigen Amt niemanden erreichen. Sie erfuhren nicht, warum Dr. Schacht die Verhandlungen abgebrochen hatte und was mit den weiteren Verhandlungen geschehen solle.

Am nächsten Morgen, als ich nach Paris abreisen sollte, handelte ich nach eigenem Ermessen. Ich wollte mit Göring in Verbindung treten, der, wie ich wußte, für meinen Berlinbesuch eingetreten war. Mr. Gilbert von unserer

Botschaft hielt es für nötig, die Verbindung über das Auswärtige Amt herzustellen, aber er war nicht bereit, den Kontakt mit Göring herzustellen. Dies schien mir hoffnungslos zu sein, und ich ging zum amerikanischen Generalkonsul, Raymond H. Geist, der länger als alle anderen Botschaftsangehörigen in Berlin war und alle deutschen Beamten persönlich kannte. Ich erklärte ihm die Situation und sagte, ich würde die Verantwortung für alles übernehmen, was er für mich tue. Ich sagte ihm, Mr. Gilbert wolle sich nicht an Göring wenden, deshalb bäte ich ihn, festzustellen, ob ich mit Göring sprechen könne. Die einzige Möglichkeit für ihn bestand darin, General Bodenschatz aufzusuchen, der Göring unterstellt war und in einem besonderen Verhältnis zu diesem stand. Es war ein Tag, an dem Bodenschatz gewöhnlich aufs Land fuhr, aber zufälligerweise tat er es diesmal nicht, so daß Geist ihn erreichte und ihm die Situation erklärte. Bodenschatz setzte sich mit Göring in Verbindung, und ich erhielt sofort einen Termin bei Göring noch am selben Nachmittag. Ich hatte Glück gehabt.

Geist und ich fuhren zum Kriegsministerium, das in Berlin ein großer Bau um einen riesigen offenen Platz herum war. Man ließ uns ein, und wir fuhren bis ans Ende des Platzes, wo Göring ein Haus hatte. Ich glaube nicht, daß er dort wohnte; es diente als Büro, aber es war ein ziemlich großes Haus. Wir traten ein und stießen in einem Vorraum, der mit herrlichen Gobelins an den Wänden ausgestattet war, auf eine kleine Gruppe von Menschen. Neben Geist und mir selbst befanden sich dort ein deutscher Dolmetscher, der in Oxford gewesen war und perfekt englisch sprach, General Bodenschatz, Görings Adjutant und ein weiterer Mann, den ich damals noch nicht kannte, der sich aber als die Persönlichkeit erwies, mit der ich später verhandelte: Herr Wohlthat. Wir warteten einige Minuten, und schließlich kam die Nachricht, Göring wolle mich empfangen. Daraufhin trat ich durch die Tür in einen weiteren Raum. Es war ein großer, länglicher Saal. Ich mußte eine weite Strecke bis zum gegenüberliegenden Ende des Raumes gehen, wo auf einer Estrade ein Schreibtisch sowie einige Stühle standen und unmittelbar darunter ein weiterer Tisch mit Stühlen.

Geist kam nicht mit, sondern ich ging nur mit den anderen, oben erwähnten Personen hinein und marschierte bis an das Ende des Raumes. Göring saß auf einem Stuhl auf der Estrade, aber er stand auf und begrüßte mich sehr höflich mit Handschlag. Ich war natürlich sehr daran interessiert, mit ihm zu sprechen. Er schien damals bei guter Gesundheit zu sein. Seine Augen waren klar, er hatte gute Umgangsformen und schien ein Gentleman zu sein. Er hieß mich verbindlich willkommen und ging dann zum Schreibtisch auf der Estrade zurück. Er nahm über uns Platz, und wir setzten uns unten hin. Der Dolmetscher saß neben mir.

Göring begann zu sprechen. Während der Unterredung verließ General Bodenschatz mehrfach den Raum. Er saß nur zeitweise bei uns, bevor er endgültig hinausging.

Göring sagte zunächst, er sei über meine Tätigkeit voll unterrichtet. Er wisse alles über meine Gespräche mit Dr. Schacht. Er fügte hinzu, Dr. Schacht könne die Verhandlungen nicht fortsetzen, sie würden aber natürlich weitergeführt werden. Herr Wohlthat werde Dr. Schachts Stelle bei den Gesprächen mit mir einnehmen. Er sei dafür besser geeignet, weil er nicht so viel zu tun habe, wie Dr. Schacht. Er sagte: »Ich werde vom Fortgang der Verhandlungen genau unterrichtet werden, und ich kann Ihnen versichern, daß wir an diesen Gesprächen ein Interesse haben.« Er schloß dann einige Einzelheiten an.

Göring: »Keine Devisen«

Dann sagte er: »Sie haben um etwas gebeten, das wir Ihnen leider nicht geben können.« Ich hatte darauf bestanden, daß die Juden bei der Ausreise aus Deutschland einen bestimmten Betrag in Devisen erhalten sollten. Mir kam es auf eine geordnete Ausreise an und darauf, daß die Juden durch den Besitz von Devisen nicht völlig mittellos von anderen Ländern aufgenommen werden mußten. Göring sagte: »Das geht nicht. Wir können ihnen keine Devisen geben. Aber wir werden die Reisekosten innerhalb Deutschlands übernehmen und so viel Gepäck freigeben, wie die Auswanderer mitnehmen können. Aber keine Devisen.«

Er sprach weiter über die einzelnen Punkte des in Aussicht genommenen Abkommens und wandte sich zum Schluß mit einer Art von Appell an mich: »Warum rüsten Sie in den Vereinigten Staaten so stark auf? Wissen Sie denn nicht, daß dies viel Geld kostet?« Er wollte mich offenbar veranlassen, in den Vereinigten Staaten die Meinung zu verbreiten, daß es zwischen Deutschland und den USA keine Streitfragen gäbe.

Am Ende der Unterhaltung gab ich als Antwort eine kurze Erklärung ab. Es sei mir klar geworden, daß er an einem Fortgang der Verhandlungen und dem Abschluß einer Vereinbarung interessiert sei. Er sagte: »Ich werde über Ihre Gespräche genauestens orientiert werden. Ich werde diese Angelegenheit aufmerksam verfolgen, und Sie können meiner Unterstützung sicher sein.«

Ich glaube nicht, daß sich Göring dabei von menschlichen Gefühlsregungen leiten ließ. Meines Erachtens hatte er den Eindruck, daß die Judenverfolgungen Deutschland nur Nachteile brachten und daß es töricht wäre, den Juden die Ausreise zu verweigern, wenn andere Länder sie aufnehmen wollten.

Der Dolmetscher wurde nicht gebraucht. Ich konnte etwas deutsch sprechen, hatte es aber weitgehend vergessen. Ich verstand das meiste, konnte mich aber nicht auf Deutsch unterhalten. Ich konnte die deutsche Sprache nicht genau verstehen, weil ich nicht gut genug hören konnte, was gesagt wurde. Aber Göring hatte eine sehr klare Aussprache und sprach ein gutes Deutsch; ihn konnte ich verstehen. Göring sprach kein Englisch, aber er schien mein Englisch zu verstehen. Der Dolmetscher machte sich Notizen und gab uns anschließend je eine Kopie des Protokolls, aber wir hatten den Text eigentlich nicht nötig.

Als ich herauskam, sagte mir Geist, daß General Bodenschatz ihm mitgeteilt habe, die Zusammenkunft nehme einen großartigen Verlauf. Er sagte Geist später, Göring sei nach dem Gespräch sofort zu Hitler gegangen und habe ihm Bericht erstattet. Dies sei ungewöhnlich und zeige, daß er mit dem Verlauf des Gespräches sehr zufrieden war.

Ich hatte Göring gesagt, daß ich einen Termin bei meinem Komitee hätte und nach Paris fahren wolle. Er sagte, daß sei völlig in Ordnung, und ich erklärte, ich möchte sichergehen, daß wir bei meiner Rückkehr die Verhandlungen fortsetzen könnten. »Oh, gewiß«, sagte er, und es wurde alles vorbereitet. Ich war erleichtert, und wir fuhren noch in derselben Nacht nach Paris. Ich nahm an einer Sitzung des Komitees im Außenministerium am Quay d'Orsay teil. Diese Sitzung fand in größerem Kreise statt. Der französische Außenminister, zahlreiche Botschafter und andere Beamte waren anwesend. Der französische Außenminister gab uns vor der Sitzung ein Mittagessen. Ich erstattete Bericht und erregte allgemeine Überraschung. Die Verhandlungen waren jedoch noch nicht beendet, deshalb nahm man meinen Bericht lediglich zur Kenntnis und hatte keinerlei Bedenken, daß ich nach Deutschland zurückfuhr. Auch Lord Winterton war da.

Merkwürdigerweise schien man zu glauben, es gehöre Mut dazu, nach Berlin zurückzukehren. Ich habe das nicht verstanden, aber einige der Sitzungsteilnehmer hätten sich anscheinend vor einer Reise nach Deutschland gefürchtet. Jetzt, da die Erfolgschancen gewachsen zu sein schienen, war Lord Winterton voll des Lobes und bat mich, ihn »Eddy« zu nennen.

Die Beratungen mit Wohlthat und das Ergebnis

Ich fuhr zur Fortsetzung meiner Besprechungen mit Wohlthat nach Berlin zurück. Wir verhandelten eine Reihe von Tagen, und ich mußte wieder ganz von vorn anfangen. Alle meine Besprechungen mit Schacht wurden ignoriert. Wohlthat war wirklich ein sehr sympathischer Mann. Er war verbindlich und machte einen ehrlichen und vernünftigen Eindruck. Er hatte in Brooklyn gelebt, kannte die Vereinigten Staaten, sprach gut englisch und behandelte mich und meine Mitarbeiter zuvorkommend und mit großer Offenheit.

Wir untersuchten alle Möglichkeiten sehr genau und gelangten zu einem Abkommen – Wohlthat hatte etwas gegen den Ausdruck »Abkommen«, aber es war praktisch nichts anderes. Ich will seinen Inhalt hier kurz skizzieren.

Es lebten etwa 600 000 Juden in Deutschland. Nach der offiziellen Definition war Jude derjenige, der mehr als die Hälfte jüdisches Blut hatte. Es gab viele Menschen jüdischen Bluts, die nicht als Juden galten. Sie hießen Mischlinge und waren von der Judengesetzgebung nicht betroffen. Wir hatten es also mit 600 000 Juden zu tun, und man ging davon aus, daß 150 000 von ihnen arbeitsfähige, junge Leute waren, die von uns im Laufe von fünf Jahren ordnungsgemäß aus Deutschland abtransportiert werden sollten. Fünf Jahre standen uns hierfür zur Verfügung. Es wäre besser, wenn wir es in drei Jahren schaffen könnten, aber fünf Jahre waren die Grenze – das hieß, es mußten jährlich 30 000 in anderen Teilen der Welt untergebracht werden. Man nahm an, daß diesen 150 000 zur gegebenen Zeit weitere 250 000 Familienangehörige folgen würden, so daß schließlich 400 000 Deutschland verlassen haben würden. Bei den restlichen 200 000 handelte es sich um alte, kranke oder aus anderen Gründen nicht ausreisefähige Juden. Sie sollten in Deutschland bleiben, und es war sichergestellt, daß sie anständig behandelt werden würden.

Dies war meines Erachtens eine vernünftige Regelung. Ich war der zuversichtlichen Hoffnung, daß die Evakuierung dieser Anzahl von Juden innerhalb von fünf Jahren zu schaffen sei. Es war ferner vorgesehen, daß sie mit Vorräten versehen werden sollten, die in Deutschland mit Mark bezahlt werden konnten; ich glaube, das hierzu erforderliche Geld sollte von dem jüdischen Eigentum genommen werden, das von der Regierung beschlagnahmt worden war. Dies war natürlich eine Härte, aber schließlich stammte das Geld von Eigentum, das sich bereits im Besitz der Regierung befand. Die Reisekosten bis zur Grenze sollten in derselben Weise aufgebracht werden.

Die Gesetze, die den Juden das Verlassen Deutschlands untersagten, sollten aufgehoben werden. In London sollte von jüdischer Seite eine Vereinigung gegründet werden, die Vertreter mit dem Auftrag nach Deutschland entsenden sollte, dafür zu sorgen, daß die Auswanderung ordnungsgemäß durchgeführt wurde. Die Juden sollten also selbst diejenigen auswählen, die ausreisen durften. Es gab Bestimmungen, nach denen die Reisebeschränkungen für Juden in Deutschland sofort gelockert werden sollten und die Juden Berufe ausüben durften, die ihnen bisher verschlossen waren.

Das Abkommen war liberaler und großzügiger, als man es für möglich gehalten hatte. Meine Besprechungen mit Wohlthat nahmen einen durchaus ordnungsgemäßen Verlauf. Meine Mitarbeiter und ich faßten schriftlich die Punkte zusammen, über die unserer Meinung nach während der Besprechungen Einverständnis erzielt worden war, und Wohlthat übernahm diesen Text. Wenn es Meinungsverschiedenheiten gab, wurden sie beseitigt. Dann verteilte er das Papier unter verschiedenen Beamten in Berlin, so daß alle Regierungsbehörden wußten, was vor sich ging. Er weigerte sich, dem Ergebnis unserer Verhandlungen die Bezeichnung »Abkommen« zu geben; er sagte: »Von deutscher Seite wurde das und das gesagt ... und auf der anderen Seite das und das ...« Dies war alles.

Als wir den endgültigen Text formuliert hatten, bat er mich, noch einige Tage in Berlin zu bleiben. Während dieser Zeit ließ er die Papiere bei allen Ministerien zirkulieren, die irgendein Interesse an der Sache hatten. Bevor er nicht deren Zustimmung erhalten hatte, wollte er nicht unterschreiben. Es war von seiner Seite aus verständlich, aber ich war mir eine Weile nicht ganz sicher, wie das Ergebnis aussehen würde. Aber schließlich erhielt er das Einverständnis aller zuständigen Stellen und setzte seine Unterschrift unter das Papier. Ich unterzeichnete ebenfalls, womit das Abkommen ein offizielles Dokument wurde.

Das Ergebnis löst in London Überraschung aus –
Rückkehr nach New York

Glücklich über das Erreichte, kehrte ich nach London zurück. Hier herrschte große Überraschung, als man erfuhr, was sich ereignet hatte. Man konnte es kaum glauben, und die Einstellung mir gegenüber änderte sich völlig. Botschafter Kennedy war vom Winterurlaub in den Vereinigten Staaten zurückgekehrt. Er rief mich an und brachte in einem völlig gewandelten Ton seine große Überraschung zum Ausdruck: »Wie war dies nur möglich? Warum haben die Deutschen nicht schon längst etwas Derartiges getan, wenn sie ohnehin dazu bereit waren?« Er hielt das Abkommen für etwas Außergewöhnliches.

Dann wurde bekannt, daß ich in die Vereinigten Staaten zurückkehren würde. Diese Nachricht verursachte eine gewisse Bestürzung, besonders in der deutschen Botschaft. Man wollte mich nicht gehen lassen, und die Leute verstanden nicht, warum ich ging. Sie wußten nicht, daß dies schon seit langem vorgesehen war. Die britische Regierung wußte bei meinem Erscheinen, daß ich nicht länger bleiben konnte und daß ich nur deshalb gekommen war, weil ich glaubte, diese Verhandlungen in Deutschland führen zu können. Man nahm meinen Rücktritt zwar hin, aber es kam zu allerlei Spekulationen – über den Grund meines Rücktritts und so weiter.

Sir Herbert Emerson wird Rublees Nachfolger

Als mein Nachfolger wurde Sir Herbert Emerson bestimmt. Er war ein erfahrener Beamter, der sich als Leiter des Flüchtlingsausschusses des Völkerbundes Verdienste erworben hatte. Mr. Myron Taylor gab ein großes Abendessen für mich, bei dem alle Botschafter der Mitgliedsländer des Evian-Komitees zugegen waren. Außerdem war eine Anzahl hoher britischer Beamter anwesend. Man wunderte sich allgemein über die in Berlin erreichten Ergebnisse. Ich hielt eine kurze Ansprache, und damit endete meine Verbindung zu der ganzen Angelegenheit, denn ich fuhr einige Tage darauf, Ende Februar, nach Amerika zurück.

Es dauerte noch einige Zeit, bis die Maschinerie, die der neue Plan vorsah, in Gang gesetzt werden konnte. In England mußte eine Gesellschaft mit einem Kapital von einer Million Dollar gegründet werden; an ihrer Spitze stand Mr. Paul van Zeeland, ehemaliger Ministerpräsident von Belgien und im gegenwärtigen Augenblick wieder Ministerpräsident.

Die Juden in Amerika waren nicht sehr glücklich, denn es bestand bei ihnen eine Abneigung gegen jede Regelung mit Deutschland. Es kann sein, daß sie der Meinung waren, die deutsche Seite sei nicht im erforderlichen Ausmaß verurteilt worden. Ich habe die wirkliche Einstellung der Juden nie ganz verstanden. Man brachte den Juden, die aus Deutschland ausreisten, viel Sympathie entgegen und behandelte sie großzügig, aber ich hatte den Eindruck, daß die amerikanischen Juden nicht bereit waren, viel für die Juden zu tun, solange sich diese noch in Deutschland befanden. Dies war jedenfalls mein Eindruck.

Die Verpflichtungen wurden von deutscher Seite zunächst erfüllt

Die Deutschen erfüllten alle ihre Verpflichtungen, und bis zum August wurde auch von jüdischer Seite das Erforderliche getan. Dann kam der Krieg und brachte alles zum Erliegen. Vielleicht hätte, wenn der Krieg nicht gekommen wäre, die Judenverfolgung in Deutschland aufgehört. Wir werden es nie wissen, denn wir hatten keine Gelegenheit, den Plan durchzuführen. In den Monaten zwischen meiner Abreise aus Deutschland und dem Ausbruch des Krieges kam es kaum noch, wenn überhaupt, zu Judenverfolgungen in Deutschland. Einige reisten aus, und die übrigen hatten es in Deutschland leichter. Ich erhielt eine ganze Anzahl von Briefen aus Deutschland, in denen mich dankbare Juden zwar baten, ihre Briefe nicht zu beantworten, in denen sie mir aber ihren Dank für das, was ich für sie getan hatte, zum Ausdruck brachten.

Dokument Nr. 77

»Fast keine Regierung war bereit, Einwanderungsmöglichkeiten für größere jüdische Gruppen zu schaffen.«

Notizen Rolf Vogels über seine Gespräche mit dem 81jährigen Helmuth Wohlthat 1974 in dessen Düsseldorfer Haus. In den Gesprächen schildert der ehemalige Devisenspezialist Görings seine Verhandlungen als Ministerialdirektor »zur besonderen Verwendung« für die Fragen des Vierjahresplans im Preußischen Staatsministerium mit George Rublee, dem Direktor des Zwischenstaatlichen Komitees der Evian-Konferenz. Auszug:

Wohlthat berichtete mir eingangs, daß er als Leiter der Reichsstelle für die Devisenbewirtschaftung im Reichswirtschaftsministerium unter Hjalmar Schacht zwischen 1933 und 1939 rund 150 000 Juden durch Devisengenehmigungen ihre Ausreise ermöglicht habe. Alle Anträge seien über diese Zentralstelle gelaufen, auch jene, bei denen die deutschen Banken versucht hätten, ihren Klienten vorhandene Vermögen durch Übernahme von Geschäftsanteilen, Beteiligungen und Aktien in bares Geld umzutauschen. Dieses mußte dann aber noch in Devisen umgewandelt werden, so daß beim Reichswirtschaftsministerium die eigentliche Entscheidung gelegen habe.

In diesem Zusammenhang berichtete Wohlthat von dem amerikanischen Generalkonsul Geist, den er aus den Tagen bei der Zentralstelle für die Devisenbewirtschaftung kannte. Der amerikanische Botschafter war nach den November-Pogromen aus Protest nach Washington zurückberufen worden. So sei Geist zu ihm gekommen, um mit ihm die Frage eines Fortgangs der Gespräche mit George Rublee zu erörtern, nachdem dieser durch den Abgang Dr. Schachts als Reichsbankpräsident im Januar 1939 plötzlich vor dem Nichts gestanden habe und alle Kontakte so gut wie abgebrochen waren.

Wohlthat: »Herr Geist wußte praktisch auch keinen Rat und glaubte, daß man sich vielleicht an Göring wenden könne, um das Problem neu zu verhandeln. Dieser Gedanke kam Geist wohl nicht zuletzt deshalb, weil ich zu dieser Zeit bereits im Preußischen Staatsministerium saß. Rublee selbst hatte noch andere Versuche unternommen, zu Göring vorzudringen. So kam eine Unterredung zustande, zu der Rublee von Generalkonsul Geist begleitet wurde. Außerdem waren General Bodenschatz, der Adjutant von Göring und ich selbst anwesend. Erst bei dieser Unterredung erfuhren wir von den Amerikanern, was Schacht in London verhandelt hatte, denn Schacht hatte mir vor seinem Weggang aus der Reichsbank nichts erzählt. Er hatte die ganze Aktion völlig für sich behalten. Rublee hatte wegen seiner Kenntnis der Einzelheiten der Londoner Gespräche Schachts sicherlich eine direkte Fortsetzung der Londoner Verhandlungen erwartet.«

Auf meine Frage an Herrn Wohlthat, ob die Evian-Konferenz im Januar 1939 nicht bereits gescheitert gewesen sei, antwortete er:»Das kann man nicht so einfach sagen. Die Evian-Konferenz war doch auf Veranlassung von Franklin D. Roosevelt zustande gekommen. Dabei gab es einen Amerikaner, der sich außerordentlich stark für die Juden in Deutschland einsetzte. Es war der Präsident der United States Steel, Myron Taylor. Sein menschliches Interesse galt allen rassisch, religiös und politisch Verfolgten des Nationalsozialismus in Deutschland. Von amerikanischer Seite war dann die Aufforderung an 35 Staaten ergangen, sich zur Hilfe für diese Verfolgten einzusetzen. So kam die Evian-Konferenz zustande.«

»Das geschah doch zu einem Zeitpunkt«, fragte ich, »da die Möglichkeit, Devisen für die Auswanderung von Juden und die erforderlichen Einreisevisa zu erhalten, noch gegeben war. Haben denn nicht auch die Engländer die Einwanderungsmöglichkeiten nach Palästina bereits zu dieser Zeit stark beschränkt?«

Wohlthat:»Ja, diese Versuche sind alle mißlungen, da fast keine Regierung bereit war, Einwanderungsmöglichkeiten für größere jüdische Gruppen zu schaffen. Die einen wollten nur hochqualifizierte Einwanderer, die auf dem Gebiet der Landwirtschaft aufbauen konnten, gleichsam als Pioniere in ihren Entwicklungsgebieten. Die anderen ließen keine Juristen und Ärzte zu, um für ihre eigenen Akademiker keine Konkurrenz zu bekommen. Für die deutschen Juden, die nach Auswanderungsmöglichkeiten suchten, waren diese Schranken kaum zu überwinden, denn hier gab es eben hochqualifizierte Ärzte und Juristen, aber kaum einen, der die Landwirtschaft erlernt hatte. So kamen dann etliche Staaten zu mir, um meinen Rat für die Einwanderung von Juden zu erbitten, so z. B. Italien. Diese Bitten mußte ich alle ablehnen, da ich ja durch meine Bindung in Berlin voll beschäftigt war mit internationalen Verhandlungen.«

Unser Gespräch kam auf die Unterredung mit Rublee bei Göring zurück.

Wohlthat:»Wie schon erwähnt, fragte mich Göring, was ich von den Gesprächen Dr. Schachts in London wüßte. Aber sie waren mir unbekannt.

Auch die Ministerien in Berlin wußten keine Einzelheiten. Später habe ich mich dann in London selbst erkundigt und von Lord Winterton die Einzelheiten des ›Schacht-Plans‹ erfahren. Ich habe mich dann laufend in London erkundigt und alle notwendigen Informationen dort bekommen. Bei dem Gespräch mit George Rublee hat dann Göring von sich aus erklärt, Rublee solle die unterbrochenen Gespräche mit mir fortsetzen.«

Auf meine Frage, ob denn Göring selbst niemals Stellung zu diesem Fragenkomplex bezogen habe, meinte Wohlthat, daß Göring der Meinung gewesen sei, die Auswanderung der Juden solle ermöglicht werden.

Wohlthat: »Sie konnten ja entweder nach einem neuen Rechtsstatus in Europa leben – oder in Deutschland; das war aber nach den Vorfällen im November 1938 nicht mehr möglich. Der andere Weg war eben eine geregelte Auswanderung. Da Göring wußte, daß ich Sachverständiger für den Devisentransfer war, hat er mich mit dieser Aufgabe betraut. Schachts Plan war zwar mit Lord Winterton und Lord Bearstedt besprochen worden, aber es gab keinerlei Ausarbeitung. Man konnte also nicht davon ausgehen, daß die 1,5 Milliarden Mark, die Schacht in seinen Gedanken vorgesehen hatte, bereits zur Verfügung standen. Das ganze Projekt war eine Angelegenheit, die sich über lange Jahre hingezogen hätte. Schacht war wahrscheinlich auf den Gedanken der Anleihe gekommen, da das jüdische Vermögen in Deutschland unter eine Treuhandverwaltung gestellt werden sollte. Die November-Ereignisse haben ihn dann zu der Initiative gebracht, das jüdische Vermögen gegen erneute Eingriffe schützen zu wollen, so wie es eben nach diesen Vorfällen notwendig geworden war. Aber von einer Planung konnte man hier noch nicht sprechen. Wie weit dabei Parteiführer wie Goebbels, Himmler oder Heydrich eine Rolle gespielt haben, kann ich nicht sagen. Ich habe mich mit dieser Frage überhaupt nicht befaßt.«

Die Verhandlungen mit George Rublee schilderte Wohlthat wie folgt: »Die eigentlichen Verhandlungen mit Rublee wurden Ende Januar 1939 an mehreren Tagen in meinem Büro im Preußischen Staatsministerium geführt. Rublee kam morgens in mein Büro, begleitet von Robert Pell, seinem Assistenten. An den Nachmittagen veranstaltete ich jeweils eine Sitzung, an der dann die Abgesandten der Ressorts informiert wurden. Daran waren das Reichswirtschaftsministerium, das Auswärtige Amt, das Ernährungsministerium, das Arbeitsministerium, das Innenministerium und die Reichsbank beteiligt. Ich versuchte auf diese Weise eine Grundlage für die weiteren Verhandlungen mit Rublee zu schaffen.

Bereits vor dem Beginn der eigentlichen Verhandlungen mit Rublee hatte ich mit den Engländern in London gesprochen, um festzustellen, wieviele Juden nach Palästina auswandern könnten. Aus der jüdischen Geschichte ergibt sich ja eine besondere Hinwendung nach Palästina. Aber da war eine definitive Begrenzung durch die Engländer gegeben, die ja Mandatsmacht in dem Gebiet waren. Zu dieser Zeit kämpften die Engländer gegen radikale Elemente in Palästina. Die Araber versuchten damals die Einwanderung der Juden in Grenzen zu halten und die Engländer waren der Meinung, wenn man das nicht täte, würde eine schwierige Situation geschaffen. Die Engländer glaubten, wenn man hier keine Begrenzung der Einwanderung beschließe, würden all ihre Interessen im mittleren Osten verlorengehen, die Lage für sie immer schlechter werden.

Ich habe dann versucht, die Lage in der Welt durch erstklassige Beamte, die ich in meinem Arbeitsbereich hatte, überprüfen zu lassen. Ich entsandte sie vor allem in die Türkei und nach Ägypten. Sie sollten feststellen, wie das Verhältnis der eingesessenen Bevölkerung und der betreffenden Regierungen sich zu den Einwanderungsproblemen entwickelt hatte.«

Ich unterbrach Herrn Wohlthat mit der Frage, ob denn diese Beamten Nationalsozialisten gewesen seien, vor denen er nicht habe offen sprechen können.

Wohlthat: »Das waren sie bestimmt nicht. Ich hatte in meiner Abteilung nur junge Assessoren, die ihre Examen mindestens mit ›sehr gut‹ abgeschlossen hatten, dann aber auch ausgesuchte Regierungsräte, Oberregierungsräte und Ministerialräte. Ich versuchte, in jedem Jahr aus ganz Deutschland die besten Kräfte aus den Verwaltungen nach Berlin zu holen. Im Reichswirtschaftsministerium hatte ich die Unterstützung einer hervorragenden Personalabteilung.

Das war vor allem für diese völlig neue Arbeit notwendig, denn hier wurde von uns ja völlig neues Recht ausgearbeitet. Aus diesem Kreis meiner Beamten suchte ich dann jene aus, die für die politische und wirtschaftliche Beobachtung der verschiedenen Länder am besten geeignet erschienen.

Als ich zu den Verhandlungen mit Herrn Rublee zusammentraf, hatte ich bereits eine Vorstellung von den sehr begrenzten Möglichkeiten, die sich für die Auswanderung der deutschen Juden ergaben. Die Ressortbesprechungen an den Nachmittagen führten dazu, daß wir an jedem Tag das angefallene Material durcharbeiten konnten. Dann stellten wir eine Art Memorandum auf, das Herr Rublee und ich abstimmten.

Das Memorandum hat Herr Rublee mir dann in Form eines Briefes übersandt. Dieses Memorandum war eine völlig klare Regelung für die Behandlung der Auswanderer aus Deutschland. Die Staaten der Evian-Konferenz wurden dadurch praktisch aufgefordert, größere Gruppen jüdischer Auswanderer aufzunehmen, wobei immer mehrere Tausend zusammengefaßt werden sollten. Zu diesem Zweck waren in vielen Staaten Untersuchungen gemacht worden. Es lagen auch etliche Zusagen für die Aufnahme dieser Gruppen vor. Dieser Briefwechsel mit Herrn Rublee war praktisch eine Vertragsbasis.«

Ich fragte Herrn Wohlthat nach der Haltung der verschiedenen Ressorts der Reichsregierung und ob bei den verschiedenen Stellen unterschiedliche Auffassungen bestanden hätten.

Herr Wohlthat verneinte: »Das Auswärtige Amt, das durch einen Vortragenden Legationsrat vertreten war, war froh, daß es selbst keine Verantwortung für die Führung der Verhandlungen hatte. Die anderen Ministerien waren ebenfalls hocherfreut, daß sie zu derartigen Besprechungen kommen konnten. Es gab bei den verschiedenen Ministerien keine Unterschiede in der Beurteilung dieser Frage.«

Ich fragte Herrn Wohlthat nach der Haltung des Gestapo-Hauptamtes in Berlin, ob Himmler vielleicht Einspruch erhoben habe. Aber auch das verneinte er:

»Mir gegenüber wurde einmal erwähnt, daß dieses Papier, das ich mit Mr. Rublee ausgearbeitet hatte, natürlich auch Gegenstand von Beratungen der Geheimen Staatspolizei gewesen sei. Hier möchte ich aber auch betonen, daß ich vor der Bestätigung des Papiers, das mir Mr. Rublee zur Abzeichnung zugeschickt hatte, bei Göring Vortrag gehalten habe mit dem Bemerken, daß ich nur mit seiner Zustimmung unterzeichnen werde und daß ich das nur bestätigen würde, wenn ich sicher sein könnte, daß der Inhalt dieses Papiers auch ausgeführt würde. Göring ist dann noch einmal zu Hitler gegangen und hat sich selbst die oberste Zustimmung geholt. Dann erst habe ich Mr. Rublee den Inhalt des Papiers bestätigt. Diese Methode habe ich immer angewandt, wenn es schwierige und heikle politische Entscheidungen gegeben hat.«

Dokument Nr. 78

»*Es besteht nicht die Absicht, die Juden abzusondern. Sie dürfen sich frei bewegen.*«

Brief George Rublees, des Direktors des Zwischenstaatlichen Komitees (Intergovernmental Committee) der Evian-Konferenz für Flüchtlingsfragen, vom 1. 2. 1939 an Helmuth Wohlthat, Ministerialdirektor »zur besonderen Verwendung« in Görings Amt für den Vierjahresplan. Der Brief enthält ein »Memorandum: Die Auswanderung von Juden aus Deutschland«. Das

Memorandum gibt die Verhandlungsergebnisse Rublees mit Wohlthat wieder.
Übersendung des Memorandums durch Rublee und zustimmende Beantwor-
tung des Memorandums durch Wohlthat (vgl. Dokument Nr. 79) waren die
vereinbarte Form einer kaschierten Vertragsunterzeichnung. Die deutsche
Regierung betrachtete die Judenfrage offiziell als rein innerdeutsches Problem.

Übersetzung

Zwischenstaatliches Komitee   1, Central Buildings, Westminster,
Direktor: Mr. George Rublee   London S.W.1. 1. Februar 1939

Sehr geehrter Herr Wohlthat!
Ich habe die Ehre gehabt, mit Dr. Schacht und Ihnen Unterredungen zu
haben. Um sicher zu sein, daß ich über die Unterredungen zutreffend Bericht
erstatte, wäre ich außerordentlich dankbar, wenn Sie die Freundlichkeit
haben wollten, mir zu bestätigen, ob das nachstehende streng vertrauliche
Memorandum richtig ist:

Streng vertrauliches Memorandum: Die Auswanderung von Juden aus
Deutschland.

Es ist festgestellt worden, daß Deutschland bereit ist, eine Politik einzuschla-
gen, die die organisierte Auswanderung von Juden in jeder Weise erleichtert
und fördert. Ein Programm, das nachstehend in seinen Grundzügen
geschildert ist, soll durchgeführt werden, wenn Deutschland die Gewähr hat,
daß Einwanderungsländer bereit sind, laufend Juden aus Deutschland
gemäß diesem Programm aufzunehmen. Wenn das Programm durchgeführt
wird – und seine Verwirklichung wird durch eine Besserung der internationalen Atmosphäre erheblich erleichtert werden –, so wird die Auswanderung
sich in einheitlicher, geregelter Weise vollziehen.

I. Organisation der Auswanderung.
Erstens. Dieses Programm bezieht sich ausschließlich auf Juden deutscher
Staatsangehörigkeit und staatenlose Juden in Deutschland. Der Ausdruck
»Jude« in diesem Memorandum ist im Sinne der Nürnberger Gesetze
gebraucht und bedeutet folgendes:
(1) Jude ist, wer drei oder vier jüdische Großeltern hat. Ein Großelternteil
gilt als jüdisch, wenn er oder sie sich zum jüdischen Glauben bekannte;
(2) Als Jude gilt ferner, wer zwei jüdische Großelternteile hat und am

16. September 1935 jüdischen Glaubens war oder später den jüdischen Glauben angenommen hat und wer zwei jüdische Großelternteile hat und am 16. September 1935 mit einem Juden verheiratet war oder sich danach mit einem Juden verheiratet hat.

Zweitens. Es sind zur Zeit noch ungefähr 600 000 Juden in Deutschland, einschließlich Österreichs und des Sudetenlandes. Von dieser Anzahl werden 150 000 der Klasse der Lohnempfänger zugezählt; etwa 250 000 gelten als Unterhaltsberechtigte dieser Lohnempfänger; der Rest besteht vor allem aus Alten und Gebrechlichen, die deshalb in das Auswanderungsprogramm nicht mit einbegriffen sind.

Drittens. Die Gruppe der Lohnempfänger soll aus allen Männern und unverehelichten Frauen zwischen 15 und 45 Jahren bestehen, die persönlich fähig sind, sich ihren Lebensunterhalt zu verdienen, und sich auch sonst zur Auswanderung eignen.

Viertens. Die Gruppe der Unterhaltsberechtigten soll aus den unmittelbaren Familienangehörigen der Lohnempfänger bestehen, unter Ausschluß der Alten (der Personen über 45 Jahre) und der Ungeeigneten.

Fünftens. Die Gruppe der Lohnempfänger soll zuerst auswandern, und zwar in jährlichen Kontingenten während eines Zeitraums von drei Jahren bis zu höchstens fünf Jahren.

Sechstens. Sämtliche Personen der Gruppe der Lohnempfänger im Sinne der obigen Begriffsbestimmung sollen von den Regierungen der Aufnahmeländer gemäß ihren geltenden Einwanderungsgesetzen und -Bräuchen aufgenommen werden.

Siebentens. Die praktische Organisationsarbeit für die Auswanderung soll unter Beteiligung von Büros durchgeführt werden, die die jüdischen Organisationen Deutschlands vertreten, und unter der Leitung eines von der Deutschen Regierung bestellten Kommissars.

Achtens. Den Büros, die die Auswanderungsarbeit organisieren, können ausländische Sachverständige zur Seite stehen, die ausländische Privatorganisationen vertreten, welche mit der Einwanderung zu tun haben und das Vertrauen der Regierungen der Aufnahmeländer genießen, unter der Bedingung, daß diese Sachverständigen der Deutschen Regierung genehm sind.

Neuntens. An die Personen, die auf Grund dieser Vereinbarung aus Deutschland auswandern, sollen Pässe ausgegeben werden. Staatenlose Personen in Deutschland sollen geeignete Papiere für die Auswanderung erhalten.

Zehntens. Umstände, die dazu geführt haben, daß andere Juden als solche, die aus Gründen der öffentlichen Sicherheit in Haft sind, in Lagern festgehalten werden, sollten automatisch verschwinden, wenn ein Programm für organisierte Auswanderung durchgeführt wird.

Elftens. Es sollen Vergünstigungen gewährt werden für die Umschulung von Lohnempfängern zum Zweck der Auswanderung, vor allem in landwirtschaftlichen Umschulungslagern, aber auch in Handwerksschulen. Die Umschulung soll gefördert werden.

Zwölftens. Die Auswanderung von Personen aus der Gruppe der Unterhaltsberechtigten soll stattfinden, wenn die Lohnempfänger festen Fuß gefaßt haben und sie aufnehmen können.

II. Stellung der Personen, die ständig in Deutschland bleiben, und solcher, deren Auswanderung noch bevorsteht.

Dreizehntens. Es ist noch kein endgültiges Verfahren gefunden worden, um für die Alten und die zur Auswanderung Ungeeigneten zu sorgen, die in dieses Programm nicht mit einbegriffen sind und den Rest ihres Lebens in Deutschland verbringen dürfen. Auf deutscher Seite besteht die Absicht, dafür zu sorgen, daß diese Personen und solche, deren Auswanderung noch aussteht, in Ruhe leben können, sofern nicht außergewöhnliche Umstände eintreten. Es besteht nicht die Absicht, die Juden abzusondern. Sie dürfen sich frei bewegen. Personen, die zur Arbeit geeignet sind, sollen Arbeitsgelegenheit erhalten, so daß sie sich ihren Lebensunterhalt verdienen können; Juden, die in denselben Betrieben arbeiten wie Arier, sollen jedoch von arischen Arbeitern getrennt werden. Allgemein wird im Interesse einer angemessenen Durchführung des Programms erwogen, die Leitung der jüdischen Angelegenheiten zu zentralisieren.

Vierzehntens. Der Unterhalt und die Versorgung der vorstehend in Ziff. 13 erwähnten Personen, die nicht fähig sind, sich ihren Lebensunterhalt selbst zu verdienen, soll in erster Linie aus dem jüdischen Vermögen in Deutschland bestritten werden, abgesehen von dem Teil dieses Vermögens, der (wie nachstehend ausgeführt) als Treuhandfonds zurückzustellen ist, und aus dem Ertrag dieses Fonds. Falls diese Mittel nicht ausreichen, soll auf den üblichen Wegen der allgemeinen Wohlfahrtspflege für Bedürftige dafür gesorgt werden, daß diese Personen anständige Lebensbedingungen haben. Außerdeutsche Mittel sollen für den Unterhalt und die Versorgung dieser Personen nicht in Anspruch genommen werden.

III. Finanzierung der Auswanderung.

Fünfzehntens. Zur Finanzierung der in dem Programm in Aussicht genommenen Auswanderung soll ein Treuhandfonds in noch festzusetzender Höhe errichtet werden, der jedoch auf jeden Fall mindestens 25 v. H. des in

Deutschland vorhandenen jüdischen Vermögens betragen muß, was, wenn Transfermöglichkeiten gefunden werden, eine wesentliche Erhöhung gegenüber den gegenwärtigen Transfersätzen bedeuten wird. Zur Zeit ist das noch in Deutschland befindliche jüdische Vermögen in Händen der einzelnen Eigentümer; es ist noch nicht beschlossen worden, in welcher Weise der erforderliche Betrag davon als Treuhandfonds zurückgestellt werden soll.

Sechzehntens. Das Treuhandvermögen soll einer Körperschaft übergeben werden, die von drei Treuhändern verwaltet wird. Zwei von den Treuhändern sollen deutscher Staatsangehörigkeit sein. Der dritte Treuhänder soll ausländischer Staatsangehörigkeit und von anerkanntem Ruf sein.

Siebzehntens. Das Kapital des Treuhandfonds kann zum Ankauf der Ausrüstung für Auswanderer aus der Gruppe der Lohnempfänger und (vorbehaltlich von Kartellvereinbarungen) von Kapitalgütern zur Förderung von Siedlungsprojekten sowie zur Begleichung von Reise- und Frachtkosten der Auswanderer in Deutschland und auf deutschen Schiffen benutzt werden, alles das im Zusammenhang mit dem vorliegenden Auswanderungsprogramm. Es wird erwogen, eine ausländische Ankaufstelle zu gründen, die sämtliche Ankäufe aus dem Fonds tätigen, die Verbindung mit den deutschen Behörden aufrechterhalten und überhaupt alle Fragen bearbeiten soll, die außerhalb Deutschlands in bezug auf die Transferierung des Fonds entstehen. Die Warentypen, die die Ankaufstelle erwerben darf, können auf solche beschränkt werden, von denen im Sinne der deutschen Praxis die Annahme gilt, daß sie keine eingeführten Rohstoffe oder nur einen verhältnismäßig kleinen Prozentsatz davon enthalten; oder aber es sollen keine Beschränkungen ausgesprochen werden, wenn es nämlich so geregelt werden kann, daß der Teil des Gesamtpreises der angekauften Waren, der dem Wert ihres Gehalts an eingeführten Rohstoffen entspricht, in Devisen an Deutschland bezahlt wird. Dieser Wert soll mit einem noch zu vereinbarenden alles einschließenden Prozentsatz berechnet werden. Es sollen Vereinbarungen dahin getroffen werden, daß die mit den Mitteln des Fonds angekauften Waren von der Geltung der Clearing-, Kompensations- und Zahlungsabkommen ausgenommen werden, die zwischen Deutschland und den Ländern, in die die Waren eingeführt werden, bestehen. Die Ankaufstelle wird zusichern müssen, daß die angekauften Waren nicht anders benutzt werden als zum Zweck der Ausrüstung von Auswanderern oder zur Förderung von Siedlungsprojekten. Es ist beabsichtigt, den Ankauf solcher Waren aus den Mitteln des Fonds zu fördern, und zwar in den erforderlichen Typen und in angemessener Menge, so daß der laufende Auswanderungsbedarf gedeckt wird. Die zu zahlenden Preise sollen nicht höher sein, als die Inlandspreise für Waren oder Dienstleistungen entsprechender Art und Qualität.

Achtzehntens. Das Haavara-Transferverfahren soll innerhalb seines traditionellen Bereichs zugelassen werden. Die Haavara-Ankäufe sollen aus den Mitteln des Treuhandfonds bezahlt werden.

Neunzehntens: Das Kapital des Treuhandfonds soll, soweit es nicht zu den oben erwähnten Zwecken gebraucht wird, transferfähig sein, sobald veränderte Umstände eine Transferierung ermöglichen oder eine dahingehende Regelung getroffen werden kann, sei es durch Vereinbarungen über zusätzliche Ausfuhr oder auf anderem Wege.

Zwanzigstens. Waren, die mit den Mitteln des Treuhandfonds angekauft worden sind, können frei von allen Abgaben und sonstigen Zahlungen ausgeführt werden, und die Auswanderer können ihre persönlichen Sachen (mit Ausnahme von Juwelen, edlen Metallen, Kunstgegenständen und mit Ausnahme von besonders wertvollen Waren, die im Hinblick auf die Auswanderung kürzlich erworben worden sind), Hausrat, Werkzeuge und Ausrüstungsgegenstände zum Gebrauch in ihrem Gewerbe oder Beruf, die ihnen gehören oder die sich in angemessenem Umfange zum persönlichen Gebrauch anschaffen, frei von allen Steuern, Abgaben, Auflagen und sonstigen Forderungen mitnehmen.

Einundzwanzigstens. Von Juden, die gemäß diesem Programm auswandern, soll keinerlei Fluchtsteuer oder sonstige Abgabe ähnlicher Art erhoben werden.

Ihr sehr ergebener
gez. George Rublee

Dokument Nr. 79

»Ohne Briefkopf, auf weißem Bogen ohne Nummer.«

Brief des Ministerialdirektors Helmuth Wohlthat aus Görings Amt für den Vierjahresplan vom 2. 2. 1939 an George Rublee, den Direktor des Zwischenstaatlichen Komitees. Der Brief bestätigt das inoffizielle Abkommen zwischen dem Evian-Komitee und der deutschen Regierung über die finanziell gesicherte Auswanderung von 400 000 Juden aus Deutschland innerhalb der nächsten drei bis fünf Jahre (vgl. Dokument Nr. 78):

Abschrift 83–24 Bg 10/2 39 (23g)   Geheim
                                                     Berlin, den 2. Februar 1939

Sehr geehrter Herr Rublee!
In Beantwortung Ihres Schreibens vom 1. Februar 1939 beehre ich mich, zu
bestätigen, daß das mir abschriftlich übermittelte streng vertrauliche
Memorandum den Inhalt der von Ihnen in Berlin mit Herrn Dr. Schacht
begonnenen und mit mir beendeten Unterredungen richtig wiedergibt.
Mit dem Ausdruck der vorzüglichsten Hochachtung

Herrn   Ihr sehr ergebener
George Rublee   gez. Helmuth Wohlthat
z. Zt. Berlin

Anmerkung:
Das Schreiben ist ohne Briefkopf, auf weißem Bogen ohne Nummer
ausgehändigt worden.

Handschriftlicher Vermerk:
Zu 83–24 Bg 10/2 139 (23g)

Dokument Nr. 80

»Genötigt, von dem Amt eines Direktors des Komitees jetzt zurückzutreten.«

*Schreiben George Rublees, des Direktors des Zwischenstaatlichen Komitees,
vom 17. 2. 1939 an Ministerialdirektor Helmuth Wohlthat in Görings Amt
für den Vierjahresplan über die Sitzungen des Zwischenstaatlichen Komitees
vom 13. und 14. 2. 1939 und über Rublees Rücktritt als Komitee-Direktor:*

Übersetzung

Zwischenstaatliches Komitee
Direktor: Mr. George Rublee   1, Central Buildings Westminster,
                                           London S. W. 1, den 17. Februar 1939
Herrn Helmuth Wohlthat
Berlin, Deutschland

Sehr geehrter Herr Wohlthat,

unter Bezugnahme auf die Unterredungen, die ich die Ehre hatte vom 11. Januar bis einschließlich 2. Februar 1939 in Berlin mit Dr. Schacht und mit Ihnen zu haben, und insbesondere auf mein Schreiben an Sie vom 1. Februar, das den Wortlaut des vertraulichen Memorandums enthielt, in dem das Ergebnis unserer Unterredungen niedergelegt ist, sowie unter Bezugnahme auf Ihre Antwort vom 2. Februar 1939 habe ich die Freude Ihnen mitzuteilen, daß ich jetzt in der Lage bin, Ihnen über das Ergebnis der Sitzungen zu berichten, die das Gemischte Regierungskomitee am 13. und 14. Februar 1939 in London abgehalten hat.

Ich habe dem Komitee ausführlich über meine Unterredungen mit Dr. Schacht und mit Ihnen berichtet; es bestand aus den Bevollmächtigten der Vereinigten Staaten von Amerika, der Argentinischen Republik, von Australien, Belgien, Bolivien, dem Vereinigten Königreich, Brasilien, Kanada, Chile, Kolumbien, Kuba, Dänemark, der Dominikanischen Republik, Ekuador, Südirland (Eire), Frankreich, Guatemala, Haiti, Honduras, Mexiko, Nikaragua, Norwegen, den Niederlanden, Neuseeland, Panama, Paraguay, Peru, Schweden, Uruguay und Venezuela. Der Text des vertraulichen Memorandums, der meinem Bericht beigefügt war, wurde sodann an die Vertreter der beteiligten Regierungen verteilt.

Das Komitee hat meinen Bericht und besonders das Memorandum, das, wie Sie anerkannt haben, das Programm richtig wiedergibt, welches Deutschland unilateral handelnd aufstellen würde, aufs sorgfältigste erwogen.

Nachdem das Komitee meinen Bericht zur Kenntnis genommen hatte, hat es mich angewiesen, Ihnen mitzuteilen, daß das Komitee, das im eigenen Namen handelt, alles, was in seinen Kräften steht, getan hat, noch tut und weiterhin tun wird, um innerhalb der nächsten fünf Jahre im Rahmen der Gesetze und üblichen Praxis der Mitgliederregierungen Möglichkeiten zur ständigen Ansiedlung »unfreiwilliger Auswanderer« aus Deutschland im Rahmen der Gesetze und der üblichen Praxis der Mitgliedsregierungen zu fördern.

Das Komitee hat auch die in Aussicht genommene Gründung einer privaten internationalen Körperschaft zur Kenntnis genommen, die eine Vermittlerrolle zur Finanzierung der Auswanderung aus Deutschland und zur Aufrechterhaltung der etwa erforderlichen Verbindungen mit den deutschen Behörden übernehmen würde. Zu meinem großen Bedauern bin ich aus persönlichen Gründen genötigt, von dem Amt eines Direktors des Komitees jetzt zurückzutreten. Sir Herbert Emerson ist aufgefordert worden, den Direktorposten zu übernehmen, und Mr. Pell ist zum Stellvertretenden

Direktor des Komitees ernannt worden, das auch weiterhin gesondert und selbständig bestehen bleibt.

Ihr sehr ergebener
gez. George Rublee

Dieser Brief wurde mir am 3. 3. 39 durch Mr. Pell übergeben.

(Wohlthat)

Dokument Nr. 81

»Ich bin jederzeit bereit zu kommen.«

Brief Robert T. Pells, des neuen Stellvertretenden Direktors des Zwischenstaatlichen Komitees der Evian-Flüchtlingskonferenz, vom 24. 2. 1939 an den Ministerialdirektor Helmuth Wohlthat in Görings Amt für den Vierjahresplan:

Übersetzung

Zwischenstaatliches Komitee
Direktor: Sir Herbert Emerson

1, Central Buildings Westminster,
London S. W. 1, den 24. Februar 1939

Herr Wohlthat,
Berlin

Sehr geehrter Herr Wohlthat,
Sie werden wahrscheinlich gehört haben, daß Mr. Rublee dem Zwischenstaatlichen Komitee im Anschluß an seinen Bericht über seine Berliner Unterredungen mit Dr. Schacht und mit Ihnen mitgeteilt hat, daß es ihm wegen der Anforderungen, die seine privaten Geschäfte in den Vereinigten Staaten an ihn stellten, nicht möglich wäre, das Amt des Direktors weiter auszufüllen. Das Komitee hat seinen Rücktritt mit großem Bedauern aufgenommen und Sir Herbert Emerson gebeten, die Funktionen eines Direktors des Zwischenstaatlichen Komitees mit denen des Oberkommissars für das Flüchtlingswesen in seiner Person zu vereinen, obwohl die beiden Komitees völlig gesondert und getrennt bestehen bleiben sollen.
Zugleich wurde ich zum Stellvertretenden Direktor ernannt und mit der

unmittelbaren Wahrnehmung der Geschäfte des Zwischenstaatlichen Komitees betraut. Demgemäß ist es mir eine Freude und eine Pflicht, Sie um die Angabe eines Tages zu bitten, an dem ich Sie in Berlin sprechen könnte, um Ihnen das formelle Schreiben zu übergeben, das Mr. Rublee vor seiner Abreise im Namen des Komitees an Sie gerichtet hat, und um die erforderlichen mündlichen Erläuterungen zu geben. Ich bin jederzeit bereit zu kommen.

Mit den besten persönlichen Grüßen

Ihr sehr ergebener
Robert T. Pell,
Stellvertretender Direktor

Dieser Brief wurde mir durch Herrn Generalkonsul Geist als U.S.A.-Geschäftsträger am 1. 3. 39 mittags überreicht.

(Wohlthat).

Frühes Ende

Dokumente Nr. 82–88

Dokument Nr. 82

»Sir Herbert ist überzeugt, daß die Auswanderung in fünf Jahren durchgeführt sein wird, wahrscheinlich aber in drei.«

Brief Helmuth Wohlthats, des Ministerialdirektors zur besonderen Verwendung beim Beauftragten für den Vierjahresplan, Ministerpräsident Generalfeldmarschall Göring, vom 6. 3. 1939 an vier Ministerien über die Vorgänge seit dem Rücktritt Rublees vom Amt des Direktors des Zwischenstaatlichen Komitees. Auszug:

Herr Generalkonsul Geist hat mir am 1. März d. J. das anliegende Schreiben von Herrn Pell vom 24. Februar d. J. überreicht. Ich schlug als Termin für eine Aussprache in Berlin den 3. März vor. Herr Pell erschien an diesem Tage und übergab mir den ebenfalls beigefügten Brief des Herrn Rublee vom 17. Februar d. J. Hierzu führte Herr Pell folgendes aus:

1. *Herr Rublee* hat sich entschlossen, sein Amt als Direktor niederzulegen, da er sich bei seinem Alter von 72 Jahren den außerordentlich anstrengenden

Verhandlungen während der Woche, die er in Berlin anwesend war, und während der Zeit, in der er in London zur Vorbereitung der Sitzungen des Intergovernmental Committee am 13. und 14. Februar weilte, gesundheitlich nicht gewachsen fühlte. Außerdem verlangten die Teilhaber seiner Rechtsanwaltspraxis in Washington seine sofortige Rückkehr. Herr Rublee hatte im August v. J. auf Wunsch des Präsidenten Roosevelt das Amt übernommen, als die Amerikanische Regierung sich entschloß, die Frage der Auswanderung aufzugreifen, in der Annahme, daß seine Tätigkeit in wenigen Monaten beendet sein würde. Es stellte sich aber heraus, daß die Botschafter der Großmächte erst im Oktober einen Besuch von Herrn Rublee in Berlin vorschlugen, und daß es dann bis Januar dauerte, bis Besprechungen geführt werden konnten, die zu der Abfassung des Memorandums vom 1. 2. 1939 führten, welches Herr Rublee zusammen mit seinem Bericht dem Intergovernmental Committee vorlegte.

2. *Sir Herbert Emerson* war lange Jahre Gouverneur des Punjab und verfügt deshalb über große Erfahrung in der Behandlung von Orientalen. Sir Herbert hat in London besonderen Einfluß in der Verwaltung der Kolonien und Britisch Indiens. Er vereinigt heute in seiner Person alle Tätigkeit, welche wegen der Auswanderung und der Auswahl von geeigneten Gebieten für Auswanderer auf einer internationalen Basis ausgeübt wird. Die Amerikanische Regierung hat gezögert, dieser Personalunion zuzustimmen, es aber aus Zweckmäßigkeitsgründen getan. Die Amerikanische Regierung legt selbst den größten Wert darauf, daß das Büro des Intergovernmental Committee völlig getrennt von dem Büro des Völkerbundes für Auswanderer bzw. Flüchtlinge gehalten wird, da auch die Amerikanische Regierung den Völkerbund nicht anerkannt hat. Sir Herbert bearbeitet im Intergovernmental Committee hauptsächlich die Frage der Unterbringung der Auswanderer in geeigneten Gebieten. Der Vice-Director *Herr Pell* soll vor allem auch die persönliche Verbindung des Intergovernmental Committee nach den Vereinigten Staaten und nach Deutschland aufrechterhalten. Das Intergovernmental Committee hat sozusagen den Charakter einer ständig vorhandenen internationalen Konferenz, die, wenn es nötig wird, zur Entgegennahme von Berichten und Beschlußfassung zusammentritt.

3. Zum *2. Absatz des Briefes vom 17. 2.* ist zu bemerken, daß die Bevollmächtigten des United Kingdom auch das colonial empire vertreten. Die Britischen Dominien, Australien, Canada und Neuseeland sind selbst vertreten. Südafrika hat sich zurückgezogen.

4. Im *4. Absatz des Schreibens vom 17. 2.* wird der Ausdruck gebraucht »involuntary emigrants from Germany«, der dem Wortlaut der »Evian

Resolution« entspricht. Auf der deutschen Seite bedeutet dieser Ausdruck »Deutsche Juden – German Jews«.

Sir Herbert ist, wie Herr Pell mir mitteilte, »überzeugt« (convinced), daß die *Auswanderung in 5 Jahren* durchgeführt werden wird, wahrscheinlich (probably) aber in 3 Jahren. Die Englische und die Amerikanische Regierung haben die Auswanderungsfrage energisch in die Hand genommen. Frankreich und die Südamerikanischen Staaten waren kritisch eingestellt.

Es sind *4 Kommissionen* zur Auswahl von geeigneten Gebieten für Auswanderer gebildet worden.

1. Eine gemischte englische und amerikanische Kommission hat sich nach *British Guayana* begeben und wird mit Zustimmung der Niederländischen Regierung auch *Niederländisch Guayana* besuchen.

2. Eine amerikanische Kommission hat sich in die Republik *San Domingo* begeben.

3. Eine amerikanische Kommission wird sich nach *Mindanao* in den Philippinen begeben.

4. Eine britische Kommission wird sich nach *Nord-Rhodesien* begeben.

Die *Latein-Amerikanischen Staaten* sollen für die Einzelauswanderung und die Auswanderung kleinerer Gruppen offenbleiben.

5. Zu dem *5. Absatz des Schreibens vom 17. 2.* berichtete Herr Pell, daß dem Intergovernmental Committee ein Brief von Lord Bearstedt und von jüdischen Bankiers vorlag, worin die Bereitschaft zur Errichtung einer Finanzierungsgesellschaft ausgesprochen wurde. Lord Winterton und der Finanzberater des Intergovernmental Committee, der zurückgezogen lebende amerikanische Bankier Mr. Taylor, sprachen mit Lord Bearstedt und Rothschild, London. Diese beiden amerikanischen Finanzgruppen arbeiteten mit ihren Rechtsanwälten meistens telefonisch mit New York, und zwar mit Kuhn Loeb, Warburg und anderen amerikanischen Bankiers, die Satzungen für die Finanzierungsgesellschaft aus. Die jüdischen Finanzleute suchen auch die Mitwirkung französischer und holländischer Bankhäuser zu gewinnen und sollen sich auch bemühen, nichtjüdisches Finanzkapital zu interessieren.

Es könnte sein, daß von dieser Seite die Frage aufgeworfen wird, ob die Finanzierungsgesellschaft in London und der Trust-Fund in Deutschland zur selben Zeit aufgestellt werden. Ich erklärte Herrn Pell, daß dies meiner Meinung nach nicht notwendig wäre.

6. Herr Pell stellte im Auftrage von Lord Winterton die Frage, ob von deutscher Seite für die *Benennung des dritten Treuhänders* beim Trust-Fund, der ein Ausländer sein sollte, ein besonderer Wunsch besteht. Wenn von deutscher Seite aus keine Persönlichkeit bevorzugt genannt werden sollte, so

hat Lord Winterton an Professor Dr. *Bruins* gedacht, einen Holländer, der deutsch spricht und der sich in den Kreisen der Finanz- und Wirtschaftswissenschaft eines guten Rufes erfreut. Ich bitte die Ressorts um Stellungnahme.

7. Herr Pell wollte Berlin am 4. März wieder verlassen, da Lord Winterton Wert darauf legt, daß nicht der Eindruck einer Verhandlung entsteht. Ich bat ihn, mir den Inhalt seiner mündlichen Mitteilungen schriftlich in einer geeigneten Form zugehen zu lassen. Diese Nachrichten will Herr Pell mir von London aus über die Amerikanische Botschaft, Berlin, geben.

8. Herr Pell lenkte meine Aufmerksamkeit dann auf an verschiedenen Küsten auftauchende *deutsche und andere Dampfer*, die anscheinend auf Grund von Vereinbarungen mit Reisebüros Juden an Bord haben, die auswandern wollen. Das arrogante Auftreten dieser Juden hat die Regierungen in Mittelamerika und Westindien ungünstig beeinflußt, z. B. traf am Tage nach der Ankunft der britisch-amerikanischen Kommission in Guayana ein solches Schiff mit Juden dort ein, worauf sich bei der Verwaltung und bei der Bevölkerung eine heftige Gegenströmung gegen die Aufnahme von Juden bemerkbar machte. Nach der Ansicht von Herrn Pell ist diese Frage der Schiffe, welche Juden an Bord haben, die nicht über das Visum des Bestimmungslandes verfügen, eine die Regierungen beunruhigende Erscheinung, die auch dem Auswärtigen Amt schon offiziell mitgeteilt worden ist. Wenn auch die deutsche Regierung mit der Tätigkeit der Reisebüros nichts zu tun hat, so wäre es doch zweckmäßig, schädigende Rückwirkungen auf die geplante Massenauswanderung zu verhindern.

9. Herr Pell berichtete, daß zwei Persönlichkeiten Herrn Rublee in unangenehmer Form belästigt hätten, *Herr Rothenberg, Kopenhagen, und Herr Godman*. Herr Rothenberg hat sich unberechtigt auf Herrn Generalfeldmarschall Göring berufen. Herr Godman ist durch Herrn Whaley, einen hohen Beamten der Treasury, bei Herrn Rublee eingeführt worden, wie Herr Whaley Herrn Rublee sagte, auf Anweisung einer höheren Stelle. Auch Herr Godman hat sich unberechtigt auf hochgestellte deutsche Persönlichkeiten berufen. Er hat versucht, von Herrn Rublee Geld zu erpressen, dafür, daß er ihn in Deutschland mit Herrn Dr. Schacht in Verbindung gebracht hätte. Wie Herr Pell gehört hat, will die Britische Regierung Herrn Godman das Handwerk legen. Weder Herr Rothenberg noch Herr Godman können bei dem gegenwärtigen Stand der Auswanderungsfrage für uns von Nutzen sein. Ich bitte um Nachricht, wenn die Genannten versuchen sollten, sich mit anderen Behörden in Verbindung zu setzen.

10. Bei Eintreffen der mir von Herrn Pell zugesagten schriftlichen Mitteilung werde ich mich mit dem Chef der Sicherheitspolizei, Herrn SS-Gruppenführer Heydrich, in Verbindung setzen, um in einer *Ressortbesprechung* die

deutsche Stellungnahme festzulegen. Ich bitte, in der Zwischenzeit die praktische Durchführung der im Memorandum behandelten Maßnahmen auf der deutschen Seite vorzubereiten.

gez. Wohlthat

Dokument Nr. 83

»Das erfolgreichste Verfahren zur Ansiedlung unfreiwilliger Auswanderer.«

»Niederschrift für Herrn Wohlthat« – ein Bericht des Zwischenstaatlichen Ausschusses (Intergovernmental Committee) in London vom 30. 3. 1939 an Ministerialdirektor Helmuth Wohlthat in Görings Amt für den Vierjahresplan über die Probleme der jüdischen Aussiedlung und das Verhalten einzelner Staaten zur Aufnahme von Aussiedlern:

Abschrift

Zwischenstaatlicher Ausschuß

1, Central Building, Westminster, London S. W. 1.

Niederschrift für Herrn Wohlthat

1. Der Zwischenstaatliche Ausschuß ist ein ständig tagender, aus den Vertretern von mehr als dreißig Regierungen bestehender Ausschuß, der der Weiterentwicklung der Arbeiten der im Juli 1938 zu Evian, Frankreich, stattgehabten Zwischenstaatlichen Tagung dient.
Die für das Tätigkeitsgebiet des Ausschusses in Betracht kommenden Personen sind folgende:
(a) Personen, die ihr Herkunftsland, das heißt also Deutschland (einschließlich Österreichs und des Sudetenlandes), noch nicht verlassen haben, aber aus Gründen ihrer politischen Überzeugung, ihrer religiösen Glaubensrichtung oder ihres rassischen Ursprungs auswandern müssen, und
(b) wie unter (a) beschriebene Personen, die ihr Herkunftsland bereits verlassen, sich aber anderwärts noch nicht dauernd niedergelassen haben.
Mit andern Worten, die Tätigkeit des Ausschusses ist nicht auf die Klasse von Personen beschränkt, auf die in dem »vertraulichen Memorandum«, das durch Mr. Rublee nach seinen Besprechungen mit Herrn Wohlthat unterbreitet wurde, Bezug genommen wird, sondern erstreckt sich auch auf alle andern Personen, die genötigt worden sind oder werden mögen, aus Deutschland aus Gründen ihrer politischen Überzeugung, religiösen Glau-

bensrichtung oder ihres rassischen Ursprungs auszuwandern, und welche Tätigkeit daher solche – viele Tausende zählende – Personen umfaßt, die sich in Erwartung einer endgültigen Regelung an zeitweiligen Zufluchtsorten befinden.

2. Infolgedessen kann der Ausschuß, wenn er es auch für wünschenswert halten mag, die Notwendigkeit der Ansiedlung einer besonderen Klasse von Personen, wie beispielsweise der im »vertraulichen Memorandum« erwähnten Lohnempfänger, nachdrücklich zu betonen, seine ausschließliche Aufmerksamkeit dieser Gruppe, soweit es sich um Ansiedlungsprojekte handelt, nicht ausschließlich zuwenden und sich seiner Verantwortung hinsichtlich anderer Gruppen nicht entziehen. In diesem Zusammenhang ist ferner zu erwägen, daß einige für die endgültige Ansiedlung in Betracht kommenden, im Zwischenstaatlichen Ausschuß vertretenen Regierungen auf Grund der für sie geltenden Gesetze und der durch sie angewandten Verfahren die Einwanderung nicht auf eine bestimmte Klasse von Personen beschränken können, sondern verpflichtet sind, in der Reihenfolge der Anträge auf Visumserteilung Einwanderer zuzulassen, die die Zulassungsbedingungen erfüllen. In der Praxis kann der Ausschuß daher seine Bemühungen nicht auf Personen nur einer Klasse oder Altersgruppe beschränken, obgleich er bei der Durchführung des Programms der diesbezüglichen deutschen Seite der Angelegenheit behilflich sein kann.

3. Die Auswanderung aus Deutschland (einschließlich Österreichs und des Sudetenlandes) nach endgültigen Siedlungsgebieten kann entweder unmittelbar von Deutschland aus oder zunächst nach zeitweiligen Zufluchtsorten und von diesen aus nach den endgültigen Siedlungsgebieten erfolgen. In beiden Fällen kann die Auswanderung nach den endgültigen Siedlungsgebieten (a) in Form allmählicher Durchdringung oder (b) durch Kolonisation großen oder kleinen Maßstabes erfolgen.

Ein ordnungsmäßig funktionierendes System der Einwanderung in die zur endgültigen Ansiedlung bestimmten Länder bedingt eine geregelte Auswanderung aus Deutschland, die die gleichzeitige und systematische Entwicklung der bei der Auswanderung zu übenden Verfahren gestattet.

4. Von den zeitweiligen Zufluchtsländern haben die an Deutschland angrenzenden, zusammen mit dem Vereinigten Königreich, seit dem Jahre 1933 die Hauptlast der unfreiwilligen Auswanderung getragen und fahren, angesichts der Tatsache, daß kein bemerkenswertes Nachlassen des Druckes feststellbar ist, fort, dies zu tun. Nach vielen Tausenden zählende Personen haben in jenen Ländern, in denen sie sowohl vom sozialen, wirtschaftlichen und finanziellen als auch vom Standpunkt der öffentlichen Ordnung aus betrachtet ein Problem ernstlichen Ausmaßes bilden, vorübergehend Zu-

flucht gefunden und werden auch weiterhin daselbst Zuflucht finden. Die Regierungen dieser Länder haben im Zusammenwirken mit privaten Organisationen ihr Äußerstes getan, um der durch die unausgesetzte und oft unregelmäßige Ankunft dieser Flüchtlinge geschaffenen Lage in wirksamer und großzügiger Weise zu begegnen und diese Flüchtlinge zwecks Ansiedlung in überseeischen Gebieten umzuschulen. Es darf indessen nicht übersehen werden, daß es einen Sättigungszustand gibt, der nunmehr erreicht worden ist, und die Regierungen und die privaten Organisationen dieser Länder können nur dann weiterhin einen wertvollen Beitrag leisten, wenn aus ihren Ländern ein entsprechender Abfluß von Personen nach endgültigen Siedlungsgebieten erfolgt.

5. Bis jetzt hat sich als das erfolgreichste Verfahren zur Ansiedlung unfreiwilliger Auswanderer das der allmählichen Durchdringung erwiesen. Seit dem Jahre 1933 sind auf diese Weise Personen in einer Zahl von etwa 40 000 jährlich namentlich in den Vereinigten Staaten von Amerika, in den süd- und mittelamerikanischen Ländern, in Frankreich, im Vereinigten Königreich und seinen Kolonien, in Australien und Kanada angesiedelt worden. Obgleich unter den im Zwischenstaatlichen Ausschuß vertretenen Regierungen die Erörterungen hinsichtlich der für eine allmähliche Durchdringung bestehenden Möglichkeiten fortgesetzt werden, dürfte doch vielleicht ein Zustand erreicht werden, bei dem sich die Möglichkeiten zur Ansiedlung in Form allmählicher Durchdringung auf verhältnismäßig nur wenige Länder beschränken werden.

a) Auf Grund der in Kraft befindlichen Gesetze und geübten Gewohnheiten nehmen die *Vereinigten Staaten von Amerika* jährlich nur insgesamt 27 370 Einwanderer aus Deutschland (einschließlich Österreichs) auf. Einwandereranwärter unterliegen keiner klassen- oder altersmäßigen Beschränkung, müssen aber gewisse Voraussetzungen hinsichtlich ihrer Gesundheit und der Mittel zu ihrem Lebensunterhalt in den Vereinigten Staaten erfüllen. Ihre Zulassung in die Vereinigten Staaten erfolgt in der Reihenfolge ihrer Anträge auf Erteilung einer Quotennummer. Zur Zeit liegen sich auf viele Jahre im voraus erstreckende Anträge vor.

b) In den verschiedenen *mittel- und südamerikanischen Staaten* gibt es immer noch Möglichkeiten zur allmählichen Durchdringung, wenn auch die Zulassungen augenblicklich stark beschnitten werden. Diese Länder bevorzugen ausgebildete landwirtschaftliche Arbeiter, es bieten sich aber auch einige Möglichkeiten für Handwerker, technische Spezialisten und Wissenschaftler. Außerdem schreiben die meisten mittel- und südamerikanischen Regierungen vor, daß sich Einwanderer im Besitz eines erheblichen Kapitalbetrages befinden müssen.

c) *Frankreich* hat neben der großen Anzahl von Personen, denen es zeitweilige Zuflucht gewährt hat und auch weiterhin gewähren wird, solchen nach vielen Tausenden zählenden Personen dauernde Gastfreundschaft angeboten, die sich gezwungen sahen, ihr Herkunftsland zu verlassen.

d) *Das Vereinigte Königreich* ist im eigentlichen Sinn des Wortes kein Einwanderungsland, und infolgedessen muß sein Beitrag zur Lösung des Flüchtlingsproblems in erster Linie darin bestehen, daß es ein vorübergehende Gastfreundschaft darbietendes oder ein Zufluchtsland bleibt, das einer beschränkten Anzahl von Personen Gelegenheit zur Umschulung bietet. Es ist der britischen Regierung indessen möglich gewesen, im Vereinigten Königreich und seinen Kolonien eine bestimmte Zahl von Flüchtlingen in besonderen Berufen unterzubringen.

e) Die Regierung des *Australischen Staatenbundes* hat dem Ausschuß mitgeteilt, daß sie bereit sei, bis zu 15 000 Flüchtlinge innerhalb eines Zeitraums von drei Jahren aufzunehmen. Die australische Bundesregierung will aber die Zulassung nach Australien nur solcher Klassen genehmigen, deren Zulassung nach Australien die jetzt auf dem Arbeitsmarkt bestehende Lage nicht stört. Sie wird ganz besonders solche Personen in Betracht ziehen, die für die Schaffung und Entwicklung noch nicht bestehender Industrien das erforderliche Kapital und die entsprechende Erfahrung besitzen. Kurz gesagt, die Regierung hat dahin entschieden, daß die Zulassung von Flüchtlingen im allgemeinen den Grundsätzen entsprechen sollte, die für die Zulassung von staatsfremden Weißen im allgemeinen hinsichtlich ihrer Erwünschtheit, ihres Gesundheitszustandes und der bei ihrer Landung in ihrem Besitz befindlichen Geldmittel Anwendung finden. Sie hat sich volle Bewegungsfreiheit hinsichtlich des Herkunftslandes der betreffenden Flüchtlinge vorbehalten.

f) *Kanada* trifft auf Grund von Abmachungen mit privaten Organisationen Vorbereitungen für die Aufnahme von Flüchtlingen aus dem Sudetenland.

6. Damit verbleibt noch die zweite Art der Ansiedlung, das heißt, Kolonisation großen oder kleinen Maßstabes. Zur Zeit sind (a) Britisch Guayana, (b) Niederländisch Guayana (Surinam), (c) die Dominikanische Republik und (d) die Philippinen betreffende Pläne Gegenstand eingehenden Studiums. Es bestehen auch gewisse Aussichten auf eine gewisse beschränkte Siedlung in (e) Nordrhodesien.

7. Am 21. November 1938 erklärte der Premierminister im Unterhause, daß Erhebungen angestellt werden würden, um die Möglichkeit einer Ansiedlung großen Ausmaßes in Britisch Guayana zu ergründen. Er deutete an, daß in Verbindung mit diesem und andern großen Ansiedlungsprojekten von den Regierungen der einzelnen Gebiete eine Mitarbeit nur dann erwartet werden

könne, wenn die Projekte von verantwortlichen Organisationen aufgestellt und durchgeführt werden würden. Dementsprechend hat der der allgemeinen Aufsicht des British Coordinating Committee unterstehende Auswanderungsausschuß in Zusammenarbeit mit einem durch den Beratenden – vom Präsidenten der Vereinigten Staaten ernannten – Ausschuß für Flüchtlingsfragen ernannten Unterausschuß vorläufige Abmachungen getroffen, wonach eine Kommission Britisch Guayana besuchen wird, um das für die Feststellungen in Frage kommende, etwa 103 600 Quadratkilometer große Gebiet zu erforschen. Die aus britischen und amerikanischen Beamten und Sachverständigen bestehende Kommission ist inzwischen in Britisch Guayana angekommen und hat mit ihren Erhebungen begonnen.

8. Die Regierung der Niederlande hat dem Ausschuß gegenüber ihre Bereitwilligkeit erklärt, Einwanderer nach *Niederländisch Guayana (Surinam)* in beschränkter Zahl zuzulassen.

9. Die Regierung der *Dominikanischen Republik* hat dem Ausschuß im August 1938 mitgeteilt, daß sie grundsätzlich bereit sei, bis zu 100 000 beruflich und geschäftlich tätige Personen, einschließlich landwirtschaftlicher Arbeiter, gemäß den Gesetzen und den Gepflogenheiten der Republik aufzunehmen, vorausgesetzt, daß die dominikanische Regierung keinerlei Verpflichtung zur Finanzierung dieser Einwanderung zu übernehmen habe, die mit gebührender Rücksichtnahme auf die Bedürfnisse des Landes zur Durchführung gelangen müsse.

Eine vorläufige Fühlungnahme mit der dominikanischen Regierung ist durch einen Vertreter des vom Präsidenten Roosevelt ernannten Beratenden Ausschusses für Flüchtlingsfragen erfolgt, und es ist der Regierung ein Plan unterbreitet worden, der Gegenstand einer Prüfung durch eine Sachverständigenkommission ist, die mit ihren Erhebungen soeben begonnen hat.

10. Der Präsident der *Philippinen,* Quezon, hatte den amerikanischen Delegierten zu der kürzlich stattgehabten Sitzung des Zwischenstaatlichen Ausschusses ermächtigt, im Namen der philippinischen Regierung folgende Erklärung abzugeben:

»Die Behörden der Philippinen stehen einem Plan wohlwollend gegenüber, der die Ansiedlung von Flüchtlingen auf der Insel Mindanao und in andern dünnbevölkerten Gebieten der Philippinen ermöglichen würde. Die Insel Mindanao, die südlichste der Inseln des Philippinischen Inselmeers, die einen Flächenraum von etwa 96 000 Quadratkilometern einnimmt, ist nur dünn bevölkert, hat ein vorwiegend günstiges Klima und dürfte in der Lage sein, einer recht bedeutenden Bevölkerung Lebensmöglichkeiten zu bieten. Die Regierung der Philippinen ist mit der Fertigstellung von Plänen für die Kolonisierung Mindanaos durch Filipinos beschäftigt, und für allgemeine

Entwicklungszwecke stehen bedeutende Mittel zur Verfügung. Die Regierung ist der Ansicht, daß dieses Programm durch den Einsatz von aus Spezialisten, Ingenieuren, Technikern, Ärzten, ausgebildeten und halbausgebildeten Handwerkern bestehenden Flüchtlingen erheblich gefördert werden könnte. Die philippinische Regierung würde die Ansiedlung von Flüchtlingen auf der Insel Mindanao im Sinne der nachstehenden Bedingungen in einer Anzahl und in einem Grade begünstigen, die den Interessen der nationalen Wirtschaft der Philippinen entsprechen würden. Voraussetzung wäre:

(a) Daß ein die Flüchtlinge vertretender oder in ihrem Namen handelnder verantwortlicher Ausschuß einen zufriedenstellenden Plan zur Finanzierung eines solchen Siedlungswerks unterbreitet;

(b) daß die Siedler sich verpflichten, sich dem Ackerbau oder solch anderer Tätigkeit zu widmen, die mit den besten Interessen der Philippinen vereinbar ist;

(c) daß die Siedler baldigstmöglich Antrag auf Gewährung der philippinischen Staatsbürgerschaft stellen und damit ihrer Absicht Ausdruck geben, philippinische Staatsbürger zu werden;

(d) daß sie bis zu dem Augenblick, da sie philippinische Staatsbürger werden, ihren Wohnsitz auf dem ihnen zugewiesenen Lande behalten;

(e) daß die Zahl der als Siedler zuzulassenden Flüchtlinge vorläufig und auf Grund der Empfehlung des mit der Durchführung des in Vorbereitung befindlichen Siedlungsplanes beauftragten Ausschusses von der philippinischen Regierung festgesetzt wird, wobei von der Ansicht ausgegangen wird, daß der Ausschuß in der Lage ist, der Sorge für die Siedler und den Folgen, die sich aus einer Siedlungtätigkeit großen Maßstabes für die Nationalwirtschaft der Philippinen ergeben, gerecht zu werden; und

(f) daß der vorgeschlagene Plan und seine Durchführung Gegenstand der jetzt in Geltung befindlichen oder in Zukunft von der Nationalversammlung zu erlassenden Gesetze sein soll.

In den Vereinigten Staaten werden zur Zeit die Vorbereitungen für die Zusammensetzung einer technischen Kommission getroffen, die sich in allernächster Zukunft nach den Philippinen begeben wird.

11. Was *Nordrhodesien* anbetrifft, so haben private Organisationen in London jetzt eine Mission bestellt, die dieses Gebiet besuchen soll und mit ihren Erhebungen bereits begonnen hat.

12. Es ist nicht möglich, die Aussichten einer Kolonisation großen Umfanges richtig abzuschätzen, solange die vorstehend erwähnten, Feststellungszwecken dienenden Kommissionen nicht berichtet haben; es darf aber betont werden, daß ein günstiger Bericht seitens nur einer dieser Kommissionen das

Problem sofort vereinfachen würde und daß, wenn ein großes, für Siedlungs-zwecke geeignetes Gebiet in irgendeinem der genannten Länder verfügbar werden sollte, ein fast sofortiges Nachlassen des jetzigen Druckes eintreten würde.

13. Es darf nicht vergessen werden, daß die vorstehende, das Programm der im Zwischenstaatlichen Ausschuß vertretenen Regierungen betreffende Erklärung vorbehaltlich des vollen eigenen freien Ermessens erfolgt ist, das sie sich notwendigerweise hinsichtlich ihrer auf die Flüchtlinge bezüglichen Politik vorbehalten mußten, und daß von diesen Regierungen nicht angenommen werden darf, daß sie sich in bezug auf irgendeine zukünftige Politik festgelegt hätten. Dies vorausgeschickt, geht aber aus vorstehenden Darlegungen klar hervor, daß guter Grund für die Hoffnung besteht, daß angesichts dessen, was schon erreicht worden ist, und angesichts der Aussichten auf weitere Möglichkeiten, das Problem in der Form, in der es in dem »vertraulichen Memorandum« Mr. Rublees dargelegt worden ist, innerhalb einer vernunftgemäßen Zeit eine Lösung erwarten läßt. Indessen setzt aber, wie schon erklärt, eine ununterbrochene und geregelte Einwanderung nach für endgültige Siedlung in Aussicht genommenen Ländern eine ordnungsmäßige, gemäß den von Zeit zu Zeit sich bietenden Möglichkeiten geregelte Auswanderung aus Deutschland voraus.

30. März 1939

Dokument Nr. 84

»Sondertransporte von Juden nicht mehr ohne vorherige Genehmigung des Chefs der Sicherheitspolizei.«

Protokoll der »Ressortbesprechung vom 19. April 1939 betr. Verhandlungen mit dem Evian-Komitee« über die Anregungen des Ministerialdirektors Wohlthat vom 6. 3. 1939 (vgl. Dokument 82) in Anwesenheit von Vertretern aller mit der Judenaussiedlung beteiligten Ressorts. Auszüge:

Ministerialrat Lösener berichtete über den Stand der Gesetzgebungsarbeiten und über die bevorstehende gesetzliche Regelung der Verhältnisse der Juden in Deutschland. Er überreichte den Entwurf der 10. Durchführungsverordnung zum Reichsbürgergesetz vom 15. September 1935 – RGBl. I S. 1146 –, der die Gründung einer Reichsvereinigung der Juden, die Regelung des jüdischen Schulwesens und der jüdischen Wohlfahrtspflege vorsieht. Ministerialrat Lösener erläuterte diesen Entwurf, machte aber darauf aufmerksam, daß die Entscheidung der Schulfrage dem Führer überlassen werden müßte, da dieser sich diese selbst vorbehalten hat. Es könne also bei diesen Artikeln des Verordnungsentwurfs noch eine Änderung eintreten.

Regierungsrat Lischka überreichte die vorläufigen Entwürfe für die Satzung der Reichsvereinigung der Juden und die Mustersatzungen der jüdischen Kultusvereinigungen, deren sich die Reichsvereinigung als örtlicher Zweigstellen bedienen soll. Diese Konstruktion ist nach den Äußerungen von Regierungsrat Lischka gewählt worden, um auch die Juden zu erfassen, die zwar religionsgemäß nicht mehr der jüdischen Konfession angehören, nach dem Reichsbürgergesetz aber rassisch als Juden anzusehen sind. Die Höhe der Beiträge für die Reichsvereinigung der Juden steht noch offen. Hierüber wird noch im Rahmen der Reichszentrale für die jüdische Auswanderung in Berlin verhandelt werden.

Ministerialrat Dr. Schwandt bat um Beteiligung des Reichsfinanzministeriums bei den Beratungen über die Höhe der Beitragspflicht. Er wies jetzt bereits darauf hin, daß eine Verbindung der Beitragszahlungen mit irgendwelchen Steuern für das Reichsfinanzministerium nicht tragbar sei. Regierungsrat Lischka bezifferte die finanziellen Bedürfnisse der Reichsvereinigung unverbindlich auf ca. 34 Mill. RM im Jahr. Ob dieser Etat als ausreichend anzusehen ist, kann im Augenblick noch nicht mit Sicherheit übersehen werden. Die auswandernden Juden sind zur Entrichtung eines einmaligen außerordentlichen Beitrages an die Reichsvereinigung verpflichtet. Ob diese Zahlungen vor oder nach der Erhebung der Reichsfluchtsteuer erfolgen, steht noch offen.

Ministerialrat Dr. Schwandt berichtete dann, daß das Ergebnis der von den Juden aufzubringenden Vermögensabgabe nach den neuesten Unterlagen sich auf ca. 850–900 Mill. RM stellen wird. Der Ertrag der Vermögensabgabe wird also etwas günstiger sein als ursprünglich vorgesehen. Auf Grund dieser Tatsache glaubt er, daß man hinsichtlich der Schaffung des Trustfunds in Deutschland nicht so pessimistisch sein braucht. Er hält es daher heute für möglich, einen solchen im Betrage von 1–½ Milliarde zu schaffen. Die Voraussetzung sei aber, daß die Gegenseite erst einmal mit der Vorbereitung der Finanzierung der Judenauswanderung im Ausland selbst beginnt. Die Frage Ministerialrats Dr. Schwandt, ob auf der Gegenseite schon Zahlen genannt worden seien, verneinte Dr. Hahn. Ministerialrat Dr. Schwandt hält es aber für unbedingt erforderlich, daß die Trustfundsbildung in Deutschland erst nach der Errichtung der Finanzierungsgesellschaft im Ausland in Angriff genommen wird.

Es bestand Übereinstimmung, daß Ministerialdirektor Wohlthat bei der nächsten Besprechung mit Mr. Pell diesen hierauf aufmerksam macht.

Ministerialrat Dr. Schwandt führte ferner aus, daß die Bildung des Trustfunds erst allmählich erfolgen kann; es müsse weiter geprüft werden, in welcher rechtlichen Form er errichtet werden soll. Es kommen in Frage die Rechtsform der Aktiengesellschaft, der Gesellschaft mit beschränkter Haft, oder der Anstalt öffentlichen Rechts. Letztere ist nach Ansicht von Ministerialrat Dr. Schwandt die zweckmäßigste Form. Ministerialrat Lösener unterstützte den Vorschlag von Dr. Schwandt, die Mittel für den Trustfunds nicht zu zeitig festzulegen, da auch die Rechtsvereinigung aus dem Vermögen der Juden in Deutschland finanziert werden soll. Werde die Errichtung des Trustfunds zu früh in Angriff genommen, so sei unter Umständen die Finanzierung der Reichsvereinigung in Frage gestellt.

Ministerialrat Dr. Schwandt hält es weiter für wünschenswert, wenn die Gegenseite einen Finanzierungsplan für die Durchführung der Judenauswanderung aufstellt, damit man einen ungefähren Überblick über die Höhe der in Anspruch zu nehmenden Mittel erhält.

Ministerialrat Lösener und Dr. Schwandt hatten Bedenken, daß die im Rublee-Plan vorgesehene Finanzierung auf die bereits ausgewanderten Juden sowie auf die sogenannten politischen Flüchtlinge Anwendung finden soll. Dr. Hahn erklärte, daß diese Ausführungen des Memorandums lediglich Ansichten des Evian Committees sind, die sich Ministerialdirektor Wohlthat in seinen Besprechungen mit Mr. Pell nicht zu eigen gemacht hat.

Die anwesenden Ressortvertreter baten darum, daß die Punkte 1 und 2 des Memorandums hinsichtlich des Personenkreises klargestellt werden.

Gesandter Eisenlohr las dann in Beantwortung verschiedener Fragen seitens der Ressortvertreter einen Artikel aus der »Manchester Guardian« vom 8. 4. vor über die Länder, wohin die Judenauswanderung geleitet werden soll. Regierungsrat Lischka machte darauf aufmerksam, daß z. Zt. laufend über 1000 deutsche Juden für eine spätere Beschäftigung in der Landwirtschaft umgeschult werden.

Gesandter Eisenlohr erläuterte dann die störende unkontrollierte Auswanderung deutscher Juden, die zur Folge hat, daß Schiffe mit Juden plötzlich an den Küsten fremder Länder auftauchen, ihnen dort die Einwanderungsgenehmigung verweigert wird und sie nach Deutschland zurückgesandt werden, was die Bemühungen des Evian Committees stört. Regierungsrat Lischka erklärt, daß das Reichsverkehrsministerium gebeten worden ist, die Reisebüros und Reedereien anzuweisen, Sondertransporte von Juden nicht mehr ohne vorherige Genehmigung des Chefs der Sicherheitspolizei durchzuführen.

Zur Auswanderung der Juden aus dem Protektorat berichtete Regierungsrat Lischka, daß auf das Gerücht, daß Protektoratsjuden ohne besonderes Visum nach England einwandern könnten, eine große Menge Juden bis zur holländischen Grenze gereist sind, wo sie auf das englische Einreisevisum warten. Gegebenenfalls wird man aber zum Rücktransport der Juden genötigt sein, da dieses Gerücht nicht zutrifft. Im übrigen ist die Frage der Auswanderung der Juden aus dem Protektorat noch nicht entscheidungsreif, da die Arisierung dort langsam durchgeführt werden soll. Ministerialrat Lösener fügte hinzu, daß die Ausschaltung der Juden innerhalb des Protektorats nach den Vorschlägen der Protektoratsregierung erfolgen soll. Auf Anweisung des Führers sollen vorerst nur die Juden aus den öffentlichen Stellen entfernt werden. Die Ausschaltung der Juden aus der Wirtschaft soll den tschechischen Behörden selbst überlassen bleiben.

Ministerialrat Lösener bat schließlich, darauf zu dringen, daß die antisemitische Propaganda im Ausland durch ein Berliner Ressort in den Ländern, wohin Juden auswandern sollen, vorläufig eingestellt wird, um die Durchführung der Judenauswanderung nicht zu gefährden. Es sei verschiedentlich vorgekommen, daß die betreffenden Länder plötzlich in Verfolg dieser Propaganda den Juden die Einwanderung untersagt haben, obwohl sie bis zu diesem Zeitpunkt Juden aufgenommen haben. Ministerialdirektor Wohlthat wird die betreffende Stelle (Oberregierungsrat Dr. Ziegler, Propagandaministerium) unterrichten und gegebenenfalls zu den Ressortbesprechungen hinzuziehen.

Gesandter Eisenlohr bat die Ressortvertreter um Stellungnahme zu dem Vorschlag, den Holländer Professor Bruins zum neutralen Treuhänder beim Trustfunds zu ernennen. Vortragender Legationsrat Hinrichs erklärte, daß das Auswärtige Amt das Ergebnis der Erkundigung des deutschen Gesandten in Den Haag noch abwartete. Im übrigen soll Bruins im Reichswirtschaftsministerium günstig beurteilt werden. Reichsbankdirektor Treus erklärte, daß ihm Professor Bruins bekannt sei, und er persönlich ihn für einen Mann halte, mit dem sich loyal zusammenarbeiten läßt. Das Reichswirtschaftsministerium wird Ministerialdirektor Wohlthat noch seine Stellungnahme übermitteln.

Dr. Hahn bat die Ressorts um Vorschläge für die Benennung der deutschen Treuhänder. Die Vertreter des Reichswirtschaftsministeriums und des Reichsfinanzministeriums sagten die Übersendung von Vorschlägen an Ministerialdirektor Wohlthat zu.

Ministerialdirektor Wohlthat, der jetzt an der Sitzung teilnahm, erläuterte das den Ressorts übersandte Material dahin, daß nach den Mitteilungen von Mr. Pell die Vereinigten Staaten eine Einwanderungsquote für Deutschland von 27 000 Menschen festgesetzt haben, die fast ausschließlich von Juden in Anspruch genommen wird. Hiervon gehören 17 000 zu der Klasse der »Wage-Earner«. Die Einwanderungsquote von 27 000 soll auch in Zukunft erhalten bleiben. Regierungsrat Lischka bemerkte, daß die Zahl der bereits aus Deutschland in andere Durchgangsländer ausgewanderten und von dort nach den Vereinigten Staaten weiterwandernden Juden auf diese Quote angerechnet wird. Ministerialdirektor Wohlthat teilte weiter mit, daß Australien in drei Jahren 15 000 Juden aufnehmen will. San Domingo wird voraussichtlich 50 000 Juden übernehmen. Über die Untersuchungen der Kommission in Mindanao sowie Britisch und Holländisch Guayana und Nord-Rhodesien liegen dem Evian Committee noch keine Berichte vor. Ministerialdirektor Wohlthat wies darauf hin, daß nach den Angaben von Mr. Pell England bei der Frage der Judenauswanderung nicht so aktiv mitgewirkt hat, wie es die Vereinigten Staaten gewünscht hätten. Seitens Präsident Roosevelt ist daher verschiedentlich ein Druck auf die englische Regierung ausgeübt worden. Sir Herbert Emerson hat jedoch durch Vorstellungen beim Colonial Office erreicht, daß die englischen Regierungsstellen sich zur Mitarbeit bei den Fragen der Judenauswanderung positiver einstellen.

Ministerialdirektor Wohlthat fragte, ob ein Schreiben des Home Office an das Innenministerium, daß ein besonderer Bedarf an ausgebildeten Krankenschwestern und Hauspersonal herrscht, deren Auswanderung bevorzugt erledigt werden kann, eingetroffen ist. Ministerialrat Lösener und Regierungsrat Lischka erklärten, daß ein derartiger Eingang bisher nicht vorliegt. Ministerialrat Lösener erwähnte, daß besondere Schulungsmöglichkeiten für jüdische Krankenschwestern vorhanden sind, und diese Frage verfolgt werden soll. Regierungsrat Lischka wird sich der Angelegenheit annehmen.

Ministerialdirektor Wohlthat stellt ferner fest, daß eine Liste von Personen, die für die Organisation von Ausbildungslagern für Juden in Frage kommen und die Umschulung im Ausland vornehmen sollen, nicht eingetroffen ist. Ministerialdirektor Wohlthat wird Mr. Pell um Überreichung einer neuen Liste bitten.

Inzwischen hat Regierungsrat Lischka zu den beiden letzten Punkten – Hauspersonal und Krankenschwestern und Personal für die Ausbildungslager – mitgeteilt, daß die Reichsvereinigung der Juden hierüber bereits von der jüdischen Organisation in Londen unterrichtet ist und dementsprechende Maßnahmen schon in die Wege geleitet hat.

An anderer Stelle heißt es in dem Protokoll:

In Anwesenheit von Ministerialdirektor Wohlthat wurde noc̣
Frage der Finanzierung der Judenauswanderung erörtert. Ministe. ..rat Dr.
Schwandt legt Wert auf die Feststellung, wieviel Juden mit den Mitteln des
deutschen Trust Funds auswandern können auf Grund der Kostenvoran-
schläge, die von den Ausländern aufgestellt werden sollen. Ministerialdirektor Wohlthat stellt klar, daß man auf seiten des Evian Committee damit
rechnet, daß der im Ausland aufzutreibende Betrag größer ist als 25 % des
gesamten deutschen Judenvermögens.

Regierungsrat Lischka erwähnt noch Vorschläge, die von Mr. Robins, der
dem Coordinating Committee for Refugees London angehört, an ihn gelangt
sind. Er wird diese Vorschläge im Einvernehmen mit dem Auswärtigen Amt
beantworten. Mr. Pell soll hierüber unterrichtet werden.

Dokument Nr. 85

*»Die amerikanischen jüdischen Bankiers haben sich bereit erklärt, die
genügenden Mittel aufzubringen.«*

*Aktenvermerk des Ministerialdirektors Helmuth Wohlthat über seine Londo-
ner Unterredung am 26. 4. 1939 mit dem Stellvertretenden Direktor des
Zwischenstaatlichen Komitees der Evian-Konferenz, Pell:*

Berlin, den 29. April 1939

Unterredung mit Mr. Pell, Vizedirektor des Intergovernmental Committee,
London, am 26. April 1939 im Hotel Esplanade.

1. Mr. Pell teilte mit, daß die Berichte der Kommissionen über Siedlungsmöglichkeiten in Britisch Guayana und in San Domingo einen günstigen
Eindruck gemacht haben. Sobald die Berichte durchgearbeitet worden sind,
werden sie mir zur Kenntnis gegeben.

2. Mr. Taylor hat aus New York telefoniert und als Ergebnis seiner
Verhandlungen, die teilweise recht schwierig waren, festgestellt, daß die
amerikanischen jüdischen Bankiers sich bereit erklärt haben, die genügenden Mittel aufzubringen und die Durchführung jedes einzelnen Siedlungsprojektes zu garantieren. Die Herren Taylor, Sir Herbert Emerson und Pell
sind nunmehr davon überzeugt, daß die Finanzierung der Auswanderung
gesichert ist. Die Einzelheiten werden nach Rückkehr von Mr. Taylor
mitgeteilt.

3. Mr. Pell erklärte, daß das Intergovernmental Committee sich darüber klar ist, daß die Finanzierung bei Auswanderungen im Ausland so erfolgen müßte, als ob der Trust Fund in Deutschland und die Transfermöglichkeiten aus demselben nicht vorhanden wären. Die Herren sind fest entschlossen, die Siedlungsprojekte in Angriff zu nehmen.

4. Mr. Pell wiederholte, wie ich dies schon mündlich in der Sitzung vom 19. 4. ausgeführt habe, daß die Definition des Personenkreises, dem die Tätigkeit des Committees gewidmet ist, lt. Ziffer 1) des Memorandums vom 30. 3. der ursprünglichen Erklärung der Evian-Konferenz entspricht. Es besteht Einverständnis darüber, daß die Tätigkeit des Intergovernmental Committee im Zusammenhang mit der Tätigkeit der deutschen Behörden nach dem vertraulichen Memorandum von Mr. Rublee vom 1. 2. 39 sich auf die Gruppen von Personen bezieht, welche in diesem Memorandum bezeichnet worden sind.

5. Mr. Pell sagte zu, daß das Intergovernmental Committee sobald wie möglich einen Plan aufstellen wird, aus dem zu ersehen ist, welche Auswanderungsmöglichkeiten für die Zahl von Juden besteht, die in dem vertraulichen Memorandum von Mr. Rublee vom 1. 2. 39 genannt worden ist.

6. Mr. Pell wird sich bemühen, die offiziellen Schreiben des Home Office, London, zu erhalten, die an deutsche Adressen gesandt worden sein sollen, um ausgebildete Krankenschwestern und Hauspersonal bevorzugt zur Auswanderung zu bringen. Ferner wird Mr. Pell sich bemühen, das Schreiben zu übersenden, in dem eine Liste von Personen erbeten worden ist, die für die Organisation von Ausbildungslagern und die Umschulung im Ausland in Frage kommen.

7. Mr. Pell teilte mit, daß das Schreiben von Mr. Robins, Coordinating Committee for Refugees, London, an Regierungsrat Lischka zurückgeht auf die Schritte des Pastors Grüber, welche in England in den beteiligten kirchlichen Kreisen ein erhebliches Aufsehen hervorgerufen haben. Die Engländer möchten gern die Juden, welche christlichen Religionen angehören, bevorzugt aufnehmen. Der Erzbischof von Canterbury soll deshalb Mr. Robins zu seinem Brief veranlaßt haben, um zu verhindern, daß die Juden, welche Christen geworden sind, bei der Durchführung der Auswanderung durch die Juden, welche der jüdischen Religion angehören, benachteiligt werden.

8. Mr. Pell wird die Memoranden, welche in dem Schreiben vom 17. 3. an Mr. Taylor erwähnt sind, mir zur Verfügung stellen, wenn sich nicht durch die Verhandlungen, die inzwischen stattgefunden haben, eine bessere Formulierung ergibt, als sie in diesen Memoranden enthalten ist.

9. In der Anlage überreiche ich Abschrift eines Briefes von Mr. Pell wegen

des ausländischen Treuhänders für den Trust Fund, der neben zwei deutschen Treuhändern tätig sein soll. Ich bitte die zuständigen Ressorts um Ausarbeitung eines Entwurfs für den Trust Fund und für die Verordnungen, welche zur Bildung des Trust Fund's notwendig sind, bis Ende Mai.

10. Ich teilte Mr. Pell den Inhalt der im Entwurf vorliegenden 10. Durchführungsverordnung zum Reichsbürgergesetz vom 15. 9. 35 mit, die die Gründung einer Reichsvereinigung der Juden, die Regelung des jüdischen Schulwesens und der jüdischen Wohlfahrtspflege vorsieht, ferner die Mustersatzungen der jüdischen Kultusvereinigungen, die das durchführende örtliche Organ der Reichsvereinigung darstellen sollen.

11. Mr. Pell überbrachte mündlich Einladungen an mich zu einem Besuch in London von Lord Winterton, Sir Herbert Emerson vom Intergovernmental Committee und Staatssekretär Whaley vom Finanzministerium. Diese Herren haben die Einladungen ausgesprochen mit Zustimmung des britischen Kabinetts. Die Herren seien bereit, in jeder Weise die Form der Einladung den deutschen Wünschen anzupassen. Der Zweck der Einladung ist eine Aussprache über die Maßnahmen, die auf beiden Seiten ergriffen werden müssen, um die Auswanderung so bald als möglich planmäßig in Gang zu bringen. Ich erwiderte, daß ich im Augenblick vor einer Auslandsreise stehe, aber im Juni vielleicht auch wegen anderer Besprechungen in London anwesend sein würde. Ich würde deshalb später noch einmal auf die Einladung zurückkommen.

Dokument Nr. 86

»Die Unabhängigkeit der deutschen Entschlüsse soll unter allen Umständen gewahrt bleiben.«

Aufzeichnung des Legationsrates Schumburg, Auswärtiges Amt, vom 16. 5. 1939 für Reichsaußenminister von Ribbentrop – Resümee der Aktivitäten des Ministerialdirektors Wohlthat, des Zwischenstaatlichen Komitees und der Reichszentrale für die jüdische Auswanderung:

Auswärtiges Amt   Berlin, den 16. Mai 1939
83–24 B 16/5   Aufzeichnung
Die anliegenden Schriftstücke – ein Sitzungsbericht der Reichszentrale für jüdische Auswanderung, ein Memorandum des Vizedirektors des Evian-Komitees vom 30. März d. J. nebst Anlagen – ergeben folgenden Stand der zur

Förderung der jüdischen Auswanderung getroffenen oder beabsichtigten Maßnahmen:

1. Herr Min.Dir. Wohlthat steht in ständiger Fühlung mit dem Vizedirektor des Evian-Komitees, Herrn Pell, der bereits verschiedene Male in Berlin war. Das Evian-Komitee hat mit Zustimmung des britischen Kabinetts Herrn Wohlthat zu einem Besuch nach London eingeladen. Herr Wohlthat hat geantwortet, daß er vielleicht im Juni wegen anderer Besprechungen in London anwesend sein würde.

2. Deutscherseits sind die Vorbereitungen zur Bildung des Trustfonds getroffen, der voraussichtlich in Form einer öffentlich-rechtlichen Gesellschaft errichtet werden soll. Die Höhe der Mittel für den Fonds soll aber nicht zu zeitig festgelegt werden, um die Bildung der Reichsvereinigung deutscher Juden nicht zu gefährden, die ebenfalls aus dem jüdischen Gesamtvermögen finanziert werden soll. Der jährliche Bedarf der Reichsvereinigung wird auf 34 Millionen RM geschätzt. Immerhin scheint das Finanzministerium die finanzielle Leistungsfähigkeit des deutschen Judentums günstig zu beurteilen. Jedenfalls wird nach den neuesten Angaben der Voranschlag von 1 Milliarde RM für die jüdische Vermögensabgabe tatsächlich mit etwa 850–900 Millionen RM erreicht werden.

Die Errichtung des Trustfonds soll aber erst nach Bildung der Finanzierungsgesellschaft des Evian-Komitees in Angriff genommen werden. Herr Wohlthat wird bei der nächsten Besprechung mit Herrn Pell darauf hinweisen, daß zunächst das Evian-Komitee positive Angaben über die Ansiedlung und ihre Finanzierung machen müsse, bevor auf deutsche Maßnahmen gerechnet werden könne. Der im Ausland durch ein Konsortium jüdischer Bankiers aufzubringende Betrag wird nach Angabe von Herrn Pell voraussichtlich größer sein als 25 % des gesamten jüdischen Vermögens in Deutschland, d. h. als der deutscherseits in Aussicht gestellte Beitrag zur Finanzierung der jüdischen Auswanderung.

3. Die Verhandlungen des Evian-Komitees mit amerikanischen jüdischen Bankiers sind so weit fortgeschritten, daß die vorläufigen Statuten der zu gründenden Gesellschaft vorliegen. Die Bankiers haben sich bereit erklärt, die Mittel für die Durchführung jedes einzelnen Siedlungsprojektes zu garantieren. Das Evian-Komitee ist sich im übrigen nach Angaben von Herrn Pell darüber im klaren, daß die Finanzierung der jüdischen Auswanderung so erfolgen muß, als ob der Trustfonds in Deutschland und eine Transfer-Möglichkeit aus diesem nicht vorhanden wäre.

Die Berichte der nach Britisch-Guayana und San Domingo entsandten Kommissionen zur Prüfung der Ansiedlungsmöglichkeit liegen bisher Herrn Wohlthat nicht vor, sollen aber günstig sein.

Abschließend ist festzustellen, daß deutscherseits Bereitschaft besteht, die notwendigen Maßnahmen zur Bildung des Trustfonds und zu seinem Einsatz für die jüdische Auswanderung sofort durchzuführen, sowie seitens des Evian-Komitees die abschließende Meldung über die Aufnahme-Bereitschaft der Zielländer und die Bildung der Finanzierungsgesellschaft vorliegt. Es wird aber geflissentlich vermieden, ein Junctim zwischen den Maßnahmen des Evian-Komitees und den deutschen Maßnahmen herzustellen. Die Unabhängigkeit der deutschen Entschlüsse soll unter allen Umständen gewahrt bleiben.

Über den zu erfassenden Personenkreis besteht stillschweigendes Einverständnis. Jedenfalls ist deutscherseits eine Mithilfe bei der endgültigen Ansiedlung bereits abgewanderter Emigranten, die sich provisorisch in anderen Ländern als dem endgültigen Zielland aufhalten, abgelehnt worden. Inzwischen lief die Förderung der jüdischen Auswanderung durch die Reichszentrale für jüdische Auswanderung (Geh. Staatspolizeiamt) unabhängig von diesen Plänen weiter. Trotz wachsender Aufnahmeschwierigkeiten im Ausland beträgt die Zahl der vom 1. Februar bis 1. Mai abgewanderten Juden 19 400. Voraussichtlich wird diese Anzahl zurückgehen.

Über den
Herrn Staatssekretär
dem Herrn Reichsaußenminister
mit der Bitte um Kenntnisnahme vorgelegt.

Ich bitte gelegentlich über den Stand der jüdischen Auswanderung und der deutschen Rückwanderung aus Amerika vortragen zu dürfen.

gez. Schumburg

Dokument Nr. 87

»Ein Auswanderungsplan, der dem Reichswirtschaftsminister zur Genehmigung vorzulegen ist.«

Entwurf einer »Satzung der Stiftung zur Förderung der jüdischen Auswanderung«, eine Konsequenz der Vereinbarungen zwischen dem Zwischenstaatlichen Komitee und Ministerialdirektor Wohlthat. Die endgültige Fassung wurde vom Reichswirtschaftsministerium genehmigt.

Satzung der Stiftung zur Förderung der jüdischen Auswanderung.

§ 1

I. Die Stiftung hat ihren Sitz in Berlin.

§ 2

I. Die Stiftung wird von einem Vorstand verwaltet, der vom Reichswirtschaftsminister ernannt wird. Er besteht aus 2 nichtjüdischen deutschen Staatsangehörigen und 1 nichtjüdischen Ausländer. Ein deutsches Vorstandsmitglied ist als geschäftsführendes Vorstandsmitglied hauptamtlich, die beiden anderen Vorstandsmitglieder sind ehrenamtlich tätig.

II. Die laufenden Geschäfte werden von dem geschäftsführenden Vorstandsmitglied geführt.

III. Die nebenamtlichen Vorstandsmitglieder sind berechtigt, jederzeit Einsicht in die Unterlagen der Geschäftsführung zu verlangen und an wichtigen Entschlüssen beteiligt zu werden.

§ 3

I. Die Bezüge des hauptamtlichen Vorstandsmitgliedes bestimmt der Reichswirtschaftsminister.

II. Jedem Vorstandsmitglied hat die Stiftung die baren Auslagen zu erstatten, die ihm durch die Wahrnehmung seiner Vorstandsgeschäfte entstanden sind.

§ 4

I. Die Stiftung kann bei Bedarf Außenstellen außerhalb Berlin einrichten.

§ 5

I. Die Stiftung arbeitet zur Erfüllung ihrer Aufgaben mit ausländischen Ankaufs- und Finanzierungsgesellschaften zusammen. Die Stiftung stellt im Einvernehmen mit den ausländischen Ankaufs- und Finanzierungsgesellschaften einen Auswanderungsplan auf, der dem Reichswirtschaftsminister zur Genehmigung vorzulegen ist.

§ 6

I. Die Stiftung hat die ihr zur Verfügung gestellten Mittel zum Ankauf der Ausrüstung für Auswanderer, zur Förderung von Siedlungsprojekten, zur Zahlung von Reise- und Frachtkosten der Auswanderer in Deutschland und auf deutschen Schiffen und für ähnliche auswanderungsfördernde Ausgaben zu verwenden. Es dürfen nur die in der anliegenden Liste aufgeführten Waren angekauft werden (eine positive Liste von zu eigenem Gebrauch der Auswanderer bestimmten Ausrüstungsgegenständen, die keine oder nur geringe Rohstoffanteile enthalten, liegt bei). Die Ausfuhr von Produktionsmitteln ist unzulässig. Andere als in der Liste enthaltene Waren dürfen nur angekauft werden, wenn die in ihnen enthaltenen Rohstoffanteile in baren Westdevisen bezahlt werden.

II. Die Ausfuhr dieser Gegenstände nach Ländern, mit denen Deutschland ein Verrechnungs- und Zahlungsabkommen geschlossen hat, kann nur stattfinden, soweit sich die ausländischen Verrechnungsstellen damit einverstanden erklären, daß die Ausfuhr außerhalb der geltenden Verrechnungs- und Zahlungsabkommen abgewickelt werden wird.

III. Die Stiftung wird die von ihr beschafften Mittel den zur Auswanderung geeigneten Juden zuteilen, und zwar denjenigen, die ihren Unterhalt selbst verdienen und später deren Familienangehörigen. Der Zuteilungsschein berechtigt den Inhaber nach Maßgabe des Auswanderungsplanes unter Mitnahme der ihm von der Stiftung zugeteilten Mittel und seines Umzugsgutes ohne Entrichtung einer Reichsfluchtsteuer oder einer anderen Auswanderungsabgabe Deutschland zu verlassen.

IV. Die Stiftung ist dafür verantwortlich, daß die angekauften Waren nur zum Zweck der Ausrüstung von Auswanderern und zur Förderung von Siedlungsprojekten verwendet werden und wird zu diesem Zweck die eingekauften Waren besonders kennzeichnen.

V. Der nach Durchführung des Warentransfers etwa noch verbleibende bare Rest des Stiftungsvermögens kann, sobald Transfermöglichkeiten vorhanden sind, durch zusätzliche Ausfuhr oder auf einem anderen zu vereinbarenden Wege im Einvernehmen mit der Devisenstelle Berlin transferiert werden.

Dokument Nr. 88

»Eine Aushändigung des Entwurfs an die Gegenseite ist nicht zu empfehlen.«

Aktenvermerk vom 26. 6. 1939 über eine Besprechung der an der Juden-Aussiedlung beteiligten Reichsministerien über die Bildung eines Trustfonds, über die Gründung einer Stiftung zur Förderung der jüdischen Auswanderung und über den Satzungsentwurf dieser Stiftung:

W. XXI/205   Berlin, den 26. Juni 1939
Vermerk
über die Ressortbesprechung vom 1. Juni über die Bildung eines Trustfonds.
Auf Grund der Einladung von Ministerialdirektor Staatsrat Wohlthat vom 27. Mai (W.XXI/179) waren erschienen (vgl. anliegende Anwesenheitsliste).
Herr Staatsrat Wohlthat stellte vor der Besprechung der vom Reichswirtschaftsministerium übersandten Entwürfe – III Jd. 2/12380/39 – die Frage der Federführung für den Erlaß der Vorschriften zur Debatte.

Regierungsrat Lischka beansprucht für das Reichsministerium des Innern und den Reichsführer SS Beteiligung bei der Verordnung, erklärte sich aber bereit, die formelle Frage der Federführung im Interesse der sachlichen Arbeit vorerst zurückzustellen. Ministerialrat Dr. Schwandt behielt sich für das Reichsfinanzministerium dessen Stellungnahme vor. Er machte darauf aufmerksam, daß zwar entsprechend der Präambel des Verordnungsentwurfs der Reichswirtschaftsminister ermächtigt sei, die notwendigen Maßnahmen zu treffen, um den Einsatz der jüdischen Vermögen im Einklang mit den Belangen der deutschen Wirtschaft sicherzustellen, daß es sich hier aber zugleich und vielleicht in erster Linie um eine Reihe sehr wichtiger innen-, außen- und finanzpolitischen Fragen handele, die für die Frage der Federführung erheblich seien. Allgemein sei noch eine eingehende Prüfung des Fragenkomplexes in seinem Ministerium erforderlich. Unter Umständen sei ein Gesetz nötig. Jedenfalls müsse der Reichsminister der Finanzen überall beteiligt werden. Seine späteren Äußerungen seien daher vorbehaltlich der Genehmigung des Herrn Reichsministers der Finanzen zu verstehen.

ORR. Dr. Gotthardt erklärte, daß der Entwurf nur als ein vorläufiger anzusehen sei. Er vertrete auch den Standpunkt, daß die Frage der Federführung noch geklärt werden müsse. Das Reichswirtschaftsministerium betrachte sich im übrigen auf Grund der Ermächtigung des Generalfeldmarschalls als federführend. Staatsrat Wohlthat stellte fest, daß die Ressorts wegen der Frage der Federführung sich noch aussprechen und einigen müssen.

Ministerialrat Dr. Schwandt machte dann geltend, daß eine Aushändigung des Entwurfs an die Gegenseite nicht zu empfehlen sei. Staatsrat Wohlthat bemerkte hierzu, daß an die Aushändigung des Entwurfs an die Gegenseite nicht gedacht sei. Es sollen der Gegenseite von ihm lediglich die allgemeinen Grundsätze der gedachten Gesetzgebung mitgeteilt werden in Erledigung seines Schreibens an die Ressorts vom 25. April 1939 (W XXI/138).

Ministerialrat Dr. Schwandt warf die Frage auf, von welchen Stellen und in welcher Weise die Mittel für den Trustfonds festgesetzt und erhoben werden sollten. Eine Aufbringung mit einem Male sei wohl nicht zweckmäßig, seiner Ansicht nach müsse im übrigen die Gegenseite erst einmal durch Schaffung der nötigen Organisationen im Ausland und Bereitstellung erheblicher Devisenbeträge die Durchführbarkeit der Maßnahmen dartun. Die Reichsfinanzverwaltung habe weiterhin keine Unterlagen für den augenblicklichen Stand der jüdischen Vermögen in Deutschland. Es sei auch sehr schwierig, sich ausreichendes Material zu verschaffen. Es müsse weiterhin noch geprüft werden, ob man nicht eine Staffelung der Abgaben auf die Einzelvermögen festsetzen wolle.

Staatsrat Wohlthat stellte fest, daß die Bedenken, die das Reichswirtschaftsministerium gegen die Flüssigmachung der Mittel für den Trustfonds bzw.
das Reichsfinanzministerium gegen die einmalige Erhebung der gesamten
Mittel geltend gemacht habe, zurzeit noch nicht akut seien. Im übrigen seien
von der Gegenseite bereits Ansätze zur Ingangsetzung der Auswanderung
vorhanden. Er nannte Guayana, San Domingo, Nord-Rhodesien, Australien
und die Philippinen. Die Durchführung dieser Auswanderungspläne soll als
Einzelprojekte erfolgen. Er werde bei seinen nächsten Besprechungen mit
der Gegenseite verlangen, daß diese einen Plan und ihre Ideen für die
Finanzierung selbst nennen werde. Über die Frage, wie die Mittel später
einzuziehen seien, müßten die Ressorts sich später verständigen.

Verordnung über die Gründung einer Stiftung zur Förderung der jüdischen
Auswanderung.

Zu § 1

Im Verlaufe der Debatte ergab sich, daß das Protektorat nicht vom
Geltungsbereich der Verordnung umfaßt werden soll, wohl aber die
Ostmark. Es besteht Einigkeit, daß als Geltungsbereich der Verordnung
Groß-Deutschland ohne das Protektorat in Frage kommen soll.
Ministerialrat Dr. Schwandt machte Bedenken gegen die Bezeichnung
»Stiftung« geltend, da es an einem Stifter fehle. Er schlug die Bildung einer
Anstalt des öffentlichen Rechts vor. Einwendungen gegen diesen Vorschlag
wurden nicht erhoben.
Ministerialrat Loesener schlug vor, die Juden aus den privilegierten
Mischehen von dem Geltungsbereich der Verordnung herauszunehmen.
Dies soll geschehen.

Zu § 2

Ministerialrat Dr. Schwandt schlug eine losere Formulierung vor, um die
Frage der für die Festsetzung und Erhebung der Abgabe zuständigen Stelle
sowie die Art der Erhebung (Staffelung, ratenweise Erhebung usw.) offen zu
halten. Die Vermögensabgabe könne als »Umlage« bezeichnet und sollte
nur dem Höchstbetrag nach beziffert werden.
Ministerialrat Loesener machte darauf aufmerksam, daß die Einziehung der
Abgabe allein durch die Finanzämter nicht erfolgen könne. Es sei nicht
angängig, daß staatliche Hoheitsträger jüdischen Stellen Rechtshilfe leisten.
Ministerialrat Dr. Schwandt behielt sich die Stellungnahme zu der Frage vor,
ob die Reichsfinanzbehörden einzuschalten seien. Von anderer Seite wurde
es als denkbar bezeichnet, daß die Zuständigkeit der Reichsvereinigung der
Juden in Deutschland begründet werde.

278

Reg.Rat Lischka widersprach der Vorschrift des § 2 Abs. 3 (Erlaß von Vorschriften über die Einziehung der Abgabe durch die Stiftung-Anstalt).

Zu § 3

Es bestand Einverständnis, daß diese Vorschrift (Amtshilfe der Behörde gegenüber der Stiftung) in die Durchführungsverordnung gehört, wenn sie nicht überhaupt entbehrlich wird.

Zu § 4
(Auflösung der Stiftung)

Gegen die jetzige Formulierung wurden Bedenken erhoben. Es wurde für zweckmäßig erachtet, wenn man in diesem Paragraphen zum Ausdruck bringt, daß erst nach Errichtung des Verwendungszwecks, z. B. wenn es feststeht, daß dieser nicht erreicht werden kann, die Stiftung aufgelöst werden könne.

Zu § 5

Ministerialrat Dr. Schwandt beansprucht in jedem Falle für das Reichsfinanzministerium auch zu § 5 die Beteiligung (Erlaß von Durchführungsbestimmungen).

Satzungen der Stiftung zur Förderung der jüdischen Auswanderung.

Zu § 1
(Sitz der Stiftung)

Keine Einwendungen.

Zu §§ 2 und 3
(Vorstand)

Es wurden Bedenken erhoben gegen die ehrenamtliche Tätigkeit des ausländischen Treuhänders, da ein Mann wie Professor Bruins sich hierzu kaum bereit finden werde. Ministerialrat Dr. Schwandt schlug vor, bei der Behandlung der Vergütung für den ausländischen Treuhänder nicht zu kleinlich zu sein. Er machte dann darauf aufmerksam, daß die Vertretung nur durch Abgabe von zwei Unterschriften erfolgen könne. Im übrigen soll man dem ausländischen Vertreter weitestgehenden Einblick in die Geschäftsführung gewähren, um allen etwaigen Vorwürfen im Ausland zuvorzukommen. Die Ressortvertreter waren sich darüber einig, daß eine Überwachung der Geschäftsführung des Trustfonds durch Kommissare erfolgen soll, die vom Reichswirtschaftsministerium, Reichsfinanzministerium und Reichsinnenministerium benannt werden.

Zu § 4
(Außenstellen der Stiftung)

Einverstanden.

Zu § 5
(Zusammenarbeit mit ausländischen Stellen)

Auch hier wurde eine neue Formulierung vorgeschlagen. Es genügt, wenn lediglich die Zusammenarbeit mit ausländischen Ankaufs- und Finanzierungsgesellschaften erwähnt wird. Die Aufstellung eines Auswanderungsplanes selbst wird nicht Aufgabe der Stiftung sein.

Zu § 6
(Verwaltung der Mittel)

Die im § 6 Abs. 1 genannte Liste wird noch vom Reichsministerium ausgearbeitet werden.

Es wurden Bedenken geltend gemacht, daß die Verwendung der Mittel der Stiftung in der Satzung festgelegt werde. Die Ressortvertreter waren der Ansicht, daß diese Fragen zweckmäßiger in eine Durchführungsverordnung hineingehören.

Die gleichen Bedenken wurden zu Absatz 2 des gleichen Paragraphen erhoben.

Die Formulierung des Absatzes 3 erscheint mißverständlich. Es könnte der Eindruck entstehen, als ob die Auswanderer die ihnen zugeteilten Mittel mitnehmen können. Auch diese Fragen sollen in der Durchführungsverordnung behandelt werden. Es bestand Einstimmigkeit, daß ein Transfer von Mitteln nicht in Frage kommt. Die angeschnittenen Steuerfragen (Reichsfluchtsteuerfreiheit) sowie die Verwendung der Mittel gehören in die Verordnung, nicht in die Satzung der Stiftung. Absatz 4 soll in Wegfall kommen, da der vorgeschlagene Zweck schwer durchführbar ist. Ob eine besondere Kennzeichnung der Ware erfolgt, wird noch geprüft.

Absatz 5 gehört in die Verordnung. Es wurde wiederholt, daß ein Transfer nicht in Frage kommt. Es erscheint zweckmäßig, die Frage der Verwendung der Erträgnisse des Trustfonds zugunsten der nicht auswanderungsfähigen Juden in Deutschland in die Verordnung aufzunehmen; ebenso ist zu erwägen, ob der etwa verbleibende bare Rest des Stiftungsvermögens nur zu jüdischen Zwecken, nicht für allgemeine Haushaltszwecke verwendet werden darf.

Das Reichswirtschaftsministerium wird einen neuen Entwurf nach Maßgabe dieser Besprechung ausarbeiten.

Im Auftrage gez. Dr. Hahn

»Die Juden wegschaffen« – Amtliche Wege in die Endlösung: Mord

Dokumente Nr. 89 – 113

Reichszentrale für die jüdische Auswanderung und Reichsvereinigung der Juden (1938/39)

Dokumente Nr. 89 – 96

Dokument Nr. 89

»Der Jude wird aus der Wirtschaft ausgeschieden und tritt seine Wirtschafts-güter an den Staat ab.«

Stenogramm der Rede Hermann Görings, des Beauftragten für den Vierjah-resplan, auf einer von ihm einberufenen Konferenz am 12. 11. 1938 vor Vertretern aller Ministerien und Ressorts, die mit der Auswanderung der Juden zu tun hatten. Das Stenogramm ist in den Nürnberger Gerichtsakten unter der Dokumentennummer P.S.1816 enthalten.

Meine Herren, die heutige Sitzung ist von entscheidender Bedeutung. Ich habe einen Brief bekommen, den mir der Stabsleiter des Stellvertreters des Führers, Bormann, im Auftrag des Führers geschrieben hat, wonach die Judenfrage jetzt einheitlich zusammengefaßt werden soll und so oder so zur Erledigung zu bringen ist. Durch telephonischen Anruf bin ich gestern vom Führer noch einmal darauf hingewiesen worden, jetzt die entscheidenden Schritte zusammenzufassen.

Da das Problem in der Hauptsache ein umfangreiches wirtschaftliches Problem ist, wird hier der Hebel angesetzt werden müssen. Selbstverständ-lich ergeben sich daraus auch eine Reihe rechtlicher Maßnahmen, die sowohl in das Gebiet des Justizministers wie des Innenministers fallen, dann die daraus zu folgernden Propagandamaßnahmen, die in das Gebiet des Herrn Propagandaministers fallen, selbstverständlich auch Maßnahmen des Fi-nanzministers und des Wirtschaftsministers.

In der Sitzung, in der wir damals zum ersten Mal über diese Frage sprachen und den Beschluß faßten, die deutsche Wirtschaft zu arisieren, den Juden aus der Wirtschaft heraus und in das Schuldbuch hineinzubringen und auf die Rente zu setzen, haben wir leider Gottes nur sehr schöne Pläne gefaßt, die dann aber nur sehr schleppend verfolgt worden sind. Wir haben dann hier in Berlin eine Demonstration gehabt. Daraufhin ist dem Volke gesagt worden: es geschieht jetzt etwas Entscheidendes. Es ist aber wieder nichts geschehen. Wir haben jetzt diese Sache in Paris gehabt. Darauf folgten wieder die Demonstrationen, und jetzt muß etwas geschehen! Denn, meine Herren, diese Demonstrationen habe ich satt. Sie schädigen nicht den Juden, sondern schließlich mich, der ich die Wirtschaft als letzte Instanz zusammenzufassen habe. Wenn heute ein jüdisches Geschäft zertrümmert wird, wenn Waren auf die Straße geschmissen werden, dann ersetzt die Versicherung dem Juden den Schaden − er hat ihn gar nicht −, und zweitens sind Konsumgüter, Volksgüter zerstört worden. Wenn in Zukunft schon Demonstrationen, die unter Umständen notwendig sein mögen, stattfinden, dann bitte ich nun endgültig sie so zu lenken, daß man sich nicht in das eigene Fleisch schneidet. Denn es ist irrsinnig, ein jüdisches Warenhaus auszuräumen und anzuzünden, und dann trägt eine deutsche Versicherungsgesellschaft den Schaden, und die Waren, die ich dringend brauche − ganze Abteilungen Kleider und was weiß ich alles −, werden verbrannt und fehlen mir hinten und vorn. Da kann ich gleich die Rohstoffe anzünden, wenn sie hereinkommen.

Das Volk versteht das natürlich nicht, und deshalb müssen hier Gesetze gemacht werden, die dem Volk einwandfrei zeigen, daß hier etwas getan wird. Ich wäre wirklich dankbar, wenn durch die Propaganda einmal auf diesen Punkt hingewiesen werden könnte, daß der Schaden leider Gottes nicht den Juden trifft, sondern tatsächlich die deutschen Versicherungsgesellschaften.

Nun habe ich aber keine Lust, die deutschen Versicherungsgesellschaften diesen Schaden tragen zu lassen. Ich werde deshalb auf Grund meiner Vollmacht eine Anordnung erlassen und bitte da natürlich um die Mitarbeit der zuständigen Ministerien, damit das in das richtige Lot kommt und die Versicherungsgesellschaften den Schaden nicht zu tragen haben. Es taucht aber sofort ein zweites Moment auf: diese Versicherungsgesellschaften können im Ausland rückversichert sein. Falls eine solche Rückversicherung hier in Frage kommt, möchte ich wieder nicht darauf verzichten, weil sie Devisen bringt. Das muß also untersucht werden. Aus diesem Grunde habe ich auch Herrn Hilgard von den Versicherungen hierher bestellt, der uns am besten darüber Auskunft geben kann, wieweit die Versicherungsgesellschaften durch Rückversicherungen gegen solche Schäden gedeckt sind. Denn darauf möchte ich auf keinen Fall verzichten.

Darüber möchte ich keinen Zweifel lassen, meine Herren: die heutige Sitzung ist nicht dazu da, sich erneut darüber zu unterhalten, was getan werden sollte, sondern es fallen jetzt Entscheidungen, und ich bitte die

Ressorts inständig, nun aber Schlag auf Schlag die notwendigen Maßnahmen zur Arisierung der Wirtschaft zu treffen und mir vorzulegen, soweit das notwendig ist.

Bei der Arisierung der Wirtschaft ist der Grundgedanke folgender: Der Jude wird aus der Wirtschaft ausgeschieden und tritt seine Wirtschaftsgüter an den Staat ab. Er wird dafür entschädigt. Die Entschädigung wird im Schuldbuch vermerkt und wird ihm zu einem bestimmten Prozentsatz verzinst. Davon hat er zu leben.

Es ist selbstverständlich, daß wir diese Arisierung, wenn sie schnell erfolgen soll, nicht etwa zentral allein im Wirtschaftsministerium in Berlin machen können. Dann würde man damit nicht fertig. Auf der anderen Seite ist es aber unbedingt notwendig, ganz bestimmte Sicherheitskautelen einzuschalten, damit in der nächsten Instanz, bei den Statthaltern und Gauleitern, die Dinge nun nicht unverständig gemacht werden. Es müssen hier also sofort genaue Richtlinien herausgebracht werden. Darüber hinaus ist selbstverständlich die Arisierung aller größeren Unternehmungen – vom Wirtschaftsministerium ist noch festzusetzen, welche und wieviele Unternehmungen das sind – mir vorzubehalten; sie darf nicht durch einen Statthalter oder durch untere Instanzen erfolgen, weil diese Dinge in den Außenhandel hinübergreifen und draußen oft große Probleme anrühren, die der Statthalter von seinem Ort aus unmöglich überblicken und lösen kann. Die muß ich mir vorbehalten, damit hier nicht ein größerer Schaden entsteht als der Nutzen, der erreicht werden soll.

Das Sichtbarste, meine Herren, für das Volk sind die jüdischen Kaufläden und nicht etwa die Beteiligungen. Deshalb muß hier begonnen werden, und zwar nach folgenden Thesen, die wir bereits festgelegt haben.

Zunächst gibt der Wirtschaftsminister bekannt, welche Geschäfte er überhaupt stillegen will, weil sie übersetzt sind. Diese Geschäfte scheiden bei der Arisierung von vornherein aus. Die vorhandenen Waren sind für andere Geschäfte zum Verkauf freizustellen. Soweit sie nicht abgesetzt werden können, wird sich irgendein Weg finden, sie in die Winterhilfe hineinzuführen oder sonstwie zu verwerten. Es muß natürlich immer die kaufmännische Verwertung angestrebt werden; denn bei dieser ganzen Umwandlung soll der Staat nicht leiden, sondern soll einen Vorteil davon haben. Zweitens sind für die Kaufläden und Kaufhäuser – ich spreche jetzt nur von dem, was sichtbar zutage tritt – Kategorien aufzustellen entsprechend der Wichtigkeit der einzelnen Branchen.

Der Treuhänder des Staates schätzt das Geschäft ab und bestimmt, welchen Betrag der Jude bekommt. Dieser Betrag ist selbstverständlich an sich schon möglichst niedrig zu halten. Das Geschäft wird dann von der Treuhand in arischen Besitz überführt, und hierbei ist der Aufschlag zu erzielen, d. h. das Geschäft ist entsprechend seinem normalen tatsächlichen Verkehrswert und Bilanzwert an den Mann zu bringen.

Hier setzen Schwierigkeiten ein. Es ist menschlich verständlich, daß in starkem Maße versucht wird, in diese Geschäfte Parteigenossen hineinzubringen und ihnen so gewisse Entschädigungen zu geben. Ich habe da entsetzliche Dinge in der Vergangenheit gesehen: daß sich kleine Chauffeure von Gauleitern derart bereichert haben, daß sie auf diese Weise schließlich eine halbe Million Vermögen an sich gebracht haben. Die Herren wissen Bescheid? Das stimmt doch?

(Zustimmung)

Das sind natürlich Dinge, die unmöglich sind. Ich werde nicht davor zurückscheuen, dort, wo unsauber verfahren wird, rücksichtslos einzugreifen. Sollte es sich um eine prominente Person handeln, die das Delikt ermöglicht, so werde ich binnen zwei Stunden beim Führer sein und diese Schweinerei ganz nüchtern vortragen.

Wir müssen darauf drängen, daß der Arier, der das Geschäft übernimmt, aus der Branche ist und davon etwas versteht. Er muß normalerweise auch das Geld für das Geschäft aus Eigenem aufbringen. Anzustreben ist also ein normaler Geschäftsverkauf, wie er heute zwischen zwei Kaufleuten – dem einen, der sein Geschäft verkaufen will, und dem andern, der es kaufen will – stattfinden würde.

Sind nun unter den Bewerbern Parteigenossen, so sind sie, wenn sie dieselben Bedingungen erfüllen, vorzuziehen, und zwar selbstverständlich in erster Linie der Geschädigte, dann ungefähr dem Parteialter nach.

Es können nun natürlich Ausnahmen stattfinden. Ein Parteigenosse ist nachweisbar dadurch geschädigt worden, daß ihm der Staat Schuschnigg oder Prag die Geschäftskonzession entzogen hat, daß er dadurch Pleite ging und kaputtgemacht wurde. Dieser Mann hat normalerweise Anrecht auf ein Geschäft, und ihm wird auch geholfen, wenn er nicht die Mittel dafür besitzt. Die Treuhand kann das um so eher machen, je geschäftstüchtiger sie im sonstigen Verkehrsgang der Überführung verfährt. Diesem Parteigenossen kann das Geschäft möglichst billig übertragen werden. Man wird hier nicht den vollen Wert herausholen, sondern nur den Sperrwert, den der Jude bekommt. Unter Umständen wird man dem Mann auch noch ein Stützungsdarlehen geben, damit er zunächst zurechtkommt.

Ich betone aber noch einmal ausdrücklich: das kommt nur dort in Frage, wo der Parteigenosse ein solches Geschäft hatte, etwa in folgendem Fall: Ein Parteigenosse hatte ein Schreib- und Papierwarengeschäft. Schuschnigg hatte ihm die Konzession entzogen. Er hat das Geschäft verloren und ist dadurch Pleite gegangen. Wenn jetzt ein jüdisches Papierwarengeschäft arisiert wird, soll dieser Parteigenosse hineingesetzt werden, möglichst zu Bedingungen, die er erfüllen kann. Das ist aber die einzige Ausnahme. Sonst muß kaufmännisch verfahren werden, wobei natürlich, wie ich eben schon sagte, der Parteigenosse jeweils den Vorzug hat, wenn die Bewerber gleich sind.

Bei der Übertragung wird sich nun, wenn wir den Verkehrswert zugrunde legen, selbstverständlich ergeben, daß auf 100 zu übertragende jüdische Geschäfte bestenfalls vielleicht 60 Arier kommen, die bereit sind, die Läden zu übernehmen. Ich glaube nicht, daß wir heute für jedes jüdische Ladengeschäft einen Deutschen besitzen, der es erwerben will. Vergessen Sie doch nicht, daß der Jude sein Hauptbetätigungsfeld gerade im Handel gesehen hat. Hier steckt er doch zu 90 % drinnen. Ob wir überhaupt so viel Nachfrage, ja ob wir überhaupt so viele Menschen haben, bezweifle ich, zumal jetzt, wo die Leute überall ein Betätigungsfeld gefunden haben.

Darum bitte ich den Herrn Wirtschaftsminister, mir in der Stillegung der Geschäfte von vornherein sehr weit, außerordentlich weit zu gehen, nicht nur so weit, als wir es selbst nach unserem Prinzip für richtig halten, sondern auch von dem Gedankengang ausgehend, daß hierfür keine Bewerber da sind. Das muß also absolut in Ordnung sein.

Die Übertragung der Läden und Geschäfte wird man selbstverständlich den unteren Stellen überlassen müssen, nicht hier der Zentrale, sondern den Gauen bzw. der Reichsstatthalterschaft. Hier müssen Vertreter der Treuhandgesellschaft sitzen, wenn es auch nur sehr wenige Leute sind. Der Statthalter kann das nicht mit seinen Leuten, sondern das muß die Treuhand übernehmen. Aber der Statthalter ist derjenige, der nun nach den Richtlinien, die ihm gegeben sind, die Treuhand unterstützt, sie beaufsichtigt und ihr gerade in diesen Dingen der Übergabe an Parteigenossen Anweisungen gibt.

Es ist selbstverständlich, daß diese Geschäfte nun nicht etwa auf einen Schlag verschwinden können. Aber es muß jetzt ab Montag, möchte ich sagen, damit derartig begonnen werden, daß die Umwandlung hier wenigstens an den auffallenden Punkten eintritt. Darüber hinaus kann man ja auch von vornherein zur Schließung gewisser Geschäfte schreiten, um die Sache hier zu erleichtern.

Ein weiterer Punkt! Ich habe festgestellt, daß Arier ein jüdisches Geschäft übernommen haben und dann so geschäftstüchtig waren, den Namen dieses jüdischen Geschäftes in irgendeiner Form mit »vormals« beizubehalten oder überhaupt beizubehalten. Das darf nicht sein; das darf ich nicht erlauben.

Denn sonst kommen Dinge vor, wie sie jetzt wieder passiert sind, daß Läden eingeschmissen wurden, deren Aushängeschild jüdisch klang und auch einmal jüdisch war, die aber jetzt längst arisiert waren. Hier darf und muß der jüdische Name der früheren Firma restlos ausgelöscht werden, und der Deutsche muß mit seinem Namen und seiner Firmenbezeichnung hervortreten. Ich bitte, daß das ganz klar durchgeführt wird. So viel zur Arisierung der Geschäfte und Engroslager, insbesondere des Aushängeschildes, möchte ich einmal sagen, alles dessen, was auffällt!

Auf die Konsequenzen, die sich daraus für den Juden ergeben, komme ich später zu reden, weil das mit anderen Punkten zusammenhängt.

Jetzt kommen die Fabriken. Bei den kleinen und mittleren Fabriken ist ähnlich zu verfahren, daß zunächst festgestellt wird:

1.) Welche Fabrik brauche ich überhaupt nicht? Welche kann man stillegen? Kann man nichts anderes daraus machen? – Dann wird sie möglichst rasch abgeschrottet.

2.) Wenn sie benötigt wird, wird sie nach denselben Richtlinien wie das Geschäft in arischen Besitz überführt. Alle diese Dinge müssen aber rasch geschehen, weil ja überall auch arische Angestellte sind. Ich möchte gleich sagen: wenn Geschäfte geschlossen werden, müssen die arischen Angestellten wieder sofort untergebracht werden. Bei dem riesigen Menschenbedarf, den wir heute haben, wird das eine Kleinigkeit sein, selbst wenn sie in die eigene Branche kommen müssen.

Wie ich eben sagte: wenn die Fabrik notwendig ist, wird sie arisiert. Wenn sie nicht notwendig ist, werden ihre Anlagen jener Aktion zur Verfügung gestellt, die ich sowieso in den nächsten Wochen durchführen muß, nämlich der Aktion zur Umwandlung von nicht lebensnotwendigen Produktionswerkstätten in lebenswichtige. Dazu werde ich noch sehr viel Raum und sehr viele Fabriken brauchen.

Wenn solch eine Fabrik aufgelassen wird oder umgewandelt wird, muß sofort nachgesehen werden: Was für Maschinen besitzt die Fabrik? Wo kann ich diese Maschinen unterbringen? Kann ich sie für die neue Aufgabe verwerten, oder wo ist eine dringende Nachfrage nach solchen Maschinen? Wo können sie hingebaut werden? Die Arisierung der Fabriken ist also eine noch schwierigere Aufgabe als die Arisierung der Kaufläden.

Nun kommen die größeren Fabriken, die von einem jüdischen Besitzer ohne verantwortliche Gesellschaft selbst geleitet werden, oder die Aktiengesellschaften, wo der Jude im Aufsichtsrat oder sogar im Direktorium drinsteckt, wo aber die Fabrik sonst im allgemeinen läuft. Hier ist die Sache wiederum sehr einfach: die Fabrik läuft weiter. Der Jude wird herausgenommen. Mit seinem Anteil wird genauso verfahren wie bei den Kaufläden und den

Fabriken. D. h. sein Anteil, der in der Fabrik steckt, wird ihm zu dem Schlüssel vergütet, den wir festsetzen. Damit tritt er aus. Die Treuhand hat diesen Anteil in der Hand. Soweit es sich um Aktien handelt, auch die Aktien. Diesen Anteil kann sie nun wieder verkaufen bzw. kann die Aktien zunächst dem Staatsbesitz zuführen, und von dort können sie dann verwendet werden. Wenn ich also eine große Fabrik habe, die einem Juden oder einer jüdischen Aktiengesellschaft gehört, und der Jude scheidet aus, vielleicht mit seinen Söhnen, die noch darin waren, dann läuft die Fabrik ruhig weiter. Es muß vielleicht, weil der Jude das Geschäft selbst geführt hat, ein Direktor hineingesetzt werden. Aber sonst ist, besonders wenn die Fabrik sehr notwendig ist, alles im besten Gang.

Es ist also sehr einfach. Ich habe jetzt seinen Anteil. Den kann ich einem anderen Arier geben oder einer anderen Gruppe bzw. ich behalte die Aktien. Die nimmt der Staat an sich und bringt sie, wenn sie börsengängig sind, an die Börse, wenn er es für richtig hält, oder verwertet sie selbst irgendwie.

Nun spreche ich von den ganz großen Unternehmungen, wo der Jude noch zum Teil in dem Aufsichtsrat drin ist, wo ihm Aktien usw. gehören und er dadurch entweder Besitzer oder Hauptbesitzer ist, jedenfalls sehr stark interessiert ist. Auch da ist die Sache verhältnismäßig einfach: Er liefert das gesamte Aktienpaket aus. Diese Aktien werden ihm zu dem Kurs abgenommen, der von der Treuhand festgesetzt wird. Der Jude ist damit im Schuldbuch drin. Mit den Aktien wird so verfahren, wie ich eben gesagt habe. Diese Fälle können allerdings nicht mehr die Gaue und Reichsstatthalter regeln, sondern die müssen von uns hier oben gemacht werden, weil nur wir überblicken können, wo diese Fabriken hingebracht werden müssen, in welchen Vereinigungen sie vielleicht mit anderen zusammengefaßt werden, wieweit der Staat sie selbst behalten wird, wieweit er sie einer Gesellschaft geben wird, die dem Reich gehört. Das sind alles Gesichtspunkte, die nur von hier aus geklärt werden können. Ich weiß natürlich: Je größer, umfangreicher und gewinnbringender das Unternehmen ist, desto stärker wird sich der Drang auch all der Herren Gauleiter und Statthalter von den verschiedenen Seiten bemerkbar machen, in den Besitz dieser Anteile zu kommen. Damit werden große Versprechungen auf Verschönerung der Hauptstädte usw. gemacht werden. Das kenne ich alles. Das geht nicht. Wir müssen hier zu einer ganz klaren, für das Reich Gewinn bringenden Aktion kommen.

Das gleiche Verfahren tritt da ein, wo der Jude sonst noch Anteil, Besitzanteil an der Wirtschaft hat. Ich bin nicht so versiert, um zu wissen, in welcher Form das noch der Fall ist und inwieweit ihm das noch weggenommen werden muß. Jedenfalls muß der Jude auf diese Weise nun sehr rasch aus der gesamten deutschen Wirtschaft hinaus.

Dokument Nr. 90

»In erster Linie die jüdische Auswanderung mit allen Mitteln fördern.«

Schnellbrief des SS-Gruppenführers Heydrich, des Chefs der Sicherheitspolizei, vom 15. 11. 1938 an das Auswärtige Amt.

AA. eing. 16. Nov. 1938
Der Chef der Sicherheitspolizei   Berlin SW 11, den 15. November 1938
S-V 1 Nr. 703/38 – 151 – v.A.w.   Prinz-Albrecht-Straße 8

Schnellbrief

An das Auswärtige Amt,
Berlin.

Betr.: Reichszentrale jüdischer Auswanderung.
Zur Verwirklichung der vom Herrn Generalfeldmarschall in der Chefbesprechung vom 12. 11. 1938 erteilten Weisung, in erster Linie die jüdische Auswanderung mit allen Mitteln zu fördern, habe ich vorgesehen, eine Reichszentrale für jüdische Auswanderung in Berlin zu schaffen, die in Zusammenarbeit mit einer ebenfalls zu schaffenden Reichsvereinigung für die Betreuung jüdischer Auswanderer und fürsorgebedürftiger Juden diese Aufgabe in Angriff zu nehmen hat.
Ich erlaube mir, zu einer Vorbesprechung dieser Angelegenheit auf Donnerstag, den 17. November 1938 um 16 Uhr 30 im Saal 28 meines Ministeriums (Prinz-Albrecht-Str. 8)
ergebenst einzuladen.

In Vertretung:
gez. Dr. Best
Beglaubigt: gez. Hagen, Kanzleiangestellte

Dokument Nr. 91

»Die Leitung der Reichszentrale übernimmt der Chef der Sicherheitspolizei.«

Brief Hermann Görings, des Beauftragten für den Vierjahresplan, vom 24. 1. 1939 an den Reichsinnenminister Wilhelm Frick. Auszug:

Der Beauftragte für den Vierjahresplan   Berlin, den 24. Januar 1939
Generalfeldmarschall Göring

An den
Herrn Reichsminister des Innern
in Berlin

Die Auswanderung der Juden aus Deutschland ist mit allen Mitteln zu fördern.
Im Reichsministerium des Innern wird aus Vertretern der beteiligten Dienststellen eine Reichszentrale für die jüdische Auswanderung gebildet.
Die Reichszentrale hat die Aufgabe, für das gesamte Reichsgebiet einheitlich
1. alle Maßnahmen zur *Vorbereitung* einer verstärkten Auswanderung der Juden zu treffen, u. a. eine zur einheitlichen Vorbereitung von Auswanderungsgesuchen geeignete jüdische Organisation ins Leben zu rufen, alle Schritte zu tun, um die Bereitstellung und zweckentsprechende Verwertung in- und ausländischer Geldmittel zu erwirken, und in Zusammenarbeit mit der Reichsstelle für das Auswanderungswesen geeignete Zielländer für die Auswanderung festzustellen;
2. die Auswanderung zu *lenken*, u. a. für eine bevorzugte Auswanderung der ärmeren Juden zu sorgen;
3. die Durchführung der Auswanderung im *Einzelfall* zu beschleunigen, indem sie durch zentrale Bearbeitung der Auswanderungsanträge die für den einzelnen Auswanderer erforderlichen staatlichen Ausweise und Bescheinigungen schnell und reibungslos beschafft und den Vollzug der Auswanderung überwacht.
Die Leitung der Reichszentrale übernimmt der Chef der Sicherheitspolizei. Er bestimmt den Geschäftsführer und regelt die Geschäftsführung der Reichszentrale.
Über die Arbeit der Reichszentrale ist mir laufend zu berichten. Vor grundsätzlichen Maßnahmen ist meine Entscheidung einzuholen.

Dokument Nr. 92

»Heranziehung der Judenschaft selbst zu der Lösung der Auswanderungs-frage.«

Protokoll der ersten Gesamtausschuß-Sitzung der von Göring gegründeten Reichszentrale für die jüdische Auswanderung, die am 11. 2. 1939 unter

Vorsitz von SS-Gruppenführer Heydrich, des Chefs der Sicherheitspolizei, und unter Beteiligung aller mit der Auswanderung der Juden befaßten Ministerien stattfand. Auszug:

Ausgehend von dem Erlaß des Herrn Generalfeldmarschalls Göring als Beauftragten für den Vierjahresplan vom 24. 1. 1939, auf Grund dessen die Reichszentrale für die jüdische Auswanderung unter der Leitung des Chefs der Sicherheitspolizei gebildet worden ist, legte SS-Gruppenführer Heydrich die allgemeinen Arbeitsrichtlinien fest. Er führte aus, daß es Aufgabe des Ausschusses der Reichszentrale für die jüdische Auswanderung sei, eine reibungslose Zusammenarbeit in allen Fragen der jüdischen Auswanderung bei den beteiligten zentralen Staatsstellen zu gewährleisten. Mit der Erledigung von Einzelfragen soll jedoch der Ausschuß nicht belastet werden; vielmehr sollen derartige Angelegenheiten durch unmittelbare Fühlungnahme mit den bestellten Vertretern der verschiedenen Fachressorts geregelt werden. Der Gesamtausschuß würde nur zusammenberufen werden bei grundsätzlichen allgemein interessierenden Angelegenheiten und in gewissen Zeitabständen zur Unterrichtung über die jeweilige Gesamtlage.
Nach einem kurzen Rückblick auf die Ereignisse am 9.–10. 11. 1938 und die insbesondere durch diese Entwicklung geschaffene Notwendigkeit zur einheitlichen Bearbeitung der Judenauswanderungsfrage legte SS-Gruppenführer Heydrich die Aufgaben der Reichszentrale im einzelnen dar und ging zunächst auf den Rublee-Plan ein. Dieser solle zwar eine Grundlage für eine organisierte jüdische Massenauswanderung bilden, die Durchführung dieses Planes scheine aber noch keineswegs gesichert, so daß man auf diesen allein nicht rechnen dürfe. Man müsse daher auch weiterhin ohne Rücksicht auf diesen Plan die Auswanderung mit allen sonst zur Verfügung stehenden Mitteln fördern. In erster Linie seien hierzu die Juden selbst heranzuziehen, die auf Grund ihrer internationalen Verpflichtungen [sic!] am leichtesten noch Möglichkeiten zur Einreise in fremde Länder und Beschaffung der hierfür notwendigen Devisen hätten. Die Richtigkeit dieser Auffassung hätte sich am besten in Wien bei der dort bereits im August 1938 errichteten Zentralstelle für die jüdische Auswanderung gezeigt. Dort seien durch die Verbindungen der Juden zu ausländischen jüdischen Organisationen Devisen und Einwanderungsmöglichkeiten beschafft worden, die eine Auswanderung von bisher insgesamt rund 100 000 Juden aus Wien ermöglicht hätten. Wenn eine solche Unterstützung durch das Ausland ohne jede Gegenleistung deutscherseits, sei es auch nur durch »zusätzlichen« Export, erzielt würde, müßte allerdings vom Reichswirtschaftsministerium auch für die auf diese Weise hereinkommenden Devisen eine generelle Sondergeneh-

migung bezüglich ihrer Verteilung gegeben werden, wie es bei der Zentralstelle in Wien bereits der Fall ist.

Eine besondere Aufgabe der Reichszentrale sei die Förderung der Auswanderung minderbemittelter Juden durch entsprechende Unterstützung. Zu diesem Zweck müßten alle bisher von den verschiedensten Stellen erhobenen Fonds einheitlich zusammengefaßt werden und das gesamte Verfahren einheitlich für das ganze Reich neu geregelt werden. SS-Gruppenführer Heydrich hob insbesondere die von dem Polizeipräsidenten in Berlin erhobene Sonderabgabe von reichen Juden hervor, von der insgesamt nach den Berichten des Polizeipräsidenten bisher 3 Millionen Reichsmark an das Reichswirtschaftsministerium abgeführt sein sollen.

SS-Gruppenführer Heydrich ging sodann auf die Heranziehung der Judenschaft selbst zu der Lösung der Auswanderungsfrage ein. Man habe zunächst einmal die Juden in einer Reichsvereinigung aller Rassejuden zusammengefaßt, durch die einmal die Juden selbst zur Auswanderung vorbereitet werden sollen und der man u. a. auch das gesamte jüdische Schulwesen und Fürsorgewesen übertragen wolle. Über diese Reichsvereinigung könne man auch Verbindungen zu ausländischen jüdischen Organisationen aufnehmen lassen, um eine verstärkte Auswanderung aus Deutschland zu erzielen.

SS-Gruppenführer Heydrich behandelte ferner die technische Durchführung der Auswanderung im einzelnen. Aufgabe der Reichszentrale wäre es, das gesamte bisherige Verfahren, das in vielen Punkten gegeneinander liefe, einheitlich auszurichten und für den Juden möglichst einfach zu gestalten. Alsdann sollten genaue Richtlinien aufgestellt werden, die für alle mit der Auswanderung befaßten Stellen maßgebend sein sollten. Für die Sicherung des reibungslosen Verfahrens bei der Durchführung der Auswanderung nach diesen Richtlinien sollten im allgemeinen die Staatspolizeistellen die Führung übernehmen. An den Hauptplätzen, an denen die Juden konzentriert lebten, sollten nach dem Muster von Wien Zentralstellen für die jüdische Auswanderung geschaffen werden. In Aussicht genommen seien solche Zentralstellen für Berlin, Breslau, Frankfurt/Main und Hamburg. Bei diesen Zentralstellen würden die Juden sozusagen am laufenden Band abgefertigt werden. Es müssen hierzu Vertreter aller örtlichen mit der Auswanderung irgendwie befaßten Dienststellen zu der Zentralstelle entsandt werden. Als erste Stelle solle Berlin eingerichtet werden.

SS-Sturmbannführer Regierungsrat Lischka legte hierzu die Arbeitsweise der vom Sicherheitsdienst des Reichsführers SS eingerichteten und geführten Zentralstelle für die jüdische Auswanderung in Wien dar, nach deren Vorbild die übrigen Zentralstellen arbeiten sollten.

SS-Gruppenführer Heydrich stellte schließlich noch zur Erörterung die

Frage der illegalen Auswanderung der Juden nach Palästina. Er führte aus, daß an sich zwar grundsätzlich gegen jede illegale Auswanderung Stellung genommen werden müßte. Bei Palästina lägen die Dinge jedoch so, daß dorthin bereits z. Zt. aus vielen anderen europäischen Ländern, die selbst nur Durchgangsländer wären, illegale Transporte gingen und unter diesen Umständen auch von Deutschland, allerdings ohne jede amtliche Beteiligung, diese Gelegenheit wahrgenommen werden könnte. Herr Vortragender Legationsrat Hinrichs und Gesandter Eisenlohr vom Auswärtigen Amt hatten hiergegen keine Bedenken und vertraten den Standpunkt, daß jede Möglichkeit, durch die ein Jude aus Deutschland gebracht werden könnte, ausgenutzt werden sollte.

Ministerialdirektor Wohlthat teilte mit, daß er in London gehört hätte, daß Palästina noch aufnahmefähig wäre für etwa 800 000 bis 1 Million Juden und dieses Kontingent von anderen Ländern aufgefüllt würde für den Fall, daß aus Deutschland keine Juden nach Palästina kämen.

Abschließend stellte SS-Gruppenführer Heydrich als nächstes Ziel die Errichtung der geplanten Zentralstellen in Berlin, Breslau, Frankfurt/Main und Hamburg heraus.

Dokument Nr. 93

»Zum Geschäftsführer habe ich SS-Standartenführer Oberregierungsrat Müller bestimmt.«

Schreiben des SS-Gruppenführers Heydrich, des Chefs der Sicherheitspolizei, vom 11. 2. 1939 an verschiedene Behörden über die Gründung der neuen Reichszentrale für die jüdische Auswanderung:

Der Chef der Sicherheitspolizei S-PP (II)   Berlin, den 11. Febr. 1939

An
a) die Obersten Reichsbehörden
dem Herrn Reichsminister des Innern,
dem Herrn Reichsminister des Auswärtigen,
dem Herrn Reichswirtschaftsminister
dem Herrn Reichsfinanzminister
nachrichtlich im Anschluß an mein Schreiben
vom 30. 1. 1939 – S V 1 Nr. 703^{VI}/38 151.

b) den Herrn Preußischen Ministerpräsidenten,
c) den Herrn Preußischen Finanzminister,
d) den Herrn Reichsarbeitsführer,
e) den Herrn Chef der Ordnungspolizei
Nachrichtlich an
die Herren Reichsstatthalter (einschl. Österreich),
die außerpreuß. Landesregierungen (einschl. Österreich),
den Herrn Reichskommissar für das Saarland,
den Herrn Reichskommissar für die sudetendeutschen Gebiete,
die Herren Preußischen Oberpräsidenten,
den Herrn Stadtpräsidenten der Reichshauptstadt Berlin,
die Herren Preußischen Regierungspräsidenten,
die Herren Regierungspräsidenten in Karlsbad, Aussig und Troppau,
den Herrn Polizeipräsidenten in Berlin,
den Herrn Präsidenten der Preußischen Bau- und Finanzdirektion,
den Herrn Oberbürgermeister der Reichshauptstadt Berlin.

Betrifft: Reichszentrale für die jüdische Auswanderung.

In der Anlage übersende ich eine Abschrift des Schreibens des Herrn Generalfeldmarschalls Göring als Beauftragten für den Vierjahresplan vom 24. 1. 1939 an den Herrn Reichsminister des Innern, auf Grund dessen im Reichsministerium des Innern eine Reichszentrale für die jüdische Auswanderung zu bilden ist, deren Leitung mir übertragen ist.
Die Reichszentrale für die jüdische Auswanderung ist inzwischen gebildet worden. Ihrem Ausschuß gehören außer den beteiligten Referenten meines Amtes und den in dem letzten Absatz des Schreibens des Herrn Generalfeldmarschalls genannten Herren, Gesandten Eisenlohr und Ministerialdirektor Wohlthat, als Vertreter des Herrn Reichsministers des Auswärtigen Herr Legationsrat Dr. Schumburg, als Vertreter des Herrn Reichswirtschaftsministers Herr Oberregierungsrat Gotthardt, als Vertreter des Herrn Reichsministers der Finanzen Herr Ministerialrat Dr. Schwandt und als Vertreter der Abteilung I des Reichsministeriums des Innern Herr Ministerialrat Dr. Lösener an.
Zum Geschäftsführer habe ich SS-Standartenführer Oberregierungsrat Müller bestimmt.
Ich bitte mich an allen Angelegenheiten, die die Auswanderung der Juden aus Deutschland berühren, zu beteiligen.

gez. Heydrich
Beglaubigt: Kerl, Kanzleiangestellte

Dokument Nr. 94

»Eine Entschädigung für Nachteile, die durch die Durchführung dieser Verordnung entstehen, wird nicht gewährt.«

Entwurf der »Zehnten Verordnung zum Reichsbürgergesetz«, erlassen am 4. Juli 1939, in der die Gründung einer »Reichsvereinigung der Juden in Deutschland« verfügt wird:

Entwurf
Zehnte Verordnung zum Reichsbürgergesetz.
Vom 1939

Auf Grund des § 3 des Reichsbürgergesetzes vom 15. September 1935 (Reichsgesetzbl. I S. 1146) wird folgendes verordnet:

Artikel I
Reichsvereinigung der Juden
§ 1
(1) Die Juden werden in einer Reichsvereinigung zusammengeschlossen.
(2) Die Reichsvereinigung ist ein rechtsfähiger Verein. Sie führt den Namen »Reichsvereinigung der Juden in Deutschland« und hat ihren Sitz in Berlin.
(3) Die Reichsvereinigung bedient sich als örtlicher Zweigstellen der jüdischen Kultusvereinigungen.

§ 2
(1) Die Reichsvereinigung hat den Zweck, die Auswanderung der Juden zu fördern.
(2) Die Reichsvereinigung ist außerdem
1. Träger des jüdischen Schulwesens,
2. Träger der freien jüdischen Wohlfahrtspflege.
(3) Der Reichsminister des Innern kann der Reichsvereinigung weitere Aufgaben übertragen.

§ 3
(1) Der Reichsvereinigung gehören alle staatsangehörigen und staatenlosen Juden an, die ihren Wohnsitz oder gewöhnlichen Aufenthalt im Reichsgebiet haben.
(2) Im Falle einer Mischehe ist der jüdische Teil nur Mitglied,
a) wenn der Mann der jüdische Teil ist und Abkömmlinge aus der Ehe nicht vorhanden sind oder
b) wenn die Abkömmlinge als Juden gelten.

(3) Juden fremder Staatsangehörigkeit und den in einer Mischehe lebenden Juden, die nicht bereits nach Abs. 2 Mitglieder sind, ist der Beitritt zur Reichsvereinigung freigestellt.

§ 4

Die Reichsvereinigung untersteht der Aufsicht des Reichsministers des Innern, ihre Satzung bedarf seiner Genehmigung.

§ 5

(1) Der Reichsminister des Innern kann jüdische Vereine, Organisationen und Stiftungen auflösen oder ihre Eingliederung in die Reichsvereinigung anordnen.

(2) Im Falle der Auflösung gelten für die Liquidation die Vorschriften des bürgerlichen Rechts. Der Reichsminister des Innern kann jedoch Liquidatoren bestellen und abberufen und die Art der Liquidation abweichend von den Bestimmungen des bürgerlichen Rechts regeln. Nach Durchführung der Liquidation ist das Vermögen der aufgelösten jüdischen Einrichtungen auf die Reichsvereinigung zu übertragen.

(3) Im Falle der Eingliederung fällt das Vermögen der betroffenen jüdischen Einrichtungen an die Reichsvereinigung. Eine Liquidation findet in diesen Fällen nicht statt. Für die Verbindlichkeiten der angegliederten Einrichtungen haftet die Reichsvereinigung mit ihrem gesamten Vermögen.

(4) Der Reichsminister des Innern kann Satzungsbestimmungen und Beschlüsse der jüdischen Vereine, Organisationen und Stiftungen aufheben und ändern, wenn sie über die Verwendung des Vermögens von diesen Vorschriften abweichende Bestimmungen getroffen haben. Juden, die auf Grund der nachträglich aufgehobenen Satzungsbestimmungen oder Beschlüsse etwas erlangt haben, sind der Reichsvereinigung zur Herausgabe nach den Grundsätzen der ungerechtfertigten Bereicherung verpflichtet.

Artikel II
Jüdisches Schulwesen
§ 6

(1) Die Reichsvereinigung der Juden ist verpflichtet, für die Beschulung der Juden zu sorgen.

(2) Zu diesem Zweck hat die Reichsvereinigung die notwendige Zahl von Volksschulen zu errichten und zu unterhalten. Sie kann außerdem Mittel- und höhere Schulen sowie Berufs- und Fachschulen und sonstige Schulen oder Unterrichtskurse unterhalten, die der Auswanderung der Juden förderlich sind.

(3) Die Reichsvereinigung hat für die Ausbildung und Fortbildung der Lehrer der von ihr unterhaltenen Schulen zu sorgen.

(4) Die von der Reichsvereinigung unterhaltenen Schulen sind Privatschulen.

§ 7

Juden dürfen nur Schulen besuchen, die von der Reichsvereinigung unterhalten werden. Sie sind nach Maßgabe der allgemeinen Vorschriften über die Schulpflicht zum Besuch dieser Schulen verpflichtet.

§ 8

(1) Die bestehenden öffentlichen und privaten jüdischen Schulen, Einrichtungen der jüdischen Lehrerbildung und sonstigen jüdischen Erziehungseinrichtungen werden aufgelöst, wenn die Reichsvereinigung sie bis zu einem von dem Reichsminister für Wissenschaft, Erziehung und Volksbildung im Einvernehmen mit dem Reichsminister des Innern zu bestimmenden Termin nicht übernimmt.

(2) Vermögen von Juden, das für den Betrieb der jüdischen Schuleinrichtungen benutzt worden ist, ist der Reichsvereinigung auf Anforderung gegen angemessene Entschädigung zu überlassen. Über die Berechtigung der Anforderung solchen Vermögens für den Betrieb der jüdischen Schuleinrichtungen und über die Höhe der Entschädigung entscheidet in Zweifelsfällen die Schulaufsichtsbehörde unter Ausschluß des Rechtswegs.

§ 9

Die im Beamtenverhältnis stehenden Lehrkräfte der jüdischen Schulen treten mit dem Ablauf des 30. Juni 1939 in den Ruhestand. Sie sind verpflichtet, eine ihnen von der Reichsvereinigung der Juden angebotene Beschäftigung an einer jüdischen Schule anzunehmen. Andernfalls verlieren sie den Anspruch auf Ruhegehalt.

§ 10

Die Vorschriften des Reichs- und Landesrechts über die Beschulung von Juden, insbesondere über die Zulassung von Juden zum Schulbesuch, über die Errichtung und Unterhaltung öffentlicher jüdischer Schulen sowie über die Bereitstellung öffentlicher Mittel für Zwecke des jüdischen Religionsunterrichts, treten außer Kraft.

§ 11

Das jüdische Schulwesen untersteht der Aufsicht des Reichsministers für Wissenschaft, Erziehung und Volksbildung.

Artikel III
Jüdische Wohlfahrtspflege
§ 12

Die Reichsvereinigung hat als Träger der jüdischen freien Wohlfahrtspflege (§ 35 a Abs. 1 Satz 1 der Reichsgrundsätze über Voraussetzung, Art und Maß der öffentlichen Fürsorge vom 1. August 1931, RGBl. I S. 439, in der Fassung der Verordnung über die öffentliche Fürsorge für Juden vom 19. November 1938 – Reichsgesetzbl. I S. 1649) nach Maßgabe ihrer Mittel hilfsbedürftige Juden so ausreichend zu unterstützen, daß die öffentliche Fürsorge nicht einzutreten braucht. Sie hat Vorsorge zu treffen, daß für anstaltspflegebedürftige Juden ausschließlich für sie bestimmte Anstalten zur Verfügung stehen.

Artikel IV

Schlußbestimmungen

§ 13

Eine Entschädigung für Nachteile, die durch die Durchführung dieser Verordnung entstehen, wird nicht gewährt.

§ 14

(1) Der Reichsminister des Innern erläßt die zur Durchführung der Verordnung erforderlichen Vorschriften.

(2) Soweit das jüdische Schulwesen betroffen wird, werden die Vorschriften von dem Reichsminister für Wissenschaft, Erziehung und Volksbildung im Einvernehmen mit dem Reichsminister des Innern erlassen. Das gleiche gilt für Maßnahmen auf Grund des § 5, wenn die betroffene jüdische Einrichtung zum Geschäftsbereich des Reichsministers für Wissenschaft, Erziehung und Volksbildung gehört.

§ 15

Die Inkraftsetzung dieser Verordnung für die Ostmark bleibt vorbehalten.

Berlin, den 1939

Der Reichsminister des Innern,
Der Stellvertreter des Führers,
Der Reichsminister für Wissenschaft, Erziehung und Volksbildung,
Der Reichsminister für die kirchlichen Angelegenheiten.

Dokument Nr. 95

»Im Falle der Auswanderung sind die Mitglieder zur Leistung eines einmaligen außerordentlichen Beitrages verpflichtet.«

Satzung der »Reichsvereinigung der Juden in Deutschland«:

Satzung
der durch die 10. Verordnung zum Reichsbürgergesetz vom . . . .
errichteten
Reichsvereinigung der Juden in Deutschland
Genehmigt durch Verfügung des Reichsministers des Innern
vom . . . .

Name und Sitz.
§ 1
(1) Die Vereinigung führt den Namen: »Reichsvereinigung der Juden in Deutschland«.
(2) Sie ist ein rechtsfähiger Verein und hat ihren Sitz in Berlin.

Zweck.
§ 2
(1) Die Reichsvereinigung hat den Zweck, die Auswanderung der Juden zu fördern.
(2) Die Reichsvereinigung ist außerdem
1) Träger des jüdischen Schulwesens,
2) Träger der freien jüdischen Wohlfahrtspflege.
(3) Die Reichsvereinigung hat ferner alle weiteren Aufgaben zu erfüllen, die ihr vom Reichsminister des Innern übertragen werden.

Mitgliedschaft.
§ 3
(1) Der Reichsvereinigung gehören alle staatsangehörigen und staatenlosen Juden an, die ihren Wohnsitz oder gewöhnlichen Aufenthalt im Reichsgebiet haben.
(2) Im Falle einer Mischehe ist der jüdische Teil nur Mitglied,
a) wenn der Mann der jüdische Teil ist und Abkömmlinge aus der Ehe nicht vorhanden sind oder
b) wenn die Abkömmlinge als Juden gelten.
(3) Juden fremder Staatsangehörigkeit und den in einer Mischehe lebenden Juden, die nicht bereits nach Absatz 2 Mitglied sind, ist der Beitritt zur Reichsvereinigung freigestellt.
§ 4
(1) Eintritt und Austritt der freiwilligen Mitglieder erfolgen durch schriftliche Erklärung gegenüber der Reichsvereinigung. Der Austritt wird wirksam am Ende des auf den Zugang der Austrittserklärung folgenden Geschäftsjahres.

(2) Im Falle der Auswanderung erlischt die Mitgliedschaft mit dem Verlassen des Reichsgebiets unbeschadet des § 10.

Vorstand.

§ 5

(1) Der Vorstand der Reichsvereinigung im Sinne des § 26 BGB. besteht aus acht Mitgliedern der Reichsvereinigung. Die ersten Vorstandsmitglieder sind:

Leo Israel Baeck
Paul Israel Eppstein
Moritz Israel Henschel
Otto Israel Hirsch
Philipp Israel Kozower
Arthur Israel Lilienthal
Julius Israel Seligsohn
Heinrich Israel Stahl.

(2) Ausgeschiedene Mitglieder sind vom Vorstand durch Ergänzungswahl zu ersetzen.

(3) Der Vorstand kann aus wichtigem Grunde ein Mitglied aus dem Vorstand ausschließen. Als wichtiger Grund gilt insbesondere grobe Pflichtverletzung oder Unfähigkeit zur ordnungsgemäßen Geschäftsführung. Der Beschluß des Vorstandes bedarf einer Mehrheit von zwei Dritteln seiner nicht betroffenen Mitglieder.

§ 6

(1) Der Vorstand wählt einen Vorsitzenden und einen stellvertretenden Vorsitzenden. Er beauftragt eines seiner Mitglieder mit der Leitung der Verwaltung der Reichsvereinigung.

(2) In allen Angelegenheiten von grundsätzlicher Bedeutung ist ein Beschluß des Vorstandes herbeizuführen, insbesondere in Angelegenheiten

a) des Haushaltsplans,
b) der Beitragsordnung,
c) der Geschäftsanweisung für die Zweigstellen.

(3) Der Vorstand gibt sich eine Geschäftsordnung.

§ 7

(1) Der Vorstand wird durch zwei seiner Mitglieder gemeinschaftlich rechtsgeschäftlich vertreten.

(2) Rechtsgeschäftliche Erklärungen sind nur bindend, wenn sie schriftlich abgegeben werden.

§ 8

Der Vorstand kann für einzelne Aufgabengebiete beratende Organe bestellen.

Zweigstellen.
§ 9
(1) Die örtlichen Aufgaben der Reichsvereinigung einschließlich des Verkehrs mit den Mitgliedern werden von Zweigstellen wahrgenommen.

(2) Als örtlicher Zweigstellen bedient sich die Reichsvereinigung der Kultusvereinigungen.

(3) Der Vorstand der Reichsvereinigung kann einer Kultusvereinigung allgemein oder für bestimmte Arbeitsgebiete die Aufgaben als Zweigstelle für den Bezirk auch anderer Kultusvereinigungen zuweisen. Er kann ferner Aufgaben einer Zweigstelle für den Bezirk mehrerer Kultusvereinigungen bei einer besonderen Stelle (Bezirksstelle) zusammenfassen.

(4) Die Zweigstellen sind an die Weisungen des Vorstandes der Reichsvereinigung gebunden. Für den allgemeinen Geschäftsgang erläßt der Vorstand der Reichsvereinigung eine Geschäftsanweisung.

Beiträge.
§ 10
(1) Die Mitglieder sind zur Leistung der ordentlichen Beiträge verpflichtet.

(2) Im Falle der Auswanderung sind die Mitglieder zur Leistung eines einmaligen außerordentlichen Beitrages verpflichtet.

(3) Die ordentliche Beitragspflicht endet im Falle der Auswanderung und des Todes mit dem Ablauf des Geschäftsjahres, in dem die Mitgliedschaft erlischt.

§ 11
(1) Die Mitglieder sind verpflichtet, dem Vorstand der Reichsvereinigung oder seinen Beauftragten Auskunft über ihre wirtschaftlichen und steuerlichen Verhältnisse zu erteilen und alle hierauf bezüglichen Unterlagen vorzulegen.

(2) Die Reichsvereinigung ist im Verhältnis zu ihren Mitgliedern berechtigt, sich von den Finanzämtern und sonstigen Steuerbehörden das Steuer-Soll ihrer Mitglieder mitteilen zu lassen.

§ 12
Der Vorstand der Reichsvereinigung erläßt eine Beitragsordnung, in der die Höhe der Beiträge festgesetzt und das Verfahren der Veranlagung und Einziehung geregelt wird.

§ 13
Für die Benutzung von Einrichtungen der Reichsvereinigung können besondere Entgelte erhoben werden, und zwar nach im voraus bestimmten festen allgemeingültigen Maßstäben und Sätzen.

Haushaltsplan und Rechnungswesen.

§ 14

(1) Der Vorstand der Reichsvereinigung stellt für jedes Geschäftsjahr im voraus einen Haushaltsplan auf.

(2) Den Zweigstellen sind diejenigen Mittel zur Verfügung zu stellen, die zur Erfüllung der von ihnen wahrzunehmenden Aufgaben der Reichsvereinigung erforderlich sind.

(3) Aus den Einnahmen an ordentlichen Beiträgen können den Kultusvereinigungen für deren eigene Bedürfnisse Zuschüsse gewährt werden.

§ 15

Der Vorstand der Reichsvereinigung hat binnen drei Monaten nach Schluß des Geschäftsjahres den Rechnungsabschluß fertig zu stellen. Dieser ist der Prüfung eines von dem Vorstand zu bestellenden Sachverständigen zu unterbreiten.

§ 16

Geschäftsjahr ist das Kalenderjahr.

Schiedsgericht.

§ 17

(1) Zur Entscheidung von Streitigkeiten zwischen den Mitgliedern der Reichsvereinigung und der Reichsvereinigung in Angelegenheiten der Reichsvereinigung wird ein Schiedsgericht errichtet; zur Zuständigkeit des Schiedsgerichts gehören auch Streitigkeiten über die Mitgliedschaft freiwilliger Mitglieder selbst sowie über Beiträge und Benutzungsentgelte. Für die Mitglieder ist der Rechtsweg ausgeschlossen.

(2) Die der Satzung als Anlage beigefügte Schiedsordnung ist Teil dieser Satzung.

Bekanntmachungen.

§ 18

Bekanntmachungen der Reichsvereinigung erfolgen im Jüdischen Nachrichtenblatt.

Satzungsänderung.

§ 19

Satzungsänderungen bedürfen eines Beschlusses des Vorstandes der Reichsvereinigung mit einer Mehrheit von zwei Dritteln seiner Mitglieder.

Dokument Nr. 96

»Nach Errichtung der Reichszentrale sind in vier Monaten 70 000 Juden ausgewandert.«

Sitzungsprotokoll der zweiten Arbeitsbesprechung des Gesamtausschusses der »Reichszentrale für die jüdische Auswanderung« vom 29. 6. 1939 im Geheimen Staatspolizeiamt. Themen: Rechenschaftsbericht der faktisch seit Februar 1939 bestehenden Reichsvereinigung, der Satzungsentwurf der Reichsvereinigung und die Mustersatzungen für jüdische Kultusvereinigungen. Auszug:

Niederschrift

über die 2. Arbeitsbesprechung des Ausschusses der Reichszentrale für die jüdische Auswanderung am 29. 6. 39, 10.30 Uhr
im Geheimen Staatspolizeiamt.

Die Sitzung wurde in Vertretung der Chefs der Sicherheitspolizei von SS-Oberführer Reichskriminaldirektor Müller geleitet. Teilnehmer gemäß anliegender Anwesenheitsliste.

Zu Punkt 1) der Tagesordnung gab Regierungsrat Lischka einen Überblick über die bisherige Arbeit seit der 1. Arbeitsbesprechung am 11. 2. 1939 sowie über die Entwicklung und den Stand der jüdischen Auswanderung.

Als erste und wichtigste Maßnahme ist gemäß dem Erlaß des Herrn Generalfeldmarschalls vom 24. 1. 1939 über die Errichtung der Reichszentrale für die jüdische Auswanderung eine einheitliche jüdische Organisation (Reichsvereinigung der Juden) ins Leben gerufen worden, die allerdings erst durch die in Kürze zu erwartende 10. Verordnung zum Reichsbürgergesetz legalisiert werden soll, aber praktisch bereits seit Anfang Februar insbesondere auf dem Gebiet der Auswanderung ihre Arbeit aufgenommen hat. Der Reichsvereinigung ist inzwischen der Hilfsverein der Juden eingegliedert worden, so daß die Reichsvereinigung alle Angelegenheiten auf dem Gebiete der jüdischen Auswanderung zentral bearbeitet und geleitet hat. Die Reichsvereinigung hat im Inland im wesentlichen die Aufgabe, die Auswanderung vorzubereiten, die Auswanderer nach bestimmten Richtlinien auszuwählen und soweit erforderlich unvermögenden Juden die zur Auswanderung erforderlichen Mittel zur Verfügung zu stellen. Um die Mittel zu erhalten, aus denen von der Reichsvereinigung die Bedürfnisse für die Auswanderung und daneben vor allem auch für das jüdische Wohlfahrtswesen bestritten werden sollen, hat die Reichsvereinigung vorläufig einen außerordentlichen Beitrag (Auswandererabgabe) eingeführt, der von den einzelnen auswandernden Juden gezahlt werden muß. Die Höhe dieses Beitrages ist bemessen nach dem Vermögen der auswandernden Juden, und zwar bei einer Freigrenze bis 1000.– RM mit steigendem Prozentsatz von 0,5 % bei Vermögen bis zu 5000.– RM, bis zu 10 % bei Vermögen über 800 000.– RM. Die Zahlung dieses Beitrages ist gesichert worden durch den Zwang zur Vorlage einer Unbedenklichkeitsbescheinigung der für die Einziehung zuständigen jüdischen Kultusvereinigung bei der Paßbehörde bei Ausstellung eines Passes. Die Reichsvereinigung hat des weiteren eine Aktion eingeleitet, um Spenden aus Auswanderersperrguthaben von bereits ausgewanderten Juden zu erhalten. Besonders hervorzuheben ist z. B. die Spende der Gebrüder Rothschild in Paris aus einem Vorzugssperrguthaben in Höhe von 520 000.– RM. Es ist des weiteren beabsichtigt, auf Grund der 10. Verordnung zum Reichsbürgergesetz die gesamten jüdischen Vereine, Organisationen und Stiftungen bei der Reichsvereinigung zusammenzufassen, um eine einheitliche Verwendung aller z. Zt. zerstreut liegender Mittel zu erreichen.

Neben diesen Aufgaben innerhalb des deutschen Reichsgebiets liegt es der Reichsvereinigung ob, mit den jüdischen Hilfsorganisationen im Ausland Verbindungen aufzunehmen, damit von dort Mittel zur Verfügung gestellt werden, um die Auswanderung im Ausland finanzieren, insbesondere die erforderlichen Devisen aufbringen zu können, und damit ferner neue Einwanderungsmöglichkeiten erschlossen werden. U. a. sind zunächst vom American Joint Distribution Committee 150 000 Dollar zur Verfügung gestellt worden. Weitere Verhandlungen über die Beteiligung auch anderer Hilfskomitees schweben noch. Die Verhandlungen über die Erschließung neuer Einwanderungsmöglichkeiten haben auch bereits die ersten Erfolge gehabt. Z. B. ist die Kindereinwanderung nach England von 5800 auf 10 000 durch Erhöhung der von jüdischen Organisationen gegebenen Garantien erhöht worden. Ferner ist das Transit-Camp in Richborough vom Council for German Jewry für eine Aufnahme von zunächst 3500 eingerichtet worden, dessen Erweiterung auf eine Belegungsfähigkeit von 5000 beabsichtigt ist. Ferner sind noch eine Reihe weiterer Einwanderungsmöglichkeiten kleineren und größeren Umfanges erschlossen worden und sind (außerhalb des Rublee-Plans) mehrere Projekte z. B. in Bolivien und Argentinien zur Erschließung größerer Siedlungsmöglichkeiten in Angriff genommen worden.

Im Rahmen der Reichsvereinigung sind Sonderabteilungen in Aussicht genommen für die Arbeit des ebenfalls jetzt schon tätigen Büros des Pfarrers Grüber für die besondere Betreuung der evang. Juden und des Raphaelsvereins für die katholischen Juden. Diese Maßnahme erschien notwendig, um einmal im Inland auch diese Quellen zur Förderung der jüdischen Auswanderung heranzuziehen und zum anderen einen Gegenpol zu schaffen zu verschiedenen im Ausland bestehenden Hilfskomitees für christliche Juden. Zwischen der Reichsvereinigung, Pfarrer Grüber und dem Raphaelsverein ist ein Übereinkommen zu Stande gekommen, durch das die Betreuung der christlichen Juden und im Zusammenhang damit auch der deutschblütigen Teile einer Mischehe und etwaiger Mischlingskinder geregelt und sichergestellt ist.

Um die schnelle und reibungslose Abwicklung der einzelnen Auswanderungsanträge sicherzustellen, ist in Berlin nach dem Vorbild der Zentralstelle für jüdische Auswanderung Wien ebenfalls eine solche Zentralstelle eingerichtet worden, von der aus die gesamten Auswanderungsformalitäten für die in Berlin ansässigen und von hier auswandernden Juden erledigt werden. Im übrigen Reichsgebiet sind an verschiedenen Plätzen je nach dem Umfange der Auswanderung und den örtlichen Verhältnissen Maßnahmen getroffen worden, um auch dort denselben Erfolg sicherzustellen. Hierbei sind insbesondere die örtlichen jüdischen Organisationen auf das stärkste zur Mitarbeit herangezogen worden. Nach Errichtung der Reichszentrale für die jüdische Auswanderung sind in der Zeit vom 1. 2. 39 bis zum 31. 5. 39 aus dem Altreichsgebiet ausgewandert 34 040 Juden. Hinzu kommen in dem gleichen Zeitraum bei der Zentralstelle in Wien abgefertigte 34 320 Juden, so daß sich die gesamte Auswanderung aus dem Reichsgebiet in diesen 4 Monaten auf rund 70 000 Juden beläuft. Die aus dem Altreich ausgewanderten 34 040 Juden gliedern sich dem Geschlecht nach in 13 595 Männer 15 072 Frauen 15 373 Kinder (bis 18 Jahre)

und dem Alter nach wie folgt:

bis 18 Jahre	5 373 Personen
bis 30 Jahre	5 575 Personen
bis 45 Jahre	9 419 Personen
und darüber	13 673 Personen

Fast 70 000 der aus dem Altreich ausgewanderten Juden hatten ein Vermögen von weniger als 1000,– RM. Eine solche Anzahl unbemittelter Juden konnte zum großen Teil nur mit Hilfe der aus den außerordentlichen Beiträgen bei der Reichsvereinigung aufgekommenen Mittel zur Auswanderung gebracht werden.

Gegenüber den genannten Zahlen der ausgewanderten Juden spielen die zurückkehrenden Juden keine Rolle. An Emigranten, also Juden, die bereits ein Auswanderungsziel erreicht hatten, sind in dem genannten Zeitraum insgesamt nur 22 in das Reichsgebiet zurückgekehrt, und nur 193 Juden konnten ihr Auswanderungsziel nicht erreichen und mußten in das Reichsgebiet zurückkehren.

Schwierigkeiten bereitete ein Transport von 907 Juden auf dem Hapag-Schiff St. Louis, das am 13. 5. nach Kuba auslief und dort auf Grund inzwischen ergangener neuer Einreisebestimmungen nicht landen durfte. Nach vielen Verhandlungen von Vertretern der Reichsvereinigung mit ausländischen jüdischen Organisationen war es schließlich gelungen, sämtliche Juden verteilt in England, Frankreich, Belgien und Holland unterzubringen, nachdem das American Joint Distribution Committee für jeden Juden eine Garantie von 150 Dollar jährlich übernommen hatte.

In welchem Umfange sich die Auswanderung weiter vollziehen wird, hängt in erster Linie von den Einwanderungsmöglichkeiten in die Aufnahmeländer ab. Hier sind die größten Schwierigkeiten zu überwinden, da stets neue Einwanderungssperren erlassen werden. So hat z. B. *Chile* die Behandlung von Einwanderungs- und Niederlassungsgesuchen auf 1 Jahr grundsätzlich eingestellt. *Bolivien* hat auf die Dauer von 6 Monaten jede Einwanderung gesperrt. *Paraguay* hat eine völlige Sperre der Einwanderung verfügt. *Uruguay* hat das Vorzeigegeld so erhöht, daß es mangels der zur Verfügung stehenden Devisen weiterhin kaum als Einwanderungsland in Frage kommt. *Kuba* hat durch ein neues Einwanderungs-Dekret vom 5. 5. die jüdische Einwanderung sehr wesentlich erschwert. Es ist nur zu hoffen, daß diese Schwierigkeiten in irgendeiner Form überwunden werden können, um die Auswanderung wenigstens in dem bisherigen Umfange aufrechterhalten zu können.

Im Anschluß an diese Ausführungen von Reg.Rat Lischka stellten Min.Rat von Normann und Herr Min.Rat Schwandt noch einmal die Frage der Auswandererabgabe zur Erörterung. Sie trugen vor, daß das Reichsfinanzministerium an dieser Regelung hätte beteiligt werden sollen, und baten, das Reichsfinanzministerium bei der endgültigen Regelung zu beteiligen. Unter Hinweis auf die in Aussicht genommene Bildung eines Trust-Fonds im Rahmen des Rublee-Plans unter Zusammenziehung von 25 % des gesamten inländischen jüdischen Vermögens für Zwecke der jüdischen Auswanderung wurde von Herrn Min.Rat Schwandt erörtert, ob nicht vielleicht die bisherigen Sätze zu niedrig sein könnten. Auf alle Fälle müßte aber im Fall der Errichtung des Trust-Fonds die Auswandererabgabe mit dem Trustfonds in Einklang gebracht werden und gegebenenfalls auch fortfallen.

Herr Reg.Rat Marwede legte dar, daß seitens des Reichswirtschaftsministeriums ein Interesse an einer Herabsetzung der Sätze der Auswandererabgabe bzw. an einer Heraufsetzung der Freigrenze bestünde, um dadurch auch Juden mit einem kleinen Vermögen einen Transfer über die Deutsche Gold-Diskont-Bank zu ermöglichen, der jetzt vielleicht durch die Zahlung des außerordentlichen Beitrages erschwert wäre.

Reg.Rat Lischka führte aus, daß die Einführung des außerordentlichen Beitrages nur eine vorläufige Maßnahme gewesen sei, um überhaupt einmal der Reichsvereinigung Mittel aus dem Vermögen der auswandernden Juden zu verschaffen, aus denen sie die zuvor dargelegten Aufgaben finanzieren konnte. Die gesamte Angelegenheit sei wider Willen nur bisher solange hinausgezogen worden, weil sich der Erlaß der 10. Verordnung zum Reichsbürgergesetz unvorhergesehenerweise solange hinausgezögert hatte. Bei der endgültigen Finanzgestaltung, an die jetzt herangegangen werden soll, werde selbstverständlich das Reichsfinanzministerium, das Reichswirtschaftsministerium und das Reichserziehungsministerium beteiligt werden. Es bestehe ferner Übereinstimmung, daß der außerordentliche Beitrag der Reichsvereinigung mit dem nach dem Rublee-Plan in Aussicht genommenen Trustfonds in Einklang gebracht werden und damit unter Umständen gänzlich fortfallen müsse, wenn auf der anderen Seite sichergestellt sei, daß die notwendigen Mittel der Reichsvereinigung aus dem Trustfonds zur Verfügung gestellt werden.

Zu Punkt 2 der Tagesordnung gab Reg.Rat Lischka zunächst einen Überblick über den Inhalt der 10. Verordnung zum Reichsbürgergesetz und die in Aussicht genommene Organisation der Reichsvereinigung, insbesondere im Verhältnis zu den Kultusvereinigungen. Im Hinblick darauf, daß die Reichsvereinigung alle Rassejuden ohne Rücksicht auf ihr Glaubensbekenntnis umfassen soll und ferner die Rechtsverhältnisse der jüdischen Kultusvereinigungen durch das Gesetz vom 28. 3. 38 geregelt sind, konnten die einzelnen Kultusvereinigungen nicht ohne weiteres in der Reichsvereinigung zusammengeschlossen werden. Daher soll ein Weg gewählt werden, durch den die Kultusvereinigungen in der formellen Selbständigkeit nicht berührt werden, ihnen aber die Durchführung der örtlichen Aufgaben der Reichsvereinigung übertragen werden kann. Dies soll in der Form geschehen, daß die Kultusvereinigungen nebenbei zu örtlichen Zweigstellen der Reichsvereinigung werden.

Anschließend wurden die einzelnen Bestimmungen der Satzung der Reichsvereinigung der Juden in Deutschland und der Mustersatzungen für jüdische Kultusvereinigungen durchgesprochen.

1. *Satzung der Reichsvereinigung der Juden in Deutschland.*
Zu § 1
fragte Herr Min.Rat Dr. Bistritschan, ob die Reichsvereinigung in das Vereinsregister eingetragen werden soll. Hierzu erklärte Herr Reg.Rat Dr. Schiedermair, daß dies nicht beabsichtigt sei. Herr Min.Rat Dr. Bistritschan bat unter diesen Umständen eine Bestimmung aufzunehmen, durch die eine öffentliche Bekanntgabe insbesondere von Vorstands- und Satzungsänderungen gewährleistet werde. Herr Min.Rat Dr. Bistritschan erklärt sich bereit, eine entsprechende ergänzende Bestimmung zu § 18 zu entwerfen.
Zu § 4
wurde für zweckmäßiger gehalten, den Austritt durch Abkürzung der Kündigungsfrist zu erleichtern, um damit einen größeren Anreiz zum Beitritt für die freiwilligen Mitglieder zu geben und entsprechend auch die Verpflichtungen der Reichsvereinigung dem austrittswilligen Mitglied gegenüber auf eine kürzere Frist zu beschränken. Übereinstimmend wurde ein Austritt zum Schluß des Geschäftsjahres mit 3monatiger Kündigungsfrist für angebracht gehalten.
Zu § 10, Abs. 2
wiederholte Herr Min.Rat Schwandt seine früheren Ausführungen bezüglich des Verhältnisses des außerordentlichen Beitrages zu dem geplanten Trustfonds im Rahmen des Rublee-Plans und stellte noch einmal fest, daß der außerordentliche Beitrag im Hinblick auf die Bildung des Trustfonds unter Umständen ganz fortfallen müsse.
Zu § 11
schlug Herr Min.Rat Schwandt Streichung des Abs. 2 vor. Wenn die Erteilung von Auskünften an die Reichsvereinigung im öffentlichen Interesse liege, würden diese Auskünfte auch ohne eine solche Bestimmung, wie sie § 11, Abs. 2 vorsieht, allein auf entsprechende Anordnung des Reichsfinanzministeriums erteilt werden. Gegen die Streichung des § 11, Abs. 2, bestehen unter diesen Umständen keine Bedenken.
Zu § 14
wegen des Haushaltsplanes bat Herr Min.Rat Schwandt um Beteiligung des Reichsfinanzministeriums und entsprechend Herr Min.Rat Brenner für das Reichserziehungsministerium.
Zu § 17
wurde ausgeführt, daß der Entwurf einer Schiedsordnung zur vorläufigen Stellungnahme dem Herrn Reichsjustizminister zugeleitet sei. Herr Min.Rat Schwandt bat um Beteiligung bei der endgültigen Feststellung im Hinblick auf die vorgesehene Zuständigkeit des Schiedsgerichts für die Entscheidung bei Streitigkeiten über Beiträge.

Von verschiedener Seite wurde erörtert, ob in die Satzungen nicht eine Bestimmung des Inhalts aufgenommen werden solle, daß der Vorstand der Reichsvereinigung an die Weisungen des Reichsministers des Innern gebunden ist, daß der Reichsminister des Innern die Abberufung von Vorstandsmitgliedern oder die Änderung von Satzungsbestimmungen verlangen könne u. dergl. Hierzu wurde jedoch im Ergebnis übereinstimmend anerkannt, daß das in § 4 der 10. Verordnung zum Reichsbürgergesetz vorgesehene Aufsichtsrecht des Reichsministers des Innern sich auf alle Angelegenheiten der Reichsvereinigung bezieht und auch eine entsprechende Weisungsbefugnis einschließt. Jede ausdrückliche Hervorhebung einzelner Befugnisse würde nur geeignet sein, dieses alles umfassende Aufsichtsrecht zu schmälern. Schließlich biete auch die Tatsache, daß die Aufsicht über die Reichsvereinigung im Rahmen des Reichsministeriums des Innern durch den Chef der Sicherheitspolizei ausgeübt wird, Gewähr genug, daß den gegebenen Weisungen vollauf entsprochen wird.

2. *Mustersatzungen für jüdische Kultusvereinigungen.*
Zu § 6
wurde entsprechend § 4 der Satzung der Reichsvereinigung der Juden in Deutschland vereinbart, den Austritt mit 3-monatiger Kündigungsfrist zum Schlusse des Geschäftsjahres zuzulassen.
Zu § 11
bat Herr Min.Rat Dr. Bistritschan, in Absatz 2 an beiden vorkommenden Stellen anstelle von Eintragung der Satzung von »Eintragung der Kultusvereinigung« zu sprechen.
Zu § 17
bat Herr Min.Rat Schwandt, den Absatz 2 entsprechend § 11 der Satzung der Reichsvereinigung der Juden in Deutschland zu streichen.
Unter Berücksichtigung der besprochenen Änderungen wurden die Entwürfe der Satzung der Reichsvereinigung der Juden in Deutschland und der Mustersatzungen für jüdische Kultusvereinigungen von allen Beteiligten gebilligt.
Wegen der Einführung der Mustersatzungen für jüdische Kultusvereinigungen wurde von Reg.Rat Lischka auf die Schwierigkeiten hingewiesen, die darin bestehen, daß einzelne Kultusvereinigungen zur Zeit keinen ordnungsgemäßen Vorstand haben und damit rechtsgeschäftlich nicht ordnungsgemäß vertreten werden können. Demzufolge könne in diesen Kultusvereinigungen vom Vorstand keine neue Satzung eingeführt werden. Im übrigen richte sich aber die Einführung neuer Satzungen noch nach den überkommenen Bestimmungen der jüdischen Kultusgemeinden und in diesen Bestim-

mungen seien für die Einführung neuer Satzungen zum Teil Organe vorgesehen, die heute meistens nicht mehr existierten. Es erscheine daher notwendig, die Mustersatzungen für jüdische Kultusvereinigungen durch eine entsprechende Verordnung gemäß § 4 des Gesetzes über die Rechtsverhältnisse der jüdischen Kultusvereinigungen vom 28. 3. 1938 einzuführen. Herr Landgerichtsrat Haugg stimmte dem zu und erklärte, diese Frage unmittelbar mit dem Reichsjustizministerium regeln zu wollen.

Deutscher Madagaskar-Plan (1940–1942)

Dokumente Nr. 97–107

Dokument Nr. 97

»Eine territoriale Endlösung wird notwendig.«

Brief des SS-Gruppenführers Heydrich, des Chefs der Sicherheitspolizei und des SD, vom 24. 6. 1940 an den Reichsaußenminister von Ribbentrop über die neue »Endlösung der Judenfrage« – statt Auswanderung und Zwangsaussiedlung jetzt Zwangsdeportation:

Der Chef der Sicherheitspolizei   Berlin SW 11, den 24. Juni 1940
und des SD
IV B 4 – 1574/40

An den
Herrn Reichsaußenminister
SS-Gruppenführer Joachim von *Ribbentrop*
Berlin W 8
Wilhelmstraße (Auswärtiges Amt)

Lieber Parteigenosse von Ribbentrop!
Der Herr Generalfeldmarschall hat mich im Januar 1939 in seiner Eigenschaft als Beauftragter für den Vierjahresplan mit der Durchführung der jüdischen Auswanderung aus dem gesamten Reichsgebiet beauftragt. In der Folgezeit gelang es, trotz großer Schwierigkeiten, selbst auch während des Krieges, die jüdische Auswanderung erfolgreich fortzusetzen.
Seit Übernahme der Aufgabe durch meine Dienststelle am 1. Januar 1939 sind bisher insgesamt über 200 000 Juden aus dem Reichsgebiet ausgewandert. Das Gesamtproblem – es handelt sich bereits um 3¼ Millionen Juden in den bis heute Deutscher Hoheitsgewalt unterstehenden Gebieten – kann

aber durch Auswanderung nicht mehr gelöst werden. Eine territoriale Endlösung wird daher notwendig.

Ich darf bitten, mich bei bevorstehenden Besprechungen, die sich mit der Endlösung der Judenfrage befassen, falls solche von dort aus vorgesehen sein sollten, zu beteiligen.

Heil Hitler!
Ihr
gez. Heydrich

Dokument Nr. 98

»Deutschland hat die Pflicht, die Judenfrage in Europa zu lösen.«

Anklageschrift des Landgerichts Nürnberg-Fürth aus dem Jahre 1949 gegen den Legationsrat Franz Rademacher aus dem Auswärtigen Amt, Referat D III, in dem die Judenfragen bearbeitet wurden. Rademacher schlug im Juli 1940 die Zwangsdeportation aller europäischen Juden in Hitlers Einzugsbereich nach Madagaskar vor, wo sie unter deutscher Oberhoheit leben sollten. (Aktenzeichen 3 c Js 1321 – 24/49). Auszug:

Es war der Angeschuldigte Rademacher, der als erster den Vorschlag machte, die räumliche Trennung nicht durch Auswanderung, sondern durch die Zwangsdeportation der Juden und ihre Ansiedlung in einem nur für sie bestimmten Gebiet herbeizuführen. Diese Lösung sollte sich nicht nur auf die deutschen Juden in Europa erstrecken. Anlaß zu dieser Erwägung gab Rademacher der bevorstehende Sieg, der »Deutschland die Möglichkeit und meines Erachtens auch die Pflicht gibt, die Judenfrage in Europa zu lösen«. Nach Vorbesprechungen mit der Dienststelle des Reichsführers SS, des Innenministeriums und einigen Parteidienststellen schlug er in seiner Aufzeichnung vom 3. 7. 1940 vor, alle europäischen Juden zwangsweise nach Madagaskar zu deportieren, wo sie unter einem deutschen Polizeigouverneur sich selbst verwalten sollten. Sie sollten aber ein »Faustpfand in deutscher Hand für ein zukünftiges Wohlverhalten ihrer Rassegenossen in Amerika sein«. Die Deportationen selbst sollten dem Reichssicherheitshauptamt übertragen werden, während es die Aufgabe des Auswärtigen Amtes sei, sich im Friedensvertrag die Insel Madagaskar abtreten zu lassen und die Forderungen auf die Deportation der europäischen Juden entweder im Friedensvertrag zu verankern oder sie durch Verhandlungen mit denjenigen Staaten durchzusetzen, die nicht von dem künftigen Friedensvertrag betroffen wurden. Ribbentrop stimmte diesem Vorschlag Rademachers und der Aufnahme der Vorarbeiten im engen Einvernehmen mit den Dienststellen des Reichsführers SS zu. Auch das Reichssicherheitshauptamt nahm diesen »Madagaskar-Plan« »begeistert« auf und arbeitete seinerseits einen bis ins einzelne gehenden Plan für die technische Durchführung und Ansiedlung der europäischen Juden aus, der die Billigung Himmlers fand.

Dokument Nr. 99

»Schaffung eines Großgettos.«

Die Madagaskar-Pläne des Legationsrates Franz Rademacher aus dem Juden-Referat D III des Auswärtigen Amtes vom 2. und 3. 7. 1940:

Plan zur Lösung der Judenfrage
Frankreich muß im Friedensvertrag die Insel Madagaskar als Siedlungsraum für die Juden Europas zur Verfügung stellen und seine rund 25 000 dort ansässigen Franzosen aussiedeln und entschädigen. Ebenso werden die weiteren rund 15 000 Fremden (Europäer, Asiaten, besonders Araber, Inder, Japaner usw.) ausgesiedelt. Die 3½ Millionen Madagassen bleiben vorerst. Ihr Austausch gegen Juden Südafrikas bleibt vorbehalten.
Die Insel wird Deutschland als Mandat übertragen. Die seestrategisch wichtige Diego-Suarez-Bai sowie der Hafen von Antsirana werden deutsche Marinestützpunkte. Als weitere Marinestützpunkte können auf Wunsch der Kriegsmarine die Häfen (offene Reeden) Tamatave, Andevorante, Mananjary usw. vorgesehen werden. Neben diesen Marinestützpunkten werden geeignete Teile des Landes zur Anlage von Flugstützpunkten aus dem Judenterritorium herausgeschnitten.
Der nicht militärisch benötigte Teil der Insel wird unter die Verwaltung eines deutschen Polizei-Gouverneurs gestellt, der unmittelbar der Verwaltung des Reichsführers SS untersteht. Hierfür spricht, daß von deutscher Seite in erster Linie sicherheitspolizeiliche Gesichtspunkte maßgebend sind.
Die Lösung Madagaskar bedeutet, vom deutschen Standpunkt aus gesehen, Schaffung eines Großgettos. Nur die Sicherheitspolizei hat die nötigen Erfahrungen auf diesem Gebiet; sie hat die Mittel, eine Flucht von der Insel zu verhindern. Sie hat weiter die Erfahrung darin, Strafmaßnahmen, die wegen feindseliger Handlungen von Juden in USA gegen Deutschland

erforderlich werden, in der geeigneten Weise durchzuführen. Sie kennt bereits die einzelnen Juden aus deren Überwachung im Inlande. Sie würde auch den Transport zur Insel hin zu gewährleisten haben. Wollte man die Insel daneben noch der Kolonialverwaltung unterstellen, so würde auch dies einmal ein unnützes Überschneiden der Gewalten mit sich bringen, zum andern aber sich auch propagandistisch schwer durchsetzen lassen, die USA-Juden dahin zu bringen, die offizielle Behandlung der Juden als Kolonialvolk stillschweigend hinzunehmen. Die vorgesehene Sonderlösung des Judenmandats läßt sich dagegen propagandistisch gut auswerten.

In dem Judenterritorium von Madagaskar bekommen die Juden im übrigen Selbstverwaltung; eigene Bürgermeister, eigene Polizei, eigene Post- und Bahnverwaltung usw.

Für den Wert der Insel haften die Juden als Gesamtschuldner. Zu diesem Zweck wird ihr bisheriges europäisches Vermögen einer zu gründenden europäischen Bank zur Verwertung übertragen. Soweit dieses Vermögen zur Bezahlung der Landwerte, die sie in die Hand bekommen, und der zum Aufbau der Insel notwendigen Warenaufkäufe in Europa nicht ausreicht, werden den Juden von der gleichen Bank bankmäßige Kredite zur Verfügung gestellt. Der Bank wird auch das Judenterritorium Madagaskars als Gesamtwertobjekt zum Schätzungspreise zur Verwertung übertragen. Sie gibt es siedlungsmäßig an die Juden ab. Die Unterverteilung des Landes nehmen die Juden selbst vor gemäß den anteilmäßigen Ansprüchen, die der einzelne Jude an dem der Bank zugeflossenen Gesamtvermögen hat.

Während die politische Verwaltung Madagaskars allein in deutscher Hand ruht, kann die gemeinsame europäische Zusammenarbeit auf dem Judenge-biet in der Verwaltung der Bank zum Ausdruck gebracht werden; in das Direktorium bzw. den Aufsichtsrat der Bank können Vertreter der einzelnen europäischen Staaten, die Juden und deren Vermögen zur Verfügung gestellt haben, berufen werden.

Da Madagaskar nur Mandat wird, erwerben die dort ansässigen Juden nicht die deutsche Staatsangehörigkeit. Allen nach Madagaskar deportierten Juden wird dagegen vom Zeitpunkt der Deportation ab von den einzelnen europäischen Ländern die Staatsangehörigkeit dieser Länder aberkannt. Sie werden dafür Angehörige des Mandats Madagaskar.

Diese Regelung vermeidet, daß die Juden sich etwa in Palästina einen eigenen Vatikanstaat gründen und somit den symbolischen Wert, den Jerusalem für den christlichen und mohammedanischen Teil der Welt hat, für ihre Ziele einspannen können. Außerdem bleiben die Juden als Faustpfand in deutscher Hand für ein zukünftiges Wohlverhalten ihrer Rassegenossen in Amerika.

Propagandistisch kann man den Großmut verwerten, den Deutschland durch Gewährung der kulturellen, wirtschaftlichen, verwaltungs- und justizmäßigen Selbstverwaltung an den Juden übt, und dabei betonen, daß uns unser deutsches Verantwortungsbewußtsein der Welt gegenüber verbietet, einer Rasse, die Jahrtausende keine staatliche Selbständigkeit gehabt hat, sofort einen unabhängigen Staat zu schenken; dafür bedürfe es noch der geschichtlichen Bewährung.

Berlin, den 2. Juli 1940

Die Judenfrage im Friedensvertrage

Der bevorstehende Sieg gibt Deutschland die Möglichkeit und meines Erachtens auch die Pflicht, die Judenfrage in Europa zu lösen. Die wünschenswerte Lösung ist: Alle Juden aus Europa. Aufgabe des Auswärtigen Amts ist hierbei:

a) diese Forderung im Friedensvertrag zu verankern und die gleiche Forderung durch Einzelverhandlungen mit den nicht vom Friedensvertrag betroffenen Staaten in Europa durchzusetzen,

b) im Friedensvertrag das notwendige Territorium zur Ansiedlung der Juden sicherzustellen und die Grundsätze für die Mitarbeit der Feindstaaten an diesem Problem festzulegen,

c) die staatsrechtliche Stellung des neuen jüdischen überseeischen Siedlungsraumes zu bestimmen,

d) als Vorarbeit

1. Klarlegung der Wünsche und Pläne der interessierten innerdeutschen Partei-, Staats- und wissenschaftlichen Stellen und das Abstimmen dieser Pläne auf die Wünsche des Herrn Reichsaußenministers, wozu weiter gehört:

2. Schaffung einer Übersicht über die bei einzelnen Stellen vorhandenen sachlichen Unterlagen (Anzahl der Juden in den einzelnen Ländern), Verwertung ihres Vermögens über eine internationale Bank,

3. Aufnahme der Verhandlungen mit dem befreundeten Italien über diese Fragen.

Wegen der Aufnahme der Vorarbeiten ist das Referat D III über die Abteilung Deutschland bereits mit Vorschlägen an den Herrn Reichsaußenminister herangetreten und hat von ihm den Auftrag erhalten, diese Vorarbeiten unverzüglich in die Wege zu leiten. Besprechungen mit der Dienststelle des Reichsführers SS des Innenministeriums und einigen Parteidienststellen haben bereits stattgefunden. Diese Dienststellen billigen folgenden Plan des Referats D III:

Referat D III regt als Lösung der Judenfrage an: Frankreich muß im

Friedensvertrag die Insel Madagaskar für die Lösung der Judenfrage zur Verfügung stellen und seine rund 25 000 dort ansässigen Franzosen aussiedeln und entschädigen. Die Insel wird Deutschland als Mandat übertragen. Die seestrategisch wichtige Diego-Suarez-Bai sowie der Hafen von Antsirana werden deutsche Marinestützpunkte (diese Marinestützpunkte werden vielleicht noch je nach Wunsch der Kriegsmarine auch auf die Häfen – offene Reeden – Tamatave, Andevorante, Mananjary usw. ausgedehnt werden können). Neben diesen Marinestützpunkten werden geeignete Teile des Landes zur Anlage von Flugstützpunkten aus dem Judenterritorium herausgeschnitten. Der nicht militärisch erforderliche Teil der Insel wird unter die Verwaltung eines deutschen Polizeigouverneurs gestellt, der der Verwaltung des Reichsführers SS untersteht. In diesem Territorium bekommen die Juden im übrigen Selbstverwaltung: eigene Bürgermeister, eigene Polizei, eigene Post- und Bahnverwaltung usw. Für den Wert der Insel haften die Juden als Gesamtschuldner. Zu diesem Zweck wird ihr bisheriges europäisches Vermögen einer zu gründenden europäischen Bank zur Verwertung übertragen. Soweit dieses Vermögen zur Bezahlung der Landwerte, die sie in die Hand bekommen, und der zum Aufbau der Insel notwendigen Warenaufkäufe in Europa nicht ausreicht, werden den Juden von der gleichen Bank bankmäßige Kredite zur Verfügung gestellt.

Da Madagaskar nur Mandat wird, erwerben die dort ansässigen Juden nicht die deutsche Staatsangehörigkeit. Allen nach Madagaskar deportierten Juden wird dagegen vom Zeitpunkt der Deportation ab von den einzelnen europäischen Ländern die Staatsangehörigkeit dieser Länder aberkannt. Sie werden dafür Angehörige des Mandats Madagaskar.

Diese Regelung vermeidet, daß die Juden sich etwa in Palästina einen eigenen Vatikanstaat gründen und damit den symbolischen Wert, den Jerusalem für den christlichen und mohammedanischen Teil der Welt hat, für ihre Ziele einspannen können. Außerdem bleiben die Juden als Faustpfand in deutscher Hand für ein zukünftiges Wohlverhalten ihrer Rassegenossen in Amerika.

Propagandistisch kann man die Großmut verwerten, die Deutschland durch Gewährung der kulturellen, wirtschaftlichen, verwaltungsmäßigen und justizmäßigen Selbstverwaltung an den Juden übt, und dabei betonen, daß uns unser deutsches Verantwortungsbewußtsein der Welt gegenüber verbietet, einer Rasse, die Jahrtausende keine staatliche Selbständigkeit gehabt hat, sofort einen unabhängigen Staat zu schenken; dafür bedürfe es noch der geschichtlichen Bewährung.

Berlin, den 3. Juli 1940

Dokument Nr. 100

»Ähnlich wie im Bayrischen Wald bei Passau.«

Gutachten des Geologie-Professors Schumacher von der Bergakademie in Freiberg vom 29. 7. 1940 über die »mineralischen Bodenschätze von Madagaskar«. Das Gutachten wurde im Auftrag des AA-Legationsrates Rademacher erstellt und dessen Madagaskar-Plänen beigefügt (vgl. Dokument Nr. 99):

Zusammenstellung der mineralischen Bodenschätze von Madagaskar.

1. Graphit

Graphit ist das wichtigste Nutzmineral der Insel. Neben Deutschland, Korea und Ceylon gehört Madagaskar zu den großen Graphitproduzenten der Welt. Dabei kommt Madagaskar die billige Gewinnungsmöglichkeit im Tagebau aus den fast über die ganze Insel verstreuten Vorkommen zugute. Der Graphit findet sich als Imprägnation in Gneisen und Glimmerschiefern, ähnlich wie im Bayrischen Wald bei Passau. Wegen der tiefgründigen Verwitterung der graphitführenden Gesteine kann die Gewinnung überall im Tagebau ohne Sprengungsarbeiten und die Aufbereitung ohne großen Zerkleinerungs- und Mahlverlust erfolgen. Der aufbereitete Graphit ist ein Blättchengraphit von guter Qualität, wenn auch nicht so rein wie der Ceylongraphit, und eignet sich für die Schmelztiegelfabrikation.

Der Abbau hält sich an die Nähe der großen Transportstraßen und geht hauptsächlich an der Ostküste und auf dem anschließenden Hochplateau von Tananarive um. Wegen der billigen Gewinnung kann noch ganz armes Graphitgestein verarbeitet werden. Die Vorräte sind gewaltig und fast unbegrenzt. Die Ausfuhr erfolgt über die Häfen Mananjara und Tamatave an der Ostküste. Der Export geht meist über Marseille und Le Havre. Hauptabnehmer sind Frankreich und England. Produktion bzw. Ausfuhr von Graphit:

1917 (bisherige Höchstproduktion)		ca. 27 000 t
1935 (Ausfuhr)		8 046 t
1936 (Ausfuhr)		8 570 t
1937 (Ausfuhr)		ca. 12 387 t
Im Vergleich hierzu erzeugten 1937		
Deutschland		41 700 t
davon Bayern	23 500 t	
Österreich	18 200 t	

| Korea (Ausfuhr) | 39 800 t |
| Ceylon (Ausfuhr) | 17 600 t |

Deutschland besitzt eine ausreichende Selbstversorgung von Graphit und kann darüber hinaus noch exportieren.

2. Gold

Es gibt in Madagaskar sowohl Golderzgänge als auch Goldseifen. Letztere sind wesentlich verbreiteter und auch wirtschaftlich wichtiger als die Gänge. Das meiste Gold, das in Madagaskar gewonnen wird, entstammt Flußseifen und wird von den Eingeborenen aus den goldführenden Kiesen und Sanden in primitiver Weise ausgewaschen. Im allgemeinen sind aber die Flußseifen in den tiefen, von steilen Berggehängen eingeengten Flußtälern nicht groß genug, um zu einer Gewinnung in größerem Stile mit maschinellen Mitteln Anlaß zu geben. Die Produktion ist daher ziemlich gering. Es wurden gewonnen:

1934	497 kg Gold
1935	481 kg Gold
1936	470 kg Gold
1937	419 kg Gold
1938	395 kg Gold

Die Goldgewinnung ist also im Absinken begriffen. In früheren Jahrzehnten war sie bedeutend höher. So wird für die Zeit von 1897–1921 eine Gesamtgoldproduktion von 42 130 kg angegeben. Dies entspricht einem jährlichen Durchschnitt von ca. 1685 kg. Der Höhepunkt der Erzeugung war 1909 mit 3696 kg erreicht; von da ab ist sie sehr schnell gefallen.

3. Edel- und Halbedelsteine

Madagaskar ist sehr reich an solchen Steinen. Sie stammen aus den zahlreichen Pegmatiten des kristallinen Grundgebirges. Man gewinnt sie entweder aus dem anstehenden Pegmatit oder aus dem lateritischen Verwitterungsschutt dieser Gesteine, in dem sie sich angereichert haben. Granat kommt auch als Einsprengling in den kristallinen Schiefern vor und wird daraus gewonnen.

Abgebaut werden in stark wechselnden Mengen Bergkristall, Rauchquarz, Amethyst, Rosenquarz, Achat, Turmaline von rosa, gelber und grüner Farbe, farbloser Topas, schöne Granaten, rosa gefärbter Kunzit (edler Spodumen), vor allem aber edle Berylle (Aquamarin und rosa Beryll) in sehr schönen und großen Kristallen. Neben Brasilien ist Madagaskar das Land der Berylle. Außer den Edelsteinqualitäten werden viel größere Mengen von Industriesteinen für Schleifmittelgewinnung und für andere Zwecke exportiert. Da die Nachfrage jedoch sehr unregelmäßig ist, schwankt die Ausfuhr stark. Wertmäßig fällt die Edelsteinproduktion von Madagaskar nicht ins Gewicht.

4. Glimmer

Madagaskar besitzt hochwertige Lagerstätten von Muscowit- und Phlogopit-glimmer. Ersterer findet sich auf Pegmatitgängen, letzterer auf Lagern. Der Export Madagaskars an Glimmer betrug:

1934	369 t
1935	409 t
1936	452 t
1937	611 t

Die Gewinnung ist also in kräftigem Ansteigen.

5. Uran und Radium

Auf einigen Pegmatitgängen kommen radiumhaltige Uranmineralien vor, die aber nur relativ unbedeutende Mengen Erze geliefert haben. Dazu kommen die eigenartigen sekundären Uranglimmer, die in jungen Torfablagerungen auftreten. Die aus diesen Erzen erzeugten Radiummengen sind nicht genau zu ermitteln, keinesfalls aber beträchtlich.

6. Mineralische Brennstoffe

In ihrem westlichen Drittel baut sich die Insel aus sedimentären Schichten auf, die vom Perm bis ins Quartär reichen. Hier gibt es an verschiedenen Stellen Ölindikationen in Gestalt von Asphaltausbissen.

Permische Steinkohlen kennt man in der Umgebung des Ortes Benenitsa im südlichen Madagaskar und anderwärts. Der Gesamtvorrat Madagaskars an förderfähiger Kohle soll angeblich 1 Milliarde t betragen. Diese Zahl bedarf aber m. M. stark der Nachprüfung.

Zusammenfassung

Außer dem Graphit ist der Reichtum Madagaskars an mineralischen Rohstoffen, wert- und mengenmäßig betrachtet, nicht groß. Alle übrigen Nutzmineralien finden sich mit Ausnahme von Uran und Radium, z. T. in wesentlich größerem Umfang, auch in unseren alten Kolonien: Gold in Deutsch-Neuguinea, Deutsch-Ostafrika und Kamerun; Edel- und Halbedelsteine in Deutsch-Südwestafrika; Glimmer in Deutsch-Ostafrika und Kamerun; permische Steinkohlen in Deutsch-Ostafrika.

Freiberg in Sa.,   gez. Dr. Ing. F. Schumacher
den 29. Juli 1940.   Professor der Geologie
                                            und Lagerstättenlehre
                                            an der Bergakademie Freiberg

Dokument Nr. 101

»Den jüdischen wirtschaftlichen Einfluß in Europa auf einen Schlag durch den deutschen ersetzen.«

Plan des Legationsrates Franz Rademacher, Referat D III des Auswärtigen Amtes, vom 12. 8. 1940 zur »Gründung einer intereuropäischen Bank für die Verwertung des Judenvermögens in Europa«:

Gedanken über die Gründung einer intereuropäischen Bank für die Verwertung des Judenvermögens in Europa

Der Leitgedanke ist, sozusagen auf einen Schlag den jüdischen wirtschaftlichen Einfluß in Europa durch den deutschen zu ersetzen, ohne daß Störungen in den Wirtschaften der einzelnen Länder durch Stillegungen jüdischer Großfirmen eintreten. Das jüdische Kapital in Europa würde von der neuen Bank treuhänderisch verwaltet, nach und nach, je nach Zweckmäßigkeit, flüssig gemacht und nach Begleichen der von der Bank vorschüssig verauslagten Kosten der Umsiedlung den Reichsfinanzen als Anzahlung für die Werte zugeführt werden, welche die Juden in Madagaskar erhalten.

Die Bank würde weiter den staatseigenen Grund und Boden, Gebäudebesitz usw. Madagaskars treuhänderisch verwalten, soweit er für die Ansiedlung der Juden benötigt und vorgesehen wird. Sie würde diese Werte im Laufe der Aufsiedlung nach und nach den Juden übereignen.

Das von der Bank erfaßte jüdische Kapital wird nicht ausreichen, um diese Werte bar zu bezahlen. Die Bank müßte die Restzahlungen von den Juden einziehen und laufend an die Reichsfinanzen abführen.

Das jüdische Vermögen in Deutschland könnte, wie bisher, über die Dienststellen des Reichsführers SS bzw. des Reichssicherheitshauptamtes erfaßt werden, da sie bereits die notwendigen Erfahrungen besitzen. Von dort würden die Vermögensstücke an die Bank weitergeleitet werden.

Zum Erfassen der ausländischen Werte wäre eine ähnliche Organisation in den Staatsverträgen, die mit den einzelnen europäischen Ländern über die Regelung der Judenfrage abzuschließen wären, vorzusehen.

Die Bank hätte die notwendigen Gelder für die Kosten der Umsiedlung auf Anfordern des Reichsführers SS vorzustrecken. Der einzelne Jude nimmt nur ein etwas größeres Handgepäck mit. Im übrigen erhält er eine Forderung an die jüdische Gemeinschaft »Madagaskar«.

Für die Landhergabe in Madagaskar an die Juden könnten die innerdeutschen Siedlungsverträge als Muster dienen. Für die Beschaffung des notwendigen Gerätes und die Verwertung der jüdischen Erzeugnisse in

Madagaskar könnte der Bank eine Art Raiffeisengenossenschaft angegliedert werden, so daß jeder unmittelbare Handel der Juden mit der Außenwelt unterbunden wäre. Einzige zum Aufkauf von Madagaskar-Erzeugnissen berechtigte Stelle würde die Genossenschaft sein, die auch den Weiterverkauf ins deutsche Reichsgebiet bzw. ins Ausland vornimmt.
Berlin, den 12. August 1940   gez. Rademacher

Dokument Nr. 102

»Im Innern als Polizeistaat aufgezogen.«

»Ausarbeitung ›Madagaskar-Projekt‹« samt Begleitschreiben des SS-Obersturmführers Theo Dannecker, Reichssicherheitshauptamt, vom 15. 8. 1940 an den Legationsrat Franz Rademacher im Juden-Referat D III des Auswärtigen Amtes:

Theo Dannecker   Berlin W 62, den 15. August 1940,
SS-Obersturmführer   Kurfürstenstraße 116

Herrn
Legationssekretär Rademacher
Berlin

Lieber Kamerad Rademacher!
Durch Boten übersende ich ein Exemplar der Ausarbeitung »Madagaskar-Projekt« für Ihren persönlichen Gebrauch. Ich darf um besonders vertrauliche Behandlung bitten.
                                                        Heil Hitler!

Urschriftlich
mit der Bitte um Rückgabe
Herrn Gesandten Luther
zur Kenntnis vorgelegt. Der Plan selbst ist durch Gruppenführer Heydrich an Herrn Reichsaußenminister unmittelbar weitergeleitet worden, von dort über Kult E zu D III gelangt, von mir an Pol III geleitet. Das anliegende Stück hatte ich inzwischen unmittelbar erhalten. Ich war von der Absicht Heydrichs informiert worden, worüber ich gleich telefonisch an Sie nach Fuschel berichtet habe.

Reichssicherheitshauptamt
Madagaskar-Projekt

Verzeichnis

I. *Lage und Grundsätzliches.*

a) Mit der Errichtung des Generalgouvernements Polen und der Eingliederung der neuen deutschen Ostgaue kamen große Massen von Juden unter unmittelbare deutsche Hoheitsgewalt. Dazu kommen noch die in den unter deutscher militärischer Oberhoheit stehenden Gebieten ansässigen Juden. Die bisherige Praxis zeigte, daß schon die Lösung des jüdischen Problems im Reichsgebiet einschließlich Protektorat Böhmen und Mähren im Wege der Auswanderung infolge der allenthalben auftretenden Schwierigkeiten (verschärfte Einwanderungsgesetzgebung überseeischer Länder, Passagen- und Devisenbeschaffung usw.) in absehbarer Zeit schwer zum Ende geführt werden kann. Nach dem Hinzukommen der Massen des Ostens ist eine Bereinigung des Judenproblems durch Auswanderung unmöglich geworden.

b) Insgesamt ist augenblicklich mit einer Zahl von rund 4 000 000 Juden zu rechnen, die sich wie folgt zusammensetzt:

1. Deutschland	etwa	743 000	(einschl. der neuen Ostgaue – 500 000)
2. Generalgouv.	etwa	2 300 000	
3. Protektorat	etwa	77 000	
4. Belgien	etwa	80 000	
5. Holland	etwa	160 000	
6. Luxemburg	etwa	2 500	
7. Dänemark	etwa	7 000	
8. Norwegen	etwa	1 500	
9. Slowakei	etwa	95 000	
10. Frankreich	etwa	270 000	

c) Die folgende Ausarbeitung stellt den Niederschlag der bisher seitens der Sicherheitspolizei geleisteten Vorarbeiten zu dem Projekt einer Ansetzung dieser rund 4 000 000 Juden in Madagaskar dar.

Zur Vermeidung dauernder Berührung anderer Völker mit Juden ist eine Überseelösung insularen Charakters jeder anderen vorzuziehen.

II. *Geographisches.* (Landkarte siehe Anlage I)

a) *Klima.*

Die Küsten der Insel sind infolge der hohen Temperatur und der dauernd feuchten Luft für Europäer ungesund. Ein großer Teil des Innenlandes bildet eine Hochlandtafel von 800–1500 m Durchschnittshöhe. Diese Zone ist für Europäer geeignet.

Die großen Niederschlagsmengen bedingen das Vorhandensein zahlreicher Wasserläufe und Sümpfe. Dadurch ist naturgemäß in den Niederungen Fiebergefahr vorhanden. Durch Trockenlegungen könnte der Seuchenausbreitung weitestgehend gesteuert werden. Für ein Arbeitsprogramm sind schon hier große Aufgaben zu bewältigen.

b) *Volkszahl und Land.*

Das Gebiet der Insel entspricht mit fast 600 000 qkm der Größe Frankreichs, Belgiens und Hollands zusammen.

Insgesamt sind 3,8 Millionen Einwohner vorhanden, darunter 3 660 000 Madagassen, 11 000 Inder und Chinesen sowie 24 000 Europäer, hauptsächlich Franzosen.

c) *Wirtschaft.*

Industrien sind nur im geringen Umfange vorhanden. Neben dem Reis, der in allen Teilen des Landes angebaut wird, wächst Maniok (Wurzelpflanze, die hier die Kartoffel ersetzt), Kartoffel, außerdem Baumwolle, Erdnuß, Mais, Zuckerrohr, Kaffee, Tee, Nelken. Vanille, Parfümerie- und Medisisalpflanzen werden ausgeführt. In den Höhenlagen bis 1000 Meter gedeihen Bananen, Orangen, Zitronen, Kokospalmen, Mango, Letschi, Avokat und Ananas.

Der hohe Viehbestand von ungefähr sieben Millionen Rindern gestattet zur Zeit einen Fleischexport. Die Ernährung ist demnach auch beim Hinzukommen von 4 Millionen Juden gesichert.

Teilweise Erzvorkommen sind vorhanden, aber mangelhaft ausgebaut.

d) *Verkehrswege.*

Das Eisenbahnnetz der Insel ist nur 600 km lang. Stabile Straßenanlagen, Wege und Brückenbauten müssen in großem Umfange noch geschaffen werden. Auch Stromregulierungen sind weitgehendst erforderlich. Ein großzügiges Arbeitsprogramm zum Ausbau der Verkehrswege würde auf Jahre hinaus Arbeitsmöglichkeiten schaffen.

Die örtliche Leitung des Territoriums müßte bemüht sein, die Wirtschaft dieses Landes autark zu gestalten, damit Verbindungen zwischen den Juden und der übrigen Welt im Rahmen des internationalen Handels ausgeschlossen werden.

Wo dies im Anfang nicht erreicht werden kann, sind deutsche Treuhandgesellschaften zur Lösung dieser Probleme anzusetzen.

III. *Staatsrechtliche Form und gebietsmäßige Aufgliederung.*

a) Madagaskar ist infolge des insularen Charakters zur Bildung eines jüdischen Reservates geeignet. Jeder Versuch jüdischer Eigenstaatlichkeit muß bei der Findung der staatsrechtlichen Form von vornherein ausgeschaltet werden. Gleichzeitig ist es notwendig, allen etwaigen Einspruchsversuchen, besonders seitens der USA, vorzubeugen.

Als staatsrechtliche Form erscheint aus diesen Gründen die Errichtung einer jüdischen Wohnstätte unter deutscher Oberhoheit gegeben. Tatsächlich müßte aber dieses Mandat im Innern als Polizeistaat aufgezogen werden.

325

Der Kriegsmarine und der Luftwaffe werden die notwendigen Stützpunkte und Landeplätze freigehalten.

b) Das Gesamtgebiet der Insel ist zweckmäßigerweise aus organisatorischen Gründen, besonders auch in Anbetracht der großen Entfernungen, in vier Distrikte zu unterteilen. Während dem Ansetzungshauptstab als Organisation zur Durchführung zentraler Aufgaben ein zu bildender jüdischer Ältestenrat zur Verfügung steht, haben sich am Sitz der Distriktsstäbe jüdische Distriktsgemeinden zu bilden, die wiederum in Bezirks- und örtliche Gemeinden aufgeteilt werden.

Der örtliche französische Verwaltungsapparat müßte unter Leitung der deutschen Behörden zeitweise weiterarbeiten. Dadurch ist eine dienstliche Entlastung der Ansetzungsstäbe, gleichwie der anderen etwa vorhandenen deutschen Behörden, gegeben.

IV. *Organisation.* (Organisationsplan siehe Anlage II)

A) *Gesamtleitung.*

Die Gesamtleitung liegt beim Chef der Sicherheitspolizei und des SD, welcher bereits mit Befehl des Reichsmarschalls vom 24. 1. 1939 als Sonderbeauftragter für die Judenauswanderung eingesetzt worden ist. Ihm obliegt die zentrale Steuerung der gesamten Aussiedelung und Ansetzung, die Regelung der Transportangelegenheiten, die gesamte Finanzierung, sowohl der Transporte als auch der Ansetzung, und die sicherheitspolizeiliche Aufsicht.

B) *Aussiedelung.*

1. *Technische Durchführung.*

Zur technischen Durchführung der Aussiedelung werden folgende Aussiedelungsstäbe gebildet:

West: Für Frankreich,
Belgien,
Holland,
Luxemburg

Mitte: Für Altreich mit Sudetenland
einschließlich neue deutsche Ostgaue,
Ostmark,
Protektorat Böhmen und Mähren,
Slowakei,
Dänemark,
Norwegen

Ost: Für Generalgouvernement Polen.

326

2. *Im einzelnen:*

a) *Altreich, Sudetengau, neue deutsche Ostgaue.*

Die zentrale Steuerung liegt in Händen der Reichszentrale für jüdische Auswanderung Berlin. Verantwortlich für die Durchführung sind hier die Inspekteure der Sicherheitspolizei und das SD, die durch ihre nachgeordneten Dienststellen zu ausführenden Organen werden. Letztere bedienen sich hinsichtlich der Durchführung im einzelnen der Bezirksverbände bzw. Ortsvereinigungen der »Reichsvereinigung der Juden in Deutschland« bzw. in den Ostgauen der »Jüdischen Ältestenräte«.

b) *Ostmark.*

Die zentrale Steuerung liegt bei der Zentralstelle für jüdische Auswanderung Wien. Ihr steht zur Einzeldurchführung die Israelitische Kultusgemeinde Wien mit ihrem gesamten Apparat zur Verfügung. (Es handelt sich hier lediglich nur um etwa 50 000 Juden.)

c) *Protektorat Böhmen und Mähren.*

Die zentrale Steuerung liegt bei der dem Befehlshaber der Sicherheitspolizei und des SD unterstellten Zentralstelle für jüdische Auswanderung Prag.

Für die Durchführung im einzelnen sind die Staatspolizeileitstellen in Prag und Brünn verantwortlich. Die jüdische Kultusgemeinde Prag hat als Trägerin des gesamten jüdischen organisatorischen Lebens im Protektorat die Einzelarbeiten zu leisten.

d) *Slowakei.*

Nach dem Muster der Zentralstelle für jüdische Auswanderung wird mit dem Sitz in Preßburg ein besonderer Aussiedelungsstab unter Zuhilfenahme der örtlichen Behörden errichtet und dem Chef der Sicherheitspolizei und des SD unterstellt.

e) *Dänemark.*

Während die Durchführung der Aussiedelung in den unter a), b), c) und d) genannten Gebieten größeren Umfang hat, kann die Aussiedelung in Dänemark, wo sich nur etwa 7500 Juden befinden, so vor sich gehen, daß ein Beauftragter des Stabes Mitte zusammen mit der zuständigen dänischen Polizeibehörde die verhältnismäßig kurze Zeit in Anspruch nehmenden Arbeiten durchführt. Soweit vorhanden, haben sich hier jüdische Gemeinden bzw. Organisationen an der Einzeldurchführung zu beteiligen.

f) *Norwegen.*

Hier handelt es sich nur um etwa 1500 Juden, deren Abschub mit einem Transport erledigt ist.

g) *Frankreich, Belgien, Holland, Luxemburg.*

Von dem Aussiedelungsstab West wird zu den zuständigen Polizeibehörden dieser Länder jeweils ein Beauftragter abgestellt.

Die Durchführung im einzelnen liegt bei den unteren Verwaltungs- bzw. Polizeibehörden der vier Länder. Dabei sind als Hilfsstellen die jüdischen Organisationen bzw. Gemeinden nach ihrer Reorganisation entsprechend dem Aufbau der »Israelitischen Kultusgemeinden« in Wien und Prag bzw. der »Reichsvereinigung der Juden in Deutschland« heranzuziehen.

h) *Generalgouvernement Polen.*

Die gesamte Verantwortung für die Aussiedelung im Generalgouvernement liegt beim Aussiedelungsstab Ost, der innerhalb des Stabes des Befehlshabers der Sicherheitspolizei und des SD in Krakau tätig ist.

In den einzelnen Distrikten sitzen Distriktsbeauftragte, die unter Einschaltung der örtlichen Dienststellen der Sicherheitspolizei und des SD die Aussiedelungsaktionen durchführen. Dabei haben die Vorarbeiten zur Einzeldurchführung weitestgehend die jüdischen Ältestenräte durchzuführen.

3. *Vorarbeiten.*

a) Alle mit der Durchführung beauftragten Dienststellen haben zunächst eine genaue Sichtung des gesamten Judentums ihres Gebietes vorzunehmen. Sie sind für die Beantragung und Ausstellung aller – für eine Abwanderung von Juden – notwendigen Vorarbeiten, wie Dokumentenbeschaffung für den Einzeljuden, Vermögenserfassung und Verwertung, sowie Eingliederung in die Transporte, verantwortlich. Die ersten Transporte sollen hauptsächlich Landwirte, Baufachleute, Handwerker und Handarbeiterfamilien bis zu 45 Jahren sowie Ärzte enthalten. Diese werden dann gewissermaßen als Vortrupp zum Zwecke der Vorbereitung der Unterbringung der nachfolgenden Mannen vorausgeschickt und angesetzt.

b) Die Juden dürfen bis zu 200 kg nicht sperrendes Gepäck pro Person mitnehmen. Jüdische Landwirte, Handwerker, Ärzte usw. müssen, soweit vorhanden, die gesamte in ihrem Besitz befindliche und zur Ausübung ihres Berufes notwendige Ausrüstung mitnehmen. Bezüglich der Mitnahme von Bargeld und Edelmetallgegenständen gelten die jeweiligen Bestimmungen.

c) Das zurückbleibende Vermögen der Ausgesiedelten ist der besonders dafür in jedem Lande zu errichtenden »Treuhandstelle für das Judenvermögen« zu melden. Der Gesamterlös nach Verkauf der unbeweglichen Vermögensteile wird dann einem zu errichtenden Zentral-Aussiedelungsfonds zugeführt, der nach dem Muster des Auswanderungsfonds in Wien bzw. des Auswanderungsfonds Böhmen und Mähren erstellt wird und sich dieser Fonds und allfällig weiterer Landesfonds als Untergliederung bedient.

C) *Transporte.*

1. *Schiffsraum.*

Um einen rohen Überblick über den notwendigen Schiffsraum zu erhalten, wird unter Zugrundelegung eines durchschnittlichen Fassungsvermögens von 1500 Personen pro Schiff folgende Überschlagsrechnung niedergelegt: Nimmt man für Hin- und Rückfahrt einschließlich der notwendigen Aufenthalte etwa 60 Tage an, dann kommt man zum Ergebnis, daß beim Vorhandensein von 120 Schiffen ähnlichen Inhaltes täglich zwei Transporte mit demnach insgesamt 3000 Juden durchgeführt werden könnten.

Pro Jahr würde das eine Zahl von rund 1 Million Juden ergeben. Die Dauer der Durchführung des gesamten Projektes könnte deshalb auf etwa vier Jahre festgesetzt werden. Nach dem Friedensschluß wird zweifellos die deutsche Handelsflotte anderweitig sehr stark in Anspruch genommen sein. Es wird deshalb notwendig, im Friedensvertrag mit aufzunehmen, daß zum Zwecke der Lösung des Judenproblems sowohl Frankreich als auch England den erforderlichen Schiffsraum zur Verfügung stellen.

2. *Finanzierung der Transporte.*

Die Finanzierung der Transporte wäre im wesentlichen der in den Westmächten ansässigen Judenschaft anläßlich des Friedensvertrages als Wiedergutmachung für jenen Schaden aufzuerlegen, der im Verfolg der Auswirkung des Versailler Vertrages durch die Juden dem Deutschen Reiche in wirtschaftlicher und sonstiger Beziehung zugefügt wurde.

D) *Ansetzung.*

1. *Ansetzungshauptstab.*

Der Ansetzungshauptstab des Chefs der Sicherheitspolizei und des SD, dessen Sitz noch zu bestimmen wäre, ist als die direkt Berlin verantwortliche Stelle für die Gesamtleitung der Ansetzung zuständig. Ihm obliegt das gesamte Sicherungswesen, die Transportannahme und -Verteilung (Einwanderungskontingente), das Melde- und Auskunftswesen, Ernährungswesen, Finanzwesen und Währungsfragen, Nachrichtenwesen sowie Aufbau und Kontrolle des jüdischen Gemeinwesens.

2. *Ansetzungsstäbe.*

Die in den Distrikten arbeitenden Ansetzungsstäbe I–IV, deren Standorte gleichfalls noch zu bestimmen sind, tragen die Verantwortung für die ordnungsgemäße Durchführung der Befehle des Hauptstabes und die unbedingte Einhaltung der von diesem erteilten generellen Richtlinien in ihren Distrikten.

Die jüdischen Distriktsgemeinden unterstehen direkt dem jeweiligen Ansetzungsstab, der seinerseits entsprechend den ihm gegebenen Richtlinien die notwendigen Einzelentscheidungen an Ort und Stelle fällt.

Hauptaufgabe der Ansetzungsstäbe in den Distrikten ist ferner die Kontrolle der zweckmäßigen Ansetzung jüdischer Arbeitskommandos mit dem Ziele, die Unterbringungsmöglichkeiten für die nachfolgenden Transporte zu sichern und zu erreichen, daß insoweit eine sofortige Einschaltung in den Produktionsprozeß erfolgt, als dies zur Bestreitung des jüdischen Eigenbedarfs nötig ist.

3. *Arbeitsweise.*

Als Grundlage wird durch ein Vorkommando überschlagsmäßig nach Festlegung der Distriktsgrenzen die vermutliche Aufnahmefähigkeit festgestellt. Dann erfolgt die Festsetzung der Schlüsselzahlen für die einzelnen Distrikte.

Die Ansetzungsstäbe der Distrikte können nach Bekanntgabe der Schlüsselzahlen an eine großzügige Planung unter laufender Beteiligung des Ansetzungshauptstabes herantreten.

E) *Jüdisches Gemeinwesen.*

Wie bereits ausgeführt, wird ein einsatzfähiger jüdischer Organisationsapparat aufgebaut werden, dessen Haupttätigkeit darin besteht, den gegebenen Anordnungen der Ansetzungsstäbe schnellstens Geltung zu verschaffen. Diese Methode hat sich bei der Arbeit der Zentralstelle für jüdische Auswanderung bestens bewährt und wälzt einen Großteil der Arbeit auf die Juden selbst ab.

Die jüdischen Distriktsgemeinden haben die Bezirks- und Ortsgemeinden so durchzuorganisieren, daß während der Durchführung der Ansetzung eine reibungslose Abwicklung gewährleistet erscheint. Ferner haben jüdische Baufachleute und geschulte Landwirte, die mit den Vortrupps ins Land kommen, unverzüglich innerhalb der einzelnen jüdischen Gemeinden an den Ausbau und Aufbau landwirtschaftlicher Siedelungen sowie an die verkehrstechnische Erschließung des Landes heranzugehen.

Die Juden haben ferner für die geordnete Lebensmittelversorgung durch Errichtung eines Verteilungsapparates auf genossenschaftlicher Basis zu sorgen.

Um die sanitäre Betreuung einigermaßen zu sichern, haben die jüdischen Stellen auf die richtige Verteilung aller vorhandenen Ärzte innerhalb der Gebiete zu achten.

F) *Finanzierung.*

Die Durchführung der vorgeschlagenen Endlösung erfordert bedeutende Mittel. Es ist zu unterscheiden zwischen Mitteln, die für die Aussiedelung der Juden aus dem Reichsgebiet einschließlich Protektorat Böhmen und Mähren, den neuen deutschen Ostgebieten und dem Generalgouvernement aufgebracht werden und solchen Mitteln, die für die Aussiedelung der Juden aus den Ländern in Frage kommen, die bei der Endlösung berücksichtigt werden sollen. Die Aufbringung der letzteren Mittel wäre durch entsprechende Bedingungen anläßlich der Friedensvertragsverhandlungen etwa durch Auflegung einer Kontribution auf das Judenvermögen dieser Länder zu erreichen.

Diese durch Kontribution aufkommenden Mittel können zweifellos bedeutend größer gestaltet werden, als die innerhalb des Reichsgebietes einschließlich Protektorat Böhmen und Mähren aufzubringenden, selbst unter Berücksichtigung der Heranziehung des gesamten jüdischen Privateigentums im Reichsgebiet, Protektorat Böhmen und Mähren, den neuen deutschen Ostgebieten und Generalgouvernement. Durch einen entsprechenden Verteilerschlüssel muß der notwendige Ausgleich dieser beiden Aufbringungsgruppen hergestellt werden. Ebenso wäre noch die Frage zu klären, ob bezüglich der Aufbringung der Mittel im Reichsgebiet, im Protektorat Böhmen und Mähren, in den neuen deutschen Ostgauen und im Generalgouvernement Enteignungsmaßnahmen geeignet erscheinen, oder aber ob diese Mittel in Form von freiwilligen Rechtsgeschäften unter Einschaltung der jüdischen Kultusgemeinden Prag und Wien, der Reichsvereinigung der Juden in Deutschland und der jüdischen Ältestenräte in den Ostgebieten aufzubringen wären.

G) *Vorausmaßnahmen.*

Im Falle der endgültigen Bestimmung Madagaskars zur Judenwohnstätte wird vorgeschlagen, ein Kommando der Sicherheitspolizei in entsprechender fachlicher Zusammensetzung an Ort und Stelle zu entsenden.

Aufgabe dieses Vorkommandos ist es, folgende Feststellungen zu treffen:

1. Gesamtaufnahmefähigkeit.
2. Möglichkeiten der Erweiterung der Aufnahmefähigkeit durch Lagererrichtung u. ä.
3. Verwendbarkeit der unteren französischen Verwaltungsbehörden bezüglich der Verteilung und Einordnung ankommender Transporte.
4. Allgemeine Verpflegungslage.
5. Landwirtschaft und Wirtschaft allgemein, Arbeitseinsatz.
6. Landemöglichkeiten, Verkehrswege.

Nach Vorliegen des Berichtes des Vorkommandos werden unter Heranziehung der örtlichen französischen Verwaltungsbehörden Vorbereitungsaufgaben in Angriff genommen.

Es wird vorgeschlagen, daß bei den Friedensverhandlungen für den Bereich dieser Angelegenheit ein Beauftragter des RF-SS und Chefs der Deutschen Polizei miteingeschaltet wird.

Dokument Nr. 103

»Durch Trockenlegungsarbeiten ist dieser Mangel ohne weiteres zu beheben.«

Hausmitteilung des Legationsrates Rademacher, Referat D III der Deutsch-land-Abteilung des Auswärtigen Amtes, vom 30. 8. 1940 an den AA-Unter-staatssekretär Luther über den Stand des Madagaskar-Projektes des Referats D III. Auszug:

Die Idee, alle Juden nach Madagaskar zu schaffen, ist zuerst von dem alten holländischen Antisemiten Beamish in den 20er Jahren veröffentlicht worden.

Nachdem auf Vorschlag der Abteilung Deutschland der Herr Reichsminister entschieden hatte, daß die Lösung der Judenfrage im Friedensvertrag von dem Referat D III in der Abteilung Deutschland im Einvernehmen mit den Dienststellen des Reichsführers SS bearbeitet werden sollte, habe ich den anliegenden Grundriß eines Planes zur Lösung der Judenfrage im Friedens-vertrage entworfen. Dieser Plan ergibt als praktische Arbeitseinteilung:

1. Führen der Verhandlungen mit den Feindmächten auf Grund des Friedensvertrages und mit den übrigen europäischen Staaten auf Grund von Sonderverträgen – Auswärtiges Amt.

2. Erfassen der Juden in Europa, ihr Transport nach Madagaskar, ihre Ansiedlung dort und die zukünftige Verwaltung des Insel-Gettos – Reichs-sicherheitshauptamt.

3. Erfassen des jüdischen Vermögens in Europa, Gründen einer intereuro-päischen Bank, die dieses Vermögen treuhänderisch zu verwalten und zu verwerten sowie die Finanzierung des Ansiedlungsunternehmens durchzu-führen hat – Dienststelle des Vierjahresplans, Staatsrat Wohlthat.

4. Das propagandistische Vorbereiten und Sichern des Planes gegen eine eventuelle Hetzwelle aus USA:

a) für den Bereich des Inlandes das Propagandaministerium, Oberregie-rungsrat Dr. Taubert, mit seiner »Antisemitischen Aktion«,

b) für den Bereich des Auslandes die Informationsabteilung des Auswärtigen Amts.

Gemäß dieses Grundplanes bin ich an die einzelnen Dienststellen herange-treten. Auf meine Anregung hin und in enger Fühlungnahme mit mir ist dann der Madagaskar-Plan des Reichssicherheitshauptamtes entstanden.

Der Plan der intereuropäischen Bank in der anliegenden Form ist von mir entworfen worden. Ich habe ihn Herrn Staatsrat Wohlthat übersandt, der ihn auf seine Ausführbarkeit hin prüfen und seine praktische Durchführung übernehmen wird.

Die Antisemitische Aktion bereitet von sich aus einen Propaganda-Plan für das Inland vor.

Im Verlauf der Vorbesprechungen mit den innerdeutschen Dienststellen machte Oberbereichsleiter Brake von der Kanzlei des Führers (Stab Bouhler) den Vorschlag, die Transportorganisation, die er als Sonderauftrag des Führers für die Kriegszeit aufgebaut hat, für den Transport der Juden nach Madagaskar später einzusetzen. Ich habe Oberbereichsleiter Brake geraten, sich deswegen mit SS-Gruppenführer Heydrich in Verbindung zu setzen. Meiner Ansicht nach ist sein Plan durchaus beachtlich. Eine eingespielte Organisation mit reichen Erfahrungen kann schlagartiger einsetzen, als eine entsprechende Neubildung, der naturgemäß Kinderkrankheiten anhaften.

Um den Plan sachlich weiter zu fördern, ist es jetzt an der Zeit

a) die erwähnten innerdeutschen Dienststellen zu einer Besprechung im Auswärtigen Amt zusammenzurufen und eine vorbereitende Kommission zusammenzustellen,

b) an die Franzosen heranzutreten, damit sie dieser Kommission die Einreise nach Madagaskar gestatten,

c) Entsenden der Kommission auf ein bis zwei Monate nach Madagaskar, um an Ort und Stelle die Einzelfragen der Ansiedlung und deren Vorbereitung festzustellen.

Daß man die gesamten europäischen Juden, die auf höchstens 6,5 Millionen geschätzt werden, neben der alteingesessenen Bevölkerung in Madagaskar unterbringen kann, ist jetzt schon zu bejahen, wie die von mir eingeholten Gutachten der Professoren Dr. Burgdörfer vom Bayerischen Statistischen Landesamt und Dr. Ing. F. Schumacher von der Bergakademie Freiberg bestätigen. Daß heute noch große Teile der Insel wegen ihres sumpfigen Charakters als ungesund anzusehen sind, steht dem nicht entgegen. Durch Trockenlegungsarbeiten ist dieser Mangel ohne weiteres zu beheben, wie das Beispiel des der Insel gegenüber liegenden portugiesischen Kolonialgebietes von Mozambique, in Südamerika das Beispiel des Hafens Santos gezeigt haben. Die durchschnittliche Bevölkerungsdichte würde sich auf etwa 16 pro qkm ergeben, d. h. dem Stand der Durchschnittsbesiedlungsdichte für die Erdoberfläche entsprechen.

Hiermit Herrn Gesandten Luther   Berlin, den 30. August 1940
mit der Bitte vorgelegt, die Zustimmung   gez. Rademacher
des Herrn Reichsaußenministers zu dem
angeregten Verfahren herbeizuführen.

Dokument Nr. 104

»Abtretung der Insel Réunion und der Inselgruppe der Comoren.«

Plan des Gesandten Geheimrat Bielfeld, Abteilung Pol. X (Frankreich-Referat) des Auswärtigen Amtes, vom 6. 11. 1940 über »Die territoriale Kolonialforderung an Frankreich im Rahmen der Gesamtforderung«. In diesem Papier geht es neben der Rückforderung der damaligen deutschen Kolonien auch um Madagaskar. Auszug:

XI. Der Erwerb von Madagaskar durch das Deutsche Reich soll nicht aus kolonialpolitischen Gründen, sondern zwecks Ansiedlung der Juden erfolgen. Da die Insel unter deutscher Oberhoheit stehen würde, wäre der Notwendigkeit der Sicherung eines Flottenstützpunktes auf Madagaskar Rechnung zu tragen. Gleichfalls aus strategischen Erwägungen verlangt das Oberkommando der Kriegsmarine die Abtretung der Insel Réunion und der Inselgruppe der Comoren von Frankreich.

Dokument Nr. 105

»Nicht nach Madagaskar, sondern nach dem Osten.«

Hausmitteilung des Legationsrates Rademacher, Referat D III des Auswärtigen Amtes, vom 10. 2. 1942 an den Gesandten Bielfeld, Abteilung Pol. X (Frankreich-Referat) des Auswärtigen Amtes, über das Ende des Madagaskar-Projektes:

Legationsrat Rademacher   Berlin, den 10. Februar 1942

Herrn Gesandten Bielfeld   Geheim
Pol. X

Sehr geehrter Herr Geheimrat!
Im August 1940 übergab ich Ihnen für Ihre Akten den von meinem Referat entworfenen Plan zur Endlösung der Judenfrage, wozu die Insel Madagaskar von Frankreich im Friedensvertrag gefordert, die praktische Durchführung der Aufgabe aber dem Reichssicherheitshauptamt übertragen werden sollte. Gemäß diesem Plan ist Gruppenführer Heydrich vom Führer beauftragt

worden, die Lösung der Judenfrage in Europa durchzuführen. Der Krieg gegen die Sowjetunion hat inzwischen die Möglichkeit gegeben, andere Territorien für die Endlösung zur Verfügung zu stellen. Demgemäß hat der Führer entschieden, daß die Juden nicht nach Madagaskar, sondern nach dem Osten abgeschoben werden sollen. Madagaskar braucht mithin nicht mehr für die Endlösung vorgesehen zu werden.

Heil Hitler!

Ihr gez. Rademacher

Dokument Nr. 106

»Bei der Bedeutung, die diese Entscheidung hat.«

Anfrage des AA-Unterstaatssekretärs Woermann vom 14. 2. 1942 an den Legationsrat Rademacher, Judenreferat D III des Auswärtigen Amtes, wegen der Annullierung des Madagaskar-Projektes:

Hiermit Legationsrat Rademacher
Berlin, den 14. Februar 1942 zu Pol. X 7 g
Gesandter Bielfeld hat mir Ihre Mitteilung vom 10. Februar – DII 145/42 g – zur Kenntnis gebracht, wonach der Führer entschieden hat, daß die Juden nicht nach Madagaskar, sondern nach dem Osten abgeschoben werden sollen. Madagaskar brauche mithin nicht mehr für die Endlösung vorgesehen zu werden. Bei der Bedeutung, die diese Entscheidung hat, bitte ich Sie um Mitteilung, auf welchen Quellen die Angabe beruht.

Woermann

Dokument Nr. 107

»Madagaskar-Plan auf Grund der neuen Entwicklung hinfällig.«

Notiz des Legationsrates Rademacher, Juden-Referat D III des Auswärtigen Amtes, vom 24. 2. 1942 auf die Anfrage von AA-Unterstaatssekretär Woermann (vgl. Dokument Nr. 106) hin:

Notiz   Geheim
Die anliegende Aufzeichnung geht darauf zurück, daß der Madagaskar-Plan des Referats D III auf Grund der neuen Entwicklung, wie sie Obergruppen-

führer Heydrich Unterstaatssekretär Luther dargelegt hat, hinfällig geworden ist.

Hiermit

Herrn Unterstaatssekretär Luther

mit der Bitte vorgelegt, Herrn Unterstaatssekretär Woermann über die Unterredung mit Obergruppenführer Heydrich zu unterrichten.

Berlin, den 24. Februar 1942
gez. Rademacher

Amoklauf zur Wannsee-Konferenz (1941/42)

Dokumente Nr. 108–113

Dokument Nr. 108

»Eine den Zeitverhältnissen entsprechend möglichst günstige Lösung.«

Brief Görings an SS-Gruppenführer Heydrich vom 31. 7. 1941, in dem er Heydrich zur Vorlage eines neuen Plans »zur Durchführung der angestrebten Endlösung der Judenfrage« auffordert:

Der Reichsmarschall des Großdeutschen Reiches   Berlin, den 31. 7. 1941
Beauftragter f. d. Vierjahresplan
Vorsitzender
des Ministerrats für die Reichsverteidigung

An den
Chef der Sicherheitspolizei und des SD
SS-Gruppenführer Heydrich Berlin

In Ergänzung der Ihnen bereits mit Erlaß vom 24. 1. 39 übertragenen Aufgabe, die Judenfrage in Form der Auswanderung oder Evakuierung einer den Zeitverhältnissen entsprechend möglichst günstigen Lösung zuzuführen, beauftrage ich Sie hiermit, alle erforderlichen Vorbereitungen in organisatorischer, sachlicher und materieller Hinsicht zu treffen für eine Gesamtlösung der Judenfrage im deutschen Einflußgebiet in Europa.
Sofern hierbei die Zuständigkeit anderer Zentralinstanzen berührt wird, sind diese zu beteiligen.
Ich beauftrage Sie weiter, mir in Bälde einen Gesamtentwurf über die organisatorischen, sachlichen und materiellen Vorausmaßnahmen zur Durchführung der angestrebten Endlösung der Judenfrage vorzulegen.

gez. Göring

Dokument Nr. 109

»Die Abschiebung hat schon begonnen.«

Schnellbrief des Reichsfinanzministers Graf Schwerin-Krosigk vom 4. 11. 1941 über die im Gang befindliche Abschiebung der Juden in den Gebieten von sechs deutschen Oberfinanzpräsidenten:

Betr.: Abschiebung der Juden.

Juden, die nicht in volkswirtschaftlich wichtigen Betrieben beschäftigt sind, werden in den nächsten Monaten in eine Stadt in den Ostgebieten abgeschoben.

Das Vermögen der abzuschiebenden Juden wird zugunsten des Deutschen Reiches eingezogen. Es verbleiben den Juden 100 RM und 50 kg Gepäck je Person.

Die Abschiebung hat schon begonnen in den Gebieten der Oberfinanzpräsidenten

Berlin	Kassel
Hamburg	Köln
Weser-Ems in Bremen	Düsseldorf

Dokument Nr. 110

»Verboten war das Betreten von Bahnhöfen.«

Tabellarische Übersicht über Gesetze und Verordnungen gegen die Juden, die seit den November-Pogromen 1938 bzw. während des Krieges in Kraft traten. Die meisten der hier erwähnten Bestimmungen betrafen Volljuden, nicht jedoch in Mischehe lebende Juden. Die Liste enthält nur Anordnungen von Reichsstellen, nicht jedoch die zahlreichen, zum Teil schon vor November 1938 lokal verhängten Auflagen. (Zitiert nach Hans Lamm, Über die innere und äußere Entwicklung des deutschen Judentums im Dritten Reich, München 1951.)

Verboten war den Juden u. a.:
Ankauf von Büchern
Ausstellungsbesuch
Benutzung von Kraftdroschken (nur mit schriftlicher Genehmigung)

Benutzung von Kraftwagen
Benutzung von Leihbüchereien
Benutzung öffentlicher Badeanstalten
Benutzung öffentlicher Fernsprecher
Benutzung von Fahrkartenautomaten
Benutzung von Parkbänken, die nicht gelb gestrichen waren.
Benutzung von Straßenbahnen, Omnibusse nur mit Fahrerlaubnis.
Benutzung von Sitzplätzen in öffentlichen Verkehrsmitteln (soweit von Nichtjuden benötigt)
Berufsausübung in freien und den meisten anderen Berufen
Beschäftigung nichtjüdischer Hausangestellter
Besitz von Waffen
Bestellung von Sachverständigen
Besuch von Gaststätten und Cafés
Betreten bestimmter Straßen in Berlin und München
Betreten von Bahnhöfen, Wartesälen und Bahnanlagen
Betreten von Wäldern
Bezug von Fleisch, Fisch und vielen anderen Lebensmitteln
Eheschließung und außerehelicher Geschlechtsverkehr mit Deutschblütigen
Einfuhr rituell geschlachteten Fleisches
Einquartierungen
Einreichung von Anträgen und Eingaben an Behörden (außer, wenn Zulässigkeit durch Kultusvereinigung bzw. Reichsvereinigung geprüft)
Einzelbeschäftigung von Arbeitern
Empfang von Gratifikationen und Ruhegehältern
Empfang von Kontrollkarten für Auslandsbriefverkehr
Führung von Künstlernamen
Gebrauch des Deutschen Grußes
Halten von Brieftauben
Halten von Haustieren
Inanspruchnahme von Ärzten usw. (außer jüd. Krankenbehandler)
Inanspruchnahme von Friseuren
Mitgliedschaft in Privatversicherungen
Schulbesuch
Speise-, Schlaf- und Aussichtwagen sowie 1. und 2. Klasse der Reichsbahn
Steuer- und Gebührenfreiheit für die jüdischen Wohlfahrtseinrichtungen
Theater- und Kinobesuch
Tragen von Abzeichen aller Art
Tragen von Orden und Ehrenzeichen
Unterbringung von Geisteskranken in nichtjüdischen Anstalten

Verlassen der Wohngemeinden (außer mit besonderer Genehmigung)
Verlassen der Wohnungen nachts
Verfügung über bewegliches Eigentum und sonstiges Vermögen
Verkehr mit Ausländern
Zeitungsverkauf und -bezug

Verweigert wurde den Juden u. a.:
Eierkarten
Fahrpreisermäßigung für Kurzstrecken, Monats- und andere verbilligte Fahrkarten
Fernsprecher
Fischkarten
Fischkonserven
Fleischkarten
Führerscheine
Jagdscheine
Kinderermäßigung bei Lohnsteuer und Einkommensteuer
Kleiderkarten
Kriegsschädenersatz und Erstattung von Luftschutzkosten
Kurzarbeiterunterstützung
Lohn bei unverschuldeter Arbeitsverhinderung
Lohnzuschlag bei Überstunden, Sonn- und Feiertagen
Mangelwaren
Mieterschutz
Milchkarten
Obstkonserven
Personenschadenersatz
Rasierseife
Raucherkarten
Süßigkeiten
Zehrgeld für doppelten Haushalt

Vorgeschrieben war den Juden u. a.:
Ablieferung elektrischer Geräte
Ablieferung optischer Geräte
Ablieferung von Edelmetallen und Wertgegenständen
Ablieferung von Fahrrädern
Ablieferung von Pelzen
Ablieferung von Rundfunkgeräten
Ablieferung von Schreibmaschinen

Ablieferung von Teppichen
Ablieferung von Wollsachen und Spinnstoffen
Absonderung von nichtjüdischen Arbeitnehmern
Ausmietung und Unterbringung in »Judenhäuser« und »Judensiedlungen«
(dabei Trennung vom nichtjüdischen Ehepartner)
Benutzung sog. jüdischer Vornamen
Benutzung von Judenkennkarten
Beschränkte Arbeitslosenhilfe
Besondere Einkaufszeiten
Eintägige Kündigung
Getrennte Luftschutzräume
Kennzeichnung der Kleidung und Wohnung mit Judenstern
Untertarifmäßige Arbeitsentlohnung.

Dokument Nr. 111

» Wie bisher im guten Einvernehmen mit der Geheimen Staatspolizei.«

Undatierter Aktenvermerk des AA-Legationsrates Rademacher, Juden-Referat D III, über »Wünsche und Ideen des Auswärtigen Amtes zu der vorgesehenen Gesamtlösung der Judenfrage in Europa«:

Wünsche und Ideen des Auswärtigen Amts zu der vorgesehenen Gesamtlösung der Judenfrage in Europa.

1. Abschiebung aller im Deutschen Reich ansässigen Juden deutscher Staatsangehörigkeit unter Einbeziehung der kroatischen, slovakischen und rumänischen Juden nach dem Osten.
2. Abschiebung aller in den von uns besetzten Gebieten lebenden durch die jüngste Verordnung zum Reichsbürgergesetz staatenlos gewordenen Juden früherer deutscher Staatsangehörigkeit.
3. Abschiebung aller serbischen Juden.
4. Abschiebung der uns von der ungarischen Regierung übergebenen Juden.
5. Erklärung der Bereitwilligkeit gegenüber der rumänischen, slovakischen, kroatischen, bulgarischen und ungarischen Regierung, die in diesen Ländern lebenden Juden ebenfalls nach dem Osten abzuschieben.
6. Einflußnahme auf die bulgarische und ungarische Regierung, Judengesetze nach Nürnberger Vorbild einzuführen.

7. Einwirkung auf die übrigen Regierungen Europas zur Einführung von Judengesetzen.
8. Durchführung dieser Maßnahmen wie bisher im guten Einvernehmen mit dem Geheimen Staatspolizeiamt.

Dokument Nr. 112

»Besprechung mit anschließendem Frühstück.«

Brief des SS-Obergruppenführers Heydrich, des Chefs der Sicherheitspolizei und des SD, vom 29. 11. 1941 an den AA-Unterstaatssekretär Luther mit einer Einladung zur »Wannsee-Konferenz« über die neue »Gesamtlösung der Judenfrage in Europa«:

Abschrift

Der Chef der Sicherheitspolizei und des SD *IV B 4–3076/41 g (1180).*	Berlin, den 29. Nov. 1941

Herrn
Unterstaatssekretär Luther
im Auswärtigen Amt
Berlin

Lieber Parteigenosse Luther!
Am 31. 7. 1941 beauftragte mich der Reichsmarschall des Großdeutschen Reiches, unter Beteiligung der in Frage kommenden anderen Zentralinstanzen alle erforderlichen Vorbereitungen in organisatorischer, sachlicher und materieller Hinsicht für eine Gesamtlösung der Judenfrage in Europa zu treffen und ihm in Bälde einen Gesamtentwurf hierüber vorzulegen. Eine Fotokopie dieser Bestellung lege ich meinem Schreiben bei.
In Anbetracht der außerordentlichen Bedeutung, die diesen Fragen zuzumessen ist, und im Interesse der Erreichung einer gleichen Auffassung bei den in Betracht kommenden Zentralinstanzen an den übrigen mit dieser Endlösung zusammenhängenden Arbeiten rege ich an, diese Probleme zum Gegenstand einer gemeinsamen Aussprache zu machen, zumal seit dem 15. 10. 1941 bereits in laufenden Transporten Juden aus dem Reichsgebiet einschließlich Protektorat Böhmen und Mähren nach dem Osten evakuiert werden.

Ich lade Sie daher zu einer solchen Besprechung mit anschließendem Frühstück zum 9. Dezember 1941, 12.00 Uhr, in die Dienststelle der Internationalen Kriminalpolizeilichen Kommission Berlin, Am Großen Wannsee Nr. 56–58, ein. Ähnliche Schreiben habe ich an Herrn Generalgouverneur Dr. Frank, Herrn Gauleiter Dr. Meyer, die Herren Staatssekretäre Stuckart, Dr. Schlegelberger, Gutterer und Neumann, sowie an Herrn Reichsamtsleiter Dr. Leibbrandt, SS-Obergruppenführer Krüger, SS-Gruppenführer Hofmann, SS-Gruppenführer Greifelt, SS-Oberführer Klopfer und an Herrn Ministerialdirektor Kritzinger gerichtet.

Heil Hitler!
Ihr gez. Heydrich

Dokument Nr. 113

»Parallelisierung der Linienführung.«

Besprechungsprotokoll der sogenannten Wannsee-Konferenz in der Dienststelle der Internationalen Kriminalpolizeilichen Kommission in Berlin, Am Großen Wannsee Nr. 56–58, vom 20. 1. 1942 »über die Endlösung der Judenfrage«:

Geheime Reichssache!

30 Ausfertigungen
16. Ausfertigung

Besprechungsprotokoll.

I. An der am 20. 1. 1942 in Berlin, Am Großen Wannsee Nr. 56/58, stattgefundenen Besprechung über die Endlösung der Judenfrage nahmen teil:

Gauleiter Dr. Meyer und Reichsamtsleiter Dr. Leibbrandt	Reichsministerium für die besetzten Ostgebiete.
Staatssekretär Dr. Stuckart	Reichsministerium des Innern
Staatssekretär Neumann	Beauftragter für den Vierjahresplan
Staatssekretär Dr. Freisler	Reichsjustizministerium
Staatssekretär Dr. Bühler	Amt des Generalgouverneurs
Unterstaatssekretär Luther	Auswärtiges Amt

SS-Oberführer Klopfer	Partei-Kanzlei
Ministerialdirektor Kritzinger	Reichskanzlei
SS-Gruppenführer Hofmann	Rasse- und Siedlungshauptamt
SS-Gruppenführer Müller	Reichssicherheitshauptamt
SS-Obersturmbannführer Eichmann	Reichssicherheitshauptamt
SS-Oberführer Dr. Schöngrath Befehlshaber der Sicherheitspolizei und des SD im Generalgouvernement	Sicherheitspolizei und SD
SS-Sturmbannführer Dr. Lange Kommandeur der Sicherheitspolizei und des SD für den Generalbezirk Lettland, als Vertreter des Befehlshabers der Sicherheitspolizei und des SD für das Reichskommissariat Ostland	Sicherheitspolizei und SD

II. Chef der Sicherheitspolizei und des SD, SS-Obergruppenführer *Heydrich*, teilte eingangs seine Bestellung zum Beauftragten für die Vorbereitung der Endlösung der europäischen Judenfrage durch den Reichsmarschall mit und wies darauf hin, daß zu dieser Besprechung geladen wurde, um Klarheit in grundsätzlichen Fragen zu schaffen. Der Wunsch des Reichsmarschalls, ihm einen Entwurf über die organisatorischen, sachlichen und materiellen Belange im Hinblick auf die Endlösung der europäischen Judenfrage zu übersenden, erfordert die vorherige gemeinsame Behandlung aller an diesen Fragen unmittelbar beteiligten Zentralinstanzen im Hinblick auf die Parallelisierung der Linienführung.

Die Federführung bei der Bearbeitung der Endlösung der Judenfrage liege ohne Rücksicht auf geographische Grenzen zentral beim Reichsführer SS und Chef der Deutschen Polizei (Chef der Sicherheitspolizei und des SD).

Der Chef der Sicherheitspolizei und des SD gab sodann einen kurzen Rückblick über den bisher geführten Kampf gegen diesen Gegner. Die wesentlichsten Momente bilden

a) die Zurückdrängung der Juden aus den einzelnen Lebensgebieten des deutschen Volkes,

b) die Zurückdrängung der Juden aus dem Lebensraum des deutschen Volkes.

Im Vollzug dieser Bestrebungen wurde als einzige vorläufige Lösungsmöglichkeit die Beschleunigung der Auswanderung der Juden aus dem Reichsgebiet verstärkt und planmäßig in Angriff genommen.

Auf Anordnung des Reichsmarschalls wurde im Januar 1939 eine Reichszentrale für jüdische Auswanderung errichtet, mit deren Leitung der Chef der Sicherheitspolizei und des SD betraut wurde. Sie hatte insbesondere die Aufgabe

a) alle Maßnahmen zur Vorbereitung einer verstärkten Auswanderung der Juden zu treffen,

b) den Auswanderungsstrom zu lenken,

c) die Durchführung der Auswanderung im Einzelfall zu beschleunigen.

Das Aufgabenziel war, auf legale Weise den deutschen Lebensraum von Juden zu säubern.

Über die Nachteile, die eine solche Auswanderungsforcierung mit sich brachte, waren sich alle Stellen im klaren. Sie mußten jedoch angesichts des Fehlens anderer Lösungsmöglichkeiten vorerst in Kauf genommen werden.

Die Auswanderungsarbeiten waren in der Folgezeit nicht nur ein deutsches Problem, sondern auch ein Problem, mit dem sich die Behörden der Ziel- bzw. Einwandererländer zu befassen hatten. Die finanziellen Schwierigkeiten, wie Erhöhung der Vorzeige- und Landungsgelder seitens der verschiedenen ausländischen Regierungen, fehlende Schiffsplätze, laufend verschärfte Einwanderungsbeschränkungen oder -sperren, erschwerten die Auswanderungsbestrebungen außerordentlich. Trotz dieser Schwierigkeiten wurden seit der Machtübernahme bis zum Stichtag 31. 10. 1941 insgesamt rund 537 000 Juden zur Auswanderung gebracht. Davon

vom 30. 1. 1933 aus dem Altreich	rd. 360 000
vom 15. 3. 1938 aus der Ostmark	rd. 147 000
vom 15. 3. 1939 aus dem Protektorat Böhmen und Mähren	rd. 30 000.

Die Finanzierung der Auswanderung erfolgte durch die Juden bzw. jüdisch-politischen Organisationen selbst. Um den Verbleib der verproletarisierten Juden zu vermeiden, wurde nach dem Grundsatz verfahren, daß die vermögenden Juden die Abwanderung der vermögenslosen Juden zu finanzieren haben; hier wurde, je nach Vermögen gestaffelt, eine entsprechende Umlage bzw. Auswandererabgabe vorgeschrieben, die zur Bestreitung der finanziellen Obliegenheiten im Zuge der Abwanderung vermögensloser Juden verwandt wurde.

Neben dem Reichsmark-Aufkommen sind Devisen für Vorzeige- und Landungsgelder erforderlich gewesen. Um den deutschen Devisenschatz zu schonen, wurden die jüdischen Finanzinstitutionen des Auslandes durch die jüdischen Organisationen des Inlandes angehalten, für die Beitreibung entsprechender Devisenaufkommen Sorge zu tragen. Hier wurden durch diese ausländischen Juden im Schenkungswege bis zum 30. 10. 1941 insgesamt rund 9 500 000 Dollar zur Verfügung gestellt.

Inzwischen hat der Reichsführer SS und Chef der Deutschen Polizei im Hinblick auf die Gefahren einer Auswanderung im Kriege und im Hinblick auf die Möglichkeiten des Ostens die Auswanderung von Juden verboten.

III. Anstelle der Auswanderung ist nunmehr als weitere Lösungsmöglichkeit nach entsprechender vorheriger Genehmigung durch den Führer die Evakuierung der Juden nach dem Osten getreten.

Diese Aktionen sind jedoch lediglich als Ausweichsmöglichkeiten anzusprechen, doch werden hier bereits jene praktischen Erfahrungen gesammelt, die im Hinblick auf die kommende Endlösung der Judenfrage von wichtiger Bedeutung sind.

Im Zuge dieser Endlösung der europäischen Judenfrage kommen rund 11 Millionen Juden in Betracht, die sich wie folgt auf die einzelnen Länder verteilen:

Land	Zahl
A. Altreich	131 800
Ostmark	43 700
Ostgebiete	420 000
Generalgouvernement	2 284 000
Bialystok	400 000
Protektorat Böhmen u. Mähren	74 000
Estland – judenfrei –	
Lettland	3 500
Litauen	34 000
Belgien	43 000
Dänemark	5 600
Frankreich / Besetztes Gebiet	165 000
Unbesetztes Gebiet	700 000
Griechenland	69 000
Niederlande	160 000
Norwegen	1 300
B. Bulgarien	48 000
England	330 000
Finnland	2 300
Irland	4 000
Italien einschl. Sardinien	58 000
Albanien	200

Land		Zahl
Kroatien		40 000
Portugal		3 000
Rumänien einschl. Bessarabien		342 000
Schweden		8 000
Schweiz		18 000
Serbien		10 000
Slowakei		88 000
Spanien		6 000
Türkei (europ. Teil)		55 500
Ungarn		742 800
UdSSR		5 000 000
Ukraine	2 994 684	
Weißrußland		
ausschl.		
Bialystok	446 484	
Zusammen:	über	11 000 000

Bei den angegebenen Judenzahlen der verschiedenen ausländischen Staaten handelt es sich jedoch nur um Glaubensjuden, da die Begriffsbestimmungen der Juden nach rassischen Grundsätzen teilweise dort noch fehlen. Die Behandlung des Problems in den einzelnen Ländern wird im Hinblick auf die allgemeine Haltung und Auffassung auf gewisse Schwierigkeiten stoßen, besonders in Ungarn und Rumänien. So kann sich z. B. heute noch in Rumänien der Jude gegen Geld entsprechende Dokumente, die ihm eine fremde Staatsangehörigkeit amtlich bescheinigen, beschaffen.

Der Einfluß der Juden auf alle Gebiete in der UdSSR ist bekannt. Im europäischen Gebiet leben etwa 5 Millionen, im asiatischen Raum knapp ¼ Millionen Juden.

Die berufsständische Aufgliederung der im europäischen Gebiet der UdSSR ansässigen Juden war etwa folgende:

In der Landwirtschaft	9,1 %
als städtischer Arbeiter	14,8 %
im Handel	20,0 %
als Staatsarbeiter angestellt	23,4 %
in den privaten Berufen –	
Heilkunde, Presse, Theater usw.	32,7 %

Unter entsprechender Leitung sollen nun im Zuge der Endlösung die Juden in geeigneter Weise im Osten zum Arbeitseinsatz kommen. In großen Arbeitskolonnen, unter Trennung der Geschlechter, werden die arbeitsfähigen Juden straßenbauend in diese Gebiete geführt, wobei zweifellos ein Großteil durch natürliche Verminderung ausfallen wird.

Der allfällig endlich verbleibende Restbestand wird, da es sich bei diesem zweifellos um den widerstandsfähigsten Teil handelt, entsprechend behandelt werden müssen, da dieser, eine natürliche Auslese darstellend, bei Freilassung als Keimzelle eines neuen jüdischen Aufbaues anzusprechen ist. (Siehe die Erfahrung der Geschichte.)

Im Zuge der praktischen Durchführung der Endlösung wird Europa vom Westen nach Osten durchgekämmt. Das Reichsgebiet einschließlich Protektorat Böhmen und Mähren wird, allein schon aus Gründen der Wohnungsfrage und sonstigen sozialpolitischen Notwendigkeiten, vorweggenommen werden müssen.

Die evakuierten Juden werden zunächst Zug um Zug in sogenannte Durchgangsghettos verbracht, um von dort aus weiter nach dem Osten transportiert zu werden.

Wichtige Voraussetzungen, so führte SS-Obergruppenführer *Heydrich* weiter aus, für die Durchführung der Evakuierung überhaupt, ist die genaue Festlegung des in Betracht kommenden Personenkreises.

Es ist beabsichtigt, Juden im Alter von über 65 Jahren nicht zu evakuieren, sondern sie einem Altersghetto – vorgesehen ist Theresienstadt – zu überstellen.

Neben diesen Altersklassen – von den am 31. 10. 1941 sich im Altreich und der Ostmark befindlichen etwa 280 000 Juden sind etwa 30 % über 65 Jahre alt – finden in den jüdischen Altersghettos weiterhin die schwerkriegsbeschädigten Juden und Juden mit Kriegsauszeichnungen (EK I) Aufnahme. Mit dieser zweckmäßigen Lösung werden mit einem Schlag die vielen Interventionen ausgeschaltet.

Der Beginn der einzelnen größeren Evakuierungsaktionen wird weitgehend von der militärischen Entwicklung abhängig sein. Bezüglich der Behandlung der Endlösung in den von uns besetzten und beeinflußten europäischen Gebieten wurde vorgeschlagen, daß die in Betracht kommenden Sachbearbeiter des Auswärtigen Amtes sich mit dem zuständigen Referenten der Sicherheitspolizei und des SD besprechen.

In der Slowakei und Kroatien ist die Angelegenheit nicht mehr allzu schwer, da die wesentlichsten Kernfragen in dieser Hinsicht dort bereits einer Lösung zugeführt wurden. In Rumänien hat die Regierung inzwischen ebenfalls einen Judenbeauftragten eingesetzt. Zur Regelung der Frage in Ungarn ist es erforderlich, in Zeitkürze einen Berater für Judenfragen der Ungarischen Regierung aufzuoktroyieren.

Hinsichtlich der Aufnahme der Vorbereitungen zur Regelung des Problems in Italien hält SS-Obergruppenführer *Heydrich* eine Verbindung Polizei-Chef in diesen Belangen für angebracht.

Im besetzten und unbesetzten Frankreich wird die Erfassung der Juden zur Evakuierung aller Wahrscheinlichkeit nach ohne große Schwierigkeiten vor sich gehen können.

Unterstaatssekretär *Luther* teilte hierzu mit, daß bei tiefgehender Behandlung dieses Problems in einigen Ländern, so in den nordischen Staaten, Schwierigkeiten auftauchen werden, und es sich daher empfiehlt, diese Länder vorerst noch zurückzustellen. In Anbetracht der hier in Frage kommenden geringen Judenzahlen bildet diese Zurückstellung ohnedies keine wesentliche Einschränkung.

Dafür sieht das Auswärtige Amt für den Südosten und Westen Europas keine großen Schwierigkeiten.

SS-Gruppenführer *Hofmann* beabsichtigt, einen Sachbearbeiter des Rasse- und Siedlungshauptamtes zur allgemeinen Orientierung dann nach Ungarn mitsenden zu wollen, wenn seitens des Chefs der Sicherheitspolizei und des SD die Angelegenheit dort in Angriff genommen wird. Es wurde festgelegt, diesen Sachbearbeiter des Rasse- und Siedlungshauptamtes, der nicht aktiv werden soll, vorübergehend offiziell als Gehilfen zum Polizei-Attaché abzustellen.

IV. Im Zuge der Endlösungsvorhaben sollen die Nürnberger Gesetze gewissermaßen die Grundlage bilden, wobei Voraussetzung für die restlose Bereinigung des Problems auch die Lösung der Mischehen- und Mischlings-fragen ist.

Chef der Sicherheitspolizei und des SD erörtert im Hinblick auf ein Schreiben des Chefs der Reichskanzlei zunächst theoretisch die nachstehenden Punkte:

1. *Behandlung der Mischlinge 1. Grades.*

Mischlinge 1. Grades sind im Hinblick auf die Endlösung der Judenfrage den Juden gleichgestellt. Von dieser Behandlung werden ausgenommen:

a) Mischlinge 1. Grades verheiratet mit Deutschblütigen, aus deren Ehe Kinder (Mischlinge 2. Grades) hervorgegangen sind. Diese Mischlinge 2. Grades sind im wesentlichen den Deutschen gleichgestellt.

b) Mischlinge 1. Grades, für die von den höchsten Instanzen der Partei und des Staates bisher auf irgendwelchen Lebensgebieten Ausnahmegenehmi-gungen erteilt worden sind.

Jeder Einzelfall muß überprüft werden, wobei nicht ausgeschlossen wird, daß die Entscheidung nochmals zu Ungunsten des Mischlings ausfällt. Voraussetzungen einer Ausnahmebewilligung müssen stets grundsätzliche Verdienste des in Frage stehenden Mischlings selbst sein. (Nicht Verdienste des deutschblütigen Eltern- oder Eheteiles.)

Der von der Evakuierung auszunehmende Mischling 1. Grades wird – um jede Nachkommenschaft zu verhindern und das Mischlingsproblem endgültig zu bereinigen – sterilisiert. Die Sterilisierung erfolgt freiwillig. Sie ist aber Voraussetzung des Verbleibens im Reich. Der sterilisierte »Mischling« ist in der Folgezeit von allen einengenden Bestimmungen, denen er bislang unterworfen ist, befreit.

2. *Behandlung der Mischlinge 2. Grades.*

Die Mischlinge 2. Grades werden grundsätzlich den Deutschblütigen zugeschlagen, mit Ausnahme folgender Fälle, in denen die Mischlinge 2. Grades den Juden gleichgestellt werden:

a) Herkunft des Mischlings 2. Grades aus einer Bastardehe (beide Teile Mischlinge).

b) Rassisch besonders ungünstiges Erscheinungsbild des Mischlings 2. Grades, das ihn schon äußerlich zu den Juden rechnet.

c) Besonders schlechte polizeiliche und politische Beurteilung des Mischlings 2. Grades, die erkennen läßt, daß er sich wie ein Jude fühlt und benimmt.

Auch in diesen Fällen sollen aber dann Ausnahmen nicht gemacht werden, wenn der Mischling 2. Grades deutschblütig verheiratet ist.

3. *Ehen zwischen Volljuden und Deutschblütigen.*

Von Einzelfall zu Einzelfall muß hier entschieden werden, ob der jüdische Teil evakuiert wird, oder ob er unter Berücksichtigung auf die Auswirkungen einer solchen Maßnahme auf die deutschen Verwandten dieser Mischehe einem Altersghetto überstellt wird.

4. *Ehen zwischen Mischlingen 1. Grades und Deutschblütigen.*

a) Ohne Kinder.

Sind aus der Ehe keine Kinder hervorgegangen, wird der Mischling 1. Grades evakuiert bzw. einem Altersghetto überstellt. (Gleiche Behandlung wie bei Ehen zwischen Volljuden und Deutschblütigen, Punkt 3.)

b) Mit Kindern.

Sind Kinder aus der Ehe hervorgegangen (Mischlinge 2. Grades), werden sie, wenn sie den Juden gleichgestellt werden, zusammen mit dem Mischling 1. Grades evakuiert bzw. einem Ghetto überstellt. Soweit diese Kinder

Deutschen gleichgestellt werden (Regelfälle), sind sie von der Evakuierung auszunehmen und damit auch der Mischling 1. Grades.

5. *Ehen zwischen Mischlingen 1. Grades und Mischlingen 1. Grades oder Juden.*

Bei diesen Ehen (einschließlich der Kinder) werden alle Teile wie Juden behandelt und daher evakuiert bzw. einem Altersghetto überstellt.

6. *Ehen zwischen Mischlingen 1. Grades und Mischlingen 2. Grades.*

Beide Elternteile werden ohne Rücksicht darauf, ob Kinder vorhanden sind oder nicht, evakuiert bzw. einem Altersghetto überstellt, da etwaige Kinder rassenmäßig in der Regel einen stärkeren jüdischen Bluteinschlag aufweisen als die jüdischen Mischlinge 2. Grades.

SS-Gruppenführer *Hofmann* steht auf dem Standpunkt, daß von der Sterilisierung weitgehend Gebrauch gemacht werden muß, zumal der Mischling, vor die Wahl gestellt, ob er evakuiert oder sterilisiert werden soll, sich lieber der Sterilisierung unterziehen würde.

Staatssekretär *Dr. Stuckart* stellt fest, daß die praktische Durchführung der eben mitgeteilten Lösungsmöglichkeiten zur Bereinigung der Mischehen- und Mischlingsfragen in dieser Form eine unendliche Verwaltungsarbeit mit sich bringen würde. Um zum anderen auf alle Fälle auch den biologischen Tatsachen Rechnung zu tragen, schlug Staatssekretär *Stuckart* vor, zur Zwangssterilisierung zu schreiten.

Bezüglich der Frage der Auswirkung der Judenevakuierung auf das Wirtschaftsleben erklärte Staatssekretär *Neumann,* daß die in kriegswichtigen Betrieben im Arbeitseinsatz stehenden Juden derzeit, solange noch kein Ersatz zur Verfügung steht, nicht evakuiert werden könnten.

SS-Obergruppenführer *Heydrich* wies darauf hin, daß diese Juden nach den von ihm genehmigten Richtlinien zur Durchführung der derzeit laufenden Evakuierungsaktionen ohnedies nicht evakuiert würden.

Staatssekretär *Dr. Bühler* stellte fest, daß das Generalgouvernement es begrüßen würde, wenn mit der Endlösung dieser Frage im Generalgouvernement begonnen würde, weil einmal hier das Transportproblem keine übergeordnete Rolle spielt und arbeitseinsatzmäßige Gründe den Lauf dieser Aktion nicht behindern würden. Juden müßten so schnell wie möglich aus dem Gebiet des Generalgouvernements entfernt werden, weil gerade hier der Jude als Seuchenträger eine eminente Gefahr bedeutet und er zum anderen durch fortgesetzten Schleichhandel die wirtschaftliche Struktur des Landes dauernd in Unordnung bringt. Von den in Frage kommenden etwa 2½ Millionen Juden sei überdies die Mehrzahl der Fälle arbeitsunfähig.

Staatssekretär *Dr. Bühler* stellt weiterhin fest, daß die Lösung der Judenfrage im Generalgouvernement federführend beim Chef der Sicherheitspolizei und des SD liegt und seine Arbeiten durch die Behörden des Generalgouvernements unterstützt würden. Er hätte nur eine Bitte, die Judenfrage in diesem Gebiet so schnell wie möglich zu lösen.

Abschließend wurden die verschiedenen Arten der Lösungsmöglichkeiten besprochen, wobei sowohl seitens des Gauleiters Dr. Meyer als auch seitens des Staatssekretärs Dr. Bühler der Standpunkt vertreten wurde, gewisse vorbereitende Arbeiten im Zuge der Endlösung gleich in den betreffenden Gebieten selbst durchzuführen, wobei jedoch eine Beunruhigung der Bevölkerung vermieden werden müsse.

Mit der Bitte des Chefs der Sicherheitspolizei und des SD an die Besprechungsteilnehmer, ihm bei der Durchführung der Lösungsarbeiten entsprechende Unterstützung zu gewähren, wurde die Besprechung geschlossen.

Verzeichnis der Dokumente

Zwischenstaatliches Komitee (1938/39)

Auf Kontaktsuche

Schacht-Plan

Rublee-Wohlthat-Unterredung

Frühes Ende

Reichszentrale für die jüdische Auswanderung und Reichsvereinigung der Juden

Deutscher Madagaskar-Plan

Amoklauf zur Wannsee-Konferenz

Quellennachweis

Dokumente Nr. 1–3: Aus »Schriftenreihe wissenschaftlicher Abhandlungen des Leo-Baeck-Instituts: W. Feilchenfeld, D. Michaelis, L. Pinner, Haavara-Transfer nach Palästina und Einwanderung deutscher Juden 1933–1939. Tübingen 1972. *Dokumente Nr. 4–18:* Politisches Archiv des Auswärtigen Amtes. Obwohl manche Kopien Signaturen aus dem Aktenbestand der Abteilung »Inland II A/B« tragen, wurden sie in den Akten »Chef der A./O.« (Auslands-Organisation im Auswärtigen Amt) gefunden. *Dokument Nr. 19:* Aus N. Goldmann, Staatsmann ohne Staat. Köln 1970. *Dokumente Nr. 20–23:* Politisches Archiv des Auswärtigen Amtes. Inland II A/B 45/- und 83/-. *Dokumente Nr. 24–38:* Akten des Auswärtigen Amtes. Politische Beziehungen zwischen Frankreich und Polen (Band 2), Politik Polen (Band 1), Judenfragen in Polen (Band 16). *Dokumente Nr. 39–57:* Politisches Archiv des Auswärtigen Amtes. Inland II A/B 83/- und 84/-. *Dokument Nr. 58:* Tonbandaufzeichnung des Autors. *Dokument Nr. 59–75:* Inland II A/B 83/-. *Dokument Nr. 76:* Aus »Oral Histories« der Columbia University, New York. Mitte der 60er Jahre von G. Rublee auf Tonband gesprochen. *Dokument Nr. 77:* Tonbandaufzeichnung des Autors. *Dokumente Nr. 78–88:* Inland II A/B 83/-. *Dokument Nr. 89:* Aus »Der Prozeß gegen die Hauptkriegsverbrecher vor dem Internationalen Militärgerichtshof« Nürnberg 14. November 1945 – 1. Oktober 1946, Band 28. Amtlicher Text, deutsche Ausgabe, Urkunde P.S. 1816, Seite 499 ff. *Dokumente Nr. 90–109:* Inland IIg. Akten »Endlösung der Judenfrage« Ref. D III. *Dokument Nr. 110:* Aus H. Lamm, »Über die innere und äußere Entwicklung des deutschen Judentums im Dritten Reich«, München 1951. *Dokumente Nr. 111–113:* Inland IIg. Akten »Endlösung der Judenfrage« Ref. D III.

Personenregister

Ciano, Galeazzo, 156, 161 f.
Clodins, Ung. Gesandter, 225
Conti, Leonardo, 94
Cotton, Joseph jr. 204 ff., 230, 233 f.
Cotton Joseph sen., 230

Dannecker, Theodor, 322
Daniel, Oberregierungsrat, 134 f., 137, 150 f.
Delbos, Yvon, 170, 173, 175
Dierwege, Oberregierungsrat, 160
Dik, Samuel, siehe Dyk
Dirksen, Herbert von, 200 f., 203 f., 206 ff., 214 ff., 219 f.
Döle, Generalkonsul, 48, 110, 123, 133 ff., 138
MacDonald, James Ramsay, 182
Dreyse, Fritz, 123
Dyk, Samuel, 167 f., 170, 173

Eden, Anthony, 128
Eichmann, Adolf Karl, 12, 90 f., 94, 344
Eisenlohr, Ernst, 267 f., 294 f.
Emerson, Herbert, 241, 253 f., 256, 269 f., 272
Eppstein, Paul, 301

Feilchenfeld, Werner, 108
Fischböck, Hans, 196 ff., 200 ff., 205 ff.
Fischer, Auslands-Organisation der NSDAP, 152 f.
Fleischer, Josef, 33
Frank, Hans, 95, 343
Freisler, Roland, 343
Frick, Wilhelm, 290
Funk, Walter, 212

Galen, Clemens August, Graf v., 27
Galinski, Heinz, 100
Gaydas, ital. Journalist, 161
Geist, Raymond, H., 236, 238, 242, 255
Gilbert, Prentis, 202 f., 207, 228, 234 ff.
Gisevius, Hans Bernd, 79
Globke, Hans Maria, 14 f.
Goebbels, Joseph, 38 f., 59, 66, 76, 89, 92 f., 98, 244
Göring, Hermann, 18, 48, 63, 66 f., 76 f., 82, 84, 89, 97, 132, 135 f., 148, 160, 197, 199 f., 205, 210, 212, 216, 222 f., 235–238, 242 f., 246, 251 f., 254 f., 259, 283, 290 ff., 337
Goldmann, Nahum, 57
Gotthardt, Oberregierungsrat, 277, 295
Gramsch, Min.-Dirigent, 143
Greifelt, Ulrich, 343
Gröber, Conrad, 27
Grüber, Heinrich, 272, 306
Grynszpan, Herschel, 65
Gutterer, Leopold, 343

Hahn, Fritz-Gebhard von, 266 ff., 280
Halifax, Edward Wood, 215
Hartenstein, Hans, 45, 48
Haugg, Landgerichtsrat, 311
Heath, Edward, 195
Hentig, Geheimrat von, 134, 141 f., 152 f.
Henderson, Neville, 186, 234
Henschel, Moritz, 301
Herzl, Theodor, 18
Heydrich, Reinhard, 18, 65, 90 f., 94 f., 97 f., 210, 244, 258, 290,

Tailor, siehe Myron C. Taylor
Taylor, Myron C., 183, 229, 230, 233 f., 241, 243, 257, 270
Tietz, Fritz, 116
Turnour, Edward, 230
Treus, Reichsbankdirektor, 268

Uttermöhle, Reichsbankrat, 134 f., 142 f., 150

Warburg, James P., 257
Welk, Ehm, 11
Wenninger, Ralph, 232 f.
Weizsäcker, Ernst Freiherr von, 71 ff., 82, 124, 130, 139, 180 ff., 186 f., 190, 192, 194 f., 217, 219 ff., 226
Weizmann, Chaim, 111, 155, 211 f.
Welles, Sumner, 229 f.
Wilmanns, Werner, 48, 123, 137

Wilson, Hugh, 182, 184, 186 f., 182, 195, 202, 232
Wilson, Horace, 231
Winterton, Lord, Bankier, 184, 188 f., 210 f., 214, 230 f., 233 f., 238, 244, 257 f., 272
Witzleben, Erwin von, 77
Woermann, Ernst, 72 f., 191 f., 194 ff., 198–204, 206 ff., 220, 222 f., 227 f.
Wohlthat, Helmuth, 15 f., 82 ff., 86, 90 f., 212, 222 f., 236–240, 242–247, 251 f., 254 f., 259, 265, 268 ff., 272 ff., 276 f., 294 f.
Wurm, Theophil, 27

Zeeland, Paul van, 241
Ziegler, Min.-Rat, 160, 268